U0947246

高职高专“十二五”规划教材

无 机 化 学

吴秀玲　李　勇　主编

化学工业出版社

·北京·

本书结合无机化学学科的发展、职业教育教学的需求和生产实际编制而成。内容包括：物质及化学热力学基础、化学反应速率和化学平衡、离解平衡和沉淀溶解平衡、氧化还原反应和电化学基础、原子结构与元素周期表、分子结构与晶体结构、配位化合物、重要金属元素、重要非金属元素、石油和天然气简介。本书理论内容体系完整、应用性强，元素化学分类明确、系统性好。每章都安排了“知识目标”、“能力目标”、“阅读材料”、“本章小结”和“习题”等内容，书后附有习题参考答案，便教易学。

本书可作为高职高专无机化学课程教材，适用于化工、环境、轻工、制药、冶金、石油、海洋等有关专业的教学，也可供农林、食品、医学、生物等专业的师生参考。

图书在版编目（CIP）数据

无机化学/吴秀玲，李勇主编.—北京：化学工业出版社，2011.6（2017.9 重印）
高职高专“十二五”规划教材
ISBN 978-7-122-11258-3

Ⅰ.无… Ⅱ.①吴…②李… Ⅲ.无机化学-高等职业教育-教材 Ⅳ.O61

中国版本图书馆 CIP 数据核字（2011）第 088389 号

责任编辑：旷英姿　　文字编辑：刘志茹
责任校对：陈　静　　装帧设计：王晓宇

出版发行：化学工业出版社（北京市东城区青年湖南街 13 号　邮政编码 100011）
印　　刷：北京市振南印刷有限责任公司
装　　订：北京国马印刷厂
787mm×1092mm　1/16　印张 16½　彩插 1　字数 418 千字　2017 年 9 月北京第 1 版第 3 次印刷

购书咨询：010-64518888（传真：010-64519686）　售后服务：010-64518899
网　　址：http：//www.cip.com.cn
凡购买本书，如有缺损质量问题，本社销售中心负责调换。

定　　价：30.00 元

版权所有　违者必究

前　言

无机化学作为化学的分支学科，是一门学习有机化学、分析化学、物理化学和化工原理等化学化工类课程的基础课程，目的在于使学生掌握必需的化学基本理论、基本知识和基本技能；培养学生具备较强的化学观点和解决实际问题的能力。

本书结合无机化学学科的发展、职业教育教学的需求和生产实际编制而成，力求体现如下基本原则：突出重点、简明易懂；选材恰当、深入浅出；理论内容体系完整、应用性强；元素化学分类明确、系统性好。个别章节和习题内容超出了教学大纲要求，用“*”标出。

本书由吴秀玲、李勇主编。具体编写分工如下：吴秀玲编写第一章、第二章第一至第五节，李勇编写第六章第三至第四节，李玉娟编写第六章第一至第二节，第七章，巴新红编写第四、五章，张新峰编写第八章，孙秀芳编写第三章，高业萍编写第九章，李晶编写第十章，杜召民编写第二章第六至第七节。本书由吴秀玲、杜召民统稿。在编写过程中，得到了东营职业学院和兄弟院校许多领导和同志的热情支持和帮助，也得到了化学工业出版社的大力支持，在此一并致谢。在本书的编写过程中，编者参考了已出版的相关教材，并引用了其中的少量图表、例题和习题，主要参考书列于书后，在此说明并致谢。

限于编者的水平和经验，书中不足与疏漏之处在所难免，衷心希望读者批评指正。

编者

2011年3月

目录

第一章　物质及化学热力学基础

学习目标

知识目标

1. 了解物质的存在状态及各状态的基本性质；
2. 掌握理想气体状态方程、气体分压定律、分体积定律及其有关计算；
3. 理解热力学第一定律及其相关概念；
4. 掌握化学反应热效应、反应焓变、热化学方程式、生成焓、盖斯定律及有关计算。

能力目标

1. 能结合真实气体状况理解理想气体模型，学会理想气体状态方程、气体分压定律、分体积定律及其应用；
2. 能从宏观角度认识热力学第一定律及其相关概念；
3. 能结合化学反应实际理解化学反应中的能量变化，掌握热效应、反应焓变、热化学方程式、生成焓、盖斯定律及其应用。

自然界由不断运动的物质组成，物质是由分子、原子或离子等微观粒子组成的。化学是一门在分子、原子或离子的层次上研究物质的组成、结构、性质和相互变化以及变化规律的科学。无机化学是研究元素的单质及其化合物（烃类化合物及其衍生物除外）的组成、结构、性质、制备、相互变化及变化规律和变化过程中能量关系的学科。化学研究的目的在于探明物质化学变化的规律，并将其应用于化工生产、科学研究和人类生活中。

在化工生产和研究中，人们最关心的问题是：在指定条件下某化学反应能否进行？若不能进行，能否改变反应条件使其进行？反应中能量是如何转化的？反应速率和反应历程如何？反应的转化率有多大？等等。这些问题属于化学热力学和化学动力学的研究范畴。本章将简单介绍物质的存在状态和化学热力学的初步知识。

第一节　物质的存在状态

人们日常接触的物质总是以一定的聚集状态存在。在自然界，物质通常有气态、液态和固态三种存在形式，在一定条件下这三种状态可以相互转变。此外，物质还有第四种聚集状态——等离子体。

一、气体

气体的基本特征是分子间距离较大，分子间作用力小，无一定的体积和形状，具有扩散性和可压缩性。气体的存在状态主要由体积 V、压力 p、温度 T 和物质的量 n 四个因素决定，通常用气体状态方程式来反映这四个物理量之间的关系。

1. 理想气体状态方程式

只有位置而没有大小，且气体分子之间没有相互作用力的气体，称为**理想气体**（ideal gas）。显然理想气体是一种假设的情况，实际使用的气体都是真实气体。真实气体只有在压力不太高和温度不太低的情况下，分子间的距离很大，气体所占有的体积远远超过分子本身的体积，分子间的作用力和分子本身的体积都可忽略时，实际气体的存在状态才接近于理想气体，用理想气体的定律进行计算，才不会引起显著误差。描述理想气体体积、压力、温度和物质的量之间关系的方程式称为**理想气体状态方程式**(ideal gas equation of state)。

$$pV=nRT\text{(理想气体状态方程式)} \tag{1-1}$$

式中 p——气体压力，Pa；

V——气体体积，m^3；

n——气体物质的量，mol；

T——气体的热力学温度，K；

R——摩尔气体常数，又称气体常数。

R 是一个与气体种类无关的常数，称为摩尔气体常数或简称气体常数。当式中各物理量的单位均取国际单位制：压力（Pa）、体积（m^3）、n（mol）时，R 数值可由标准状况(273.15K，101325 Pa）下 1.000mol 理想气体的状态函数值求得：

$$R=\frac{pV}{nT}=\frac{101325\text{Pa}\times 22.414\times 10^{-3}\text{m}^3}{1.000\text{mol}\times 273.15\text{K}}$$

$$=8.314\text{N}\cdot\text{m}\cdot\text{mol}^{-1}\cdot\text{K}^{-1}$$

$$=8.314\text{J}\cdot\text{mol}^{-1}\cdot\text{K}^{-1}$$

2. 气体分压定律

在化工生产和日常生活中所遇到的气体，大多数是几种气体组成的气体混合物。例如天然气中就含有甲烷、二氧化碳和硫化氢等。如果混合气体的各组分之间不发生化学反应，则在高温低压下，可将其看作理想气体混合物。混合后的气体作为一个整体，仍符合**理想气体定律**。

在混合气体中，每一种组分气体总是均匀地充满整个容器，对容器内壁产生压力，并且不受其他组分气体的影响，如同它单独存在于容器中那样。在相同温度下，各组分气体占有与混合气体相同体积时所产生的压力叫做该气体的分压（p_i）。1801 年英国科学家道尔顿(Dalton）从大量实验中归纳出组分气体的分压与混合气体总压之间的关系为：混合气体的总压等于各组分气体的分压之和。这一关系称为**道尔顿分压定律**。其数学表达式为：

$$p=p_1+p_2+p_3+\cdots+p_i=\sum p_i \tag{1-2}$$

式中，p 为混合气体总压；p_1，p_2，p_3，…，p_i 分别为混合气体中各组分的分压。图 1-1 是分压定律的示意图，图中(a)～(d)为体积相同的四个容器。(a)～(c)中的砝码表示三种气体单独存在时所产生的压力。(d) 表示 A、B、C 混合气体产生的总压。

混合气体中，以 n_i 表示组分气体 i 的物质的量，V 为混合气体体积，温度为 T，则

$$p_iV=n_iRT$$

理想气体定律同样适用于气体混合物。如混合气体中各气体物质的量之和为 $n_{总}$，温度 T 时混合气体总压为 $p_{总}$，体积为 V，则

$$p_{总}V=n_{总}RT$$

以上两式相比得

$$p_i/p_{总}=n_i/n_{总} \tag{1-3a}$$

或

$$p_i=p_{总}\times n_i/n_{总} \tag{1-3b}$$

混合气体中组分气体 i 的分压与混合气体总压之比（即压力分数）等于混合气体中组分

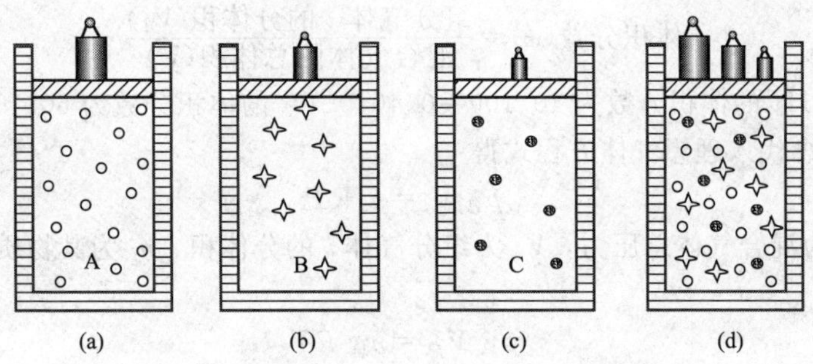

图 1-1　分压定律示意图

气体 i 的摩尔分数；或混合气体中组分气体的分压等于总压乘以组分气体的摩尔分数。这是分压定律的又一种表示方式。

【例 1-1】　在 0.0100m^3 容器中含有 $2.50\times10^{-3}\text{mol}\ O_2$、$1.00\times10^{-3}\text{mol}\ N_2$ 和 $3.00\times10^{-4}\text{mol He}$，在 35℃时总压为多少？

解　$p(O_2)=\dfrac{n(O_2)RT}{V}=\dfrac{2.5\times10^{-3}\text{mol}\times8.314\text{J}\cdot\text{mol}^{-1}\cdot\text{K}^{-1}\times(273+35)\text{K}}{0.0100\text{m}^3}=640\text{Pa}$

$$p(N_2)=\frac{n(N_2)RT}{V}=\frac{1.00\times10^{-3}\text{mol}\times8.314\text{J}\cdot\text{mol}^{-1}\cdot\text{K}^{-1}\times(273+35)\text{K}}{0.0100\text{m}^3}=256\text{Pa}$$

$$p(\text{He})=\frac{n(\text{He})RT}{V}=\frac{3.00\times10^{-4}\text{mol}\times8.314\text{J}\cdot\text{mol}^{-1}\cdot\text{K}^{-1}\times(273+35)\text{K}}{0.0100\text{m}^3}=76.8\text{Pa}$$

$$p_{总}=p(O_2)+p(N_2)+p(\text{He})=(640+256+76.8)\text{Pa}=973\text{Pa}$$

3. 气体分体积定律

化工生产中，常采用量取组分气体体积的方法进行混合气体的组分分析。当组分气体的温度和压力与混合气体相同时，组分气体单独存在时所占有的体积称为分体积（V_i），混合气体的总体积等于各组分气体的分体积之和：

$$V_{总}=V_1+V_2+V_3+\cdots+V_i=\sum V_i \tag{1-4}$$

这一关系称为阿玛格（Amage）分体积定律。式中，$V_{总}$ 为混合气体总体积；V_1，V_2，V_3 $\cdots V_i$ 分别为混合气体中各组分的分体积。图 1-2 中（a）～（c）分别表示 A、B、C 三种组分气体的分体积，（d）为混合气体的总体积。

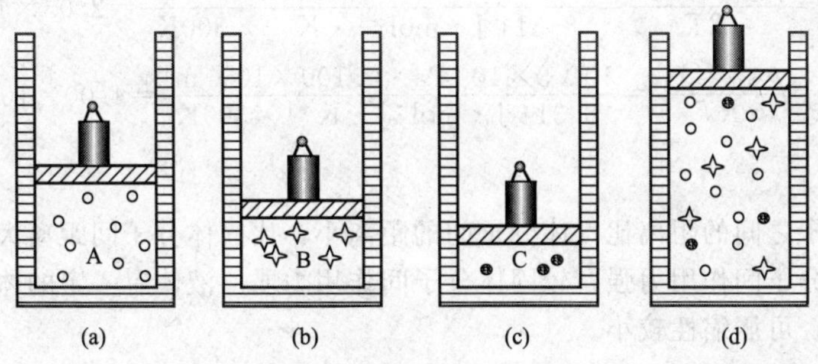

图 1-2　分体积定律示意图

例如，在某一温度和压力下，H_2 和 CO_2 混合气体的体积为 100mL。将混合气体通过 NaOH 溶液，其中 CO_2 被吸收，量得剩余的 H_2 在同温同压下的体积为 40mL，则 CO_2 的分体积为（100－40）mL＝60mL。定义混合气体中组分气体 i 的体积分数（φ）为

$$体积分数(\varphi)=\frac{组分气体\ i\ 的分体积(V_i)}{混合气体的总体积(V)}$$

上述混合气体中 H_2 的体积分数为 40/100＝0.40，CO_2 的体积分数为 60/100＝0.60。

将分体积概念代入理想气体方程式得

$$p_{总} V_i = n_i RT$$

式中，$p_{总}$ 为混合气体总压力，V_i 为组分气体 i 的分体积，n_i 为其物质的量。对混合气体有

$$p_{总} V_{总} = n_{总} RT$$

除上式，得

$$V_i/V_{总} = n_i/n_{总} \tag{1-5}$$

联系式(1-5) 与式(1-3a) 得

$$p_i/p_{总} = V_i/V_{总}$$

即

$$p_i = (V_i/V_{总})p_{总} \tag{1-6}$$

可见，混合气体中某一组分的体积分数等于其摩尔分数，组分气体分压等于总压乘以该组分气体的体积分数。混合气体的压力分数、体积分数与其摩尔分数均相等。

【例 1-2】 在 27℃，101.3kPa 下，取 1.00 L 混合气体进行分析，各气体的体积分数为：CO_2 50.0%，O_2 10.0%，其他气体为 40.0%。求混合气体中：(1) CO_2 和 O_2 的分压；(2) CO_2 和 O_2 的物质的量。

解 (1) 根据式(1-6)

$$p(CO_2) = p_{总} \times \frac{V(CO_2)}{V_{总}} = 101.3\text{kPa} \times 0.500 = 50.6\text{kPa}$$

$$p(O_2) = p_{总} \times \frac{V(O_2)}{V_{总}} = 101.3\text{kPa} \times 0.100 = 10.1\text{kPa}$$

(2)

$$n(CO_2) = \frac{p(CO_2)V_{总}}{RT} = \frac{50.6\times10^3\ \text{Pa}\times1.00\times10^{-3}\,\text{m}^3}{8.314\ \text{J}\cdot\text{mol}^{-1}\cdot\text{K}^{-1}\times300\text{K}} = 2.03\times10^{-2}\,\text{mol}$$

$$n(O_2) = \frac{p(O_2)V_{总}}{RT} = \frac{10.1\times10^3\ \text{Pa}\times1.00\times10^{-3}\,\text{m}^3}{8.314\ \text{J}\cdot\text{mol}^{-1}\cdot\text{K}^{-1}\times300\text{K}} = 4.00\times10^{-3}\,\text{mol}$$

或

$$n(CO_2) = \frac{p_{总}V(CO_2)}{RT} = \frac{101.3\times10^3\ \text{Pa}\times0.500\times10^{-3}\,\text{m}^3}{8.314\ \text{J}\cdot\text{mol}^{-1}\cdot\text{K}^{-1}\times300\text{K}} = 2.03\times10^{-2}\,\text{mol}$$

$$n(O_2) = \frac{p_{总}V(O_2)}{RT} = \frac{101.3\times10^3\ \text{Pa}\times0.100\times10^{-3}\,\text{m}^3}{8.314\ \text{J}\cdot\text{mol}^{-1}\cdot\text{K}^{-1}\times300\text{K}} = 4.00\times10^{-3}\,\text{mol}$$

二、液体

液体内部分子之间的距离比气体分子间的距离小，比固体分子间距离大；液体分子之间的作用力较气体分子间作用力强，较固体分子间作用力弱。液体有一定的体积而无一定的形状，具有流动性，可压缩性较小。

1. 液体的蒸气压

在液体中，分子运动的速度及分子具有的能量各不相同。液体表面某些运动速度较大的分子所具有的能量较高，足以克服分子间的吸引力而逸出液面，成为气态分子，这个过程叫做液体的**蒸发**。在一定温度下，如果液体处于一敞口容器中，液态分子不断吸收周围的热量，使蒸发过程不断进行，一直到液体全部蒸发掉。而在密闭容器中，情况就有所不同，一

方面，液体分子以一定速度进行蒸发变成气态分子；另一方面，一些气态分子与液面碰撞会重新返回液体，这个过程叫做液体的**凝聚**。初始时，由于没有气态分子，凝聚速度为零，随着气态分子逐渐增多，凝聚速度逐渐增大，直到凝聚速度等于蒸发速度，即在单位时间内，脱离液面变成气体的分子数等于返回液面变成液体的分子数，达到蒸发与凝聚的动态平衡。此时，在液体上部的蒸气量不再改变，蒸气便具有恒定的压力，系统中液体与其蒸气共存。在恒定温度下，与液体平衡的蒸气称为饱和蒸气，饱和蒸气的压力就是该温度下的**饱和蒸气压**，简称**蒸气压**。

蒸气压是物质的一种特性，蒸气压的大小取决于液体的本性而与液体的量无关。在某温度下，蒸气压越大的物质，其挥发性越强；蒸气压越小的物质，其挥发性越弱。如 25℃时，水的蒸气压为 3.17kPa，酒精的蒸气压为 5.95kPa，则酒精比水易挥发。通常把蒸气压大的物质称为易挥发物质，如乙醇、汽油等；蒸气压小的物质称为难挥发物质，如甘油、石蜡油等。

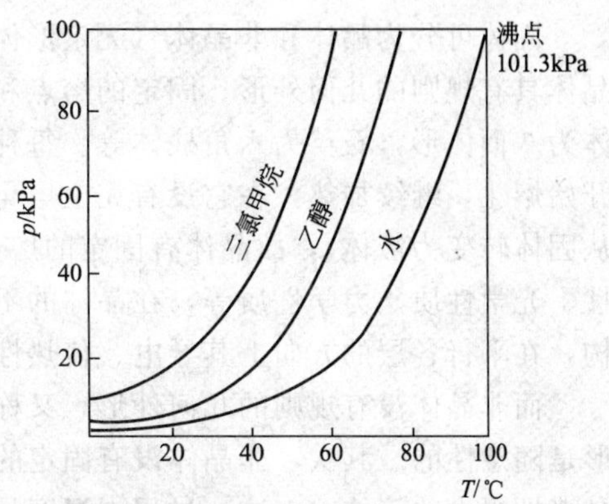

图 1-3　液体蒸气压与温度关系示意图

只要某物质处于气-液共存状态，则该物质蒸气压的大小就与液体的质量及容器的体积无关。液体的蒸气压随温度的升高而增大。图 1-3 表示几种液体物质的蒸气压与温度的关系。

【例 1-3】 实验室用锌与盐酸反应制备氢气，在 25℃时（已知此时水的饱和蒸气压为 3.17kPa），用排水法收集氢气，总压为 97.8kPa，体积为 $5.00\times10^{-3}\text{m}^3$。求：

(1) 试样中氢的分压是多少？

(2) 收集到的氢的质量是多少？

解　(1)

$$p_{总}=p(\text{H}_2)+p(\text{H}_2\text{O})$$

$$p(\text{H}_2)=p_{总}-p(\text{H}_2\text{O})=(97.8-3.17)\text{kPa}=94.6\text{kPa}$$

(2)

$$p(\text{H}_2)V=n(\text{H}_2)RT=\frac{m(\text{H}_2)}{M(\text{H}_2)}RT$$

$$m(\text{H}_2)=\frac{p(\text{H}_2)VM(\text{H}_2)}{RT}=\frac{94.6\times10^3\ \text{Pa}\times0.00500\text{m}^3\times2.02\ \text{g}\cdot\text{mol}^{-1}}{8.314\ \text{J}\cdot\text{mol}^{-1}\cdot\text{K}^{-1}\times298\text{K}}=0.386\text{g}$$

2. 液体的沸点

在敞口容器内加热液体，最初会看到不少细小气泡从液体中逸出，这种现象是由于液体分子吸收热量不断汽化为气态分子所引起的。随着温度的升高，液体的蒸气压增大，当达到一定温度，液体的蒸气压等于外界压力时，整个液体内部都冒出大量气泡，气泡上升至表面，随即破裂而逸出，这种现象叫做沸腾。此时，气泡内部的压力等于液面上的压力（即外界压力，对敞口容器即大气压力），而气泡内部的压力为蒸气压。故液体沸腾的条件是液体的蒸气压等于外界压力，**沸腾**时的温度叫做该液体的沸点。也即，液体的蒸气压等于外界压力时的温度称为液体的**沸点**。如果此时外界压力为 101.325kPa，液体的沸点就叫正常沸点。例如，水、乙醇和乙醚的正常沸点分别为 100℃、78.5℃和 34.5℃。沸腾过程中，液体所吸收的热量仅仅用来把液体转化为气体，整个系统的温度保持不变，直到液体全部汽化。

液体的沸点随外界压力而变化。当外界压力减小时，液体的沸点就会降低。例如在海拔高的地方，由于大气压力低，水的沸点不到 100℃，食品难煮熟。反之，增大外界压力可使液体的沸点升高，用高压锅煮饭，食品易熟就是这个道理。化工生产中，对于一些在正常沸点下易分解的物质，可在减压下进行蒸馏，使它们在较低温度下即沸腾，以达到分离或提纯的目的。

三、固体

固体的基本特征是组成固体的原子、离子或分子间距离很小，这些粒子排列紧凑，有强烈的作用力（化学键或分子间力），使它们只能在一定的平衡位置上振动。因此固体具有一定体积、一定形状和一定程度的刚性，很难被压缩。

固体可分为**晶体**和**非晶体**（无定形体）两大类，多数固体物质是晶体。与非晶体相比，晶体具有规则的几何外形、固定的熔点和各向异性等。例如，食盐晶体为立方体形，明矾晶体为八面体形，石英为六角柱体等。每种晶体在一定压力下加热到某一温度（熔点）时，就开始熔化，继续加热，在它没有完全熔化以前温度不变（因为此时外界供给的热量用于晶体从固体转变为液体），故晶体有固定的熔点。晶体的某些性质具有方向性，像导电性、传热性、光学性质、力学性质等，在晶体的不同方向表现出明显的差别，例如石墨晶体是层状结构，在平行各层的方向上其导电、传热性好，层与层之间易滑动。

而非晶体没有规则的几何外形，又称无定形体。例如，玻璃、橡胶、塑料等，它们的外形是随意性的。其次，非晶体没有固定的熔点。如将玻璃加热，它先变软，然后慢慢熔化成黏滞性很大的流体。在这一过程中温度是不断上升的，从软化到熔体，有一段温度范围。再次，非晶体没有各向异性的特点。

在不同条件下，同一种物质可以形成晶体，也可以形成非晶体，晶体和非晶体是可以互相转变的。例如，二氧化硅能形成石英晶体（也称水晶），也能形成非晶体燧石及石英玻璃；玻璃在适当条件下可以转化成晶态玻璃。

多数固体物质受热时能熔化成液体，但有少数固体物质并不经过液体阶段而直接变成气体，这种现象叫做**升华**。如衣柜中的樟脑球，过一段时间后变少或者消失，而衣柜中却充满其特殊气味。舞台上喷放的干冰会因升华而产生雾状效果。利用固体的升华现象可以提纯一些挥发性固体物质如碘、萘等。另一方面，一些气体在一定条件下也能直接变成固体，这一过程叫凝华，例如晚秋降霜就是**凝华**过程。

四、等离子体

等离子体是物质的第四种聚集状态。在一定条件下，如强热、辐射和放电等，气态物质接受足够高的能量，气体分子将分解成原子，原子进一步电离成自由电子和正离子，它们的电荷相反而数量相等，当气体中有足够数量的原子电离时，将转化为由大量带电粒子（离子、电子）和中性粒子（原子、分子）所组成的新物态，因其中正电荷总数等于负电荷总数，故称为等离子体。等离子体实际上是高度电离的气体。

日常生活和自然界中，等离子体并不罕见。如霓虹灯中的氩、氖，日光灯灯管中的气体等，经放电成为等离子体而发光。空气因放电形成等离子体发光而形成闪电，电焊弧光的周围也有等离子体存在。地球大气上层受太阳辐射而形成由等离子体组成的电离层，能反射无线电波，可用来进行远距离通讯。宇宙中绝大多数物质都是以等离子体形式存在的。恒星内部具有几千万度甚至几亿度的高温，据认为是由质子、碳离子、氦离子及电子的等离子体所组成。太阳是一个灼热的等离子体火球，银河系中大部分星际物质都处于等离子体状态。

等离子体有些性质与气体相似，如密度小，高温时接近理想气体等。但等离子体又有自己的特征，在等离子体中，电磁力起主要作用，它能导电，在磁场作用下可以做有规律的运动，其运动可以被磁场控制，等离子体还易于参加化学反应，表现活泼的化学性质等。20世纪50年代以来，等离子体的研究发展迅速，它是一门涉及化学、物理学、气体动力学、电磁学等的新兴交叉学科。等离子体在新材料、新技术等各个领域中的应用，已经越来越受到人们的重视。例如，制备各种单质和化合物；制成单晶、多晶和非晶体；赋予材料电、磁、光、声和化学功能；应用于切割、喷涂、核聚变反应等。

第二节　化学热力学基础

在化学反应中，参与化学反应前各种物质的总质量等于反应后全部生成物的总质量，这是化学反应的一个基本定律——质量守恒定律。化学反应的实质是化学键的重组，化学键的断裂需要吸收能量，而新键的生成又会放出能量，所以，化学变化过程中必然伴随着能量的变化。研究化学反应中能量的转换规律及其定量关系的学科称为化学热力学。其研究特点是只研究系统的宏观性质，不涉及物质的微观结构；只研究系统的始态和终态，不涉及物质变化的机理和时间。

物质发生化学变化可以向人类提供具有不同性能的各种物质，同时还能提供巨大的能量。研究和开发能源是当今世界的重要课题。所谓能源，是能够提供能量的自然资源。能源包括多种形式，如燃料、核能、太阳能等。石油和天然气是燃料类能源，它们是从自然界取得的未经加工的能源，称为一次能源。各种石油制品，如汽油、煤油、柴油等经过加工而取得的能源，称为二次能源。

一、化学热力学一些常用术语

1. 系统和环境

化学反应总是伴随着各种形式的能量变化，研究化学反应中的能量关系时，常常需要把研究的对象与其余部分划分开来，而作为研究对象的这一部分，就称为**系统**（system）；把系统以外的跟系统密切相关的部分称为**环境**（surrounding）。例如研究烧杯中盐酸与氢氧化钠溶液的反应，溶液就是要研究的系统，而盛溶液的烧杯、溶液周围的空气等都是环境。按照系统和环境之间物质和能量的交换情况不同，可以将系统分为以下三类：

(1) 敞开系统　这种系统和环境之间，既有物质交换，又有能量交换。

(2) 封闭系统　这种系统和环境之间，没有物质交换，只有能量交换。

(3) 孤立系统　这种系统和环境之间，既没有物质交换，也没有能量交换。

例如，在一个敞口的锥形瓶中盛有50mL醋酸溶液，盛醋酸溶液的锥形瓶即为一个敞开系统，因为瓶内外既有热量的交换，又有瓶中醋酸的蒸发和瓶外空气及水蒸气的溶解。如在此锥形瓶上盖上磨口塞，这样瓶内外只有热量的交换而无物质的交换，这时成为一个封闭系统。如将上述锥形瓶换为带盖的杜瓦瓶（能绝热），由于瓶内外既无物质交换又无热量交换，而构成一个孤立系统。实际上，孤立系统是不存在的，只是为了处理一些极端问题而建立的一种理想模型，类似于理想气体的建立。

2. 状态和状态函数

一个系统的状态可由它的一系列物理量来确定，例如气体的状态可由压力、体积、温度及各组分的物质的量等物理量来决定，当这些物理量都有确定值时，该系统就处于一定的热力学状态。所以，**状态**（state）是系统一切宏观性质的综合，而这些决定系统状态的物理量称为**状态函数**（state function）。

状态函数的一个重要性质，就是它们的数值大小只与系统所处的状态有关。也就是说，在系统从一种状态变化到另一种状态时，状态函数的增量只与系统的始态和终态有关，而与完成这个变化所经历的途径无关。例如，某种气体的温度由始态的25℃变到终态的80℃，它变化的途径不论是先从25℃降温到10℃，再升到80℃，或是从25℃直接升温到80℃，状态函数的增量ΔT只由系统的终态（80℃）和始态（25℃）所决定，其结果都是相同的。

要确定一个系统的状态，并不需要确定其所有的状态函数，因为系统各个状态函数之间往往存在着一定的函数关系，若确定了其中的几个，其余的就随之而定。例如对于气体，若知道了压力、温度、体积、物质的量这四个状态函数中的任意三个，就能用状态方程式确定第四个状态函数。另外，通过其他形式的关系式还可以确定该气体系统的密度、质量等其他状态函数。

3. 过程和途径

当系统的状态发生变化时，这种变化称为**过程**（process）。如果系统的状态是在温度恒定的条件下发生变化，则此变化称为“等温过程”；同理，在压力或体积恒定的条件下，系统的状态发生了变化，则称“等压过程”或“等容过程”。如果状态发生变化时，系统和环境没有热交换，则称“绝热过程”。

系统从一种状态变到另一种状态的变化过程，可以经由不同的方式。这种由一种状态变到另一种状态的不同方式就称不同的途径，系统状态变化的具体方式称为**途径**（path）。

二、热力学第一定律

1. 热和功

当系统和环境之间存在着温度差时，热会自动地从高温的一方向低温的一方传递，直到温度相等建立起热平衡为止，在两者之间发生了能量的交换。这种系统与环境之间因温度不同而传递的能量称为**热**（heat），用符号Q表示。溶解过程中与环境交换的热称为溶解热；化学反应过程中与环境交换的热称为反应热。热力学上规定：系统吸热，Q为正值；系统放热，Q为负值。

在热力学中，除热以外，其他各种被传递的能量都称为功（work），用符号W表示。系统因体积变化反抗外力作用而对环境做的功称体积功，除此外其他形式的功均为非体积功，如电功、表面功、机械功、声功等。化学反应中，系统一般只做体积功，因为非体积功，如电功一定要在原电池这种特殊装置中才可能产生，所以本章只考虑体积功。热力学上规定：当系统的体积改变$\Delta V>0$时，系统对环境做功，W为负值；当体积改变$\Delta V<0$时，环境对系统做功，W为正值。二者均可表示为

$$W=-p\Delta V \tag{1-7}$$

热和功是能量传递的两种形式，它们与变化的途径有关。当系统变化的始、终态确定后，Q和W随着途径不同而不同，只有指明途径才能计算过程的热和功，所以热和功都不是状态函数。

2. 热力学能

系统和环境之间可以有热和功两种形式的能量传递，表明了系统内部蕴藏着一定的能量。系统中一切形式能量的总和称为**热力学能**（thermodynamic energy），又称内能，以符号U表示，具有能量单位。它包括系统中原子、分子或离子的动能（平动能、转动能、电子运动能等），各种粒子间吸引和排斥所产生的势能，以及化学键能、核能等。

热力学能是系统自身的一种性质，仅决定于系统的状态，在一定状态下有一定的数值，

所以热力学能是状态函数。当系统从一种状态变化到另一种状态时，热力学能的增量 ΔU 只与系统的始态和终态有关，而与变化的途径无关。

由于物质结构的复杂性和内部相互作用的多样性，无法确定热力学能的绝对值。实际应用中，可以根据能量守恒与转化定律，由系统与环境之间交换的热和功的数值来确定系统热力学能的变化值。

3. 热力学第一定律

关于能量的变化，人们经过长期实践认识到"在任何过程中，能量是不会自生自灭的，只能从一种形式转化为另一种形式，在转化过程中能量的总值不变。"这个规律称为**热力学第一定律**（the first law of thermodynamics）。热力学第一定律可以简述为：系统热力学能的变化（ΔU）等于环境以热的形式供给系统的能量加上环境对系统所做的功。热力学第一定律的数学表达式为

$$\Delta U = U_2 - U_1 = Q + W \tag{1-8}$$

【例 1-4】 在 101.3kPa 和 1158K 时，分解 1mol $CaCO_3$ 需吸热 165.5kJ，产生 1mol CaO 和 1mol CO_2，体积增大了 0.095m^3。试计算此过程系统热力学能的变化。

解 以 $CaCO_3(s)$ 分解为 $CaO(s)$ 和 $CO_2(g)$ 为研究系统

$$p = 101.3\text{kPa},\ Q = 165.5\text{kJ}$$

$$W = -p\Delta V = -101.3\text{kPa} \times 0.095\text{m}^3 = -9.6\text{kJ}$$

系统热力学能的变化 $\Delta U = Q + W = 165.5\text{kJ} + (-9.6\text{kJ}) = 155.9\text{kJ}$

系统的热力学能增加了 155.9kJ。

三、热化学

1. 反应热效应 焓变

化学反应中往往伴随着热量的变化，研究化学反应中热量变化的分支学科称为热化学(thermochemistry)。在恒温下，系统只做体积功时，化学反应中的热量变化称为该反应的**热效应**，简称反应热（heat of the reaction）。此处恒温是指反应后系统的温度重新回到反应前的温度，并不是说反应过程中系统温度一直保持恒定。在化工生产或化学实验室中进行的化学反应，一般在恒容（即密闭容器）或恒压（即敞口容器）下进行，其反应热效应分别为恒容热效应 Q_V 或恒压热效应 Q_p。

根据热力学第一定律，系统只做体积功时，$\Delta U = Q + W = Q - p\Delta V$，则

$$Q = \Delta U + p\Delta V$$

在恒容（$\Delta V = 0$）时，$p\Delta V = 0$，则

$$Q_V = \Delta U \tag{1-9}$$

即系统只做体积功而不做其他功时，恒容热效应等于系统热力学能的变化值。

在恒压时，有

$$Q_p = \Delta U + p\Delta V = (U_2 - U_1) + (pV_2 - pV_1) = (U_2 + pV_2) - (U_1 + pV_1)$$

式中，U、p、V 都是状态函数，它们的组合（$U + pV$）也具有状态函数的性质。热力学上定义 $H = U + pV$，取名为**焓**（enthalpy），则

$$Q_p = H_2 - H_1 = \Delta H \tag{1-10}$$

ΔH 为系统的焓变（chang of enthalpy），具有能量单位。即温度一定时，在恒压下，系统只做体积功时，化学反应热效应 Q_p 在数值上等于系统的焓变。可见，焓相当于物质内部可以转变为热的能量。焓像热力学能那样，无法确定其绝对值，在实际应用中涉及的都是焓

变 ΔH。

值得注意的是，无论 ΔU 还是 ΔH 都随温度的变化而稍有改变，但在实际运用时，当温度变化不太大的情况下，可当常数处理。

通常规定放热反应的 $\Delta H<0$，吸热反应的 $\Delta H>0$。恒压下，由 $Q_p=\Delta H$，$\Delta U=Q_p-p\Delta V$ 得到

$$\Delta U-\Delta H=-p\Delta V \tag{1-11}$$

由此可知，恒压下 $\Delta U-\Delta H$，就是系统经由恒压过程发生变化时所做的体积功，由此可进行 ΔU 与 ΔH 的相互换算。

对始态和终态都是液体或固体的变化来说，体积变化 ΔV 不大，$p\Delta V=0$，有

$$\Delta H=\Delta U$$

对于有气体参加的反应，如

$$N_2(g)+3H_2(g)=\!=\!=2NH_3(g)$$

假定反应物和生成物都具有理想气体的性质，则

$$-p\Delta V=-p(V_2-V_1)=-(n_2-n_1)RT=-\Delta nRT$$

反应前后，气体的物质的量改变为 Δn，它等于气体生成物的物质的量总和减去气体反应物的物质的量总和。在上述反应中，$\Delta n=2-(1+3)=-2$，

$$-p\Delta V=-\Delta nRT=2RT$$

$$\Delta U=\Delta H-p\Delta V=\Delta H-\Delta nRT=\Delta H+2RT$$

2. 热化学方程式

表示化学反应及其热效应的化学方程式称为**热化学方程式**。它的写法一般是在配平的化学反应方程式的右面加上反应的热效应。例如：

$$2H_2(g)+O_2(g)=\!=\!=2H_2O(g)\quad \Delta_r H_m^{\ominus}(298.15K)=-483.64kJ\cdot mol^{-1}$$

$$2H_2(g)+O_2(g)=\!=\!=2H_2O(l)\quad \Delta_r H_m^{\ominus}(298.15K)=-571.6kJ\cdot mol^{-1}$$

$$H_2(g)+\frac{1}{2}O_2(g)=\!=\!=H_2O(l)\quad \Delta_r H_m^{\ominus}(298.15K)=-285.8kJ\cdot mol^{-1}$$

$\Delta_r H_m^{\ominus}(298.15K)$ 读作温度在 298.15K 时的标准摩尔反应焓变。“r”是反应 reaction 的词头；“m”是摩尔 mol 的意思，指反应进度是以摩尔为单位的，即 1mol 的某反应，而不是指反应物或产物为 1mol；“$\ominus$”读作标准，表示反应系统中各物质都处于标准状态（简称标准态）。在同一温度下，物质的性质常随压力而变，热力学中规定了物质的标准状态：气态物质的标准状态是压力为 100kPa 的理想气体。液态或固态物质的标准状态是在 100kPa 压力下，其相应的最稳定的纯净物。对于溶液来说，溶质的标准状态是它的质量摩尔浓度为 $1mol\cdot kg^{-1}$，实际应用中，稀溶液常近似用溶质的物质的量浓度 $1mol\cdot L^{-1}$，压力为标准压力 100kPa；把稀溶液的溶剂看作纯物质，其标准状态是标准压力下的纯液体。请注意标准态并未对温度作出规定，温度若不注明，通常指 298.15K。$\Delta_r H_m^{\ominus}(298.15K)$ 可简化为 $\Delta_r H_m^{\ominus}$，$\Delta_r H^{\ominus}$，甚至 $\Delta H^{\ominus}$。

书写热化学方程式，需注意以下几点：

① 因反应热效应的数值与温度、压力有关，在热化学方程式中必须注明反应的温度和压力条件。

② 反应的焓变（ΔH）值与反应式中的化学计量数有关。同一反应以不同的计量数表示时，则 ΔH 值也不相同。此外，化学反应式中的配平系数只表示该反应的化学计量数，不

表示分子数，因此也可以写成分数。

③ 需在反应式中注明物质的聚集状态。反应物或生成物的聚集状态改变时，总是伴随有相变的焓变，所以物质处于不同的聚集状态时，其反应的 $\Delta_r H_m^\ominus$ 也应该不同。常用 s 表示固态，l 表示液态，g 表示气态。

④ 逆反应的热效应与正反应的热效应数值相同而符号相反。

3. 生成焓

生成焓又称为生成热，它是反应热的一种。热力学中的标准状态是指压力为 100kPa，温度可以任意选定，通常选定在 298.15K，勿与气体的标准状况（100kPa，0℃）相混淆。在标准状态下，由元素的最稳定单质化合生成 1mol 纯化合物时的反应焓变叫做该化合物的**标准摩尔生成焓**，用 $\Delta_f H_m^\ominus$ 表示。在化学手册中查到的 $\Delta_f H_m^\ominus$ 的数据常是 298.15K 时的标准生成焓。

根据上述定义，稳定单质的标准生成焓为零。应该指出，当一种元素有两种或两种以上单质时，最稳定单质是指定的。例如，常温下，碳的最稳定单质是石墨而非金刚石，即石墨的标准生成焓为零。磷的最稳定单质是黑磷，其次是红磷，最不稳定的是白磷，但由于白磷较常见，结构简单，易制得纯净物，所以通常指定白磷的标准生成焓为零。由稳定单质转变为其他形式单质时，也有焓变：

$$\text{C(石墨)} \longrightarrow \text{C(金刚石)} \quad \Delta H^\ominus = 1.897\text{kJ} \cdot \text{mol}^{-1}$$

$\Delta_f H_m^\ominus$ 的数值代表了该物质在相应温度下稳定性的大小，通过比较相同类型化合物的生成焓数据，可以判断这些化合物的相对稳定性，代数值越小（即越负），则越稳定。例如，298.15K 时，$Ag_2O(s)$ 与 $Na_2O(s)$ 的 $\Delta_f H_m^\ominus$ 分别为 $-31.1\text{kJ} \cdot \text{mol}^{-1}$、$-414.2\text{kJ} \cdot \text{mol}^{-1}$，因 Ag_2O 生成时放出热量少，因而比较不稳定，300℃以上即分解。

4. 盖斯定律

1840 年，俄国化学家盖斯（G. H. Hess）在多年从事热化学研究和反应热测量的实验基础上总结出一条定律：在定压下，反应热效应只与反应的始态和终态（温度、物质的聚集状态和物质的量）有关而与反应的途径无关。这就是**盖斯定律**。

利用盖斯定律，可以用一些反应热数据来计算出另一些反应热的数据，尤其是一些不易或不能用实验方法直接测定的反应热。例如，在煤气生产中，C 和 O_2 化合生成 CO 的反应热是不能用实验直接测定的，但是 C 燃烧生成 CO_2 的反应热和 CO 燃烧生成 CO_2 的反应热是已知的。

$$C(s) + O_2(g) = CO_2(g) \quad \Delta H_1^\ominus = -393.5\text{kJ} \cdot \text{mol}^{-1} \tag{1}$$

$$CO(g) + \frac{1}{2}O_2(g) = CO_2(g) \quad \Delta H_2^\ominus = -283.0\text{kJ} \cdot \text{mol}^{-1} \tag{2}$$

$$C(s) + \frac{1}{2}O_2(g) = CO(g) \quad \Delta H_3^\ominus \text{(未知)} \tag{3}$$

以上三个反应的关系如图 1-4 所示。

选择（$C+O_2$）作为反应的始态、CO_2 作为反应的终态，从始态到终态可以有两条途径，第一条途径是一步完成的；第二条途径分两步完成。这两条途径总的焓变应相等。即

$$\Delta H_1^\ominus = \Delta H_2^\ominus + \Delta H_3^\ominus$$

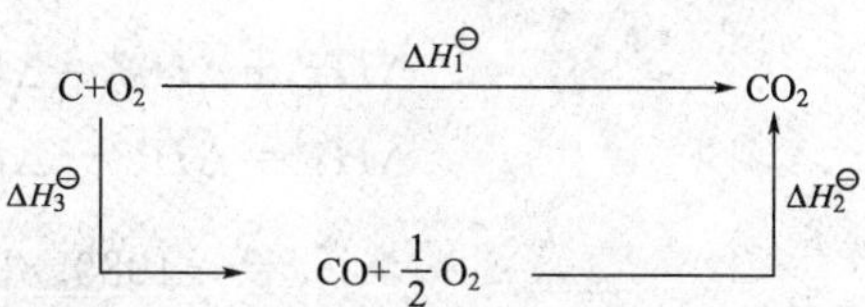

图 1-4　由 $C+O_2$ 生成 CO_2 的反应途径

$$\Delta H_3^{\ominus} = \Delta H_1^{\ominus} - \Delta H_2^{\ominus}$$
$$= -393.5\text{kJ}\cdot\text{mol}^{-1} - (-283.0)\text{kJ}\cdot\text{mol}^{-1}$$
$$= -110.5\text{kJ}\cdot\text{mol}^{-1}$$

用盖斯定律计算反应热时，把热化学方程式像代数方程式那样进行运算更为方便。例如，在上例中反应式(1)、式(2) 和式(3) 的关系为

$$(3) = (1) - (2)$$

则
$$\Delta H_3^{\ominus} = \Delta H_1^{\ominus} - \Delta H_2^{\ominus}$$

盖斯定律是热力学第一定律的必然结果。因为 H 是状态函数，ΔH 就是定值，与反应物到生成物的途径无关。即一个反应若能分成两步或多步实现，则总反应的 ΔH 等于各步反应 ΔH 之和。注意，计算过程中，把相同物质消去时，物质的状态（物态、温度、压力）必须相同。

根据盖斯定律，还可以利用化合物的标准生成焓，来计算各种化学反应的反应热。根据质量守恒定律，在任何反应中，反应物和生成物所含有的原子的种类和个数总是相同的，用相同种类和数量的单质既可以组成全部反应物，也可以组成全部生成物。如果分别知道了反应物和生成物的生成焓，即可求出反应的反应热。

【例 1-5】 计算氨的氧化反应 $4NH_3(g) + 5O_2(g) \longrightarrow 4NO(g) + 6H_2O(g)$ 的标准反应热 $\Delta H^{\ominus}(298K)$。

解 查表得：

$$\Delta_f H^{\ominus}(NH_3,g) = -46.11\text{kJ}\cdot\text{mol}^{-1}$$
$$\Delta_f H^{\ominus}(NO,g) = 90.25\text{kJ}\cdot\text{mol}^{-1}$$
$$\Delta_f H^{\ominus}(H_2O,g) = -241.8\text{kJ}\cdot\text{mol}^{-1}$$

$2N_2+6H_2+5O_2 \xrightarrow{\Delta H_2^{\ominus}} 4NO+6H_2O$

$\Delta H_1^{\ominus}$ ↓ $4NH_3+5O_2$ ↑ $\Delta H_3^{\ominus}$

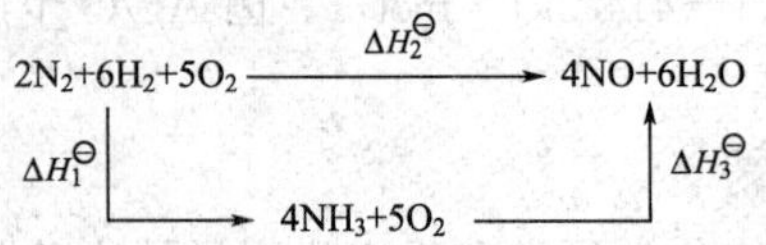

图 1-5 氨氧化反应关系图

反应物和生成物都可以看作是由 2mol N_2、6mol H_2 和 5mol O_2 反应生成的，以 $(2N_2+6H_2+5O_2)$ 为始态，以反应物 $(4NH_3+5O_2)$ 为中间状态，生成物 $(4NO+6H_2O)$ 为终态，可得关系图 1-5。

反应物标准生成焓的总和：

$$\Delta H_1^{\ominus} = 4\Delta_f H^{\ominus}(NH_3,g) + 5\Delta_f H^{\ominus}(O_2,g)$$
$$= 4\times(-46.11)\text{kJ}\cdot\text{mol}^{-1} + 5\times 0\text{kJ}\cdot\text{mol}^{-1}$$
$$= -184.44\text{kJ}\cdot\text{mol}^{-1}$$

生成物标准生成焓的总和：

$$\Delta H_2^{\ominus} = 4\Delta_f H^{\ominus}(NO,g) + 6\Delta_f H^{\ominus}(H_2O,g)$$
$$= 4\times 90.25\text{kJ}\cdot\text{mol}^{-1} + 6\times(-241.8)\text{kJ}\cdot\text{mol}^{-1}$$
$$= -1089.8\text{kJ}\cdot\text{mol}^{-1}$$

根据盖斯定律：

$$\Delta H_1^{\ominus} + \Delta H_3^{\ominus} = \Delta H_2^{\ominus}$$
$$\Delta H_3^{\ominus} = \Delta H_2^{\ominus} - \Delta H_1^{\ominus}$$
$$= -1089.8\text{kJ}\cdot\text{mol}^{-1} - (-184.44)\text{kJ}\cdot\text{mol}^{-1}$$
$$= -905.36\text{kJ}\cdot\text{mol}^{-1}$$

由上述例子可知，在相同温度和压力下，对任一化学反应

$$aA + bB \longrightarrow xX + yY$$

可用物质的标准摩尔生成焓按式(1-12)或式(1-12′)直接计算化学反应的标准摩尔反应热：

$$\Delta_r H_m^{\ominus} = x\Delta_f H_m^{\ominus}(X) + y\Delta_f H_m^{\ominus}(Y) - a\Delta_f H_m^{\ominus}(A) - b\Delta_f H_m^{\ominus}(B) \tag{1-12}$$

$$\Delta_r H_m^{\ominus} = \sum \nu_B \Delta_f H_m^{\ominus}(B) \tag{1-12′}$$

式(1-12′)中，B为反应式中任一物质，ν_B 为反应式中任一物质的化学计量数，反应物的 ν_B 为负值，产物的 ν_B 为正值。即：标准反应热等于生成物的标准生成焓总和减去反应物的标准生成焓总和。

盖　斯

俄国化学家，1802年8月8日生于瑞士日内瓦市一位画家家庭，三岁时随父亲定居俄国莫斯科，因而在俄国上学和工作。1825年毕业于多尔帕特大学医学系，并取得医学博士学位。1826年弃医专攻化学，并到瑞典斯德哥尔摩柏济力阿斯实验室进修化学，从此与柏济力阿斯结成了深厚的友谊。回国后到乌拉尔做地质调查和勘探工作，后又到伊尔库茨克研究矿物。1828年由于在化学上的卓越贡献被选为圣彼得堡科学院院士，旋即被聘为圣彼得堡工艺学院理论化学教授兼中央师范学院和矿业学院教授。1838年被选为俄国科学院院士。1850年12月13日盖斯卒于圣彼得堡。

盖斯早年从事分析化学的研究，曾对巴库附近的矿物和天然气进行分析，做出了一定成绩，以后还曾发现蔗糖可氧化成糖二酸。1830年专门从事化学热效应测定方法的改进，曾改进拉瓦锡和拉普拉斯的冰量热计，从而较准确地测定了化学反应中的热量。1840年经过许多次实验，他总结出一条规律：在任何化学反应过程中的热量，不论该反应是一步完成的还是分步进行的，其总热量变化是相同的。这就是举世闻名的盖斯定律。盖斯定律是断定能量守恒的先驱，也是化学热力学的基础。当一个不能直接发生的反应要求反应热时，便可以用分步法测定反应热并加和起来而间接求得。故而我们常称盖斯是热化学的奠基人。

盖斯的主要著作有《纯化学基础》等，该书是俄国当时广泛使用的教科书，曾出版过七版，对欧洲化学界也有一定影响。

本章小结

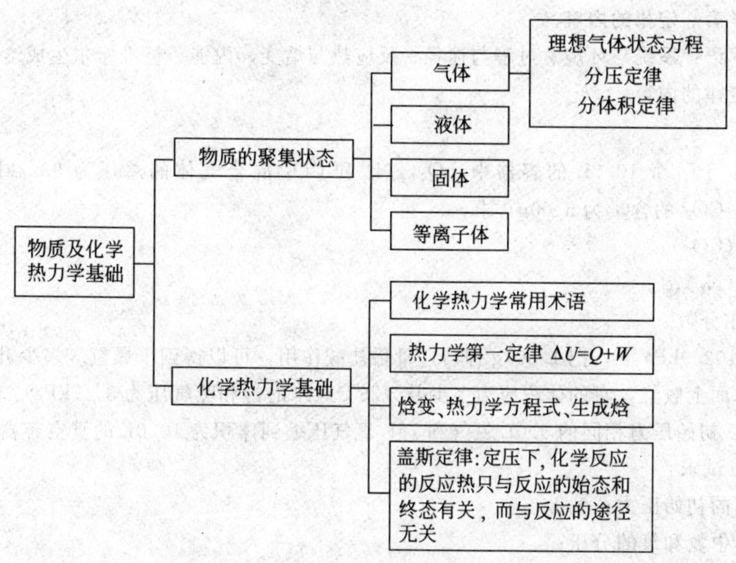

习　题

一、选择题

1. 指出下列方程式中错误的是（　　）。

A. $p_{总} V_{总} = n_{总} RT$　　B. $p_i V_i = n_i RT$　　C. $p_i V_{总} = n_i RT$　　D. $p_{总} V_i = n_i RT$

2. 在 298K 下由相同质量的 CO_2、H_2、N_2、He 组成的混合气体总压力为 p，各组分气体分压力由大到小的顺序为（　　）。

A. $p(CO_2) > p(N_2) > p(He) > p(H_2)$　　B. $p(CO_2) > p(He) > p(N_2) > p(H_2)$

C. $p(H_2) > p(He) > p(N_2) > p(CO_2)$　　D. $p(H_2) > p(N_2) > p(He) > p(CO_2)$

3. 表示 CO_2 生成热的反应是（　　）

A. $CO(g) + \frac{1}{2}O_2(g) \longrightarrow CO_2(g)$　　$\Delta_r H_m^{\ominus} = -283.0 kJ \cdot mol^{-1}$

B. C(金刚石)$ + O_2(g) \longrightarrow CO_2(g)$　　$\Delta_r H_m^{\ominus} = -395.4 kJ \cdot mol^{-1}$

C. $2C$(石墨)$ + 2O_2(g) \longrightarrow 2CO_2(g)$　　$\Delta_r H_m^{\ominus} = -787.0 kJ \cdot mol^{-1}$

D. C(石墨)$ + O_2(g) \longrightarrow CO_2(g)$　　$\Delta_r H_m^{\ominus} = -393.5 kJ \cdot mol^{-1}$

4. 判断下列反应的 $\Delta_r H_m^{\ominus}$ 与 $\Delta_f H_m^{\ominus}$ 一致的是（　　）。

A. $N_2(g) + 3H_2(g) \longrightarrow 2NH_3(g)$

B. $Ag(s) + \frac{1}{2}Cl_2(g) \longrightarrow AgCl(s)$

C. $\frac{1}{2}H_2(g) + \frac{1}{2}Br_2(g) \longrightarrow HBr(g)$

D. $\frac{1}{2}Cl_2(g) + NH_3(g) + \frac{1}{2}H_2(g) \longrightarrow NH_4Cl(s)$

E. $\frac{1}{2}P_4$(白磷)$ + \frac{5}{2}O_2(g) \longrightarrow P_2O_5$ (s)

5. 在 298K、101.325kPa 下，反应 $2H_2(g) + O_2(g) \longrightarrow 2H_2O(g)$ 的 $\Delta_r H_m^{\ominus} = -483.64 kJ \cdot mol^{-1}$，则 $H_2O(g)$ 的 $\Delta_f H_m^{\ominus}$ 为（　　）。

A. $-483.64 kJ \cdot mol^{-1}$　　B. $-241.82 kJ \cdot mol^{-1}$　　C. $241.82 kJ \cdot mol^{-1}$　　D. $483.64 kJ \cdot mol^{-1}$

二、简答题

1. 简述道尔顿分压定律的内容。
2. 简述阿玛格分体积定律的内容。
3. 简述热力学第一定律的内容。
4. 解释下列术语：系统与环境、过程与途径、反应热与焓变、内能、标准摩尔生成焓。
5. 简述盖斯定律的内容。

三、计算题

1. 在 30℃时，于一个 10.0L 的容器中，O_2、N_2 和 CO_2 混合气体的总压为 93.3kPa。分析结果得 $p(O_2) = 26.7 kPa$，CO_2 的含量为 5.00g，求：

(1) 容器中 $p(CO_2)$；

(2) 容器中 $p(N_2)$；

(3) O_2 的摩尔分数。

2. 在 25℃和 103.9kPa 下，把 1.308g 锌与过量稀盐酸作用，可以得到干燥氢气多少升？如果上述氢气在相同条件下于水面上收集，它的体积应为多少升（25℃时水的饱和蒸气压为 3.17kPa)？

3. 在 25℃时，初始压力相同的 5.0L 氮气和 15L 氧气压缩到体积为 10.0L 的真空容器中，混合气体的总压力是 150kPa。试求：

(1) 两种气体的初始压力；

(2) 混合气体中氮和氧的分压；

（3）如果把温度升到210℃，容器的总压力。

4. 同温下，将压力为100kPa的氢气150mL，压力为50kPa的氧气75mL和压力30kPa的氮气50mL压入250mL的真空瓶内。试求：

（1）混合物中各气体的分压；

（2）混合气体的总压；

（3）各气体的摩尔分数。

5. 298K时，将0.350mol H_2 和0.100mol O_2 放入3.00 L的容器，使之反应生成水，已知此条件下水的饱和蒸气压为3.17kPa，求反应前后气体的总压和各组分气体的分压。

6. 在298K、101325Pa下，2mol H_2 和1mol O_2 反应，生成1mol $H_2O(l)$，放出571.5kJ热量，求该过程的 ΔH 和 ΔU 为多少？

7. 在373K、101325Pa下，1mol H_2O (l) 汽化变成1mol $H_2O(g)$。在此汽化过程中，ΔH 和 ΔU 是否相等？若已知 $\Delta H = 40.63\text{kJ}\cdot\text{mol}^{-1}$，求 ΔU 为多少？

8. 用热化学方程式表示：

（1）$Al_2O_3(s)$ 在25℃和标准压力下的生成热为 $-1676\text{kJ}\cdot\text{mol}^{-1}$。

（2）25℃和标准压力下，1mol葡萄糖（$C_6H_{12}O_6$，s）被 O_2 完全氧化成为 CO_2(g) 和 H_2O (l) 的热效应为−2 815.8kJ。

9. 通过标准生成焓数据，计算下列反应的标准焓变 $\Delta H^{\ominus}$。

$$H_2(g)+\frac{1}{2}O_2(g)=\!=\!=H_2O(g)$$

$$2\,H_2(g)+O_2(g)=\!=\!=2H_2O(g)$$

（1）从计算结果说明 $\Delta_f H^{\ominus}$ 与 $\Delta H^{\ominus}$ 之间有何关系？

（2）假定反应物和生成物都具有理想气体的性质，计算在298.15K时，$2H_2(g)+O_2(g)=\!=\!=2H_2O(g)$ 系统在恒压过程发生反应所做的体积功。

10. 已知反应　　$CaO(s)+H_2O(l)\longrightarrow Ca(OH)_2(s)$

（1）试用 $\Delta_f H_m^{\ominus}$ 计算该反应的 $\Delta_r H_m^{\ominus}$；

（2）说明生石灰与水作用变成熟石灰是吸热反应还是放热反应？已知 $\Delta_f H_m^{\ominus}$（CaO，s）＝$-635.1\text{kJ}\cdot\text{mol}^{-1}$，$\Delta_f H_m^{\ominus}$（$H_2O$，l）＝$-285.8\text{kJ}\cdot\text{mol}^{-1}$，$\Delta_f H_m^{\ominus}[Ca(OH)_2,s]=-986.2\text{kJ}\cdot\text{mol}^{-1}$。

11. 利用下面两个反应热，求NO的生成热：

（1）$4NH_3(g)+5O_2(g)\longrightarrow 4NO(g)+6H_2O(l)$　　$\Delta_r H_m^{\ominus}=-1170\text{kJ}\cdot\text{mol}^{-1}$

（2）$4NH_3(g)+3O_2(g)\longrightarrow 2N_2(g)+6H_2O(l)$　　$\Delta_r H_m^{\ominus}=-1530\text{kJ}\cdot\text{mol}^{-1}$

12. 铝热法的反应如下：

$$8Al+3Fe_3O_4\longrightarrow 4Al_2O_3+9Fe$$

（1）利用 $\Delta_f H_m^{\ominus}$ 数据计算恒压反应热；

（2）在此实验中，若用去267.0g铝，能释放出多少热量？已知：$\Delta_f H_m^{\ominus}(Fe_3O_4)=-1118\text{kJ}\cdot\text{mol}^{-1}$，$\Delta_f H_m^{\ominus}(Al_2O_3)=-1676\text{kJ}\cdot\text{mol}^{-1}$。

13. $Fe_2O_3(s)+3CO(g)\longrightarrow 2Fe(s)+3CO_2(g)$　(1)；　　$\Delta_r H_m^{\ominus}(1)=-24.7\text{kJ}\cdot\text{mol}^{-1}$

$3Fe_2O_3(s)+CO(g)\longrightarrow 2Fe_3O_4(s)+CO_2(g)$　(2)；　　$\Delta_r H_m^{\ominus}(2)=-46.4\text{kJ}\cdot\text{mol}^{-1}$

$Fe_3O_4(s)+CO(g)\longrightarrow 3FeO(s)+CO_2(g)$　(3)；　　$\Delta_r H_m^{\ominus}(3)=36.1\text{kJ}\cdot\text{mol}^{-1}$

求反应　$FeO(s)+CO(g)\longrightarrow Fe(s)+CO_2(g)$　(4)；　　$\Delta_r H_m^{\ominus}(4)=?$

14. 乙醇 $C_2H_5OH(l)$ 的燃烧反应为：$C_2H_5OH(l)+3O_2(g)=\!=\!=2CO_2(g)+3H_2O(l)$。利用附录提供的数据，计算298K时92g $C_2H_5OH(l)$ 完全燃烧放出的热量。

四、分析题

1. 何谓饱和蒸气压？饱和蒸气压与液体的沸点有什么关系？为什么在海拔高处煮食物要用高压锅？

2. 判断下列两组反应，在 298K 和标准压力下的恒压反应热是否相同，并说明理由。

(1)
$$H_2(g)+Br_2(g)\longrightarrow 2HBr(g)$$
$$H_2(g)+Br_2(l)\longrightarrow 2HBr(g)$$

(2)
$$SO_2(g)+\frac{1}{2}O_2(g)\longrightarrow SO_3(g)$$
$$2SO_2(g)+O_2(g)\longrightarrow 2SO_3(g)$$

3. 判断下列说法是否正确：

(1) 单质的标准生成焓都为零。

(2) 反应的热效应就是反应的焓变。

第二章　化学反应速率和化学平衡

学习目标

知识目标

1. 理解化学反应速率的基本概念及表示方法；

2. 理解浓度、温度、催化剂等对反应速率的影响，掌握质量作用定律和阿仑尼乌斯公式的应用；

3. 了解有效碰撞理论和过渡状态理论，了解活化能、活化分子的概念及其意义；

4. 了解化学反应的方向及其影响因素；理解熵变、吉布斯自由能变等基本概念和化学反应方向的判据；

5. 理解化学平衡、平衡常数的概念，掌握标准平衡常数及平衡的有关计算；

6. 掌握化学平衡移动的原理；了解从热力学和动力学等方面来选择合理的生产条件。

能力目标

1. 能联系日常生活和化工实践理解化学反应速率的表示及应用；

2. 能从微观角度认识速率理论，结合真实化学反应理解浓度、温度、催化剂等对化学反应速率的影响；

3. 能结合自然界的相关现象理解化学反应的方向，学会化学反应方向的判断方法；

4. 能初步应用化学平衡移动原理选择化工反应的最佳工艺条件。

对于化学反应，要实现其工业生产，不仅要研究反应中的质量关系和能量变化，还有化学反应进行的快慢和完全程度，即化学反应速率和化学平衡。通常，人们希望化工生产反应，如聚乙烯的合成、石油的催化裂化等快速完成且转化完全；而对于那些有害的化学变化，如钢铁的腐蚀、橡胶的老化、食物的变质等，总是希望阻止或尽可能延缓其发生，以减少损失。

化学反应速率属于化学动力学范畴，化学平衡则属于化学热力学范畴，研究它们的方法有所不同。本章将引入活化能和活化分子的概念，讨论影响化学反应速率的因素；引入熵变和吉布斯自由能变等概念，讨论化学反应的方向、化学平衡及其移动规律和有关计算。在此基础上，学习这些基本原理在生产上的初步应用。

第一节　化学反应速率

化学反应进行的快慢程度往往各不相同。例如，炸药爆炸、酸碱中和反应瞬间即可完成；乙烯的聚合过程则需几小时或几天，石油的形成更是一个缓慢的过程。相同的反应，当条件不同时，反应快慢也不同。

为了比较化学反应的快慢，需要确定化学反应速率的表示方法。**化学反应速率**（rate of reaction）通常用单位时间内反应物或生成物浓度变化的正值来表示，符号用 v 表示。为使反应速率为正值，当用反应物浓度的减少来表示时，要在反应物浓度的变化值 Δc 前加一个负号。

例如，对于化学反应： $a\mathrm{A}+b\mathrm{B}\longrightarrow d\mathrm{D}+e\mathrm{E}$

其反应速率 $v(\mathrm{D})=\Delta c(\mathrm{D})/\Delta t$，或 $v(\mathrm{A})=-\Delta c(\mathrm{A})/\Delta t$。

浓度单位通常用 $\mathrm{mol\cdot L^{-1}}$，时间单位常用 s（秒）、min（分钟）、h（小时）等，反应速率单位则为 $\mathrm{mol\cdot L^{-1}\cdot s^{-1}}$、$\mathrm{mol\cdot L^{-1}\cdot min^{-1}}$或 $\mathrm{mol\cdot L^{-1}\cdot h^{-1}}$等。

【例 2-1】 在一定条件下的恒容容器中，氮气与氢气反应合成氨，各物质的浓度变化如下：

	$N_2(g)$	$+3H_2(g)$	$\longrightarrow 2NH_3(g)$
开始浓度/$\mathrm{mol\cdot L^{-1}}$	1.0	3.0	0
第二秒末浓度/$\mathrm{mol\cdot L^{-1}}$	0.8	2.4	0.4

计算反应开始后 2s 内的平均速率。

解

$$v(N_2)=\frac{-(0.8-1.0)\mathrm{mol\cdot L^{-1}}}{2\mathrm{s}}=0.10\mathrm{mol\cdot L^{-1}\cdot s^{-1}}$$

$$v(H_2)=\frac{-(2.4-3.0)\mathrm{mol\cdot L^{-1}}}{2\mathrm{s}}=0.30\mathrm{mol\cdot L^{-1}\cdot s^{-1}}$$

$$v(NH_3)=\frac{(0.4-0)\mathrm{mol\cdot L^{-1}}}{2\mathrm{s}}=0.20\mathrm{mol\cdot L^{-1}\cdot s^{-1}}$$

可见，同一化学反应，用不同反应物或生成物浓度的变化来表示其反应速率时，结果是不同的。同一化学反应中，用各物质表示的反应速率之比等于化学方程式中相对应的化学计量数之比。

下面以 N_2O_5 的分解反应为例，说明平均反应速率与瞬时反应速率。

N_2O_5 按下式分解：

$$2\,N_2O_5 = 4NO_2 + O_2$$

340K 时，该反应的数据列于表 2-1。

在一定的时间间隔内，即 $\Delta t=t_2-t_1$，有

$$\Delta c(N_2O_5)=c(N_2O_5)_2-c(N_2O_5)_1$$

平均反应速率为

$$\bar{v}(N_2O_5)=\left|\frac{\Delta c(N_2O_5)}{\Delta t}\right|=\left|\frac{c(N_2O_5)_2-c(N_2O_5)_1}{t_2-t_1}\right|$$

从表 2-1 可见：反应进行了 1min 时，如用 N_2O_5 来表示的**平均反应速率**为

$$\bar{v}(N_2O_5)=\left|\frac{2.00-1.40}{1-0}\right|=0.60(\mathrm{mol\cdot L^{-1}\cdot min^{-1}})$$

以下类推。

表 2-1 340K 时 N_2O_5 分解反应数据

t/min	0	1	2	3	4	5
$c(N_2O_5)/\mathrm{mol\cdot L^{-1}}$	2.00	1.40	1.05	0.70	0.46	0.30
$\bar{v}/\mathrm{mol\cdot L^{-1}\cdot min^{-1}}$	—	0.60	0.35	0.35	0.24	0.16

必须注意，反应速率是随时间变化的。$0.60\mathrm{mol\cdot L^{-1}\cdot min^{-1}}$只是 0～1min 内 N_2O_5 分解反应的平均速率。每个时间间隔内，平均速率都不一样，而且在每个时间间隔里，任何时刻的速率也都不一样。

在实际化工生产中，平均反应速率不能真实反映某一瞬间的反应速率，只有瞬时速率才能表示化学反应中某时刻的真实反应速率。**瞬时速率**是 Δt 趋于无限小，即 $\Delta t\rightarrow 0$ 时，平均

速率的极限值。瞬时速率的表达式为：

$$v=\lim_{\Delta t\to 0}\left[-\frac{\Delta c(N_2O_5)}{\Delta t}\right]=\frac{dc(N_2O_5)}{dt}$$

瞬时速率也可用作图法求得，见图 2-1。

在 c-t 曲线上任一点作切线，其斜率即为该时刻的瞬时反应速率。如 2min 时，斜率为 $-0.80/2.40=-0.33$，则 2min 时用 N_2O_5 来表示的瞬时速率为 $0.33mol\cdot L^{-1}\cdot min^{-1}$。以后提到的反应速率均指瞬时速率。

另外，由于用不同的反应物或生成物的浓度变化所得的反应速率，数值上可能不同。为统一起见，根据国际纯粹与应用化学联合会（IUPAC）和近年我国国家标准的表述，将所得反应速率除以各物质在反应式中的计量系数，可以得到某反应的唯一反应速率，即反应速率的定义为单位体积内反应进度随时间的变化。

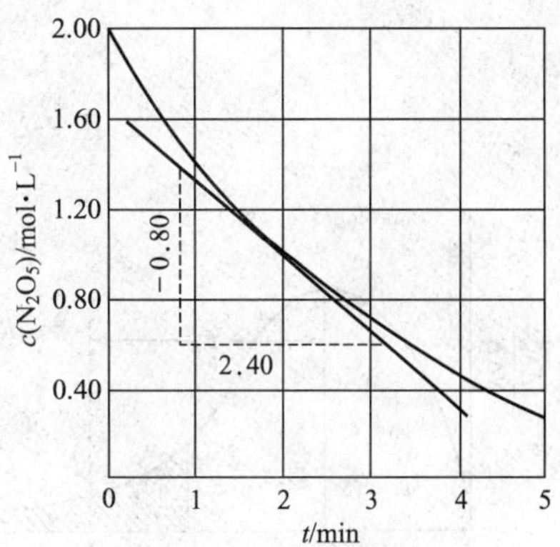

图 2-1　N_2O_5 分解反应的 c-t 曲线

第二节　化学反应速率理论简介

目前，研究化学反应的机理主要有两种理论，即碰撞理论和过渡状态理论。

一、碰撞理论

1918 年，路易斯（W. C. M. Lewis）提出了气相双分子反应的碰撞理论，后来发展为**有效碰撞理论**（effective collision theory）。其主要论点为：化学反应的前提是反应物分子、原子或离子之间必须相互碰撞，碰撞频率越高，反应速率越快。

当然，并不是每次碰撞都能发生化学反应，大多数的碰撞都是无效的，并不发生化学反应，只有极少数碰撞才能导致反应。碰撞理论将这种能导致化学反应的碰撞叫做**有效碰撞**。而且，反应速率不仅与碰撞频率有关，还与碰撞分子的能量因素和方位因素有关。分子间要发生有效碰撞必须满足以下两个条件。

(1) 反应物分子必须具有足够的能量，以使原子的外电子层能相互穿透而发生成键电子的重排，使旧化学键断裂，形成新化学键。

(2) 碰撞时反应物分子必须有恰当的取向，使相应的原子能相互接触而形成生成物。

化学反应是旧化学键断裂和新化学键形成的过程，要使旧键断裂就需要能量，因此发生有效碰撞的分子一定要有足够的能量。具有足够能量且能够发生有效碰撞的分子称为活化分子，其余的为**非活化分子**。只要吸收足够的能量，非活化分子可以转化为活化分子。

以气相反应 $NO_2+CO=\!=\!=NO+CO_2$ 为例，反应中有一个氧原子从 NO_2 分子转移到 CO 分子上去。如图 2-2 中（a）、（b）所示的碰撞都是无效的，只有在（c）的情况下，CO 的碳原子和 NO_2 的氧原子相撞时才有可能发生氧原子的转移，导致化学反应。

一定温度下，气体分子具有一定的平均能量，但各个分子具有不同的能量，某温度下其能量分布情况如图 2-3 所示。图中横坐标为分子的能量 E，纵坐标为 $\frac{\Delta N}{N\Delta E}$，其中 ΔN 为能量

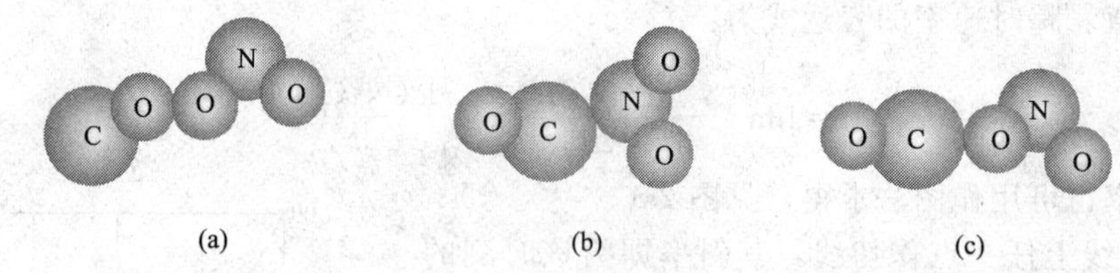

图 2-2 NO_2 和 CO 分子碰撞的不同取向

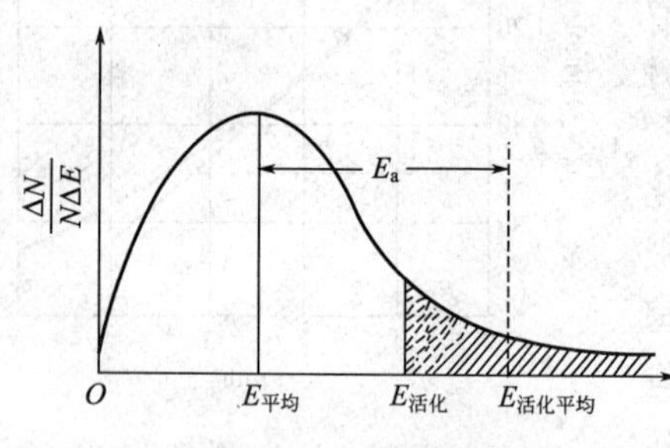

图 2-3 分子能量分布示意图

在 E 和 $E+\Delta E$ 之间的分子数，N 为分子总数，$\frac{\Delta N}{N}$为具有一定能量的分子数 ΔN 占总分子数 N 的比例，$\frac{\Delta N}{N\Delta E}$则是此能量区间内单位能量区间的分子比例。$E_{平均}$为该温度下分子的平均能量，$E_{活化}$表示活化分子应具有的最低能量，$E_{活化平均}$是活化分子的平均能量。$E_{活化平均}$与 $E_{平均}$之差为**活化能** E_a。因此活化能可以理解为：要使单位物质的量的具有平均能量的分子变成活化分子需吸收的最低能量。

从能量曲线可见，大部分分子的能量在 $E_{平均}$附近，少数分子能量比 $E_{平均}$低得多或高得多。图 2-3 中曲线下的总面积表示分子所占百分数的总和为 100%，阴影部分的面积表示活化分子所占的百分数。显然，反应的活化能 E_a 越大，活化分子百分数越小，反应进行得越慢；反之，反应的活化能 E_a 越小，反应进行得越快。化学反应活化能的大小决定于反应本身的性质，这是影响化学反应速率快慢的重要因素。一般化学反应的活化能在 $40\sim400kJ\cdot mol^{-1}$之间，活化能小于 $40kJ\cdot mol^{-1}$ 的反应可在瞬间完成，如中和反应；活化能大于 $400kJ\cdot mol^{-1}$ 的反应，其速率非常慢。绝大多数化学反应的活化能在 $60\sim250kJ\cdot mol^{-1}$之间。

实际生产中，要增大反应速率，就必须增加活化分子数目或降低反应活化能等。在一定温度下，反应物中活化分子的百分数是一定的，单位体积内的活化分子数目与反应物分子总数成正比：对于溶液，活化分子数与物质的量浓度成正比；对于气体，活化分子数则与该气体的分压成正比。当增加反应物浓度（或分压）时，就增加了单位体积内活化分子的总数目，从而增加了有效碰撞次数，增大了反应速率。注意此时，并没有改变单位体积内活化分子的百分数。

当温度升高时，会有更多的分子因吸收能量而转变为活化分子，使单位体积内活化分子的总数目和百分数都增大，反应速率随之增大。

在反应系统中加入适当的催化剂，会改变反应历程，降低反应的活化能，增加活化分子的百分数，从而增大反应速率。

二、过渡状态理论

1930 年，爱林（H. Eying）、佩尔采（H. Pelzer）等在统计力学和量子力学的基础上提出了**过渡状态理论**（transition state theory）。其主要论点为：化学反应不是通过简单碰撞就完成的，而是先形成一种过渡状态，即反应物分子通过相互碰撞，发生分子和原子内部结构的变化，原来以化学键结合的原子间距离拉长，而没有结合的原子间距离变短，形成过渡状态（又称活化配合物），过渡状态再分解为生成物。中间过渡态的能量高，不稳定，易分解成产物，也能重新分解成反应物。以反应 AB+C ⟶ A+BC 为例：

$$AB+C \longrightarrow [A\cdots B\cdots C]^{*} \longrightarrow A+BC$$

式中，$[A\cdots B\cdots C]^{*}$ 即为过渡态，图 2-4 为反应过程中能量变化的示意图。

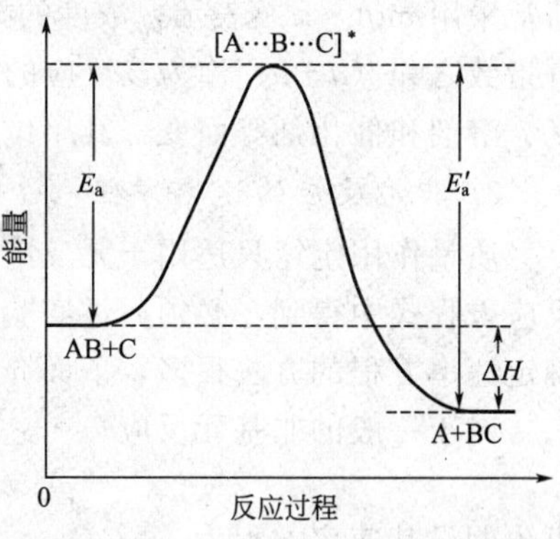

图 2-4　反应过程中能量变化示意图

可见，过渡态的能量高于反应物，也高于生成物，反应中间形成一个能峰。反应物分子所具有的能量必须越过这个能峰才能进行反应。过渡状态理论中把过渡态平均能量与反应物平均能量之差称为正反应的**活化能** E_a，过渡态与生成物的平均能量之差称为逆反应的**活化能** E'_a。显然，反应活化能越大，能峰越高，反应速率越小，反之亦然。对于一般反应，反应的反应热 ΔH 正好等于正、逆反应的活化能之差。

第三节　影响化学反应速率的因素

化学反应速率的大小首先取决于反应物的本性，其次是外界条件（如浓度、压力、温度、催化剂等）对反应速率也有很大的影响。

一、浓度（或分压）对反应速率的影响

实验证明，在一定温度下，反应物浓度（或分压）越大，反应速率就越快，反之亦然。对一指定反应，在一定温度下，反应物中活化分子的百分数是一定的。增加浓度，或对于气体反应增加分压，单位体积内的活化分子总数增加，有效碰撞次数增加，反应速率加快。

1. 元反应和非元反应

实验表明，绝大多数化学反应并不是简单地一步完成，往往是分步进行的。一步就能完成的反应称为基元反应，简称元反应。例如：

$$2SO_2Cl_2(g) = SO_2(g)+Cl_2(g)$$

$$CO(g)+NO_2(g) = CO_2(g)+NO(g)$$

分几步进行的反应称为非基元反应，简称非元反应。例如反应

$$2H_2(g)+2NO(g) = N_2(g)+2H_2O(g)$$

实际上是分两步进行的：

第一步（慢）　$2NO+H_2 = N_2+H_2O_2$

第二步（快）　$H_2+H_2O_2 = 2H_2O$

每一步为一个元反应，总反应即为两步反应的和。

2. 质量作用定律——元反应的速率方程

人们在大量实验的基础上，总结出：在一定温度下，元反应的反应速率与各反应物浓度幂的乘积成正比，浓度指数等于元反应中各反应物的化学计量数。这一规律称为**质量作用定律**。

对于一般的基元反应

$$a\,A+b\,B = d\,D+e\,E$$

质量作用定律可表示为

$$v=k\{c(A)\}^{a}\{c(B)\}^{b} \qquad (2\text{-}1)$$

式(2-1) 称为元反应的速率方程。式中，v 为反应的瞬时反应速率；k 为速率常数，它是反

应物浓度为 $1mol \cdot L^{-1}$时的反应速率；$c(A)$ 和 $c(B)$ 分别为反应物 A 和 B 的浓度，其单位通常采用 $mol \cdot L^{-1}$表示；浓度的指数 a 和 b 分别称为反应对 A 和 B 的级数；各物质浓度的幂指数之和 $(a+b)$ 称为该反应的反应级数。对于一指定反应，k 与浓度或压力无关，随温度、溶剂和催化剂等而变，其单位为 $mol^{1-(a+b)} \cdot L^{(a+b)-1} \cdot s^{-1}$。

3. 非元反应的速率方程

质量作用定律只适用于元反应，不适用于非元反应。对于非元反应，其速率方程不能从反应方程式中得到，必须通过实验获得相关数据后，经数学处理才能得到速率方程。由实验确定速率方程的方法很多，下面介绍一种比较简单的方法，即改变物质数量比例法。

对于一般的非基元反应

$$aA + bB \longrightarrow dD + eE$$

可先假设其速率方程为

$$v = k\{c(A)\}^x\{c(B)\}^y \tag{2-2}$$

再通过实验确定 x、y 值，往往与反应式中的化学计量数不同。$(x+y)$ 是反应级数。

例如，实验时在一组反应物中设法保持 A 浓度不变，将 B 浓度加大一倍，若反应速率变为原来的 4 倍，则可确定 $y=2$。在另一组反应物中设法保持 B 浓度不变，将 A 浓度加大一倍，若反应速率加大一倍，则可确定 $x=1$。该方法尤其适用于较复杂的反应。

应注意：

(1) 多相反应中的固态或纯液体反应物，其浓度不写入速率方程。如元反应 $C(s) + O_2(g) \longrightarrow CO_2(g)$，其速率方程为 $v = k\{c(O_2)\}$。

(2) 稀溶液中有溶剂参加的化学反应，溶剂的浓度可近似认为不变，不写入速率方程。

(3) 只有基元反应，其反应级数才与反应方程式中反应物的计量数相同，但反之则不然。例如反应 $H_2(g) + I_2(g) \longrightarrow 2HI(g)$ 的速率方程为 $v = k\{c(H_2)\}\{c(I_2)\}$，但该反应不是基元反应。

(4) 对于气体反应，当体积恒定时，各组分气体的分压与浓度成正比，故速率方程也可表示为 $v = k\{p(A)\}^a\{p(B)\}^b$。

(5) 在浓度或分压相同的情况下，k 值越大，反应速率越快。

【例 2-2】 一定温度下，对反应

$$H_2PO_2^-(aq) + OH^-(aq) \longrightarrow HPO_3^{2-}(aq) + H_2(g)$$

进行实验，测得下列数据：

实验序号	$c(H_2PO_2^-)/mol \cdot L^{-1}$	$c(OH^-)/mol \cdot L^{-1}$	$v/mol \cdot L^{-1} \cdot s^{-1}$
(1)	0.20	0.20	4.24×10^{-8}
(2)	0.20	0.10	1.06×10^{-8}
(3)	0.10	0.20	2.12×10^{-8}

试求：(1) 反应级数和速率方程；

(2) 速率常数 k；

(3) 当 $c(H_2PO_2^-) = c(OH^-) = 0.50mol \cdot L^{-1}$ 时的反应速率。

解 (1) 设 x 和 y 分别为对于 $H_2PO_2^-$ 和 OH^- 的反应级数，则该反应的速率方程式为

$$v = kc^x(H_2PO_2^-)c^y(OH^-)$$

把已知实验数据代入上式得：

① $4.24\times10^{-8} mol \cdot L^{-1} \cdot s^{-1} = k(0.20 mol \cdot L^{-1})^x(0.20 mol \cdot L^{-1})^y$

② $1.06\times10^{-8} mol \cdot L^{-1} \cdot s^{-1} = k(0.20 mol \cdot L^{-1})^x(0.10 mol \cdot L^{-1})^y$

③ $2.12\times10^{-8}\text{mol}\cdot\text{L}^{-1}\cdot\text{s}^{-1}=k(0.10\text{mol}\cdot\text{L}^{-1})^x(0.20\text{mol}\cdot\text{L}^{-1})^y$

①÷②：

$$\frac{4.24\times10^{-8}}{1.06\times10^{-8}}=\left(\frac{0.20}{0.10}\right)^y$$

$$4=2^y \quad y=2$$

①÷③：

$$\frac{4.24\times10^{-8}}{2.12\times10^{-8}}=\left(\frac{0.20}{0.10}\right)^x$$

$$2=2^x \quad x=1$$

所以，反应级数为 3，对 $H_2PO_2^-$ 来说是一级，对 OH^- 来说是二级。其速率方程为

$$v=kc(H_2PO_2^-)c^2(OH^-)$$

(2) 将已知任意一组数据代入速率方程，可求得 k 值。现取第一组数据：

$$k=\frac{4.24\times10^{-8}\text{mol}\cdot\text{L}^{-1}\cdot\text{s}^{-1}}{0.20\text{mol}\cdot\text{L}^{-1}\times(0.20\text{mol}\cdot\text{L}^{-1})^2}=5.3\times10^{-6}\text{L}^2\cdot\text{mol}^{-2}\cdot\text{s}^{-1}$$

(3) 将 $c(H_2PO_2^-)=c(OH^-)=0.50\text{mol}\cdot\text{L}^{-1}$ 代入速率方程：

$$v=5.3\times10^{-6}\text{L}^2\cdot\text{mol}^{-2}\cdot\text{s}^{-1}\times0.50\text{mol}\cdot\text{L}^{-1}\times(0.50\text{mol}\cdot\text{L}^{-1})^2$$
$$=6.62\times10^{-7}\text{mol}\cdot\text{L}^{-1}\cdot\text{s}^{-1}$$

二、温度对反应速率的影响

温度是影响反应速率的重要因素之一。对多数化学反应，升温使反应物分子的能量增加，大量的非活化分子获得能量后变成活化分子，单位体积内活化分子百分数大大增加，有效碰撞次数增多，无论是吸热反应还是放热反应，其反应速率都明显增大。例如，食物在夏天腐败变质要比冬天快得多；H_2 和 O_2 生成水的反应，常温下难以进行，而在 500℃时，反应会剧烈进行，甚至发生爆炸。

1884 年，范特霍夫（van't Hoff）根据实验结果归纳出一条经验规则：反应物浓度恒定时，对大部分化学反应，温度每升高 10℃，反应速率大约增加到原来的 2～4 倍。

1889 年，阿仑尼乌斯（Arrhenius）在总结了大量实验事实的基础上，提出了反应速率常数与温度的经验关系式：

$$k=Ae^{-\frac{E_a}{RT}} \tag{2-3}$$

上述关系式称为**阿仑尼乌斯**公式，式中，k 为反应速率常数；E_a 为反应的活化能；R 为摩尔气体常数；T 为热力学温度；A 为一常数，称为指前因子；e 为自然对数的底。对式(2-3)取对数，得对数形式

$$\ln k=-\frac{E_a}{RT}+\ln A \tag{2-4}$$

式(2-4) 表明，由实验测得某反应在一系列不同温度下的 k 值，以 $\ln k$ 对 $1/T$ 作图可得直线，直线的斜率等于 $-E_a/R$，截距等于 $\ln A$。如果知道不同温度时的 k 值，就可求算反应的活化能 E_a。同样，知道反应的活化能 E_a 和指前因子 A，也可求不同温度下的反应速率常数 k。但由于在多数情况下没有指前因子 A 的数值，所以式(2-4) 可演变成式(2-5) 或式(2-5′)

$$\ln\frac{k_2}{k_1}=\frac{E_a}{R}\left(\frac{T_2-T_1}{T_1T_2}\right) \tag{2-5}$$

$$\lg\frac{k_2}{k_1}=\frac{E_a}{2.303R}\left(\frac{T_2-T_1}{T_1T_2}\right) \tag{2-5'}$$

应用式(2-5) 或式(2-5′) 可求算反应的活化能 E_a 或反应的速率常数 k。

【例 2-3】 已知反应：

(1) $H_2O_2 = \frac{1}{2}O_2 + H_2O$　　　　$E_a = 75.2\text{kJ} \cdot \text{mol}^{-1}$

(2) $N_2 + 3H_2 = 2NH_3$　　　　$E_a = 335\text{kJ} \cdot \text{mol}^{-1}$

试求：温度从 298K 变到 308K 时，各反应速率的变化。

解

$$\lg \frac{v_2}{v_1} = \lg \frac{k_2}{k_1} = \frac{E_a}{2.303R}\left(\frac{T_2 - T_1}{T_1 T_2}\right)$$

对反应 (1) 来讲，$\lg \frac{v_2}{v_1} = \frac{75.2 \times 1000}{2.303 \times 8.314} \times \left(\frac{308 - 298}{298 \times 308}\right) = 0.428$，$\frac{v_2}{v_1} = 2.68$

温度升高 10K，反应速率为原速率的 2.68 倍。

对反应 (2) 来讲，同理可得

$$\lg \frac{v_2}{v_1} = \frac{335 \times 1000}{2.303 \times 8.314} \times \left(\frac{308 - 298}{298 \times 308}\right) = 1.906,\quad \frac{v_2}{v_1} = 80.5$$

温度同样升高 10K，但反应速率为原速率的 80.5 倍。

可见：反应的活化能 E_a 越大，温度对反应速率的影响越明显。

三、催化剂对反应速率的影响

催化剂在现代化学化工中地位显著，例如在石油化工和精细化工生产中，80%以上的反应都需要依靠催化剂才能实现。催化剂（又称触媒）是一种能改变反应速率，但本身的组成、质量和化学性质在反应前后不发生任何变化的物质。催化剂对化学反应速率的影响叫催化作用。能增大反应速率的催化剂叫正催化剂，使反应速率减慢的叫负催化剂，又叫阻化剂。一般所说的催化剂均是指正催化剂。例如硫酸生产中的 V_2O_5，合成氨工业中的 Fe 催化剂等。

一般来说，催化剂具有以下特点。

(1) 催化剂具有严格的选择性。例如：

$$C_2H_5OH \xrightarrow[550℃]{Ag} CH_3CHO + H_2$$

$$2C_2H_5OH \xrightarrow[140℃]{H_2SO_4} C_2H_5OC_2H_5 + H_2O$$

可见，相同的反应物如采用不同的催化剂，会得到不同的产物。利用催化剂的选择性可以加速所需反应的进行，抑制不利的副反应。

(2) 催化剂容易中毒。少量杂质的存在，往往会使催化剂的催化活性大大降低，这种现象称为**催化剂中毒**。在使用催化剂的反应中，必须保持原料的纯净。

(3) 催化剂只是加快化学反应的速率，而不影响反应的始态和终态。即只能缩短反应时间，而不能提高反应的转化率。

(4) 催化剂能改变反应的历程，降低反应的活化能，使活化分子总数和百分数都增加，使反应速率常数增大，从而增大反应速率。

生物体内的催化剂——酶，在生命过程中，起着重要的作用。如消化、新陈代谢、神经传递、光合作用等，都离不开酶的催化作用。酶是相对分子质量范围在 $10^4 \sim 10^6$ 的蛋白质类化合物。它不但选择性高，而且能在常温、常压和近于中性的条件下加速特定反应的进行。而工业生产中不少催化剂往往需要高温、高压等比较苛刻的条件。因此，模拟酶的催化作用一直是生物学家和化学家关注的研究课题。我国科学工作者在化学模拟生物固氮酶的研究方面已处于世界前列。

四、影响反应速率的其他因素

在非均相系统中进行的反应，如固体和液体、固体和气体等多相反应，除以上因素外还有接触面大小、扩散速率和接触机会等因素。在化工生产中，常将大块固体破碎成小块或磨成粉末，以增大接触面积；对于气液反应，将液态物质采用喷淋的方式来扩大与气态物质的接触面；还可以将反应物进行搅拌、振荡、鼓风等方式以强化扩散作用。除此之外，让生成物及时离开反应系统，使反应物能充分接触，也能增大反应速率。还有超声波、紫外线、激光和高能射线等也会对某些反应的速率产生较大的影响。

第四节　化学反应进行的方向

在自然界，水总是自动地从高处流向低处、热总是自动地从高温物体传向低温物体。一定的条件下，不需要任何外力做功就能自动进行的过程称为**自发过程**。自发过程的特点如下。

(1) 自发过程具有不可逆性，只能单向进行。例如：在没有外力作用下水不能自动流向高处。

(2) 自发过程不需要环境对系统做功，而系统可以对环境做功，如水力发电、风能发电、原电池释放电能等。

(3) 自发过程有一定的限度，经一定过程后会达到平衡状态。例如，水的流动，最终会达到水位差消失；热的传递，最终会达到温差消失，即达到热力学的平衡状态。

若自发过程为化学反应，就叫自发反应。例如，$Fe(OH)_2$ 在空气中会自动氧化成 $Fe(OH)_3$；NH_3 遇 HCl 会自动生成 NH_4Cl 等。在一定的温度和压力下，如何判断化学反应进行的方向呢？

一、影响化学反应方向的因素

1. 化学反应的焓变

我们知道，物体从高处自由下落是自发过程，当物体落在地面停止运动时，它的位能减小了，因此更稳定。在研究各种系统的变化过程时，人们发现自然界的自发过程一般都朝着能量降低的方向进行。能量越低，系统的状态越稳定。化学反应一般也符合上述能量最低原理，很多放热反应（$\Delta_r H_m^{\ominus}<0$）在 298.15K、标准状态下是自发的。例如，H_2 和 Cl_2 在光照时会迅速反应生成 HCl，并放出大量热。因此有人曾想以化学反应的焓变（$\Delta_r H_m^{\ominus}$）作为自发性的判据。认为在等温、等压条件下：

当 $\Delta_r H_m^{\ominus}<0$ 时，化学反应自发进行；当 $\Delta_r H_m^{\ominus}>0$ 时，化学反应不能自发进行。

这对许多反应和过程来说是正确的。例如：

$$2CO+O_2(g)=\!=\!=2CO_2(g) \qquad \Delta_r H_m^{\ominus}=-566.0\text{kJ}\cdot\text{mol}^{-1}$$

反应是自发的。但事实上，有些吸热反应（$\Delta_r H_m^{\ominus}>0$）也能自发进行，例如

$$CaCO_3(s)=\!=\!=CaO+CO_2(g) \quad \Delta_r H_m^{\ominus}=178.32\text{kJ}\cdot\text{mol}^{-1}$$

在 298.15K、标准状态下，反应是非自发的。但当温度升高到约 1104K 时，$CaCO_3$ 的分解反应就变成自发过程，而此时的反应焓变仍近似等于 178.32kJ·mol^{-1}（温度对焓变的影响很小）。硝酸铵及碘化钾的溶解是吸热过程，碳酸铵的分解同样是吸热过程，在温度高到某一值时也可以自发进行。可见，系统能量的降低不是判断自发性的唯一标准，或者说把焓变

作为化学反应自发性的普遍判据是不准确的。

2. 化学反应的熵变

自然界许多现象说明自发过程是从有序到无序，混乱程度（简称混乱度）增大的过程。例如，将一滴红墨水加到一杯水中，发现红色迅速扩散到整杯水中，系统的混乱度增大，但这个过程不能自发地逆向进行；水在一定条件下从固态（冰）到液态（水）到气态（水蒸气）的相变过程中，水分子之间的距离逐渐增大，水分子由冰中较规则的排列，到液态水中自由流动的状态，再变化成水蒸气分子自由活动的状态，混乱度逐渐增大。

混乱度，即系统混乱的程度，在热力学中用一个称为**熵**（entropy）的热力学函数（符号 S）来表示，单位为 $J \cdot mol^{-1} \cdot K^{-1}$。熵是代表系统内各质点混乱程度的物理量。系统混乱度越大，熵值越高。像热力学能、焓一样，熵也是状态函数。

自然界一条普遍运用的法则是：孤立系统有自发向混乱度增大的方向变化的趋势，称**熵增原理**。换句话说，**在孤立系统的任何自发过程中，系统的熵总是增加的**。这是热力学第二定律的一种表达方式。其中，孤立系统是指与环境不发生物质和能量交换的系统。因为能量的交换不能完全避免，真正的孤立系统是不存在的，但若将与系统有物质或能量交换的那一部分环境也包括进去而组成一个大系统，那么这个大系统可以算作孤立系统（这将在物理化学中进行讨论）。

对熵有这样一个规定：**在热力学零度（0K）时，任何理想晶体的熵值为零**——这就是热力学第三定律，即 $S_0=0$，下标 0 表示 0K。

所谓理想晶体是指纯净完美的晶体，在热力学零度（0K）时，分子间排列整齐，分子任何热运动停止，系统处于完全有序化。实际上，理想晶体是不能达到的。有了第三定律，就可以算出任何物质在 101.325kPa、指定温度 T（K）时的熵值（称为绝对熵，记为 S_T，其中下标 T 表示热力学温度，单位为 K）。设计某物质从 0K 升温至 T（K），由于熵是状态函数，该过程的熵变 ΔS 为

$$\Delta S=S_T-S_0$$

由于 $S_0=0$，所以

$$\Delta S=S_T$$

只要求得某物质从 0K 到温度 T（K）的熵变 ΔS，就是该物质在温度 T 时熵的绝对值 S_T。在标准状态下，某单位物质的量的纯物质的熵值称为**标准摩尔熵**（简称**标准熵**），记为 $S_m^\ominus$，单位为 $J \cdot mol^{-1} \cdot K^{-1}$。本书附表 8 中给出了 298.15K 下一些常见物质的标准摩尔熵。显然，即使是纯净单质在 298.15K 时 $S_m^\ominus$ 也不为零。

根据熵的含义，可以推知物质的标准熵有如下规律。

(1) 物质的状态不同熵值不同。

① 同一物质的聚集状态不同时，熵值大小次序为气态＞液态＞固态，即 $S_m^\ominus(g)>S_m^\ominus(l)>S_m^\ominus(s)$。

② 物质相对分子质量差别不大时，气体的熵＞液体的熵＞固体的熵。

(2) 状态相同时，化合物的熵＞单质的熵；复杂化合物的熵＞简单化合物的熵；相对分子质量大、硬度小、熔点沸点低单质的熵＞相对分子质量小、硬度大、熔点、沸点高单质的熵。

(3) 结构相似的物质，相对分子质量大的熵＞相对分子质量小的熵；相对分子质量相同的物质，构型复杂分子的熵＞构型简单分子的熵。

(4) 温度升高，物质的熵值增大；压力增大，物质的熵值减小。压力的改变尤其对气体

的熵值影响较大。

如果反应是在标准压力 $p^{\ominus}$ 和温度 T 时进行的，反应进度达到 1mol 的反应熵变称为该化学反应的**标准摩尔熵变** $\Delta_r S_m^{\ominus}$，单位是 $J\cdot mol^{-1}\cdot K^{-1}$。与反应标准摩尔焓变的计算原则相同，化学反应的熵变只取决于反应的始态与终态，而与变化的途径无关。

对化学反应

$$aA+bB=xX+yY$$

可用物质的标准熵按式(2-6) 和式(2-6′) 计算化学反应的标准摩尔熵变：

$$\Delta_r S_m^{\ominus}=xS_m^{\ominus}(X)+yS_m^{\ominus}(Y)-aS_m^{\ominus}(A)-bS_m^{\ominus}(B) \tag{2-6}$$

$$\Delta_r S_m^{\ominus}=\sum \nu_B S_m^{\ominus}\ (B) \tag{2-6′}$$

【例 2-4】 试计算反应 $2CO(g)+O_2(g)=2CO_2(g)$ 在298.15K 时的标准摩尔熵变，并判断该反应是熵增还是熵减。

解

	$2CO(g)$	$+O_2(g)$	$=2CO_2(g)$
由本书附表8查得 $S_m^{\ominus}/J\cdot mol^{-1}\cdot K^{-1}$	197.6	205.1	213.6

$$\begin{aligned}\Delta_r S_m^{\ominus}&=2S_m^{\ominus}(CO_2)-2S_m^{\ominus}(CO)-S_m^{\ominus}(O_2)\\&=(2\times213.6-2\times197.6-205.1)J\cdot mol^{-1}\cdot K^{-1}\\&=-173.1J\cdot mol^{-1}\cdot K^{-1}\end{aligned}$$

$\Delta_r S_m^{\ominus}<0$，故在 298.15K 标准态下，该反应是熵值减小的反应。

因为研究的对象不是孤立系统，而是封闭系统。虽然熵增有利于反应的自发进行，但是与反应焓变一样，不能仅用熵变作为反应自发性判据。例 2-4 表明，$CO(g)$ 氧化为 $CO_2(g)$ 的反应在298.15K、标准态下虽然 $\Delta_r S_m^{\ominus}<0$，但是一个自发反应。再例如，水转化为冰的过程，其 $\Delta_r S_m^{\ominus}<0$，但在 $T<273.15K$ 的条件下却是自发过程，这表明封闭系统中过程（或反应）的自发性不仅与焓变和熵变有关，而且还与温度条件有关。

3. 化学反应的吉布斯自由能变——化学反应方向的判据

总结以上所述可见，实际上有两个因素——ΔH 和 ΔS 决定着过程的自发性。自发变化的两种趋势为：趋向于最低能量状态和趋向于最大混乱度。这两种因素事实上支配着所有宏观系统的变化方向。ΔH 越负、ΔS 越正对过程的自发越有利。可以确定的是：ΔH 为负值，ΔS 为正值的反应是自发反应；ΔH 为正值，ΔS 为负值的反应是非自发反应。如果两种因素矛盾，就要看哪一种占据主导地位。

1876 年，美国著名的物理化学家吉布斯（J. W. Gibbs）为了得出一个过程（或反应）自发性的判据，提出一个综合系统焓、熵和温度三者关系的新的状态函数，称为吉布斯自由能（Gibbs free energy），符号为 G，单位 $kJ\cdot mol^{-1}$，定义为

$$G=H-TS$$

因为 H、T、S 都是状态函数，所以它们的组合 G 也一定是状态函数。在等温等压过程中，假设始态、终态的吉布斯自由能分别为 G_1、G_2，则该过程的吉布斯自由能变 ΔG 为

$$\Delta G=G_2-G_1=(H_2-TS_2)-(H_1-TS_1)=(H_2-H_1)-T(S_2-S_1)$$

$$\Delta G=\Delta H-T\Delta S \tag{2-7}$$

式(2-7) 称为**吉布斯-赫姆霍兹方程**，也称为**吉布斯公式**。ΔG 称为吉布斯自由能变，ΔG 包含了焓变 ΔH 和熵变 ΔS 两个与系统变化方向有关的因素，体现了两种因素的对立统一。因此，ΔG 可以作为恒温恒压条件下过程能否自发进行的能变判据。当 ΔG 小于零时，表示该过程可以自发进行。即

$\Delta G < 0$　过程自发

$\Delta G > 0$　过程非自发（其逆过程自发）

$\Delta G = 0$　过程处于平衡状态

吉布斯证明：在等温、等压条件下，化学反应的摩尔吉布斯自由能变 $\Delta_r G_m$ 与 $\Delta_r H_m$、摩尔反应熵变 $\Delta_r S_m$、温度 T 之间有如下关系（推导从略）：

$$\Delta_r G_m = \Delta_r H_m - T\Delta_r S_m \tag{2-8}$$

吉布斯提出：在恒温、恒压的封闭系统内，不做非体积功（如电功）的前提下，$\Delta_r G_m$ 可作为化学反应自发过程的判据，简称**自由能变判据**。即：

$\Delta_r G_m < 0$　自发过程，化学反应可正向进行

$\Delta_r G_m = 0$　平衡状态

$\Delta_r G_m > 0$　非自发过程，化学反应可逆向自发进行

也即恒温、恒压的封闭系统内，不做非体积功的前提下，反应进行的方向是系统的吉布斯自由能（G）减小的方向。

由式(2-8) 可以看出，在恒温、恒压下 $\Delta_r G_m$ 的值取决于 $\Delta_r H_m$、$\Delta_r S_m$ 和 T。按 $\Delta_r H_m$、$\Delta_r S_m$ 的符号及温度 T 对化学反应 $\Delta_r G_m$ 的影响，可以归纳为以下 4 种情况：

(1) $\Delta_r H_m < 0$，$\Delta_r S_m > 0$，$\Delta_r G_m < 0$，任何温度下正反应自发进行；

(2) $\Delta_r H_m > 0$，$\Delta_r S_m < 0$，$\Delta_r G_m > 0$，任何温度下正反应不能自发进行；

(3) $\Delta_r H_m < 0$，$\Delta_r S_m < 0$，低温时，$\Delta_r G_m < 0$，正反应可以自发进行；

(4) $\Delta_r H_m > 0$，$\Delta_r S_m > 0$，高温时，$\Delta_r G_m < 0$，正反应可以自发进行。

与物质的焓相似，物质的吉布斯自由能也采用相对值的方法表示。在指定温度（一般为 298.15K）和标准状态下，令指定单质的吉布斯自由能为零，把在指定温度和标准状态下，由指定单质生成 1mol 某物质的吉布斯自由能变称为该物质的**标准生成吉布斯自由能**（$\Delta_f G_m^{\ominus}$）。$\Delta_f G_m^{\ominus}$ 的单位是 $kJ \cdot mol^{-1}$。一些物质的标准生成吉布斯自由能（298.15K）列于书后附表 8。

对任一化学反应　　$a\text{A} + b\text{B} = x\text{X} + y\text{Y}$

如果反应是在标准压力 $p^{\ominus}$ 和温度 T 时进行，反应进度达到 1mol 的标准摩尔反应自由能变用 $\Delta_r G_m^{\ominus}$ 表示。$\Delta_r G_m^{\ominus}$ 的单位也是 $kJ \cdot mol^{-1}$。可用物质的标准摩尔生成自由能按式(2-9) 和式(2-9′) 直接计算化学反应的标准摩尔自由能变：

$$\Delta_r G_m^{\ominus} = x\Delta_f G_m^{\ominus}(\text{X}) + y\Delta_f G_m^{\ominus}(\text{Y}) - a\Delta_f G_m^{\ominus}(\text{A}) - b\Delta_f G_m^{\ominus}(\text{B}) \tag{2-9}$$

$$\Delta_r G_m^{\ominus} = \sum \nu_B \Delta_f G_m^{\ominus}(\text{B}) \tag{2-9′}$$

反应的标准自由能变还可以表示为

$$\Delta_r G_m^{\ominus} = \Delta_r H_m^{\ominus} - T\Delta_r S_m^{\ominus} \tag{2-10}$$

二、标准状态下化学反应方向的判断与相关计算

1. 标准状态化学反应方向的判断

自由能变判据可应用于标准状态下化学反应方向的判断，即

$\Delta_r G_m^{\ominus} < 0$　自发过程，化学反应可正向进行

$\Delta_r G_m^{\ominus} > 0$　非自发过程，化学反应可逆向进行

$\Delta_r G_m^{\ominus} = 0$　平衡状态

2. 化学反应标准吉布斯自由能变（$\Delta_r G_m^{\ominus}$）的计算

化学反应的标准自由能变可用式(2-9) 与式(2-10) 计算。

应用式(2-9)，可先查得反应物和生成物 298.15K 时的标准生成自由能 $\Delta_f G_m^{\ominus}$，再计算得到 298.15K 时该反应的标准自由能变 $\Delta_r G_m^{\ominus}$ (298.15K)。显然，应用式(2-9) 不能得到非 298.15K（温度 T）时该反应的标准自由能变 $\Delta_r G_m^{\ominus}(T)$。

用式(2-10)，可先查得反应物和生成物 298.15K 时的标准生成焓 $\Delta_f H_m^{\ominus}$ 与标准熵 $S_m^{\ominus}$，计算得到 298.15K 时该反应的标准焓变 $\Delta_r H_m^{\ominus}$ (298.15K) 和标准熵变 $\Delta_r S_m^{\ominus}$ (298.15K)，再计算得到 298.15K 时该反应的标准自由能变 $\Delta_r G_m^{\ominus}$ (298.15K)。温度 T 时该反应的标准自由能变 $\Delta_r G_m^{\ominus}(T)$ 可以用式(2-10) 进行近似计算。这是因为温度对焓变和熵变的影响较小，通常认为：

$$\Delta_r H_m^{\ominus}(T) \approx \Delta_r H_m^{\ominus}(298.15\text{K}) \quad \Delta_r S_m^{\ominus}(T) \approx \Delta_r S_m^{\ominus}(298.15\text{K})$$

式(2-10) 即为

$$\Delta_r G_m^{\ominus}(T) = \Delta_r H_m^{\ominus}(T) - T\Delta_r S_m^{\ominus}(T)$$

$$\Delta_r G_m^{\ominus}(T) \approx \Delta_r H_m^{\ominus}(298.15\text{K}) - T\Delta_r S_m^{\ominus}(298.15\text{K}) \tag{2-11}$$

【例 2-5】 已知反应 $S(s) + H_2(g) \xlongequal{} H_2S(g)$ 的焓变和熵变为：$\Delta_r H_m^{\ominus} = -20.0\text{kJ} \cdot \text{mol}^{-1}$，$\Delta_r S_m^{\ominus} = 43.0\text{J} \cdot \text{mol}^{-1} \cdot \text{K}^{-1}$。在 298K 和 1273K 时反应进行的方向如何？

解 $\Delta_r G_m^{\ominus}(298\text{K}) = \Delta_r H_m^{\ominus}(298\text{K}) - T\Delta_r S_m^{\ominus}(298\text{K})$

$$= (-20.0 - 298 \times 43.0/1000)\text{kJ} \cdot \text{mol}^{-1}$$

$$= -32.8\text{kJ} \cdot \text{mol}^{-1} < 0$$

所以反应正向自发。

$$\Delta_r G_m^{\ominus}(1273\text{K}) = \Delta_r H_m^{\ominus}(1273\text{K}) - T\Delta_r S_m^{\ominus}(1273\text{K})$$

$$= (-20.0 - 1273 \times 43.0/1000)\text{kJ} \cdot \text{mol}^{-1}$$

$$= -74.7\text{kJ} \cdot \text{mol}^{-1} < 0$$

所以反应正向自发。

实际上，由于 $\Delta_r H_m^{\ominus} < 0$，$\Delta_r S_m^{\ominus} > 0$，因此，$\Delta_r G_m^{\ominus}$ 恒小于 0，反应在任何温度下都能自发向右进行。

【例 2-6】 计算标准状态下反应 $CaCO_3(s) \xlongequal{} CaO(s) + CO_2(g)$ 自发向右进行的温度是多少？已知该反应的焓变和熵变为：$\Delta_r H_m^{\ominus} = 177.8\text{kJ} \cdot \text{mol}^{-1}$，$\Delta_r S_m^{\ominus} = 161.0\text{J} \cdot \text{mol}^{-1} \cdot \text{K}^{-1}$。

解 根据吉布斯自由能判据，反应自发向右进行的条件为

$$\Delta_r G_m^{\ominus} = \Delta_r H_m^{\ominus} - T\Delta_r S_m^{\ominus} < 0$$

即

$$\Delta_r H_m^{\ominus} < T\Delta_r S_m^{\ominus}$$

得 $T > \Delta_r H_m^{\ominus} / \Delta_r S_m^{\ominus} = 177.8\text{kJ} \cdot \text{mol}^{-1} / (161.0/1000\text{kJ} \cdot \text{mol}^{-1} \cdot \text{K}^{-1}) = 1104\text{K}$

所以，该反应自发向右进行的温度至少是 1104K。

第五节　化学平衡

一、可逆反应和化学平衡

在化学反应中，仅有少数反应其反应物几乎能完全转变为生成物，而在同样条件下，生成物几乎不能变回反应物。例如：

$$HCl + NaOH = NaCl + H_2O$$

$$AgNO_3 + NaCl = AgCl\downarrow + NaNO_3$$

这种只能向一个方向进行的反应，称为**不可逆反应**。

从理论上讲，任何化学反应都具有可逆性，只是有些反应的可逆程度很小，难以观察到。在一定条件下，反应既能按反应方程式正向进行又能逆向进行的反应，称为可逆反应。例如：

$$H_2(g) + I_2(g) \rightleftharpoons 2HI(g)$$

一定条件下，H_2 和 I_2 能化合生成 HI，同时 HI 又能分解为 H_2 和 I_2。对这样的反应，在反应式中常用可逆号"$\rightleftharpoons$"代替等号"$=$"。

在一定温度下，将一定量的 H_2 和 I_2 置于一密闭容器中进行反应，每隔一段时间取样分析，发现反应物 H_2 和 I_2 的分压逐渐减小，而生成物 HI 的分压逐渐增大，而到一定时间后，混合气体中各组分的分压不再随时间而变化，维持恒定，这时即达到平衡状态。像这样在一定条件下进行的可逆反应，反应一定时间后，各组分的浓度或分压不再随时间而变化的状态就叫**化学平衡状态**。

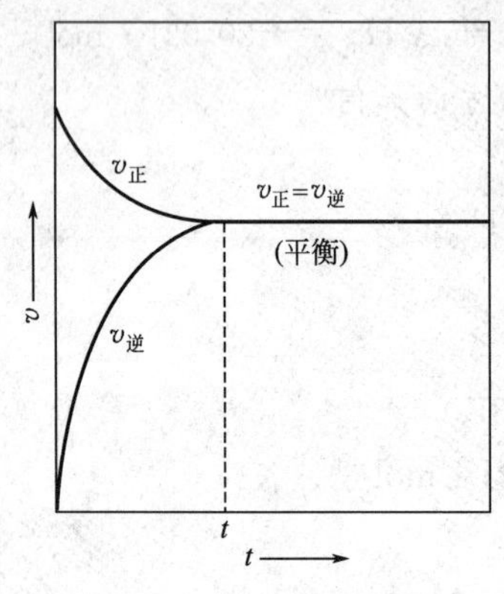

图 2-5　可逆反应速率变化示意图

上述过程可以用反应速率来解释：反应刚开始时，反应物浓度最大，而产物浓度为 0，因此正反应速率最大，而逆反应速率为零。随着反应的进行，反应物浓度逐渐减小，生成物浓度不断增加，从而正反应速率减小，逆反应速率增大，至某一时刻，$v_正 = v_逆$（见图 2-5）。此时，在宏观上，各物质的浓度不再改变，处于平衡状态；而微观上，反应并未停止，正、逆反应仍在进行，只是两者速率相等，故化学平衡是动态平衡。

还应注意，化学平衡是有条件的、相对的，当平衡条件改变时，系统内各物质的浓度或分压也会发生变化，原平衡状态随之改变。

可见，化学平衡有如下特征：

(1) 化学平衡时，系统中各组分的浓度或分压保持不变；

(2) 化学平衡是 $\Delta_r G = 0$ 的状态；

(3) 化学平衡是一种动态平衡，$v_正 = v_逆$，但不等于零；

(4) 化学平衡是有条件的、相对的，当外界条件改变时，原平衡被破坏，直到在新的条件下建立新平衡。

二、实验平衡常数

化学平衡的特征之一是化学平衡时，系统中各组分的浓度或分压保持不变。经过大量的实验，人们归纳总结出了作为平衡特征的实验平衡常数。

对于任一可逆反应

$$aA + bB \rightleftharpoons dD + eE$$

在一定温度下，达到平衡时，系统中各物质的浓度有如下关系：

$$K_c = \frac{c^d(D)c^e(E)}{c^a(A)c^b(B)}$$

式中，K_c 称为化学反应的浓度平衡常数。即在一定温度下，可逆反应达平衡时，以化学计量数为指数的生成物浓度的乘积与以化学计量数为指数的反应物浓度的乘积之比是一常

数 K_c。

若是气相反应，由于温度一定时，气体的分压与浓度成正比，可用平衡时气体的分压来代替气态物质的浓度，得到压力平衡常数 K_p：

$$K_p=\frac{p^d(\mathrm{D})p^e(\mathrm{E})}{p^a(\mathrm{A})p^b(\mathrm{B})}$$

式中，K_p 称为化学反应的压力平衡常数。即在一定温度下，可逆反应达平衡时，以化学计量数为指数的生成物压力的乘积与以化学计量数为指数的反应物压力的乘积之比是一常数 K_p。

浓度平衡常数 K_c 和压力平衡常数 K_p 统称为实验平衡常数。实验平衡常数不是量纲为1的量，其单位由平衡常数的表达式来决定，但在使用时，通常只给出数值，不标出单位。但这样有时会造成一些误解，为此引入标准平衡常数。

三、标准平衡常数

标准平衡常数（又称热力学平衡常数），用符号 $K^{\ominus}$ 来表示。其表达方式与实验平衡常数相同，只是相关物质的浓度要用相对浓度（$c/c^{\ominus}$）、分压要用相对分压（$p/p^{\ominus}$）来代替，其中 $c^{\ominus}$、$p^{\ominus}$ 是标准浓度和标准压力，$c^{\ominus}=1\mathrm{mol\cdot L^{-1}}$，$p^{\ominus}=100\mathrm{kPa}$。

1. 标准平衡常数的表达式

标准平衡常数 $K^{\ominus}$ 无压力平衡常数和浓度平衡常数之分，是量纲为1的量。在以后各章节中涉及的平衡常数均为标准平衡常数。

对于可逆反应

$$a\,\mathrm{A(s)}+b\mathrm{B(aq)}\rightleftharpoons d\mathrm{D(aq)}+f\,\mathrm{H_2O}+e\mathrm{E(g)}$$

其中，A为固相，B和D为溶液，E为气体、还有 H_2O 的参与，系统达到平衡时，其标准平衡常数表达式为：

$$K^{\ominus}=\frac{\{c(\mathrm{D})/c^{\ominus}\}^d\{p(\mathrm{E})/p^{\ominus}\}^e}{\{c(\mathrm{B})/c^{\ominus}\}^b} \tag{2-12}$$

式(2-12)中，溶液用其相对浓度来表示；气体用相对分压而不能用浓度表示，这与气体规定的标准状态有关；固相和水不写入标准平衡常数表达式中。

2. 标准平衡常数表达式的书写和应用注意事项

(1) 写入平衡常数表达式中各物质的浓度或分压，必须是在系统达到平衡状态时相应的值。气体只可用分压表示，这与气体规定的标准状态有关。

(2) 有纯固体、纯液体参与反应时，它们的浓度项视为1，不写入标准平衡常数 $K^{\ominus}$ 的表达式中。例如：

$$2\mathrm{ZnS(s)}+3\mathrm{O_2(g)}\rightleftharpoons 2\mathrm{ZnO(s)}+2\mathrm{SO_2(g)}\quad K^{\ominus}=\frac{\{p(\mathrm{SO_2})/p^{\ominus}\}^2}{\{p(\mathrm{O_2})/p^{\ominus}\}^3}$$

$$\mathrm{CaCO_3(s)}\rightleftharpoons \mathrm{CaO(s)}+\mathrm{CO_2(g)}\quad K^{\ominus}=\frac{p(\mathrm{CO_2})}{p^{\ominus}}$$

稀溶液的溶剂参与反应时，也不必列入。比如反应有水参加，水既作溶剂，又作反应物，反应掉的水分子数与总的水分子数相比微不足道，故水的浓度视为1，不必列入，例如：

$$\mathrm{NH_3}+\mathrm{H_2O}\rightleftharpoons \mathrm{NH_4^+}+\mathrm{OH^-}$$

$$K^{\ominus}=\frac{\{c(\mathrm{NH_4^+})/c^{\ominus}\}\{c(\mathrm{OH^-})/c^{\ominus}\}}{\{c(\mathrm{NH_3})/c^{\ominus}\}}$$

$$\underset{\text{蔗糖}}{\mathrm{C_{12}H_{22}O_{11}}}+\mathrm{H_2O}\rightleftharpoons \underset{\text{葡萄糖}}{\mathrm{C_6H_{12}O_6}}+\underset{\text{果糖}}{\mathrm{C_6H_{12}O_6}}$$

$$K^{\ominus}=\frac{\{c(C_6H_{12}O_6)_{葡}/c^{\ominus}\}\{c(C_6H_{12}O_6)_{果}/c^{\ominus}\}}{\{c(C_{12}H_{22}O_{11})/c^{\ominus}\}}$$

但在非水溶液中，若有水参加反应，水的浓度必须写入。例如：

$$C_2H_5OH(l)+CH_3COOH(l)\rightleftharpoons CH_3COOC_2H_5(l)+H_2O(l)$$

$$K^{\ominus}=\frac{\{c(CH_3COOC_2H_5)/c^{\ominus}\}\{c(H_2O)/c^{\ominus}\}}{\{c(C_2H_5OH)/c^{\ominus}\}\{c(CH_3COOH)/c^{\ominus}\}}$$

(3) 每一个平衡常数对应一个固定的化学反应方程式，同一化学反应用不同计量方程式表示时，平衡常数表达式不同，得到的数值也不同，但相互之间存在一定的关系。例如：

$$2HI(g)\rightleftharpoons H_2(g)+I_2(g)\qquad K_1^{\ominus}=\frac{\{p(H_2)/p^{\ominus}\}\{p(I_2)/p^{\ominus}\}}{\{p(HI)/p^{\ominus}\}^2}$$

$$H_2(g)+I_2(g)\rightleftharpoons 2HI(g)\qquad K_2^{\ominus}=\frac{\{p(HI)/p^{\ominus}\}^2}{\{p(H_2)/p^{\ominus}\}\{p(I_2)/p^{\ominus}\}}$$

$$\frac{1}{2}H_2(g)+\frac{1}{2}I_2(g)\rightleftharpoons HI(g)\qquad K_3^{\ominus}=\frac{\{p(HI)/p^{\ominus}\}}{\{p(H_2)/p^{\ominus}\}^{\frac{1}{2}}\{p(I_2)/p^{\ominus}\}^{\frac{1}{2}}}$$

所以

$$\frac{1}{K_1^{\ominus}}=K_2^{\ominus}=(K_3^{\ominus})^2$$

(4) 对一特定反应，平衡常数的大小只与温度有关，与物质的起始浓度无关。因此，在使用时注意相应的温度。

3. 平衡常数的意义

(1) 判断可逆反应进行的程度大小。对同类反应来说，$K^{\ominus}$越大，反应进行得越完全。

(2) 判断反应是否处于平衡态和处于非平衡态时反应进行的方向。

对于任一可逆反应：

$$aA+bB\rightleftharpoons dD+eE$$

在一定温度下，向容器中置入任意量的 A、B、D、E 四种物质进行反应，判断此时系统是否处于平衡态？如处于非平衡态，那么反应往哪一方向进行？

为了说明问题，引入**反应商 Q** 的概念。

在任意反应状态时，对溶液中的反应，反应商 Q 为

$$Q=\frac{\{c(D)/c^{\ominus}\}^d\{c(E)/c^{\ominus}\}^e}{\{c(A)/c^{\ominus}\}^a\{c(B)/c^{\ominus}\}^b}$$

对于气体反应，反应商 Q 为

$$Q=\frac{\{p(D)/p^{\ominus}\}^d\{p(E)/p^{\ominus}\}^e}{\{p(A)/p^{\ominus}\}^a\{p(B)/p^{\ominus}\}^b}$$

反应商和标准平衡常数表达式完全相同，所不同的是，标准平衡常数只能表达平衡态时系统内各物质之间的数量关系；反应商则能表示反应进行到任意时刻（包括平衡状态）时系统内各物质之间的数量关系。判断化学反应进行方向的**反应商判据**为：

当 $Q=K^{\ominus}$时，系统处于平衡状态；

当 $Q<K^{\ominus}$时，系统处于不平衡状态，说明生成物的浓度（或分压）小于平衡浓度（或分压），反应将向正方向进行；

当 $Q>K^{\ominus}$时，系统也处于不平衡状态，说明生成物的浓度（或分压）大于平衡浓度（或分压），反应将向逆方向进行。

【例 2-7】 在 500℃和 2.03×10^4kPa 下，工业合成氨反应 $N_2(g)+3H_2(g)\rightleftharpoons 2NH_3(g)$ 的 $K^{\ominus}=1.57\times10^{-5}$。当反应进行至某一阶段时取样分析，得到各组分的体积分数分别为：

NH_3 12.7%，N_2 21.1%，H_2 66.2%，判断此时合成氨反应是否已经完成。

解　根据题意，由分压定律可以求出该状态下系统各组分的分压，

即
$$p_i = p_{总} \times \frac{V_i}{V_{总}},\ p_{总} = 2.03 \times 10^4\,\text{kPa}$$

得

$$p(NH_3) = 2.03 \times 10^4\,\text{kPa} \times 12.7\% = 2.58 \times 10^3\,\text{kPa}$$
$$p(N_2) = 2.03 \times 10^4\,\text{kPa} \times 21.1\% = 4.28 \times 10^3\,\text{kPa}$$
$$p(H_2) = 2.03 \times 10^4\,\text{kPa} \times 66.2\% = 1.34 \times 10^4\,\text{kPa}$$

$$Q = \frac{\{p(NH_3)/p^\ominus\}^2}{\{p(N_2)/p^\ominus\}\{p(H_2)/p^\ominus\}^3} = \frac{\left(\frac{2.58 \times 10^3}{100}\right)^2}{\left(\frac{4.28 \times 10^3}{100}\right)\left(\frac{1.34 \times 10^4}{100}\right)^3} = 8.66 \times 10^{-6}$$

已知
$$K^\ominus = 1.57 \times 10^{-5}$$
$$Q < K^\ominus$$

说明系统还没有达到平衡状态，反应还需进行一段时间才能完成。

4. 多重平衡规则

在化学平衡系统中，若同时存在多个化学平衡，并且相互联系，一种物质同时参与几种平衡，这种现象叫**多重平衡**。例如气态 SO_2、SO_3、O_2、NO 和 NO_2 共存于同一反应器中，此时至少有三种平衡同时存在：

$$NO(g) + \frac{1}{2}O_2(g) \rightleftharpoons NO_2(g) \tag{1}$$

$$K_1^\ominus = \frac{\{p(NO_2)/p^\ominus\}}{\{p(NO)/p^\ominus\}\{p(O_2)/p^\ominus\}^{\frac{1}{2}}}$$

$$SO_2(g) + \frac{1}{2}O_2(g) \rightleftharpoons SO_3(g) \tag{2}$$

$$K_2^\ominus = \frac{\{p(SO_3)/p^\ominus\}}{\{p(SO_2)/p^\ominus\}\{p(O_2)/p^\ominus\}^{\frac{1}{2}}}$$

$$SO_3(g) + NO(g) \rightleftharpoons SO_2(g) + NO_2(g) \tag{3}$$

$$K_3^\ominus = \frac{\{p(SO_2)/p^\ominus\}\{p(NO_2)/p^\ominus\}}{\{p(SO_3)/p^\ominus\}\{p(NO)/p^\ominus\}}$$

在同一系统中，一种物质的浓度（或分压）只有一个，应同时满足各个平衡式。因此，式(1)、式(2) 与式(3) 之间，经推导有如下关系：

式(1)＝式(2)＋式(3)，$K_1^\ominus = K_2^\ominus K_3^\ominus$；

式(3)＝式(1) －式(2)，$K_3^\ominus = K_1^\ominus / K_2^\ominus$。

由上可见，如果某反应可以由几个反应相加（或相减）得到，则该反应的平衡常数等于前几个反应平衡常数之积（或商）。这种关系就称为**多重平衡规则**。利用多重平衡规则可以较方便地由已知反应的平衡常数求算未知反应的平衡常数。

【例 2-8】　在 298K 时，已知下列反应

(1) $H_2(g) + S(s) \rightleftharpoons H_2S(g)$　　　$K_1^\ominus = 1.0 \times 10^{-3}$

(2) $H_2(g) + SO_2(g) \rightleftharpoons H_2S(g) + O_2(g)$　　　$K_2^\ominus = 2.0 \times 10^{-10}$

计算反应 (3) $O_2(g) + S(s) \rightleftharpoons SO_2(g)$，在 298K 时的平衡常数 $K_3^\ominus$。

解　反应(3)＝反应(1)－反应(2)，

$$K_3^{\ominus}=K_1^{\ominus}/K_2^{\ominus}=1.0\times10^{-3}/(2.0\times10^{-10})=5.0\times10^{6}$$

四、平衡转化率

在化工生产中，常用平衡转化率（简称转化率）来表示可逆反应进行的程度。某一反应物的平衡转化率是指反应达到平衡时，该反应物转化为生成物的百分率（以 α 表示）：

$$\alpha=\frac{\text{某反应物已转化的量}}{\text{反应起始时该反应物的总量}}\times100\%$$

若反应前后体积不变，反应物的量可用浓度来表示：

$$\alpha=\frac{\text{某反应物的起始浓度}-\text{该反应物的平衡浓度}}{\text{该反应物的起始浓度}}\times100\%$$

转化率越大，表示反应正向进行的程度越大。由转化率可计算平衡常数；反之，由平衡常数也可计算各物质的转化率。平衡常数和转化率虽然都能表示反应进行的程度，但两者有差别，平衡常数与系统的起始状态无关，只与温度有关；转化率 α 除与温度有关外，还与反应物的起始状态有关，并且反应物不同，转化率的数值往往不同，必须指明是哪种反应物的转化率。

【例 2-9】 在 298K 时，0.100mol·L^{-1}的 $AgNO_3$ 溶液和 0.100mol·L^{-1}的 $Fe(NO_3)_2$ 溶液发生如下反应

$$Fe^{2+}+Ag^{+}\rightleftharpoons Fe^{3+}+Ag$$

平衡常数 $K^{\ominus}=2.98$。求：

(1) 平衡时 Fe^{2+}，Ag^{+} 和 Fe^{3+} 各离子的浓度； (2) Ag^{+} 的转化率。

解 (1)

	Fe^{2+}	+ Ag^{+}	$\rightleftharpoons Fe^{3+}$	+ Ag
起始浓度 c_0/mol·L^{-1}	0.100	0.100	0	
变化浓度 $c_{变}$/mol·L^{-1}	$-x$	$-x$	x	
平衡浓度 c/mol·L^{-1}	$0.100-x$	$0.100-x$	x	

$$K^{\ominus}=\frac{c(Fe^{3+})/c^{\ominus}}{\{c(Fe^{2+})/c^{\ominus}\}\{c(Ag^{+})/c^{\ominus}\}}=\frac{x}{(0.100-x)^2}=2.98\Rightarrow x=0.0195$$

平衡时： $c(Fe^{2+})=c(Ag^{+})=(0.100-0.0195)\text{mol}\cdot\text{L}^{-1}=0.0805\text{mol}\cdot\text{L}^{-1}$

$c(Fe^{3+})=0.0195\text{mol}\cdot\text{L}^{-1}$

(2) $\alpha(Ag^{+})=\dfrac{(0.100-0.0805)}{0.100}\times100\%=19.5\%$

【例 2-10】 反应 $PCl_3(g)+Cl_2(g)\rightleftharpoons PCl_5(g)$ 在523K 时的平衡常数 $K^{\ominus}=0.540$。将等物质的量的 PCl_3 和 Cl_2，放入 5.00L 密闭容器中进行反应。平衡时，PCl_5 的分压为 101.3kPa，求该条件下 PCl_3 的转化率和达到平衡时 PCl_3 和 Cl_2 的分压。

解 设平衡时 PCl_3 和 Cl_2 的分压为 x，则

$$K^{\ominus}=\frac{\{p(PCl_5)/p^{\ominus}\}}{\{p(PCl_3)/p^{\ominus}\}\{p(Cl_2)/p^{\ominus}\}}=\frac{101.3/100}{(x/100)^2}=0.540$$

得 $$x=137.9(\text{kPa})$$

平衡时各组分的物质的量为

$$n(PCl_3)=n(Cl_2)=\frac{pV}{RT}=\frac{137.9\times5.00}{8.314\times523}=0.159(\text{mol})$$

$$n(PCl_5)=\frac{pV}{RT}=\frac{101.3\times5.00}{8.314\times523}=0.116(mol)$$

起始时，$n(PCl_3)=0.159+0.116=0.275(mol)$

该条件下 PCl_3 的转化率为

$$\alpha(PCl_3)=\frac{0.116}{0.275}\times100\%=42.2\%$$

第六节　化学平衡的移动

可逆反应在一定条件下达到平衡时，反应系统中各物质的浓度（或分压）不再变化。但任何平衡都是相对的、暂时的。当外界条件（如浓度、压力、温度等）改变时，原来的平衡状态被破坏，在新的条件下，重新建立新的平衡状态，这个过程叫**化学平衡的移动**。前面学到的反应商判据，同样可用来判断平衡移动的方向：

$Q<K^{\ominus}$，反应正向进行，平衡向右移动；

$Q=K^{\ominus}$，系统处于平衡状态，平衡不移动；

$Q>K^{\ominus}$，反应逆向进行，平衡向左移动。

影响平衡移动的因素有浓度、温度和压力等，下面分别加以讨论。

一、浓度对化学平衡的影响

在一定温度下，可逆反应 $a\text{A}+b\text{B}\rightleftharpoons d\text{D}+e\text{E}$ 达到平衡时，增大反应物浓度或减小生成物浓度，都会使 $Q<K^{\ominus}$，$v_{正}>v_{逆}$，反应正向进行，平衡向右移动。随着反应的进行，生成物的浓度不断增加，反应物的浓度不断减少。因此，正反应速率随之下降，而逆反应速率随之上升，当 $v'_{正}=v'_{逆}$ 时，系统又一次达到新的平衡，即达到 $Q=K^{\ominus}$。显然在新的平衡中，各组分的浓度均已改变，但比值 $\frac{\{c(\text{D})/c^{\ominus}\}^d\{c(\text{E})/c^{\ominus}\}^e}{\{c(\text{A})/c^{\ominus}\}^a\{c(\text{B})/c^{\ominus}\}^b}$ 仍保持不变。

相反，若减小反应物浓度或增加生成物的浓度，都会使 $Q>K^{\ominus}$，反应逆向进行，平衡向左移动，直至 $Q=K^{\ominus}$，达到新的平衡。

平衡移动的结果，会直接影响某反应物的转化率。

【例 2-11】 保持温度不变，在例 2-9 的平衡系统中，再加入一定量的 Fe^{2+}，使 Fe^{2+} 为 $0.200mol\cdot L^{-1}$。求：

(1) 平衡移动的方向；(2) 再次达到平衡时，各物质的浓度；(3) Ag^{+} 的总转化率。

解 (1) 温度不变，反应的平衡常数不变，$K^{\ominus}=2.98$

加入 Fe^{2+} 时，溶液中各种离子的瞬时浓度为

$$c(Fe^{2+})=0.200mol\cdot L^{-1}$$

$$c(Fe^{3+})=0.0195mol\cdot L^{-1}$$

$$c(Ag^{+})=0.0805mol\cdot L^{-1}$$

$$Q=\frac{\{c(Fe^{3+})/c^{\ominus}\}}{\{c(Fe^{2+})/c^{\ominus}\}\{c(Ag^{+})/c^{\ominus}\}}=\frac{0.0195}{0.200\times0.0805}=1.21$$

由于 $Q<K^{\ominus}$，所以平衡向右移动。

(2)	Fe^{2+}	+	Ag^{+}	$\rightleftharpoons$	Fe^{3+}	+	Ag
起始浓度 $c_0/mol\cdot L^{-1}$	0.200		0.0805		0.0195		
平衡浓度 $c/mol\cdot L^{-1}$	$0.200-x$		$0.0805-x$		$0.0195+x$		

$$K^{\ominus}=\frac{\{c(Fe^{3+})/c^{\ominus}\}}{\{c(Fe^{2+})/c^{\ominus}\}\{c(Ag^{+})/c^{\ominus}\}}=\frac{0.0195+x}{(0.200-x)(0.0805-x)}=2.98$$

$$x=0.0155\text{mol}\cdot\text{L}^{-1}$$

则：

$$c(Fe^{2+})=(0.200-0.0155)\text{mol}\cdot\text{L}^{-1}=0.184\text{mol}\cdot\text{L}^{-1}$$

$$c(Ag^{+})=(0.0805-0.0155)\text{mol}\cdot\text{L}^{-1}=0.065\text{mol}\cdot\text{L}^{-1}$$

$$c(Fe^{3+})=(0.0195+0.0155)\text{mol}\cdot\text{L}^{-1}=0.035\text{mol}\cdot\text{L}^{-1}$$

(3) $\alpha(Ag^{+})=\frac{(0.100-0.065)}{0.100}\times100\%=35.0\%$

上例说明，加入 Fe^{2+} 后，平衡向正反应方向移动，Ag^{+} 的转化率由 19.5%提高到 35.0%。因此，在化工生产中，常常让价格相对较低的反应物过量，以提高价格较贵的反应物转化率；还可以通过从平衡系统中不断移出生成物，使平衡向右移动，提高转化率。例如反应：

$$CaCO_3(s)\rightleftharpoons CaO(s)+CO_2(g)$$

由于生成的 CO_2 不断从窑炉中排出，平衡不断向右移动，提高了 $CaCO_3$ 的转化率，从而使 $CaCO_3$ 完全分解，实现了煅烧石灰石制造生石灰的生产过程。

二、压力对化学平衡的影响

压力的变化对没有气体参加反应的平衡几乎没有影响，但对有气体参加的可逆反应，在一定温度下，系统压力的改变，将可能引起化学平衡的移动。

对于气体参加的可逆反应 $aA+bB\rightleftharpoons dD+eE$，一定温度下在一密闭容器中达到平衡，维持温度恒定，如果将系统的体积缩小至原来的 $1/x(x>1)$，则系统的总压为原来的 x 倍。这时各组分气体的分压也分别增至原来的 x 倍，反应商为

$$\begin{aligned}Q&=\frac{\{xp(D)/p^{\ominus}\}^{d}\{xp(E)/p^{\ominus}\}^{e}}{\{xp(A)/p^{\ominus}\}^{a}\{xp(B)/p^{\ominus}\}^{b}}=\frac{\{p(D)/p^{\ominus}\}^{d}\{p(E)/p^{\ominus}\}^{e}}{\{p(A)/p^{\ominus}\}^{a}\{p(B)/p^{\ominus}\}^{b}}x^{(d+e)-(a+b)}\\&=\frac{\{p(D)/p^{\ominus}\}^{d}\{p(E)/p^{\ominus}\}^{e}}{\{p(A)/p^{\ominus}\}^{a}\{p(B)/p^{\ominus}\}^{b}}x^{(d+e)-(a+b)}\\&=K^{\ominus}x^{\Delta\nu}\end{aligned}$$

$$\Delta\nu=(d+e)-(a+b)$$

(1) 当生成物分子数之和大于反应物分子数之和，即 $\Delta\nu>0$ 时，$Q>K^{\ominus}$，平衡向左移动。

(2) 当生成物分子数之和小于反应物分子数之和，即 $\Delta\nu<0$ 时，$Q<K^{\ominus}$，平衡向右移动。

(3) 当反应前后气体分子数不变，即 $\Delta\nu=0$ 时，$Q=K^{\ominus}$，平衡不移动。

由此可见：①压力变化只对那些反应前后气体分子数有变化的反应平衡系统有影响；②在恒温下增大压力，平衡向气体分子数减少的方向移动；减小压力，平衡向气体分子数增加的方向移动。

特别注意，系统总压力的改变通常是通过改变体积来实现的。在恒温条件下，向平衡系统中加入不参与反应的其他气体（如稀有气体）时：

① 若总体积维持不变，则系统的总压增加，无论 $\Delta\nu>0$，$\Delta\nu<0$ 或 $\Delta\nu=0$，平衡都不移动。这是因为平衡系统的总压虽然增加，但各物质的分压并无改变，Q 和 $K^{\ominus}$ 仍相等，平衡状态不变。

② 若总压维持不变，则总体积增大，相当于系统原来的压力减小，此时若 $\Delta\nu \neq 0$，则 $Q \neq K^{\ominus}$，平衡将发生移动，移动情况与前述压力减小引起的平衡变化规律相同。

三、温度对化学平衡的影响

一定温度下，浓度或压力的变化，会引起化学平衡的移动，但平衡常数并没有改变；而温度变化时，主要改变了平衡常数，从而导致平衡的移动。参看表 2-2 和表 2-3。

表 2-2　放热反应平衡常数随温度的变化

$2SO_2(g) + O_2(g) \rightleftharpoons 2SO_3(g)$　$\Delta_r H_m^{\ominus} = -197.7 kJ \cdot mol^{-1}$

T/K	127	152	177	202	227	252	277	302	327
$K^{\ominus}$	434	238	136	80.8	49.6	31.4	20.4	13.7	9.29

表 2-3　吸热反应平衡常数随温度的变化

$CaCO_3(s) \rightleftharpoons CaO(s) + CO_2(g)$　$\Delta_r H_m^{\ominus} = 178.2 kJ \cdot mol^{-1}$

T/K	227	327	427	527	627	727
$K^{\ominus}$	9.7×10^{-5}	2.4×10^{-3}	2.9×10^{-2}	2.2×10^{-1}	1.05	3.70

对任一化学反应 $aA + bB \rightleftharpoons dD + eE$，其某一时刻的反应商为 Q，化学热力学中用式(2-13) 表明该反应的摩尔自由能变 $\Delta_r G_m$、标准摩尔自由能变 $\Delta_r G_m^{\ominus}$ 与反应商 Q 之间的关系（推导略，物理化学再讨论），即

$$\Delta_r G_m = \Delta_r G_m^{\ominus} + RT\ln Q \tag{2-13}$$

这一关系称为**范特霍夫**（van't Hoff）**化学反应等温式**。式(2-13) 中反应的标准摩尔自由能变 $\Delta_r G_m^{\ominus}$ 可以通过查出各反应物和产物的热力学常数 $\Delta_f G_m^{\ominus}$ 求得，反应商 Q 值可以根据各反应物和产物的浓度或分压求得，这样就可以求出反应系统中各反应物和产物的浓度或分压为任何值时反应的 $\Delta_r G_m$。

当反应达到平衡时，$\Delta_r G_m = 0$；$Q = K^{\ominus}$。代入式(2-13)，则有

$$\Delta_r G_m^{\ominus} = -RT\ln K^{\ominus} \tag{2-14}$$

或

$$\Delta_r G_m = -RT\ln K^{\ominus} + RT\ln Q \tag{2-15}$$

式(2-13)、式(2-14) 与式(2-15) 是范特霍夫化学反应等温式的 3 种不同表达方式，具有相同的意义。它给出了判断化学反应进行方向的方法，即：

$Q < K^{\ominus}$ 时，$\Delta_r G_m < 0$，反应正向进行

$Q = K^{\ominus}$ 时，$\Delta_r G_m = 0$，反应达平衡

$Q > K^{\ominus}$ 时，$\Delta_r G_m > 0$，反应逆向进行

也给出了化学反应平衡常数 $K^{\ominus}$ 与重要的热力学函数 $\Delta_r G_m^{\ominus}$ 之间的关系，为求 $K^{\ominus}$ 提供了可行的理论方法。

根据吉布斯公式 $\Delta_r G_m^{\ominus} = \Delta_r H_m^{\ominus} - T\Delta_r S_m^{\ominus}$ 和化学反应等温式 $\Delta_r G_m^{\ominus} = -RT\ln K^{\ominus}$，可以导出下列关系式：

$$\ln K^{\ominus} = \frac{-\Delta_r H_m^{\ominus}}{RT} + \frac{\Delta_r S_m^{\ominus}}{R}$$

假设某一可逆反应，在温度 T_1、T_2 时对应的平衡常数为 $K_1^{\ominus}$ 和 $K_2^{\ominus}$，由于

$$\Delta_r H_m^{\ominus}(T) \approx \Delta_r H_m^{\ominus}(298.15K) \quad \Delta_r S_m^{\ominus}(T) \approx \Delta_r S_m^{\ominus}(298.15K)$$

代入上式中得

$$\ln K_1^{\ominus} = \frac{-\Delta_r H_m^{\ominus}(298.15\text{K})}{RT_1} + \frac{\Delta_r S_m^{\ominus}(298.15\text{K})}{R}$$

$$\ln K_2^{\ominus} = \frac{-\Delta_r H_m^{\ominus}(298.15\text{K})}{RT_2} + \frac{\Delta_r S_m^{\ominus}(298.15\text{K})}{R}$$

整理得

$$\ln \frac{K_2^{\ominus}}{K_1^{\ominus}} = \frac{\Delta_r H_m^{\ominus}(298.15\text{K})}{R} \times \frac{T_2 - T_1}{T_1 T_2} \tag{2-16}$$

对吸热反应来讲，$\Delta_r H_m^{\ominus} > 0$，若 $T_2 > T_1$，则 $K_2^{\ominus} > K_1^{\ominus}$，升高温度，化学平衡向正反应方向移动，即向吸热反应方向移动。对放热反应来讲，$\Delta_r H_m^{\ominus} < 0$，若 $T_2 > T_1$，则 $K_2^{\ominus} < K_1^{\ominus}$，升高温度，化学平衡向逆反应方向移动，同样向吸热方向移动。

可见，无论从实验测定或热力学推算，都能得到下述结论：如果正反应是吸热反应（$\Delta H > 0$），则增加温度，平衡常数增加，平衡右移；反之，如果正反应是放热反应（$\Delta H < 0$），则增加温度，会使平衡常数减小，平衡左移。简言之，升高温度，平衡向吸热反应方向移动；降低温度，平衡向放热反应方向移动。

【例 2-12】 已知反应 $CO_2(g) + 4H_2(g) \rightleftharpoons CH_4(g) + 2H_2O(g)$，在 298K 时的 $\Delta_r H_m^{\ominus} = -164.9\text{kJ} \cdot \text{mol}^{-1}$，$\Delta_r G_m^{\ominus}(298\text{K}) = -113.6\text{kJ} \cdot \text{mol}^{-1}$，求该反应在 298K 和 1000K 时的 $K^{\ominus}$。

解 由公式 $\Delta_r G_m^{\ominus} = -RT\ln K^{\ominus}$

得 $$\ln K^{\ominus}(298\text{K}) = \frac{-\Delta_r G_m^{\ominus}(298\text{K})}{RT} = \frac{113.6 \times 10^3 \text{J} \cdot \text{mol}^{-1}}{8.314\text{J} \cdot \text{mol}^{-1} \cdot \text{K}^{-1} \times 298\text{K}} = 45.85$$

$$K^{\ominus}(298\text{K}) = 8.17 \times 10^{19}$$

将 $K^{\ominus}(298\text{K})$ 的值和 $\Delta_r H_m^{\ominus} = -164.9\text{kJ} \cdot \text{mol}^{-1}$ 代入公式

$$\ln \frac{K_2^{\ominus}}{K_1^{\ominus}} = \frac{\Delta_r H_m^{\ominus}}{R} \times \frac{T_2 - T_1}{T_1 T_2}$$

得 $$\ln K^{\ominus}(1000\text{K}) - 45.85 = \frac{-164.9 \times 10^3 \text{J} \cdot \text{mol}^{-1}}{8.314\text{J} \cdot \text{mol}^{-1} \cdot \text{K}^{-1}} \times \left(\frac{1000\text{K} - 298\text{K}}{1000\text{K} \times 298\text{K}}\right)$$

$$\ln K^{\ominus}(1000\text{K}) = -0.88$$

$$K^{\ominus}(1000\text{K}) = 0.414$$

该例题进一步证实了升高温度，平衡向吸热反应方向移动。

四、催化剂对化学平衡的影响

使用催化剂能降低反应的活化能，加快反应速率，缩短达到平衡的时间。但催化剂不会改变反应的热效应，不影响平衡常数的数值，因此不会使平衡发生移动，也不能提高反应的转化率。但使用催化剂无疑能够提高生产效率。

五、平衡移动原理——勒夏特列原理

综合上述各种因素对化学平衡的影响，1884 年，法国科学家勒夏特列（Le Chatelier）归纳总结出一条关于化学平衡移动的普遍规律：如果改变平衡系统中某个条件（如浓度、温度、压力），平衡就向着减弱这个改变的方向移动。这条规律叫做**勒夏特列原理**。注意该原理适用于所有的动态平衡系统，但只适用于已达平衡的系统，而不适用于非平衡系统。

第七节　化工生产中反应速率与化学平衡的综合应用

化学反应速率和化学平衡是化工生产实际中两个同等重要的问题，前者研究在给定的条件下反应的快慢，后者研究反应是否可能发生和反应的限度，必须综合考虑，应用勒夏特列原理，并结合实际选择有利的工艺条件，充分利用原料、提高转化率和产量、缩短生产周期，从而达到最高的经济效益。实际生产中常从以下几方面进行综合考虑。

一、提高贵重原料的转化率

采取使一种价廉易得的反应物过量，从而提高另一种价格较贵重原料转化率的方法。例如，在 SO_2 氧化生成 SO_3 的反应中，让来自空气的氧气过量，使 SO_2 充分转化。必须指出，原料配比要适当，否则会冲淡其他原料，影响反应速率和产量。另外，对于气相反应，要注意气体原料的性质，防止它们的配比进入爆炸范围，否则将会引起安全事故。

二、选择适宜的反应温度

对于大部分化学反应，升高温度能增大反应速率，对于吸热反应，还可以通过平衡向右移动而增加转化率。但是，高的温度需消耗能源，有时温度过高还会使物料分解。温度的选择还须考虑催化剂的使用，要处于催化剂的温度使用范围内。最佳温度与反应自身的特点、反应物的组成、系统压力及所使用催化剂的活性温度等因素有关，要综合考虑才能确定。

三、选择合适的系统压力

对于气体参加的反应，增加压力不仅会使反应速率加快，而且对分子数减少的反应还能提高转化率。但是，压力的增加会提高对反应设备材质的要求。例如合成氨反应，若在 101.3×10^3 kPa 的高压下，不用催化剂就能达到很高的转化率，但能耐这种高压的设备价格昂贵，目前我国大多数合成氨厂仍采用中压法（200×101.3kPa）合成氨。

四、合理选用催化剂

不同的催化剂对同一化学反应的催化能力不同。选用催化剂时，要考虑催化剂的催化性能、活性温度范围、价格等因素，对容易中毒的催化剂还必须注意原料的净化，防止原料中的杂质引起催化剂中毒，而使催化剂失去活性。

实例分析：以 SO_2 氧化生成 SO_3 为例，全面考虑如何选择最佳工艺条件。

SO_2 转化成 SO_3 是一个放热的气体分子总数减少的可逆反应。

$$2SO_2(g)+O_2(g)\rightleftharpoons 2SO_3(g)\quad \Delta_r H_m^{\ominus}=-197.7\text{kJ}\cdot\text{mol}^{-1}$$

（1）原料配比的选择　由于 SO_2 的价格较贵，而 O_2 来自空气，因此可以加大反应物中 O_2 的配比，让 O_2 适当过量来提高 SO_2 的转化率（见表 2-4）。实际生产中，既要考虑达到较高的 SO_2 转化率，还要考虑达到较高的产量，常常选用原料配比为 SO_2 7%，O_2 11%（其余为 N_2，约占 82%），此时 O_2 用量是过量的。

表 2-4　原料气配比和 SO_2 转化率（500℃）

原料气组成 φ/%			SO_2 转化率 α/%	原料气组成 φ/%			SO_2 转化率 α/%
SO_2	O_2	N_2		SO_2	O_2	N_2	
9.0	8.2	82.8	91.6	6.0	12.4	81.6	94.3
8.0	9.6	82.4	92.9	5.0	13.9	81.1	95.0
7.0	11.0	82.0	93.5				

(2) 温度的选择　温度降低，会使反应速率减慢（见表 2-5）。但是温度升高，平衡向逆反应方向移动，会使 SO_2 转化率下降（见表 2-6）。生产上采用多段催化氧化过程，在每一段都采取热交换器将放出的热量不断取走，使系统温度始终控制在 420～450℃。这样既保证较高的转化率，又能充分利用热量，维持较高的反应速率。

表 2-5　反应速率与反应温度之间的关系

（原始气体组成：SO_2 7%，O_2 11%，N_2 82%，以 425℃时反应速率为基准的相对反应速率）

t/℃	575	550	525	500	475	450	425
$v_t/v_{425℃}$	23.8	16.1	11.6	7.7	5.1	3.2	1

表 2-6　不同温度下压力对 SO_2 转化率的影响

t/℃ \ α/%	p/kPa 101.3	506.5	1013	2532	10130
400	99.2	99.6	99.7	99.9	99.9
500	97.5	98.9	99.2	99.5	99.7
600	93.5	96.9	97.8	98.6	99.3
700	85.6	92.9	94.9	96.7	98.3

(3) 压力的选择　升高压力，平衡向正反应方向移动，会使 SO_2 转化率增大（见表 2-6）。但从表 2-6 看出，常压下 SO_2 的转化率已经很高，无需加压。实际生产正是如此，即在常压下操作，这样可以降低设备成本。

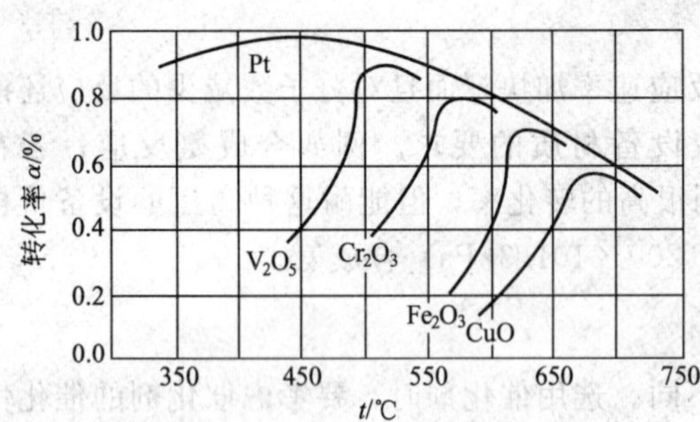

图 2-6　SO_2 氧化反应催化剂的选择

(4) 生成物浓度的降低，原料的循环利用　SO_2 通过转化炉后（转化率可达 90%）进入吸收塔，其中的 SO_3 被吸收。余下气体再次返回转化炉循环使用。由于 SO_3 不断从系统中取走，有利于平衡向正反应方向移动，使 SO_2 继续转化，总转化率可达 99.7%。

(5) 催化剂的采用　SO_2 氧化反应所用的催化剂主要有铂、氧化铁及钒等几种。对反应进行几种催化剂的实验，结果见图 2-6。可见，使用 Pt 催化剂的转化率最高，所需温度最低。但是 Pt 的价格昂贵，且容易中毒。氧化铁价廉易得，但需在 640℃以上高温才具有较高的活性，转化率较低。其余三种金属氧化物，V_2O_5 的活性高，价格适宜，效果最好，故目前被工业上普遍采用，其最佳使用温度范围在 420～500℃。

勒夏特列原理

1850 年 10 月 8 日勒夏特列出生于巴黎的一个化学世家。他的祖父和父亲都从事跟化学有关的事业和企业，当时法国许多知名化学家是他家的座上客。因此，他从小就受化学家们的熏陶，中学时代他特别爱好化学实验，一有空便到祖父开设的水泥厂实验室做化学实验。1875 年，他以优异的成绩毕业于巴黎工业大学，1887 年获博士学位，随即升为化学教授，1907 年还兼任法国矿业部长，在第一次世界大战期间出任法国武装部长，1919 年退休。勒夏特列不仅是一位杰出的化学家，还是一位杰出的爱国者。当第一次世界大战发生时，法兰西处于危急中，他勇敢地担任起武装部长的职务，为保卫祖国而战斗。

勒夏特列一生发现、发明众多，最主要的成就是发现了平衡原理，即勒夏特列原理“改变影响平衡的一个条件，如浓度、压力、温度等，平衡就向能够减弱这种改变的方向移动”。这一原理不仅适用于化学平衡，而且适用于一切平衡系统，如物理、生理甚至社会上各种平衡系统。此外，勒夏特列还发明了热电偶和光学高温计，高温计可顺利地测定3000℃以上的高温。他还发明了乙炔氧焰发生器，迄今还用于金属的切割和焊接。勒夏特列特别感兴趣的是科学和工业之间的关系，以及怎样从化学反应中得到最高的产率。他因于1888年发现了“勒夏特列原理”而闻名于世界。

勒夏特列原理的应用可以使某些工业生产过程的转化率达到或接近理论值，同时也可以避免一些并无实效的方案（如高炉加高的方案），其应用非常广泛。

勒夏特列原理的英文表述：

Every system in stable chemical equilibrium submitted to the influence of an exterior force which tends to cause variation either in its temperature or condensation (pressure, concent ration, number of molecules in the unit of volume), in its totality or only in some of its parts, can undergo only those interior modifications change of temperature, or of condensation, of a sign contrary to that resulting from the exterior force.

此表述可翻译如下：任何稳定化学平衡系统承受外力的影响，无论整体地还是仅仅部分地导致其温度或压缩度（压力、浓度、单位体积的分子数）发生改变，若它们单独发生的话，系统将只作内在的纠正，使温度或压缩度发生变化，该变化与外力引起的改变是相反的。

本章小结

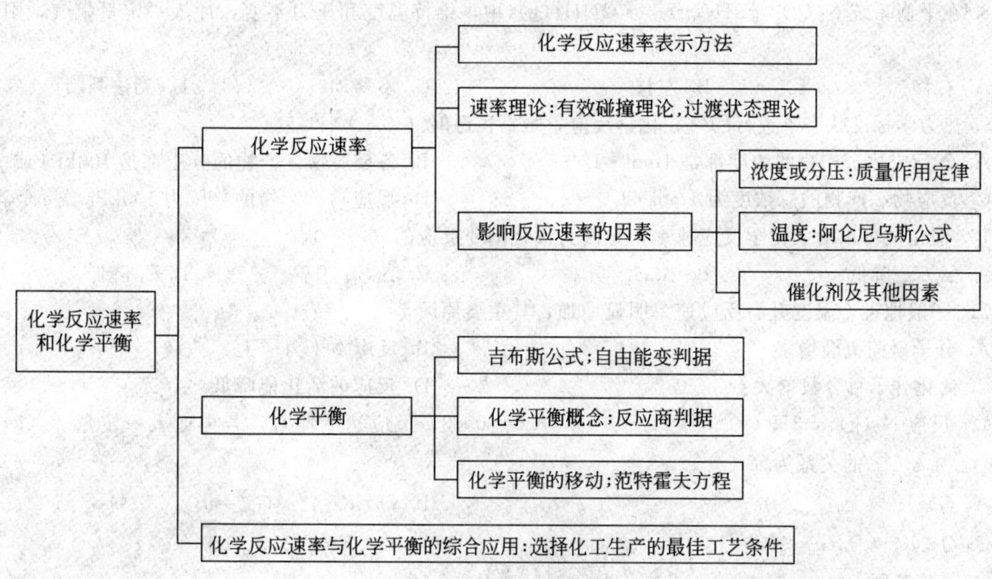

习　　题

一、选择题

1. 在850℃时，$CaCO_3(s) \rightleftharpoons CaO(s) + CO_2(g)$ 反应的 $K^{\ominus} = 0.50$，下列情况不能达到平衡的是(　　)。

A. 有 CaO 和 CO_2　[$p(CO_2) = 100kPa$]

B. 有 $CaCO_3$ 和 CaO

C. 有 CaO 和 CO_2　[$p(CO_2) = 10kPa$]

D. 有 $CaCO_3$ 和 CO_2　[$p(CO_2) = 10kPa$]

2. 已知下列反应的平衡常数：

$$H_2(g) + S(s) \rightleftharpoons H_2S(g) \quad K_1^{\ominus}$$

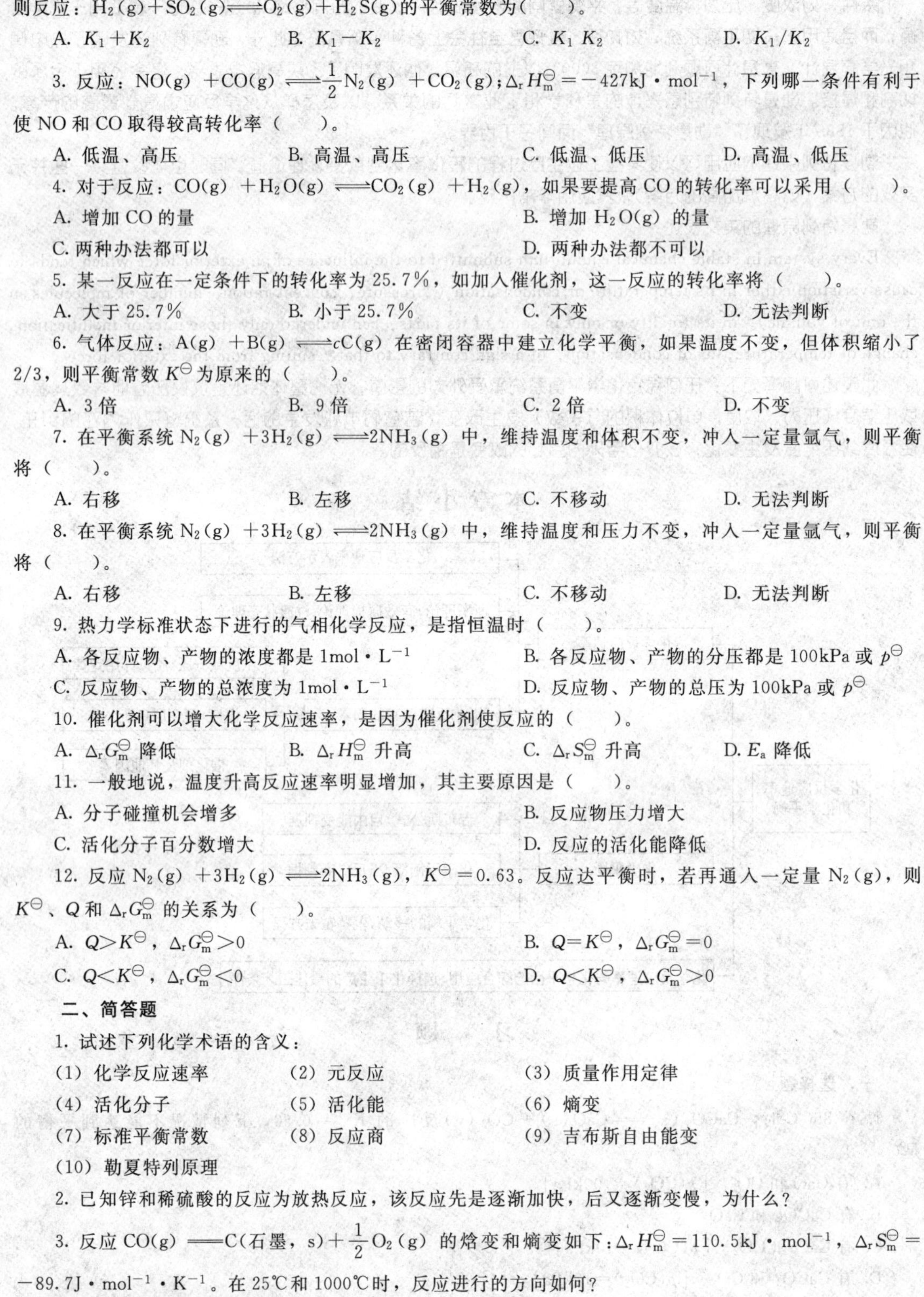

$$S(s)+O_2(g) \rightleftharpoons SO_2(g) \quad K_2^{\ominus}$$

则反应：$H_2(g)+SO_2(g) \rightleftharpoons O_2(g)+H_2S(g)$的平衡常数为(　　)。

A. K_1+K_2　　B. K_1-K_2　　C. $K_1\ K_2$　　D. K_1/K_2

3. 反应：$NO(g)+CO(g) \rightleftharpoons \frac{1}{2}N_2(g)+CO_2(g)$；$\Delta_r H_m^{\ominus}=-427kJ \cdot mol^{-1}$，下列哪一条件有利于使NO和CO取得较高转化率（　　）。

A. 低温、高压　　B. 高温、高压　　C. 低温、低压　　D. 高温、低压

4. 对于反应：$CO(g)+H_2O(g) \rightleftharpoons CO_2(g)+H_2(g)$，如果要提高CO的转化率可以采用（　　）。

A. 增加CO的量　　B. 增加$H_2O(g)$的量

C. 两种办法都可以　　D. 两种办法都不可以

5. 某一反应在一定条件下的转化率为25.7%，如加入催化剂，这一反应的转化率将（　　）。

A. 大于25.7%　　B. 小于25.7%　　C. 不变　　D. 无法判断

6. 气体反应：$A(g)+B(g) \rightleftharpoons cC(g)$在密闭容器中建立化学平衡，如果温度不变，但体积缩小了2/3，则平衡常数$K^{\ominus}$为原来的（　　）。

A. 3倍　　B. 9倍　　C. 2倍　　D. 不变

7. 在平衡系统$N_2(g)+3H_2(g) \rightleftharpoons 2NH_3(g)$中，维持温度和体积不变，冲入一定量氩气，则平衡将（　　）。

A. 右移　　B. 左移　　C. 不移动　　D. 无法判断

8. 在平衡系统$N_2(g)+3H_2(g) \rightleftharpoons 2NH_3(g)$中，维持温度和压力不变，冲入一定量氩气，则平衡将（　　）。

A. 右移　　B. 左移　　C. 不移动　　D. 无法判断

9. 热力学标准状态下进行的气相化学反应，是指恒温时（　　）。

A. 各反应物、产物的浓度都是$1mol \cdot L^{-1}$　　B. 各反应物、产物的分压都是100kPa或$p^{\ominus}$

C. 反应物、产物的总浓度为$1mol \cdot L^{-1}$　　D. 反应物、产物的总压为100kPa或$p^{\ominus}$

10. 催化剂可以增大化学反应速率，是因为催化剂使反应的（　　）。

A. $\Delta_r G_m^{\ominus}$降低　　B. $\Delta_r H_m^{\ominus}$升高　　C. $\Delta_r S_m^{\ominus}$升高　　D. E_a降低

11. 一般地说，温度升高反应速率明显增加，其主要原因是（　　）。

A. 分子碰撞机会增多　　B. 反应物压力增大

C. 活化分子百分数增大　　D. 反应的活化能降低

12. 反应$N_2(g)+3H_2(g) \rightleftharpoons 2NH_3(g)$，$K^{\ominus}=0.63$。反应达平衡时，若再通入一定量$N_2(g)$，则$K^{\ominus}$、Q和$\Delta_r G_m^{\ominus}$的关系为（　　）。

A. $Q>K^{\ominus}$，$\Delta_r G_m^{\ominus}>0$　　B. $Q=K^{\ominus}$，$\Delta_r G_m^{\ominus}=0$

C. $Q<K^{\ominus}$，$\Delta_r G_m^{\ominus}<0$　　D. $Q<K^{\ominus}$，$\Delta_r G_m^{\ominus}>0$

二、简答题

1. 试述下列化学术语的含义：

(1) 化学反应速率　　(2) 元反应　　(3) 质量作用定律

(4) 活化分子　　(5) 活化能　　(6) 熵变

(7) 标准平衡常数　　(8) 反应商　　(9) 吉布斯自由能变

(10) 勒夏特列原理

2. 已知锌和稀硫酸的反应为放热反应，该反应先是逐渐加快，后又逐渐变慢，为什么？

3. 反应$CO(g) = C(石墨, s)+\frac{1}{2}O_2(g)$的焓变和熵变如下：$\Delta_r H_m^{\ominus}=110.5kJ \cdot mol^{-1}$，$\Delta_r S_m^{\ominus}=-89.7J \cdot mol^{-1} \cdot K^{-1}$。在25℃和1000℃时，反应进行的方向如何？

4. 写出下列反应平衡常数$K^{\ominus}$的表达式。

(1) $CH_4(g)+2O_2(g) \rightleftharpoons CO_2(g)+2H_2O(g)$

(2) $Al_2O_3(s) + 3H_2(g) \rightleftharpoons 2Al(s) + 3H_2O(g)$

(3) $NO(g) + \frac{1}{2}O_2(g) \rightleftharpoons NO_2(g)$

(4) $BaCO_3(s) \rightleftharpoons BaO(s) + CO_2(g)$

(5) $NH_3(g) \rightleftharpoons \frac{1}{2}N_2(g) + \frac{3}{2}H_2(g)$

5. 对于下述已达平衡的反应：$2A(g) + B(s) \rightleftharpoons D(g) + 2E(g)$；$\Delta_r H_m^{\ominus} < 0$，当改变下列平衡条件时，表中各项将如何变化。

平衡条件改变	单位体积中A的活化分子数	单位体积中A的活化分子分数	$k_正$	$v_正$	$k_逆$	$v_逆$	平衡移动方向	$K^{\ominus}$
p(A)增加								
系统总压增加								
加入催化剂								
升高系统温度								

6. 工业上用乙烷裂解制乙烯，反应式为

$$C_2H_6(g) \rightleftharpoons C_2H_4(g) + H_2(g)$$

试解释工业上通常在高温、常压下，加入过量水蒸气的方法来提高乙烯的产率（水蒸气在此条件下不参加化学反应）。

三、计算题

1. 今有A和D两种气体参加反应，若A的分压增大1倍，反应速率增加3倍；若D的分压增大1倍，反应速率只增加1倍：

(1) 试写出该反应的速率方程。

(2) 将总压减小1倍，反应速率作何改变？

2. 在某一容器中A与B反应，实验测得数据如下：

$c(A)/mol \cdot L^{-1}$	$c(B)/mol \cdot L^{-1}$	$v/mol \cdot L^{-1} \cdot s^{-1}$	$c(A)/mol \cdot L^{-1}$	$c(B)/mol \cdot L^{-1}$	$v/mol \cdot L^{-1} \cdot s^{-1}$
1.0	1.0	1.2×10^{-2}	1.0	1.0	1.2×10^{-2}
2.0	1.0	2.3×10^{-2}	1.0	2.0	4.8×10^{-2}
4.0	1.0	4.9×10^{-2}	1.0	4.0	1.9×10^{-2}
8.0	1.0	9.6×10^{-2}	1.0	8.0	7.6×10^{-2}

写出该反应的速率方程式。

3. 反应：$S_2O_8^{2-} + 3I^- \longrightarrow 2SO_4^{2-} + I_3^-$ 在室温下实验测得如下数据：

编号	起始浓度		$v/mol \cdot L^{-1} \cdot s^{-1}$
	$c(S_2O_8^{2-})/mol \cdot L^{-1}$	$c(I^-)/mol \cdot L^{-1}$	
1	0.038	0.060	1.4×10^{-5}
2	0.076	0.060	2.8×10^{-5}
3	0.076	0.030	1.4×10^{-5}

写出反应的速率方程，指出该反应是否为元反应。

4. 已知反应 $2N_2O_5(g) \rightleftharpoons 4NO_2(g) + O_2(g)$，在 $T_1 = 318K$ 时，$k_1 = 4.98\times10^{-4}\ s^{-1}$，$T_2 = 338K$ 时，$k_2 = 4.87\times10^{-3}\ s^{-1}$。试求该反应的活化能和298K时的反应速率常数 k_3。

5. 查附表8数据，通过计算判断反应 $Ca^{2+}(aq) + 2OH^-(aq) \rightleftharpoons Ca(OH)_2(s)$，在25℃和标准态下能否自发进行？

6. 已知反应 $CaCO_3(s) \rightleftharpoons CaO(s) + CO_2(g)$ 在700℃时的 $K^{\ominus} = 2.92\times10^{-2}$，在900℃时的 $K^{\ominus} = 1.05$。则：

(1) 上述反应是吸热反应还是放热反应？

(2) 在 700℃和 900℃时 CO_2 的分压分别为多少?

7. 已知在 25℃下，反应：

(1) $2HCl(g) \rightleftharpoons H_2(g) + Cl_2(g)$　　$K_1^{\ominus} = 4.17 \times 10^{-34}$

(2) $I_2(g) + Cl_2(g) \rightleftharpoons 2ICl(g)$　　$K_2^{\ominus} = 2.4 \times 10^5$

计算反应 (3)：$2HCl(g) + I_2(g) \rightleftharpoons 2ICl(g) + H_2(g)$ 的 $K_3^{\ominus}$。

8. 已知乙酸和乙醇生成乙酸乙酯的反应

$$CH_3COOH + C_2H_5OH \rightleftharpoons CH_3COOC_2H_5 + H_2O$$

在室温下的平衡常数 $K^{\ominus} = 4$，若起始时乙酸和乙醇的浓度相等，平衡时乙酸乙酯的浓度是 $0.4mol \cdot L^{-1}$，求平衡时乙醇的浓度。

9. 已知反应 $NO(g) + \frac{1}{2}Br_2(l) \rightleftharpoons NOBr(g)$(溴化亚硝酰)，25℃时的平衡常数 $K_1^{\ominus} = 3.6 \times 10^{-15}$；液体溴在 25℃时的饱和蒸气压为 28.4kPa。求 25℃时反应：$NO(g) + \frac{1}{2}Br_2(g) \rightleftharpoons NOBr(g)$ 的平衡常数 $K_3^{\ominus}$。(提示：由 25℃时溴的饱和蒸气压可得液态溴转化为气态溴的平衡常数 $K_2^{\ominus}$。)

10. 假设汽车内燃机内温度因燃料燃烧反应达到 1300℃，试计算此温度时反应 $\frac{1}{2}N_2(g) + \frac{1}{2}O_2(g) \rightleftharpoons NO(g)$ 的 $\Delta_r G_m^{\ominus}$ 及 $K^{\ominus}$。

11. SO_2 转化为 SO_3 的反应式为 $2SO_2(g) + O_2(g) \rightleftharpoons 2SO_3(g)$。在 630℃和 101.3kPa 下，将 1.000mol SO_2 和 1.000mol O_2 的混合物缓慢通过 V_2O_5，达平衡后测得剩余的 O_2 为 0.615mol。试求在该温度下反应的平衡常数 $K^{\ominus}$。

12. 在 1000℃，3000kPa 下，反应 $CO_2(g) + C(s) \rightleftharpoons 2CO(g)$ 达到平衡时，CO_2 的摩尔分数为 0.17。当总压减至 2000kPa 时，问 CO_2 的摩尔分数为多少？由此得出什么结论？

13. 反应 $N_2(g) + 3H_2(g) \rightleftharpoons 2NH_3(g)$ 的 $\Delta_r H_m^{\ominus} = -92.2kJ \cdot mol^{-1}$，在 298K 时的 $K^{\ominus} = 6.1 \times 10^5$，计算该反应在 773K 时的平衡常数。

14. 反应 $CO(g) + H_2O(g) \rightleftharpoons CO_2(g) + H_2(g)$，在 749K 时的 $K^{\ominus} = 6.5$，若要 CO 的转化率为 90%，请问 CO 和 H_2O 的物质的量的比应为多少？试通过计算说明。

四、分析题

1. 以下说法是否恰当？为什么？

(1) 冰在室温下自动融化成水，是熵增起了主要作用。

(2) $\Delta_r S_m^{\ominus}$ 为负值的反应均不能自发进行。

(3) 放热反应是自发反应。

(4) $CaCO_3$ 在常温下不分解，是因为其分解反应为吸热反应；在高温 ($T > 1104K$) 下分解，是因为此时分解放热。

(5) 因为 $\Delta_r G_m^{\ominus} = -RT\ln K^{\ominus}$，所以温度升高，平衡常数减小。

(6) 平衡常数和转化率都能表示反应进行的程度，但平衡常数与浓度无关，而转化率与浓度有关。

2. 下列说法是否正确？为什么？

(1) 质量作用定律适用于任何化学反应。

(2) 反应速率常数取决于反应温度，与反应物、生成物无关。

(3) 反应活化能越大，反应速率也越大。

3. 下列反应或变化中，系统的熵变 $\Delta_r S_m^{\ominus}$ 是正值还是负值？

(1) $H_2O(g) = H_2O(l)$　　(2) $NaCl(s) = NaCl(l)$

(3) $2NO_2(g) = 2NO(g) + O_2(g)$　　(4) $2CO(g) + O_2(g) = 2CO_2(g)$

4. 反应：$2A(g) + B(g) \rightleftharpoons 2C(g)$；　$\Delta_r H_m^{\ominus} < 0$，下列说法你认为对吗？

(1) 由于 $K^{\ominus} = \frac{\{p(C)/p^{\ominus}\}^2}{\{p(A)/p^{\ominus}\}^2\{p(B)/p^{\ominus}\}}$ 随着反应的进行，C 的分压不断增大，A 和 B 的分压不断减小，标准平衡常数不断增大。

(2) 增大总压力，使 A 和 B 的分压增大，正反应速率（$v_{正}$）增大，因而平衡向右移动。

(3) 升高温度，使逆反应速率（$v_{逆}$）增大，正反应速率（$v_{正}$）减小，因而平衡向左移动。

5. 欲使下列平衡向正反应方向移动，可采取哪些措施？并考虑其对 $K^{\ominus}$ 有何影响？

(1) $CO_2(g)+C(s) \rightleftharpoons 2CO(g)$　　$\Delta_r H_m^{\ominus}>0$

(2) $CO_2(g)+H_2(g) \rightleftharpoons CO(g)+H_2O(g)$　　$\Delta_r H_m^{\ominus}>0$

(3) $N_2(g)+3H_2(g) \rightleftharpoons 2NH_3(g)$　　$\Delta_r H_m^{\ominus}<0$

6. 反应 $C(s)+H_2O(g) \rightleftharpoons CO(g)+H_2(g)$；$\Delta_r H_m^{\ominus}>0$，下列陈述是否正确？为什么？

(1) 达平衡时，各反应物和生成物的分压一定相等；

(2) 由于反应式前后分子总数相等，故体积缩小时对平衡没有影响；

(3) 加入催化剂后，正反应速率增加，平衡向右移动；

(4) 升高温度平衡向右移动。

第三章　离解平衡和沉淀溶解平衡

学习目标

知识目标

1. 掌握各种弱电解质的离解平衡，弱酸弱碱溶液的酸碱度计算；
2. 理解同离子效应，缓冲溶液的缓冲原理，掌握缓冲溶液的配制方法及其 pH 的计算；
3. 了解盐类水解的一般规律及水解度、水解常数的意义，掌握盐类水解的有关计算；
4. 掌握沉淀溶解平衡、溶度积的计算和溶度积规则的应用；
5. 了解酸碱理论的发展。

能力目标

1. 联系实例（一些常见的电解质），明确弱电解质、强电解质和难溶电解质的特点；
2. 能运用化学平衡原理分析弱电解质的离解平衡、熟练进行一元弱酸（弱碱）离解平衡的有关计算；
3. 熟练进行溶液 pH 有关计算；
4. 能运用溶度积规则判断沉淀的生成、溶解和转化，熟练进行有关溶度积的计算。

化学上，常把在溶解或熔融状态下能够导电的一类化合物叫做**电解质**，如酸、碱、盐等，在溶解和熔融状态下都不能导电的化合物叫做**非电解质**，如蔗糖、乙醇、苯等有机化合物。

根据溶解度不同电解质可分为难溶电解质和易溶电解质；根据电解质溶于水后离解的情况可分为**强电解质**和**弱电解质**。

第一节　弱电解质溶液中的离解平衡

常见的弱电解质有弱酸，如醋酸、碳酸、硼酸、氢硫酸等；弱碱，如氨水等；以及少数盐类，如氯化汞，醋酸铅等。

一、弱电解质的特点

1. 溶液的导电能力较弱

分别取同体积，浓度均为 $0.1\text{mol}\cdot\text{L}^{-1}$ 的 NaCl、HAc、C_2H_5OH 溶液置于小烧杯中，并分别放在装有电流表的线路中。把电极插入 NaCl 溶液中，电流表指针偏转大，说明 NaCl 溶液导电能力强，表明 NaCl 溶液中离子多，是强电解质；把电极插入 HAc 溶液，电流表指针偏转较小，表明 HAc 溶液中的离子不很多，是弱电解质；把电极插入 C_2H_5OH 中，电表指针无偏转，表明 C_2H_5OH 溶液中没有明显量的离子，是非电解质。可见，弱电解质的导电能力较弱。

2. 溶液中存在离解平衡

弱电解质在水溶液中只有部分分子离解成离子，离解了的离子又互相吸引重新结合成分子，这种离解是可逆的，最终达到离解平衡状态。例如，在 HAc 溶液中的离解平衡：

$$HAc \rightleftharpoons H^+ + Ac^-$$

二、弱电解质溶液中的离解平衡

1. 离解度

通常用**离解度**（α）来表示弱电解质在溶液中的离解能力大小。离解度是指弱电解质达到离解平衡时，已离解的分子数与原有分子总数的百分比。其表达式为：

$$\alpha = \frac{\text{已离解的弱电解质分子数}}{\text{弱电解质的原有分子数}} \times 100\%$$

或

$$\alpha = \frac{\text{已离解的弱电解质浓度}}{\text{弱电解质的初始浓度}} \times 100\%$$

在温度、浓度相同的条件下，离解度大，表示该弱电解质相对较强。离解度与溶液的浓度和温度有关，故在表示离解度时必须指出酸（或碱）的浓度和温度。另外，离解度还与电解质的种类有关，不同的弱电解质浓度相同时，离解度大小也不相同。

2. 离解常数

弱酸、弱碱在溶液中部分离解，在离解出的离子和未离解的分子之间存在着离解平衡。若以 HA 表示一元弱酸，离解平衡表达式为

$$HA \rightleftharpoons H^+ + A^-$$

标准离解常数 $K_a^\ominus$ 表达式为：

$$K_a^\ominus = \frac{\{c(H^+)/c^\ominus\}\{c(A^-)/c^\ominus\}}{c(HA)/c^\ominus}$$

$$= \frac{c'(H^+)c'(A^-)}{c'(HA)} \tag{3-1}$$

需指出，式中 c' 为系统中物种的浓度 c 与标准浓度 $c^\ominus$ 的比值，即 $c'(A) = c(A)/c^\ominus$ 或 $c(A) = c'(A)c^\ominus$。由于 $c^\ominus = 1\text{mol} \cdot L^{-1}$，故 c 和 c' 数值完全相等，只是量纲不同，c 的量纲为 $\text{mol} \cdot L^{-1}$，c' 的量纲为 1，因此 $K^\ominus$ 的量纲也为 1。

若以 BOH 表示一元弱碱，其离解平衡表达式为

$$BOH \rightleftharpoons B^+ + OH^-$$

标准离解常数表达式为：

$$K_b^\ominus = \frac{\{c(B^+)/c^\ominus\}\{c(OH^-)/c^\ominus\}}{\{c(BOH)/c^\ominus\}}$$

$$= \frac{c'(B^+)c'(OH^-)}{c'(BOH)} \tag{3-2}$$

$K_a^\ominus$、$K_b^\ominus$ 分别表示弱酸、弱碱的离解常数。对于具体的酸或碱的离解常数，则在 $K^\ominus$ 的后面注明酸或碱的化学式，例如 $K_a^\ominus(HAc)$、$K_b^\ominus(NH_3)$ 和 $K_b^\ominus\{Mg(OH)_2\}$ 分别表示醋酸、氨水和氢氧化镁的离解常数。离解常数与其他平衡常数一样，仅与温度有关，与浓度无关。但温度对离解常数的影响不太大，在室温下通常可以忽略。

离解常数可以用来表示弱电解质的离解程度，温度一定时，$K^\ominus$ 值越大，离解程度越大，该弱电解质相对地较强。如 25℃时醋酸的离解常数为 1.75×10^{-5}，氢氰酸的离解常数

为 6.2×10^{-10}，说明在相同浓度下，醋酸的酸性较氢氰酸酸性强。本书附表 1 列出了一些常见弱酸和弱碱的离解常数。

3. 离解度与离解常数的关系——稀释定律

离解度和离解常数都能反映弱电解质的相对强弱，离解度与化学平衡中的转化率相似，它随浓度的改变而改变，而离解常数是平衡常数的一种形式，不随浓度的变化而改变，它与温度有关。因此离解常数比离解度的应用范围更广泛。

离解度、离解常数和浓度之间有一定的关系。以一元弱酸 HA 为例，设 HA 起始浓度为 c，达到离解平衡时离解度为 α，则：

$$\mathrm{HA} \rightleftharpoons \mathrm{H^+} + \mathrm{A^-}$$

	HA	H^+	A^-
起始浓度 c_0	c	0	0
平衡浓度 c	$c(1-\alpha)$	$c\alpha$	$c\alpha$

平衡常数表达式为：

$$K_a^{\ominus} = \frac{c'(\mathrm{H^+})c'(\mathrm{A^-})}{c'(\mathrm{HA})}$$

将平衡数据代入平衡常数表达式则：

$$K_a^{\ominus} = \frac{c'\alpha c'\alpha}{c'(1-\alpha)} = \frac{c'\alpha^2}{(1-\alpha)}$$

也即：

$$c'\alpha^2 + K_a^{\ominus}\alpha - K_a^{\ominus} = 0$$

$$\alpha = \frac{-K_a^{\ominus} + \sqrt{(K_a^{\ominus})^2 + 4c'K_a^{\ominus}}}{2c'} \tag{3-3a}$$

$$c'(\mathrm{H^+}) = c'\alpha = c'\frac{-K_a^{\ominus} + \sqrt{(K_a^{\ominus})^2 + 4c'K_a^{\ominus}}}{2c'}$$

$$= \frac{-K_a^{\ominus} + \sqrt{(K_a^{\ominus})^2 + 4c'K_a^{\ominus}}}{2} \tag{3-3b}$$

当电解质很弱，即对应的 $K^{\ominus}$ 较小时，离解度 α 很小，可认为 $1-\alpha \approx 1$，作近似计算时，得以下简式：

$$K_a^{\ominus} = c'\alpha^2$$

$$\alpha = \sqrt{K_a^{\ominus}/c'} \tag{3-4a}$$

$$c'(\mathrm{H^+}) = \sqrt{K_a^{\ominus}c'} \tag{3-4b}$$

同样对于一元弱碱溶液，得到：

$$K_b^{\ominus} = c'\alpha^2$$

$$\alpha = \sqrt{K_b^{\ominus}/c'} \tag{3-5a}$$

$$c'(\mathrm{OH^-}) = \sqrt{K_b^{\ominus}c'} \tag{3-5b}$$

式(3-4a) 和式(3-5a) 是对某一指定的弱电解质而言，因此，$K_a^{\ominus}$ 或 $K_b^{\ominus}$ 为定值。由式(3-4a) 和式(3-5a) 可以看出弱电解质的浓度、离解度与离解常数三者之间的关系。它表明，在一定温度下，一元弱电解质的离解度与其离解常数的平方根成正比，并与其浓度的平方根成反比。这一关系称为**稀释定律**。弱电解质浓度越稀，离解度越大，但从式(3-4b) 和式(3-5b) 看出，弱电解质浓度越稀，$c'(\mathrm{H^+})$ 或 $c'(\mathrm{OH^-})$ 越小，也就是说，$c'(\mathrm{H^+})$ 或 $c(\mathrm{OH^-})$并不因浓度稀释、离解度增加而增大。

需要特别指出的是：在弱酸或弱碱溶液中，还同时存在着水的离解平衡，它与弱酸（或弱碱）离解平衡相互联系、相互影响。但当 $K_a^\ominus$（或 $K_b^\ominus$）远大于 $K_w^\ominus$，而弱酸（或弱碱）溶液又不是很稀时，溶液中 H^+（或 OH^-）主要是由弱酸（或弱碱）离解产生的，计算时可忽略水的离解。

当 $c/K_a^\ominus>500$ 时，相对误差不超过 2%，可应用简式(3-4) 或式(3-5) 进行有关计算。

【例 3-1】 已知 25℃时，$K_a^\ominus(HAc)=1.75\times10^{-5}$。计算

(1) 该温度下 0.20mol·L^{-1}的 HAc 溶液中 H^+、Ac^- 的浓度及 HAc 的离解度；

(2) 若温度不变将此溶液稀释至 0.040mol·L^{-1}，求此时溶液的 H^+ 浓度及离解度。

解 (1) HAc 为弱电解质，离解平衡式为

	HAc	$\rightleftharpoons H^+$	$+Ac^-$
起始浓度 c_0/mol·L^{-1}	0.20	0	0
平衡浓度 c/mol·L^{-1}	$0.20-x$	x	x

$$K_a^\ominus=\frac{c'(H^+)c'(Ac^-)}{c'(HAc)}$$

代入数据：

$$1.75\times10^{-5}=x^2/(0.20-x)$$

$K_a^\ominus(HAc)$ 很小，可近似地认为 $0.20-x\approx0.20$

$$x=\sqrt{1.75\times10^{-5}\times0.20}=1.9\times10^{-3}$$

$$c(H^+)=c(Ac^-)=1.9\times10^{-3}\,\text{mol}\cdot\text{L}^{-1}$$

$$\alpha=(1.9\times10^{-3}/0.20)\times100\%=0.95\%$$

(2) 若温度不变将此溶液稀释至 0.040mol·L^{-1}时，

$$c'(H^+)=\sqrt{1.75\times10^{-5}\times0.040}=8.4\times10^{-4}$$

$$c'(H^+)=8.4\times10^{-4}\,\text{mol}\cdot\text{L}^{-1}$$

$$\alpha=(8.4\times10^{-4}/0.040)\times100\%=2.1\%$$

从例 3-1 可看出，当弱酸溶液被稀释时，弱酸的离解度虽然增大，但 H^+ 浓度反而减小。所以不能错误地认为随着离解度的增大，溶液的 H^+ 浓度必然增加，表 3-1 列出了 25℃时不同浓度 HAc 的 α 与 $c(H^+)$ 数值关系。

表 3-1　不同浓度时 HAc 的 α 与 $c(H^+)$（25℃）的关系

c(HAc)/mol·L^{-1}	1.00	0.10	0.010	0.0050	0.0010
α/%	0.42	1.3	4.2	5.8	12
$c(H^+)$/mol·L^{-1}	4.2×10^{-5}	1.3×10^{-3}	4.2×10^{-4}	2.9×10^{-4}	1.2×10^{-4}

三、同离子效应和盐效应

在两支试管中各加入 10mL 1mol·L^{-1}HAc，再各加指示剂甲基橙 2 滴，两支试管中溶液都呈红色，表明 HAc 溶液呈酸性。若在一支试管中加少量固体 NaAc，边振荡和另一试管比较，发现加入固体 NaAc 试管的红色变成黄色（甲基橙在酸中为红色，在微酸和碱中为黄色），此时溶液呈微酸性。实验表明，在 HAc 溶液中，因加入 NaAc 后，酸性逐渐降低。这是因为 HAc-NaAc 溶液中存在着下列离解平衡：

$$HAc \rightleftharpoons H^+ + Ac^-$$

$$NaAc \longrightarrow Na^+ + Ac^-$$

NaAc 是强电解质，在水中完全离解为 Na^+ 和 Ac^-，使试管中 Ac^- 的总浓度增加，这时 HAc 的离解平衡就要向着生成 HAc 分子方向移动，使 HAc 浓度增大，H^+ 的浓度减小，

HAc 离解度降低，溶液酸性减弱。

同理，在弱电解质氨水中存在着下列离解平衡：

$$NH_3 \cdot H_2O \rightleftharpoons NH_4^+ + OH^-$$

若在氨水中加入铵盐（如 NH_4Cl）时，溶液中 NH_4^+ 浓度增加，这时平衡向着生成 $NH_3 \cdot H_2O$方向移动，使 $NH_3 \cdot H_2O$ 浓度增大，OH^- 浓度减少，氨水离解度降低，溶液碱性减弱。

这种由于在弱电解质溶液中加入一种含有相同离子（阳离子或阴离子）的强电解质，使离解平衡发生移动，降低弱电解质离解度的作用，称为**同离子效应**。

若在 HAc 溶液中加入不含相同离子的强电解质（如 NaCl）时，由于溶液中离子间的相互牵制作用增强，Ac^- 和 H^+ 结合成分子的机会减小，故表现由 HAc 的离解度略有所增加，这种在弱电解质溶液中加入不含相同离子的强电解质，由于溶液中离子间的相互牵制作用增强，增加电解质离解度的作用，称为**盐效应**。例如在 1L 0.10mol·L^{-1} HAc 溶液中加入 0.1mol NaCl，能使离解度从 1.3%增加为 1.7%，溶液中 H^+ 浓度从 1.3×10^{-8}mol·L^{-1}增加为 1.7×10^{-8}mol·L^{-1}。在一般情况下，和同离子效应相比，盐效应的影响很小。

四、多元弱酸的离解平衡

含有一个以上可置换的氢原子的酸叫**多元酸**，如 H_2CO_3、H_2S 是二元酸，H_3PO_4 是三元酸。多元酸的离解是分步（分级）进行的，依次逐个离解出 H^+，叫做**分步离解**。分步离解的平衡常数，称为**分步离解常数**。多元酸总的离解方程式为各级离解方程式之和，总的离解常数则为各级离解常数之积。例如，氢硫酸是二元弱酸，分两步离解：

第一步离解

$$H_2S \rightleftharpoons H^+ + HS^-$$

$$K_{a_1}^{\ominus}(H_2S)=\frac{c'(H^+)c'(HS^-)}{c'(H_2S)}=1.32\times10^{-7}$$

第二步离解

$$HS^- \rightleftharpoons H^+ + S^{2-}$$

$$K_{a_2}^{\ominus}(H_2S)=\frac{c'(H^+)c'(S^-)}{c'(HS^-)}=7.1\times10^{-15}$$

磷酸分三步离解：

第一步离解

$$H_3PO_4 \rightleftharpoons H^+ + H_2PO_4^-$$

$$K_{a_1}^{\ominus}(H_3PO_4)=\frac{c'(H^+)c'(H_2PO_4^-)}{c'(H_3PO_4)}=7.1\times10^{-3}$$

第二步离解

$$H_2PO_4^- \rightleftharpoons H^+ + HPO_4^{2-}$$

$$K_{a_2}^{\ominus}(H_3PO_4)=\frac{c'(H^+)c'(HPO_4^{2-})}{c'(H_2PO_4^-)}=6.3\times10^{-8}$$

第三步离解

$$HPO_4^{2-} \rightleftharpoons H^+ + PO_4^{3-}$$

$$K_{a_3}^{\ominus}(H_3PO_4)=\frac{c'(H^+)c'(PO_4^{3-})}{c'(HPO_4^{2-})}=4.2\times10^{-13}$$

从以上数据可以看出，分步离解常数 $K_{a_1}^{\ominus}\gg K_{a_2}^{\ominus}\gg K_{a_3}^{\ominus}$。由于第二步离解需从带有一个负电荷的离子中再离解出一个阳离子 H^+，显然要比从中性分子中离解阳离子 H^+ 困难；又由于第一步离解出的 H^+ 将抑制第二步的离解，因此 $K_{a_1}^{\ominus}\gg K_{a_2}^{\ominus}$，同理第三步离解比第二步更困难，所以 $K_{a_2}^{\ominus}\gg K_{a_3}^{\ominus}$，故 $K_{a_1}^{\ominus}\gg K_{a_2}^{\ominus}\gg K_{a_3}^{\ominus}$。由于各级离解常数相差甚大（可达几个数量级），在计算多元弱酸溶液中的 H^+ 浓度时，只需考虑第一步离解即可。若对多元弱酸或弱碱的相对强弱进行比较时，只需比较它们的第一级离解常数即可。

【例 3-2】 25℃时 H_2S 饱和溶液的浓度为 $0.10mol \cdot L^{-1}$，求该饱和溶液中 H^+ 和 S^{2-} 的浓度。

解　已知 H_2S 的 $K_{a_1}^{\ominus} \gg K_{a_2}^{\ominus}$，求 $c(H^+)$ 时可按一元弱酸处理。

第一步离解　　$H_2S \rightleftharpoons H^+ + HS^-$

平衡浓度 $c/mol \cdot L^{-1}$　　$0.10-x$　　x　　x

$$K_{a_1}^{\ominus}(H_2S)=\frac{c'(H^+)c'(HS^-)}{c'(H_2S)}$$

代入数据得

$$1.32\times10^{-5}=x^2/(0.10-x)$$

近似认为

$$0.10-x\approx0.10$$

故

$$x=\sqrt{1.32\times10^{-7}\times0.10}=1.10\times10^{-4}$$

$$c(H^+)=1.10\times10^{-4}mol \cdot L^{-1}$$

溶液中的 S^{2-} 是由第二步离解产生，根据第二步离解平衡：

$$HS^- \rightleftharpoons H^+ + S^{2-}$$

平衡浓度 $c/mol \cdot L^{-1}$　　$c'(HS^-)$　　$c'(H^+)$　　$c'(S^{2-})$

$$K_{a_2}^{\ominus}(H_2S)=\frac{c'(H^+)c'(S^{2-})}{c'(HS^-)}=7.1\times10^{-15}$$

$$c'(S^{2-})=K_{a_2}^{\ominus}(H_2S)c'(HS^-)/c'(H^+)$$

因为 $K_{a_1}^{\ominus} \gg K_{a_2}^{\ominus}$，所以　$c'(HS^-)\approx c'(H^+)$

故

$$c'(S^{2-})=K_{a_2}^{\ominus}(H_2S)=7.10\times10^{-15}$$

$$c(S^{2-})=7.10\times10^{-15}mol \cdot L^{-1}$$

可见，二元弱酸溶液中的二价阴离子浓度数值近似等于其 $K_{a_2}^{\ominus}$，它远小于溶液中的 H^+ 浓度。当弱酸溶液不是很稀时，二价阴离子浓度与弱酸浓度无关。若需用较大浓度的二价阴离子时，应由其盐提供。

第二节　溶液的酸碱性

一、水的离解平衡和水的离子积

实验证明，纯水仍有微弱的导电性，是一种极弱的电解质。纯水的离解，实质上是一个水分子从另一个水分子中夺取 H^+ 而形成 H_3O^+ 和 OH^- 的过程。

$$H_2O+H_2O \rightleftharpoons H_3O^+ + OH^-$$

为简便起见，一般书写为：

$$H_2O \rightleftharpoons H^+ + OH^-$$

其标准平衡常数：

$$K^{\ominus}=\frac{\{c(H^+)/c^{\ominus}\}\{c(OH^-)/c^{\ominus}\}}{c(H_2O)/c^{\ominus}}$$

$$=\frac{c'(H^+)c'(OH^-)}{c'(H_2O)}$$

由于极大部分水以水分子形式存在，因此可将 $c'(H_2O)$ 看作常数，合并到 $K^{\ominus}$ 项，得到：

$$c'(H^+)c'(OH^-)=K^{\ominus}c'(H_2O)=K_w^{\ominus} \tag{3-6}$$

上式表明，在一定温度下，水中 $c'(H^+)$ 和 $c'(OH^-)$ 的乘积为一个常数，叫做水的离子积，用 $K_w^{\ominus}$ 表示。$K_w^{\ominus}$ 可从实验测得，也可由热力学计算求得。25℃时，由实验测得纯水中 H^+ 和 OH^- 浓度均为 10^{-7}mol·L^{-1}，因此 $K_w^{\ominus}=10^{-14}$。$K_w^{\ominus}$ 的数值与温度有关，从表3-2看出，温度升高，$K_w^{\ominus}$ 值显著增大。在室温下作一般计算时，可不考虑温度的影响，按 $K_w^{\ominus}=10^{-14}$进行计算。

表 3-2 不同温度下水的离子积常数

t/℃	0	10	20	25	40	50	90	100
$K_w^{\ominus}/10^{-14}$	0.1138	0.2917	0.6808	1.009	2.917	5.470	38.02	54.95

二、溶液的酸碱性和 pH

水的离子积不仅适用于纯水，对于电解质的稀溶液同样适用。若在水中加入少量盐酸，H^+ 浓度增加，水的离解平衡向左移动，OH^- 浓度则随之减少。达到新的平衡时，溶液中 $c(H^+)>c(OH^-)$，但 $c'(H^+)c'(OH^-)=K_w^{\ominus}$ 这一关系仍然存在。并且 $c(H^+)$ 越大，$c(OH^-)$越小，但 $c(OH^-)$ 不会等于零。反之，若在水中加入少量氢氧化钠，OH^- 浓度增加，平衡亦向左移动，此时 $c(H^+)<c(OH^-)$，仍满足 $c'(H^+)c'(OH^-)=K_w^{\ominus}$。同样，$c(OH^-)$越大，$c(H^+)$ 越小，但 $c(H^+)$ 也不会等于零。水的离子积常数是计算水溶液中 $c(H^+)$ 和 $c(OH^-)$ 的重要依据。

综上所述，常温下可以把水溶液的酸碱性和 H^+、OH^- 浓度的关系归纳如下：

$c(H^+)=c(OH^-)=10^{-7}$mol·L^{-1} 溶液为中性

$c(H^+)>c(OH^-)$ $c(H^+)>10^{-7}$mol·L^{-1} 溶液为酸性

$c(H^+)<c(OH^-)$ $c(H^+)<10^{-7}$mol·L^{-1} 溶液为碱性

溶液中的 H^+ 或 OH^- 浓度可以表示溶液的酸碱性，但因水的离子积是一个很小的数值（常温下仅为 10^{-14}），在稀溶液中 $c(H^+)$ 或 $c(OH^-)$ 也很小，直接使用十分不便，1909年索伦森（Sörensen S P L）提出用 pH 表示溶液的酸碱性。把 pH 定义为溶液中 $c'(H^+)$ 的负对数：

$$pH=-\lg c'(H^+)$$

常温下溶液的酸碱性与 pH 的关系为

酸性溶液 $c'(H^+)>10^{-7}$ $pH<7$

中性溶液 $c'(H^+)=10^{-7}$ $pH=7$

碱性溶液 $c'(H^+)<10^{-7}$ $pH>7$

可见，溶液 pH 越小，溶液的酸性越强；反之，溶液 pH 越大，溶液的碱性越强。表 3-3 列出了一些常见水溶液的 pH。

表 3-3 常见水溶液的 pH

溶液	pH	溶液	pH	溶液	pH
柠檬汁	2.2～2.4	番茄汁	3.5	饮用水	6.5～8.5
葡萄酒	2.8～3.8	牛奶	6.3～6.6	人的血液	7.35～7.45
食醋	3.0	乳酪	4.8～6.4	人的唾液	6.5～7.5
啤酒	4～5	海水	8.3	人尿	4.8～8.4
咖啡	5			胃酸	约 2.8

同样，也可以用 pOH 表示溶液的酸碱度。定义为

$$pOH=-\lg c'(OH^-)$$

常温下，在水溶液中：

$$c'(H^+)c'(OH^-)=K_w^{\ominus}$$

在等式两边分别取负对数：

$$-\lg\{c'(H^+)c'(OH^-)\}=-\lg K_w^{\ominus}$$

$$-\lg c'(H^+)-\lg c'(OH^-)=-\lg K_w^{\ominus}$$

$$pH+pOH=pK_w^{\ominus}$$

常温下 $K_w^{\ominus}=10^{-14}$，所以 pH＋pOH＝14。在计算中应用以上关系十分方便。

还需指出，pH 和 pOH 一般用在溶液中 $c(H^+)\leqslant 1mol\cdot L^{-1}$ 或 $c(OH^-)\leqslant 1mol\cdot L^{-1}$ 的情况，即 pH 在 0～14 范围内。如果 $c(H^+)$ 和 $c(OH^-)$ 不在该范围内，则采用物质的量浓度表示更为方便。

【例 3-3】 25℃时，氨水 $K_b^{\ominus}(NH_3)=1.8\times10^{-5}$，计算 $0.010mol\cdot L^{-1}$ 氨水溶液的 pH 和 pOH 值。

解　氨水的离解平衡式为 $NH_3 + H_2O \rightleftharpoons NH_4^+ + OH^-$

起始浓度 $c_0/mol\cdot L^{-1}$　　0.10　　　　0　　0

平衡浓度 $c/mol\cdot L^{-1}$　　0.10－x　　　　x　　x

$$K_b^{\ominus}(NH_3)=\frac{c'(NH_3)c'(OH^-)}{c'(NH_3)}$$

代入数据

$$1.8\times10^{-5}=x^2/(0.10-x)$$

$K_b^{\ominus}(NH_3)$ 很小，可近似地认为 $0.10-x\approx 0.10$

$$x=\sqrt{1.8\times10^{-5}\times0.10}=1.3\times10^{-3}$$

$$c(OH^-)=c(NH_4^+)=1.3\times10^{-3}mol\cdot L^{-1}$$

$$pOH=-\lg c'(OH^-)=-\lg(1.3\times10^{-3})=2.89$$

$$pH=pK_w^{\ominus}-pOH=14-2.89=11.11$$

三、测定溶液 pH 的方法

测定溶液 pH 的方法很多，常用的有酸碱指示剂、pH 试纸及 pH 计（酸度计）。

酸碱指示剂多是一些有机染料，它们属于有机弱酸或弱碱。随着溶液 pH 改变，酸碱指示剂本身的结构发生变化而引起颜色改变。每一种指示剂都有一定的变色范围（见表 3-4）。

表 3-4　常用指示剂变色范围

指示剂	pH 变色范围	变色情况		
		酸色	中间色	碱色
甲基橙	3.1～4.4	<3.1 红色	橙色	>4.4 黄色
甲基红	4.2～6.2	<4.2 红色	橙色	>6.2 黄色
石蕊	5.0～8.0	<5.0 红色	紫色	>8.0 蓝色
酚酞	8.2～9.6	<8.2 无色	粉红色	>9.6 红色

从表中可以看出，甲基橙和甲基红在酸性溶液中变色；酚酞在碱性溶液中变色；石蕊则接近中性溶液变色。利用这一特性可以指示溶液的 pH 范围。例如，甲基橙在溶液中呈红色，说明该溶液 pH＜3.1；呈黄色，说明 pH＞4.4；呈橙色，说明 pH 在 3.1～4.4 范围内。

如果采用复合指示剂（两种或多种指示剂），指示的 pH 范围可以更窄，更精确。

pH 试纸是利用复合指示剂制成的，将试纸用多种酸碱指示剂的混合溶液浸透后经晾干制成。它对不同 pH 的溶液能显示不同的颜色（称为色阶），据此可以迅速地判断溶液的酸碱性。

pH 计是通过电学系统用数码管直接显示溶液 pH 的电子仪器，可以快速、准确地测定溶液的 pH，已在科研和生产中广泛应用。

第三节　缓冲溶液

一般水溶液，常在外加酸、外加碱或稀释时而改变溶液原有的 pH。但也有一类溶液它的 pH 并不因此而发生明显的变化。如 1.0L 含有 0.10mol HAc 和 0.10mol NaAc 的水溶液，测得其 pH=4.76，往该溶液中加入 1.0mL 1.0mol · L^{-1}的 HCl 溶液，测得其 pH=4.75；往该溶液中加入 1.0mL 1.0mol · L^{-1}的 NaOH 溶液，测得其 pH=4.74。

这种由 HAc 和 NaAc 组成的溶液，能抵抗外来少量强酸（或强碱）或稍加稀释，而使其 pH 基本上保持不变（指 pH 改变≤0.1）的作用叫**缓冲作用**。具有缓冲作用的溶液称作**缓冲溶液**。

常见缓冲溶液的类型如下。

(1) 弱酸及其盐组成的缓冲溶液　例如 HAc-NaAc 的混合溶液。

(2) 弱碱及其盐组成的缓冲溶液　例如 $NH_3 \cdot H_2O$-NH_4Cl 的混合液。

(3) 多元酸的酸式盐及其次级酸盐组成的缓冲溶液　例如 $NaHCO_3$-Na_2CO_3、NaH_2PO_4-Na_2HPO_4 的混合液。

一、缓冲作用原理

缓冲溶液为什么具有抵抗外界少量强酸、强碱或稀释的作用呢？这是由于缓冲溶液的组成决定的。现以 HAc-NaAc 为例说明产生缓冲作用的原理。

HAc 为弱酸，在溶液中微弱离解：

$$HAc \rightleftharpoons H^+ + Ac^-$$

NaAc 是易溶强电解质，可以完全离解：

$$NaAc \longrightarrow Na^+ + Ac^-$$

溶液中由于大量 Ac^- 存在，产生了同离子效应，使得 HAc 的离解平衡强烈向右移动，即 H^+ 与 Ac^- 结合成 HAc，抑制了 HAc 的离解。因此，在此缓冲溶液中存在着大量的 HAc 和 Ac^-，而 H^+ 浓度很小。在溶液中同时存在大量弱酸分子及该弱酸根阴离子（或大量弱碱分子及该弱碱阳离子）是缓冲溶液的组成特征。缓冲溶液中的弱酸及其盐（或弱碱及其盐）称为**缓冲对**。

当往此缓冲溶液中加入少量强酸（如 HCl）时，溶液中大量 Ac^- 能和 H^+ 结合成弱电解质 HAc，结果使溶液中 $c(H^+)$ 没有明显升高，即溶液的 pH 没有明显降低。此时 Ac^- 成为缓冲溶液的“抗酸”成分。

当往此缓冲溶液中加入少量强碱（如 NaOH），溶液中的 H^+ 即与加入碱中的 OH^- 结合成难离解的水。在溶液中的 $c(H^+)$ 稍有降低的同时，溶液中存在着较多的 HAc，将离解出 H^+ 来补充溶液中减少的 H^+，结果使溶液中 $c(H^+)$ 没有明显降低，即溶液中的 pH 并没有明显升高。此时 HAc 成为缓冲溶液的“抗碱”成分。由此可见，缓冲溶液的抗酸抗碱作用是由缓冲对的不同部分来承担的。

二、缓冲溶液 pH 的计算

由一元弱酸 HA 和相应的盐 MA 组成的缓冲溶液，一元弱酸的浓度为 c(酸)，盐的浓度为 c(盐)，由 HA 离解得 $c(H^+)=x$mol·L^{-1}。

则

$$MA \longrightarrow M^+ + A^-$$

起始浓度 c/mol·L^{-1} $\qquad c'$(盐) $\quad c'$(盐)

$$HA \rightleftharpoons H^+ + A^-$$

平衡时 c/mol·L^{-1} $\qquad c'$(酸)$-x \quad x \quad c'$(盐)$+x$

$$K_a^{\ominus}=\frac{c'(H^+)c'(A^-)}{c(HA)}=\frac{x\{c'(\text{盐})+x\}}{c'(\text{酸})-x}$$

$$x=K_a^{\ominus}\frac{c'(\text{酸})-x}{c'(\text{盐})+x}$$

由于 $K_a^{\ominus}$ 值较小，并且存在同离子效应，因此 x 很小，所以

$$c'(\text{酸})-x\approx c'(\text{酸}),\ c'(\text{盐})+x\approx c'(\text{盐})$$

$$\text{则 } c'(H^+)=x=K_a^{\ominus}c'(\text{酸})/c'(\text{盐})=K_a^{\ominus}c(\text{酸})/c(\text{盐}) \tag{3-7a}$$

$$pH=-\lg c'(H^+)=-\lg K_a^{\ominus}-\lg\{c(\text{酸})/c(\text{盐})\}$$

$$=pK_a^{\ominus}-\lg\{c(\text{酸})/c(\text{盐})\} \tag{3-7b}$$

式(3-7a) 和式(3-7b) 为一元弱酸及其盐组成的缓冲溶液 H^+ 浓度及 pH 的通式。

同理，导出一元弱碱及其盐组成的缓冲溶液 pH 的通式如下：

$$c'(OH^-)=K_b^{\ominus}c'(\text{碱})/c'(\text{盐})=K_b^{\ominus}c(\text{碱})/c(\text{盐}) \tag{3-8a}$$

$$pOH=-\lg c'(OH^-)=-\lg K_b^{\ominus}-\lg\{c(\text{碱})/c(\text{盐})\}$$

$$=pK_b^{\ominus}-\lg\{c(\text{碱})/c(\text{盐})\} \tag{3-8b}$$

【例 3-4】 1.0L 0.10mol·L^{-1}的 HAc 溶液中含有 0.010mol 的 NaAc，求该缓冲溶液的 pH。[已知 $K_a^{\ominus}(HAc)=1.75\times10^{-5}$]

解 此为一元弱酸 HAc 及其盐 NaAc 组成的缓冲溶液，其 pH 可按式(3-7b) 进行计算。

$$c(\text{酸})=0.10\text{mol}\cdot L^{-1},\ c(\text{盐})=0.010\text{mol}/1.0L=0.010\text{mol}\cdot L^{-1}$$

$$pH=-\lg K_a^{\ominus}-\lg\{c(\text{酸})/c(\text{盐})\}$$

$$=-\lg(1.75\times10^{-5})-\lg(0.10/0.010)=3.76$$

【例 3-5】 在 1.0L 浓度为 0.10mol·L^{-1}的氨水溶液中加入 0.10mol 的 NH_4Cl 固体，问该溶液的 pH 为多少？将该溶液平均分成两份，在每份溶液中分别加入 1.0mL 1.0mol·L^{-1}的 HCl 和 NaOH 溶液，问 pH 各为多少？

解 这是一个弱碱 NH_3 与其盐 NH_4Cl 组成的混合溶液，其中 c(碱)=0.10mol·L^{-1}，c(盐)=0.10mol/1.0L=0.10mol·L^{-1}。查表得 $K^{\ominus}(NH_3)=1.8\times10^{-5}$。

根据式(3-8b)：

$$pH=14-pOH=14+\lg K_b^{\ominus}+\lg\{c(\text{碱})/c(\text{盐})\}$$

$$=14+\lg(1.8\times10^{-5})+\lg(0.10/0.10)$$

$$=9.26$$

加入 HCl 后，H^+ 与氨水作用生成 NH_4^+，使氨水浓度降低，而 NH_4^+ 浓度增加，即

$$H^+ + NH_3 \rightleftharpoons NH_4^+$$

$$c(\text{碱})=[(0.50\times0.10-0.001\times1.0)/0.501]\text{mol}\cdot L^{-1}=0.098\text{mol}\cdot L^{-1}$$

$$c(\text{盐})=[(0.50\times0.10+0.001\times1.0)/0.501]\text{mol}\cdot L^{-1}=0.102\text{mol}\cdot L^{-1}$$

$$pH = 14 - pOH = 14 + \lg(1.8 \times 10^{-5}) + \lg(0.098/0.102) = 9.24$$

加入 NaOH 后，OH^- 与 NH_4^+ 结合生成氨水，使 NH_4^+ 浓度降低，NH_3 浓度增加，即

$$OH^- + NH_4^+ \rightleftharpoons NH_3 \cdot H_2O$$

$$c(碱) = [(0.50 \times 0.10 + 0.001 \times 1.0)/0.501]\text{mol} \cdot L^{-1} = 0.102\text{mol} \cdot L^{-1}$$

$$c(盐) = [(0.50 \times 0.10 - 0.001 \times 1.0)/0.501]\text{mol} \cdot L^{-1} = 0.098\text{mol} \cdot L^{-1}$$

$$pH = 14 - pOH = 14 + \lg(1.8 \times 10^{-5}) + \lg(0.102/0.098) = 9.28$$

从例 3-4 和例 3-5 的计算可以看出：

(1) 缓冲溶液的 pH 主要取决于弱酸或弱碱的离解常数 $K_a^\ominus$ 或 $K_b^\ominus$。因此必须根据缓冲溶液的 pH 的要求选择缓冲对，使 $pK_a^\ominus$（或 $pK_b^\ominus$）值尽量接近其需要的 pH（或 pOH)。

(2) 对缓冲溶液 pH 的控制主要通过 $\lg\{c(酸)/c(盐)\}$[或 $\lg\{c(碱)/c(盐)\}$]这一项。通过调整 $c(酸)/c(盐)$[或 $c(碱)/c(盐)$]比值，使缓冲溶液的 pH 达到与要求的 pH 相同。当加入少量酸或碱时，$c(酸)/c(盐)$[或 $c(碱)/c(盐)$]比值改变不大，故溶液 pH 变化也就不大。

(3) 将缓冲溶液适当稀释时，由于 $c(酸)/c(盐)$[或 $c(碱)/c(盐)$]比值不变，故溶液 pH 不变。

(4) 缓冲溶液的缓冲能力主要与弱酸（或弱碱）及其盐的浓度有关。弱酸（或弱碱）及其盐的浓度越大，外加酸（或碱）后，$c(酸)/c(盐)$[或 $c(碱)/c(盐)$]改变越小，pH 变化也越小。此外，缓冲能力还与 $c(酸)/c(盐)$[或 $c(碱)/c(盐)$]比值有关，在比值接近于 1 时缓冲能力最大。通常缓冲溶液 $c(酸)/c(盐)$[或 $c(碱)/c(盐)$]的比值在 0.1～10 的范围内，此时 $pH = pK_a^\ominus \pm 1$，比值过小或过大，都将大大降低缓冲能力。另外，缓冲作用或缓冲能力是有一定限度的，只有外加酸（或碱）量比缓冲对的量少得多时，溶液才有缓冲作用，否则将会使缓冲溶液受到破坏并失去缓冲能力。

(5) 各种缓冲溶液只能在一定范围内（即 $pK_a^\ominus \pm 1$）发挥缓冲作用，如例 3-4 的 HAc-NaAc 缓冲溶液的缓冲范围一般为 $pH = 4.76 \pm 1$，而例 3-5 中的 NH_3-NH_4^+ 缓冲溶液的缓冲范围为 $pH = 9.26 \pm 1$。故在选用缓冲溶液时应注意其缓冲范围。

三、缓冲溶液的应用

在化学上离子的分离、提纯以及分析检验，经常需要控制溶液的 pH。例如，欲除去镁盐中的杂质 Al^{3+}，可采用氢氧化物沉淀的方法。由于 $Al(OH)_3$ 具有两性，若加入 OH^- 过多，不仅 $Al(OH)_3$ 会溶解，而且 $Mg(OH)_2$ 也可能产生沉淀，达不到分离的目的，反而会造成镁盐损失；反之，若加入 OH^- 太少，则 Al^{3+} 沉淀不完全，也达不到分离的目的。这时，若采用 NH_3-NH_4Cl 的混合溶液作为缓冲溶液，保持溶液 pH 在 9 左右，就可以使 Al^{3+} 沉淀完全，而 Mg^{2+} 仍留在溶液中，从而达到分离的目的。

在自然界中特别是生物体内缓冲作用更是至关重要。人体内血液的 pH 必须严格控制在 7.4 左右的一个很小的范围内，pH 升高或降低较大时都会引起“碱中毒”或“酸中毒”症。当 pH 改变达到 0.4 时，将会有生命危险。维持血液中 pH 稳定的缓冲对有几种，其中属于无机物的有 H_2CO_3-HCO_3^- 及 $H_2PO_4^-$-HPO_4^{2-} 两种缓冲对。

适合于大部分作物生长的土壤，其 pH 在 5～8 的范围内，正是由于土壤中存在的多种弱酸以及相应的盐如 H_2CO_3-$NaHCO_3$、NaH_2PO_4-Na_2HPO_4、腐植酸-腐植酸盐等缓冲体系，维持了土壤的酸碱性变化不大，从而保证了植物的正常生长。

第四节　盐类的水解

某些盐本身组成中并不一定含 H^+ 或 OH^-，但其溶于水中会呈现出酸性或碱性。这些盐溶液具有酸、碱性的原因，是由于组成盐的阴离子或阳离子能够和水所离解出来的 H^+ 或 OH^- 结合，并生成了弱酸或弱碱，使水的离解平衡发生移动，导致溶液中 H^+ 和 OH^- 浓度不相等，从而表现出酸、碱性。这种盐类离子与水所离解出来的 H^+ 或 OH^- 作用生成弱酸或弱碱，破坏水的离解平衡，使溶液中 H^+ 和 OH^- 浓度发生相对改变而呈酸性或碱性称为**盐的水解**。实际上，盐的水解反应是中和反应的逆反应，并且这种中和反应中的酸或碱至少有一种是弱酸或弱碱。

一、盐类的水解

因盐的种类不同，盐类的水解有下列五类情况。

1. 强碱弱酸盐水解

NaAc、KCN、NaClO 等属于这一类盐。现以氰化钠 NaCN 为例进行讨论。该盐为强碱 NaOH 与弱酸 HCN 所生成的盐。它是强电解质，在水溶液中完全离解成 Na^+ 和 CN^-，水离解生成少量 H^+ 和 OH^-，溶液中的 H^+ 和 CN^- 则可结合形成 HCN 分子，破坏了水的离解平衡，促使水发生离解，同时也出现了 HCN 的离解平衡：

$$\begin{array}{rcl} H_2O & \rightleftharpoons & OH^- + H^+ \\ & & \quad\quad + \\ NaCN & \longrightarrow & Na^+ + CN^- \\ & & \quad\quad \Updownarrow \\ & & \quad\quad HCN \end{array}$$

由于 H^+ 和 CN^- 相结合，形成难离解的 HCN，同时因 H^+ 浓度减小，H_2O 的离解平衡向右移动，溶液中 OH^- 浓度不断增加，直至 H^+ 浓度同时满足 HCN 的离解平衡和水的离解平衡。这时溶液中 $c(OH^-)>c(H^+)$，溶液呈碱性。

NaCN 水解反应的方程式为：

$$CN^- + H_2O \rightleftharpoons HCN + OH^-$$

NaCN 水解的实质是 CN^- 与 H_2O 作用，即 CN^- 和 H_2O 中的 H^+ 结合形成弱酸 HCN 分子，使溶液中 H^+ 浓度减少，OH^- 浓度增加，溶液呈碱性。

可以推论，含有弱酸根（如 Ac^-、F^-、CN^-、S^{2-}、CO_3^{2-} 等）的盐，因其负离子能与水作用生成弱酸而使溶液呈碱性。因此，强碱弱酸盐水解，溶液呈碱性，pH>7。

2. 弱碱强酸盐水解

现以 NH_4Cl 的水解为例进行讨论。该盐水解的原因是由于盐的正离子 NH_4^+ 与水离解生成的 OH^- 作用生成 $NH_3 \cdot H_2O$，破坏了水的离解平衡而引起的。其水解过程为：

$$\begin{array}{rcl} NH_4Cl & \rightleftharpoons & NH_4^+ + Cl^- \\ & & \quad + \\ H_2O & \rightleftharpoons & OH^- + H^+ \\ & & \quad \Updownarrow \\ & & NH_3 \cdot H_2O \end{array}$$

NH_4^+ 的水解方程式为

$$NH_4^+ + H_2O \rightleftharpoons NH_3 \cdot H_2O + H^+$$

达平衡时，溶液中 H^+ 浓度大于 OH^- 浓度，所以溶液呈酸性。

可以推论，含有正离子（如 NH_4^+、Mg^{2+}、Fe^{3+}、Al^{3+}）的盐其正离子能与水作用生成弱碱，而使溶液呈酸性。因此，弱碱强酸盐水解，溶液呈酸性，pH<7。

3. 弱酸弱碱盐的水解

弱酸弱碱盐水解溶液的酸碱性取决于生成的弱酸与弱碱的相对强弱，溶液可呈中性、酸性或碱性。

醋酸铵 NH_4Ac 水解时，盐的正离子 NH_4^+、负离子 Ac^- 分别与水离解生成的 OH^-、H^+ 作用，而影响水的离解平衡．其水解过程为：

$$\begin{array}{ccccc} NH_4Ac \rightleftharpoons & NH_4^+ & + & Ac^- \\ & + & & + \\ H_2O \rightleftharpoons & OH^- & + & H^+ \\ & \Updownarrow & & \Updownarrow \\ & NH_3 \cdot H_2O & & HAc \end{array}$$

NH_4Ac 的水解方程式为：

$$NH_4^+ + Ac^- + H_2O \rightleftharpoons NH_3 \cdot H_2O + HAc$$

由于氨水和醋酸在水中的离解常数基本相同，因此醋酸铵水解的溶液呈中性。

氰化铵 NH_4CN 水解生成 $NH_3 \cdot H_2O$ 和 HCN，其水解方程式为：

$$NH_4^+ + CN^- + H_2O \rightleftharpoons NH_3 \cdot H_2O + HCN$$

由于水解产物氨水的离解常数大于 HCN 的离解常数，因此氰化铵水溶液呈碱性。

氟化铵 NH_4F 水解生成 $NH_3 \cdot H_2O$ 和 HF，其水解方程式为：

$$NH_4^+ + F^- + H_2O \rightleftharpoons NH_3 \cdot H_2O + HF$$

由于水解产物氨水的离解常数小于 HF 的离解常数，因此氟化铵水溶液呈酸性。

可见，若某些盐的正离子和负离子都能与水作用生成弱酸和弱碱，则溶液的酸碱性有所生成的弱酸和弱碱的相对强度决定。若 $K_a^{\ominus} > K_b^{\ominus}$，则溶液呈酸性；若 $K_a^{\ominus} < K_b^{\ominus}$，则溶液呈碱性；若 $K_a^{\ominus} = K_b^{\ominus}$，则溶液呈中性。

4. 强酸强碱盐通常不发生水解

强酸强碱盐中的阴离子、阳离子不能与水离解出的 H^+ 或 OH^- 结合成弱电解质，水的离解平衡未被破坏，故溶液呈中性，即强酸强碱盐在溶液中不发生水解。例如：$NaNO_3$ 溶液，由于它的正、负离子都不会与水中的 H^+ 和 OH^- 作用进而影响水的离解平衡，所以 $NaNO_3$ 不发生水解，因此溶液呈中性。因此强碱强酸盐水解，溶液呈中性，pH=7。

5. 多元弱酸盐的水解

多元弱酸盐和多元弱碱盐也是分步水解的。以二元弱酸盐 Na_2CO_3 为例：

第一步水解 $$CO_3^{2-} + H_2O \rightleftharpoons HCO_3^- + OH^-$$

第二步水解 $$HCO_3^- + H_2O \rightleftharpoons H_2CO_3 + OH^-$$

多元弱酸盐的水解以第一步水解为主。

除了碱金属及部分碱土金属外，几乎所有金属阳离子组成的多元弱碱盐都会发生不同程度的水解，其水解也是分步进行的。如 Fe^{3+} 的水解可表示为

$$Fe^{3+} + H_2O \rightleftharpoons Fe(OH)^{2+} + H^+$$

$$Fe(OH)^{2+} + H_2O \rightleftharpoons Fe(OH)_2^+ + H^+$$

$$Fe(OH)_2^+ + H_2O \rightleftharpoons Fe(OH)_3\downarrow + H^+$$

并非所有多价金属离子的盐都需水解到最后一步才会析出沉淀，有时一级或二级水解即析出沉淀。此外，在水解反应的同时，还有聚合和脱水作用发生，因此水解产物也并非都是氢氧化物，所以多元弱碱盐的水解要比多元弱酸盐的水解复杂得多。

二、盐的水解常数和水解度

盐类水解作用的实质可认为是盐类的离子与由水所离解出来的 H^+ 或 OH^- 作用生成弱酸或弱碱，破坏了水的离解平衡，使溶液中 $c(H^+)$ 和 $c(OH^-)$ 发生相对的改变而显酸性或碱性。

1. 强碱弱酸盐的水解常数和水解度

以 NaAc 为例：NaAc 在水溶液中的 Ac^- 和由水所离解出来的 H^+ 结合，生成弱酸 HAc。由于 H^+ 浓度的减少，使水的离解平衡向右移动：

$$\begin{array}{rl} NaAc \longrightarrow Na^+ + & Ac^- \\ & + \\ H_2O \rightleftharpoons OH^- + & H^+ \\ & \Updownarrow \\ & HAc \end{array}$$

当同时建立起 H_2O 和 HAc 的离解平衡时，溶液中 $c(OH^-)>c(H^+)$，即 pH>7，因此，溶液呈碱性。

Ac^- 的水解反应方程式为：

$$Ac^- + H_2O \rightleftharpoons HAc + OH^-$$

水解反应达到平衡的状态称为水解平衡。水解平衡的标准平衡常数称为**水解常数** $K_h^\ominus$，其表达式为：

$$K_h^\ominus = \frac{c'(HAc)c'(OH^-)}{c'(Ac^-)}$$

上述水解反应，实际上是下列两个反应的加和：

(1) $H_2O \rightleftharpoons OH^- + H^+$；　$K_1^\ominus = c'(H^+)c'(OH^-) = K_w^\ominus$

(2) $Ac^- + H^+ \rightleftharpoons HAc$；　$K_2^\ominus = c'(HAc)/[c'(Ac^-)c'(H^+)] = 1/K_a^\ominus$

由式(1) ＋式(2) 得水解方程式：

$$Ac^- + H_2O \rightleftharpoons HAc + OH^-$$

由多重平衡规则得：

$$K_h^\ominus = K_1^\ominus K_2^\ominus = K_w^\ominus / K_a^\ominus \tag{3-9a}$$

可见，组成盐的酸越弱（$K_a^\ominus$ 越小），水解常数越大，相应盐的水解程度也越大。盐的水解程度也可以用**水解度** h 来表示：

$$h = \frac{\text{已水解盐的浓度}}{\text{盐的起始浓度}} \times 100\%$$

水解度 h、水解常数 $K_h^\ominus$ 和盐浓度 c 之间有一定关系，仍以 NaAc 为例：

	Ac^-	$+H_2O \rightleftharpoons$	HAc	$+OH^-$
起始浓度 c_0	c		0	0
平衡浓度 c	$c(1-h)$		ch	ch

$$K_h^\ominus = \frac{c'(HAc)c'(OH^-)}{c'(Ac^-)}$$

$$=(c'hc'h)/c'(1-h)$$

若 $K_h^{\ominus}$ 较小，$1-h\approx1$，则

$$K_h^{\ominus}=c'h^2$$

$$h=\sqrt{K_h^{\ominus}/c'}=\sqrt{K_w^{\ominus}/(K_a^{\ominus}c')} \tag{3-9b}$$

可见水解度除了与组成盐的弱酸强弱（$K_a^{\ominus}$）有关外，还与盐的浓度有关。同一种盐，浓度越小，其水解程度越大。

2. 弱碱强酸盐的水解常数和水解度

以 NH_4Cl 为例：NH_4^+ 的水解方程式为

$$NH_4^+ + H_2O \rightleftharpoons NH_3 \cdot H_2O + H^+$$

强酸弱碱盐的水解实质上是其阳离子发生水解，与弱酸强碱盐同样处理，得到强酸弱碱盐的水解常数及水解度：

$$K_h^{\ominus}=K_w^{\ominus}/K_b^{\ominus} \tag{3-10a}$$

$$h=\sqrt{K_w^{\ominus}/(K_b^{\ominus}c')} \tag{3-10b}$$

属于这类盐的还有 NH_4NO_3、$Al_2(SO_4)_3$、$FeCl_3$ 等。从式(3-10b) 看出组成盐的碱越弱，即 $K_b^{\ominus}$ 越小，该盐水解常数 $K_h^{\ominus}$、水解度 h 越大，水解程度就越大。同一种盐，浓度越小，水解度也越大。

在化学手册上能查到弱酸、弱碱的离解常数，而查不到水解常数，根据式(3-9a)、式(3-10a) 可由 $K_a^{\ominus}$、$K_b^{\ominus}$ 值方便地计算出 $K_h^{\ominus}$。

3. 弱酸弱碱盐的水解常数

以 NH_4Ac 为例：NH_4Ac 的水解方程式为：

$$NH_4^+ + Ac^- + H_2O \rightleftharpoons NH_3 \cdot H_2O + HAc$$

与上面同样处理，可以得到弱酸弱碱盐的水解常数：

$$K_h^{\ominus}=K_w^{\ominus}/(K_a^{\ominus}K_b^{\ominus}) \tag{3-11}$$

由此可见，弱酸弱碱盐水溶液的酸、碱性取决于生成的弱酸、弱碱的相对强弱。如果弱酸、弱碱的离解常数 $K_a^{\ominus}$ 与 $K_b^{\ominus}$ 近于相等，则溶液近于中性，NH_4Ac 溶液属于此例。如果 $K_a^{\ominus}>K_b^{\ominus}$，溶液呈酸性，如 $HCOONH_4$；如果 $K_a^{\ominus}<K_b^{\ominus}$，溶液呈碱性，如 NH_4CN。

还需指出，尽管弱酸弱碱盐水解的程度往往比较大，但无论所生成的弱酸和弱碱的相对强弱如何，溶液的酸、碱性总是比较弱的。例如，$0.1mol \cdot L^{-1}$ 的 NH_4CN 约有 51% 发生了水解，溶液的 pH 仅为 9.2。与之相比，$0.1mol \cdot L^{-1}$ 的 NaCN 虽仅有 1.3% 发生了水解，而 pH 高达 11.1。不能认为水解的程度越大，溶液的酸性或碱性必然越强。

4. 多元弱酸盐的水解常数

同多元弱酸或弱碱分步离解一样，多元弱酸盐和多元弱碱盐也是分步水解的。以二元弱酸盐 Na_2CO_3 为例：

第一步水解 $$CO_3^{2-} + H_2O \rightleftharpoons HCO_3^- + OH^-$$

$$K_{h_1}^{\ominus}=K_w^{\ominus}/K_{a_2}^{\ominus}$$

第二步水解 $$HCO_3^- + H_2O \rightleftharpoons H_2CO_3 + OH^-$$

$$K_{h_2}^{\ominus}=K_w^{\ominus}/K_{a_1}^{\ominus}$$

其中 $K_{a_1}^{\ominus}$、$K_{a_2}^{\ominus}$ 分别为二元弱酸 H_2CO_3 的分步离解常数。由于 $K_{a_2}^{\ominus} \ll K_{a_1}^{\ominus}$，因此 $K_{h_1}^{\ominus} \gg K_{h_2}^{\ominus}$。

可见多元弱酸盐的水解也以第一步水解为主，在计算溶液酸碱性时，可按一元弱酸盐处理。

三、盐溶液 pH 的简单计算

【例 3-6】 计算 $0.20\text{mol}\cdot\text{L}^{-1}\ NH_4Cl$ 溶液的 pH。

解 NH_4Cl 为强酸弱碱盐，水解方程式为

$$NH_4^+ + H_2O \rightleftharpoons NH_3\cdot H_2O + H^+$$

起始浓度 $c_0/\text{mol}\cdot\text{L}^{-1}$　　0.20　　0　　0

平衡浓度 $c/\text{mol}\cdot\text{L}^{-1}$　　$0.20-x$　　x　　x

$$K_h^{\ominus}=K_w^{\ominus}/K_b^{\ominus}(NH_3)=1.0\times10^{-14}/1.8\times10^{-5}=5.6\times10^{-10}$$

$$K_h^{\ominus}=\frac{c'(NH_3\cdot H_2O)c'(H^+)}{c'(NH_4^+)}$$

$$=x^2/(0.20-x)$$

$K_h^{\ominus}$ 很小，可作近似计算，$0.20-x\approx0.20$

$$x=\sqrt{K_h^{\ominus}\times0.20}=\sqrt{5.6\times10^{-10}\times0.20}=1\times10^{-5}$$

$$c'(H^+)=1.1\times10^{-5}\text{mol}\cdot\text{L}^{-1}$$

$$\text{pH}=-\lg c'(H^+)=-\lg(1.1\times10^{-5})=4.96$$

【例 3-7】 计算 $0.10\text{mol}\cdot\text{L}^{-1}$ NaAc 溶液的 pH 和水解度。

解 NaAc 为弱酸强碱盐，水解方程式为

$$Ac^- + H_2O \rightleftharpoons HAc + OH^-$$

起始浓度 $c_0/\text{mol}\cdot\text{L}^{-1}$　　0.10　　0　　0

平衡浓度 $c/\text{mol}\cdot\text{L}^{-1}$　　$0.10-x$　　x　　x

$$K_h^{\ominus}=K_w^{\ominus}/K_a^{\ominus}(HAc)=1.0\times10^{-14}/1.75\times10^{-5}=5.7\times10^{-10}$$

$$K_h^{\ominus}=\frac{c'(HAc)c'(OH^-)}{c'(Ac^-)}$$

$$5.7\times10^{-10}=x^2/(0.10-x)$$

$K_h^{\ominus}$ 很小，可作近似计算，$0.10-x\approx0.10$

$$x=\sqrt{5.7\times10^{-10}\times0.10}=7.5\times10^{-6}$$

所以

$$c(OH^-)=7.5\times10^{-6}\text{mol}\cdot\text{L}^{-1}$$

$$\text{pH}=14-\text{pOH}=14+\lg(7.5\times10^{-6})=8.88$$

$$h=\frac{7.5\times10^{-6}}{0.10}\times100\%=7.5\times10^{-3}\%$$

【例 3-8】 计算 $0.10\text{mol}\cdot\text{L}^{-1}$ NaCN 溶液的 pH 和水解度。

解 NaCN 为弱酸强碱盐，水解方程式为

$$CN^- + H_2O \rightleftharpoons HCN + OH^-$$

起始浓度 $c_0/\text{mol}\cdot\text{L}^{-1}$　　0.1　　0　　0

平衡浓度 $c/\text{mol}\cdot\text{L}^{-1}$　　$0.10-x$　　x　　x

$$K_h^{\ominus}=K_w^{\ominus}/K_a^{\ominus}(HCN)=1.0\times10^{-14}/6.2\times10^{-10}=1.6\times10^{-5}$$

$$K_h^{\ominus}=\frac{c'(HCN)c'(OH^-)}{c'(CN^-)}$$

$$1.6\times10^{-5}=x^2/(0.10-x)$$

$K_h^{\ominus}$ 很小，可作近似计算，$0.10-x\approx0.10$

$$x=\sqrt{1.6\times10^{-5}\times0.10}=1.3\times10^{-3}$$

所以
$$c(OH^-)=1.3\times10^{-3}mol\cdot L^{-1}$$
$$pH=14-pOH=14+\lg(1.3\times10^{-3})=11.11$$
$$h=\frac{1.3\times10^{-3}}{0.10}\times100\%=1.3\%$$

由例 3-7、例 3-8 可以看出，浓度相同的 NaCN 比 NaAc 易水解，也就是说当盐的浓度相同时，组成弱酸强碱盐的酸越弱，水解程度越大。

由例 3-6、例 3-7 可以得到盐类水解的另两个通式，即

一元弱酸强碱盐 $$c'(OH^-)=\sqrt{K_h^{\ominus}c'(\text{盐})}=\sqrt{(K_w^{\ominus}/K_a^{\ominus})c'(\text{盐})} \quad (3\text{-}9c)$$

一元强酸弱碱盐 $$c'(H^+)=\sqrt{K_h^{\ominus}c'(\text{盐})}=\sqrt{(K_w^{\ominus}/K_b^{\ominus})c'(\text{盐})} \quad (3\text{-}10c)$$

四、影响水解平衡的因素

影响水解平衡的因素主要有以下几个方面。

(1) 盐的本性　盐类水解所生成的弱酸（或弱碱）的离解常数越小，水解程度越大。若水解产物为沉淀，则其溶解度越小，水解程度也越大。

(2) 盐的浓度　从水解度通式 $h=\sqrt{K_w^{\ominus}/[K^{\ominus}c'(\text{盐})]}$ 可以看出，对于同一种盐（$K_h^{\ominus}$ 相同），其浓度越小，水解度越大。也就是说将溶液进行稀释，能促进盐的水解。

(3) 温度　盐的水解是中和反应的逆反应，酸碱中和反应是放热反应，因此盐的水解是吸热反应。根据平衡移动原理，升高温度会促进盐的水解。

(4) 溶液酸碱度　盐类水解通常会引起水中的 H^+ 或 OH^- 浓度的变化。根据平衡移动原理，调节溶液的酸碱度，能促进或抑制盐的水解。

五、盐类水解平衡的移动及其应用

许多金属氢氧化物的溶解度都很小，当相应的盐溶于水时，由于水解作用会析出氢氧化物而出现浑浊。如 $Al_2(SO_4)_3$、$FeCl_3$，水解后产生的胶状氢氧化物具有很强的吸附作用，因此可用作净水剂。

1. 促进水解制备有关的化合物

有些盐如 $SnCl_2$、$SbCl_3$、$Bi(NO_3)_3$、$TiCl_4$ 等，水解后会产生大量的沉淀，生产上可利用这种反应，通过促进水解制备有关的化合物。例如，TiO_2 的制备反应如下：

$$\underset{\text{无色液体}}{TiCl_4}+H_2O \rightleftharpoons \underset{\text{黄绿色}}{TiOCl_2}+2HCl$$

$$TiOCl_2+H_2O(\text{过量}) \rightleftharpoons TiO_2\cdot xH_2O\downarrow+2HCl$$

操作时加入大量的水（增加反应物），同时通过蒸发赶出 HCl（减少生成物），促使水解平衡彻底向右移动，即可得到水合二氧化钛，再经焙烧即得无水 TiO_2。

2. 抑制水解配制溶液或制备纯的产品

为了配制溶液或制备纯的产品，有时需要抑制水解。例如，$SnCl_2$ 和 $SbCl_3$ 极易水解，实验室配制 $SnCl_2$ 或 $SbCl_3$ 溶液时，要用一定浓度的 HCl 来配制，否则，因水解析出难溶的水解产物，即使再加酸，也很难得到清澈的溶液。$SnCl_2$ 和 $SbCl_3$ 的水解反应如下：

$$SnCl_2+H_2O \longrightarrow Sn(OH)Cl\downarrow+HCl$$
$$SbCl_3+H_2O \longrightarrow SbOCl\downarrow+2HCl$$

又如，在制备 Fe^{3+}、Al^{3+}、Bi^{3+}、Zn^{2+}、Cu^{2+} 等易水解的盐类过程中，也需加入一定浓度的相应酸，保持溶液具有足够的酸度，以免水解产物混入，导致产品不纯。

第五节　沉淀和溶解平衡

根据溶解度的大小，可将电解质分为难溶电解质和易溶电解质，但它们之间并没有明显的界限。一般把溶解度小于 0.01g·$(100gH_2O)^{-1}$电解质称为难溶电解质。在含有难溶电解质固体的饱和溶液中存在着固体电解质与由它溶解所生成的离子之间的溶解平衡，这是涉及固相与液相离子两相间的平衡，称为多相离子平衡。下面仍以平衡原理为基础，讨论难溶电解质的沉淀-溶解之间的平衡及其应用。

一、沉淀和溶解平衡　溶度积

氯化银虽是难溶电解质，将它的晶体放入水中，仍有所溶解。晶体表面的 Ag^+ 及 Cl^- 在水分子的作用下，逐渐离开晶体表面进入水中，成为自由运动的水合离子，此过程称为溶解。与此同时，进入水中的 Ag^+ 和 Cl^-，在不断的运动过程中会碰到固体表面，受到表面异电荷离子的吸引，重新回到固体表面，此过程称为**结晶**（**或沉淀**）。当溶解速率和结晶速率相等时，建立起平衡，即为**沉淀-溶解平衡**，此时的溶液为饱和溶液。沉淀-溶解平衡是一种动态平衡。固体氯化银和氯化银饱和溶液之间的平衡可表示为

$$AgCl(s) \rightleftharpoons Ag^+ + Cl^-$$

显然，这是一种多相离子平衡。与化学平衡常数表达式相似。其标准平衡常数为

$$K_{sp}^{\ominus} = c'(Ag^+)c'(Cl^-)$$

式中，$K_{sp}^{\ominus}$称为**溶度积常数**，简称**溶度积**。它能够反映物质的溶解能力。

现用通式来表示难溶电解质的溶度积常数：

$$A_mB_n(s) \rightleftharpoons mA^{n+} + nB^{m-}$$

$$K_{sp}^{\ominus}(A_mB_n) = \{c(A^{n+})/c^{\ominus}\}^m\{c(B^{m-})/c^{\ominus}\}^n = \{c'(A^{n+})\}^m\{c'(B^{m-})\}^n \tag{3-12}$$

式中，m，n 分别代表沉淀-溶解方程式中 A、B 的化学计量数。例如：

$$Ag_2CrO_4(s) \rightleftharpoons 2Ag^+ + CrO_4^{2-}$$

$$K_{sp}^{\ominus}(Ag_2CrO_4) = \{c'(Ag^+)\}^2\{c'(CrO_4^{2-})\} \quad m=2,\ n=1$$

又如：

$$Ca_3(PO_4)_2(s) \rightleftharpoons 3Ca^{2+} + 2PO_4^{3-}$$

$$K_{sp}^{\ominus}[Ca_3(PO_4)_2] = \{c'(Ca^{2+})\}^3\{c'(PO_4^{3-})\}^2 \quad m=3,\ n=2$$

和其他平衡常数一样，$K_{sp}^{\ominus}$也受温度的影响，但影响不太大，通常可采用常温下测得的数据。溶度积常数可用实验方法测定。一些常见难溶电解质的溶度积常数见本书附表 2。

值得注意的是，溶度积常数仅适用于难溶电解质的饱和溶液，对中等或易溶的电解质不适用。

二、溶解度与溶度积的相互换算

溶解度和溶度积的大小都能表示难溶电解质的溶解能力。因此，它们之间可以进行相互换算。换算时应注意从一些手册上查到的溶解度常以 g·$(100gH_2O)^{-1}$表示，溶度积中所采用的浓度单位为 mol·L^{-1}，计算时首先需要进行换算。另外考虑到难溶电解质饱和溶液中溶质的量很少，溶液很稀，溶液的密度近似等于纯水的密度（1g·mL^{-1}），这样可使计算简化。

【例 3-9】 比较 25℃时 AgCl 和 Ag_2CrO_4 的溶解度和溶度积。已知 25℃时，AgCl 的溶解度为 1.92×10^{-3}g·L^{-1}，Ag_2CrO_4 的溶度积为 1.1×10^{-12}。

解 首先需将 AgCl 溶解度单位由 $g \cdot L^{-1}$ 换算成 $mol \cdot L^{-1}$。

已知 AgCl 的摩尔质量为 $143.4g \cdot mol^{-1}$，设 AgCl 溶解度为 $x mol \cdot L^{-1}$

$$x=\frac{1.92\times10^{-3}}{143.4}=1.34\times10^{-5}$$

AgCl 饱和溶液的沉淀-溶解平衡如下：

$$AgCl(s) \rightleftharpoons Ag^{+}+Cl^{-}$$

平衡浓度 $c/mol \cdot L^{-1}$　　　　　　　　　x　　x

$$K_{sp}^{\ominus}(AgCl)=c'(Ag^{+})c'(Cl^{-})$$
$$=x^{2}=(1.34\times10^{-5})^{2}=1.80\times10^{-10}$$

设 Ag_2CrO_4 的溶解度为 $y mol \cdot L^{-1}$，且溶解的部分全部离解，因此

$$Ag_2CrO_4(s) \rightleftharpoons 2Ag^{+}+CrO_4^{2-}$$

平衡浓度 $c/mol \cdot L^{-1}$　　　　　　　　　$2y$　　yx

$$K_{sp}^{\ominus}(Ag_2CrO_4)=[c'(Ag^{+})]^{2}[c'(CrO_4^{2-})]=(2y)^{2}y=4y^{3}$$

$$y=\sqrt[3]{K_{sp}/4}=\sqrt[3]{1.1\times10^{-12}/4}=6.5\times10^{-5}$$

Ag_2CrO_4 的溶解度为 $6.5\times10^{-5} mol \cdot L^{-1}$。

通过计算可知：尽管 AgCl 溶度积大于 Ag_2CrO_4 的溶度积，但是 AgCl 溶解度小于 Ag_2CrO_4 的溶解度。因此，对不同类型的难溶电解质不能根据溶度积大小比较溶解度。

将 AgCl、Ag_2CrO_4、$Mn(OH)_2$ 及 AgBr 的溶解度和溶度积列于表 3-5，其中 AgCl、AgBr 中阴、阳离子的个数比为 1∶1，称为 AB 型难溶电解质。Ag_2CrO_4 和 $Mn(OH)_2$ 阴、阳离子数之比分别为 2∶1 及 1∶2，称为 A_2B 型和 AB_2 型难溶电解质，它们属于相同类型。

表 3-5　几种难溶电解质的溶度积与溶解度（298K）

电解质类型	难溶物	溶解度 $s/mol \cdot L^{-1}$	$K_{sp}^{\ominus}$	溶度积表达式
AB	AgCl	1.3×10^{-5}	1.8×10^{-10}	$K_{sp}^{\ominus}=c'(Ag^{+})c'(Cl^{-})$
	AgBr	7.1×10^{-7}	5.0×10^{-13}	$K_{sp}^{\ominus}=c'(Ag^{+})c'(Br^{-})$
A_2B	Ag_2CrO_4	6.5×10^{-5}	1.1×10^{-12}	$K_{sp}^{\ominus}=[c'(Ag^{+})]^{2}c'(CrO_4^{2-})$
AB_2	$Mn(OH)_2$	3.6×10^{-5}	1.9×10^{-13}	$K_{sp}^{\ominus}=c'(Mn^{2+})[c'(OH^{-})]^{2}$

从表中数据看出，对于相同类型的电解质，溶度积大的溶解度也大。因此，通过溶度积数据可以直接比较溶解度的大小。对于不同类型的电解质如 AgCl 与 Ag_2CrO_4，前者溶度积大而溶解度反而小，因此不能通过溶度积的数据直接比较它们溶解度的大小。

必须指出，上述溶解度与溶度积之间的简单换算，在某些情况下往往会出现偏差，甚至完全不适用。溶解度与溶度积之间的简单换算在下列情况下不适用。

(1) 不适用于难溶的弱电解质和某些在溶液中易形成离子对的难溶电解质。因为某些难溶弱电解质如 MA 在溶液中还有不少未离解的分子存在，故有下列平衡关系：

$$MA(s) \rightleftharpoons MA(aq) \rightleftharpoons M^{+}+A^{-}$$

在此饱和溶液中，还可能存在离子对（$M^{+}A^{-}$）。例如，实验测得在 $CaSO_4$ 饱和溶液中有 40%以上是以离子对（$Ca^{2+}SO_4^{2-}$）的形式存在。显然 $CaSO_4$ 的溶解度并不等于溶液中 Ca^{2+}、SO_4^{2-} 的浓度。

(2) 不适用于显著水解的难溶物。如 PbS 溶于水时，溶液中 Pb^{2+} 和 S^{2-}，特别是 S^{2-} 会发生显著的水解：

$$S^{2-}+H_2O \rightleftharpoons HS^{-}+OH^{-}\quad（忽略二级水解）$$

致使 S^{2-} 的浓度大大低于其溶解度。

总之，溶解度与溶度积的关系是很复杂的。为了简便起见，本书计算中对上述影响都未予考虑。

三、溶度积规则

沉淀-溶解反应进行的方向可以应用化学平衡移动原理判断。在一定温度下，把过量的 $CaCO_3$ 固体放入纯水中，溶解达到平衡时，

$$CaCO_3(s) \rightleftharpoons Ca^{2+} + CO_3^{2-}$$

在 $CaCO_3$ 的饱和溶液中，$c(Ca^{2+})=c(CO_3^{2-})$，$c'(Ca^{2+})c'(CO_3^{2-})=K_{sp}^{\ominus}(CaCO_3)$。

(1) 在上述平衡系统中，如果再加入 Ca^{2+} 或 CO_3^{2-}，或者两者都加入，此时 $c'(Ca^{2+})c'(CO_3^{2-})>K_{sp}^{\ominus}(CaCO_3)$，沉淀-溶解平衡被破坏，平衡向生成 $CaCO_3$ 的方向移动，故有$CaCO_3$析出。直至 $c'(Ca^{2+})c'(CO_3^{2-})=K_{sp}^{\ominus}(CaCO_3)$ 时，沉淀不再析出，在新的条件下重新建立起平衡［注意此时 $c(Ca^{2+})\neq c(CO_3^{2-})$］：

$$CaCO_3(s) \rightleftharpoons Ca^{2+} + CO_3^{2-}$$

$$\xleftarrow{\text{平衡移动方向}}$$

(2) 在上述平衡系统中，设法降低 Ca^{2+} 或 CO_3^{2-} 的浓度，或者两者都降低，使 $c'(Ca^{2+})c'(CO_3^{2-})<K_{sp}^{\ominus}(CaCO_3)$，平衡将向溶解方向移动。直至重新建立起平衡［此时 $c(Ca^{2+})\neq c(CO_3^{2-})$］：

$$CaCO_3(s) \rightleftharpoons Ca^{2+} + CO_3^{2-}$$

$$\xrightarrow{\text{平衡移动方向}}$$

将溶液中阳离子和阴离子的相对浓度 c'，代入 $K_{sp}^{\ominus}$表达式，得到的乘积称为离子积，用 Q 表示。把 Q 和 $K_{sp}^{\ominus}$相比较，有以下三种情况。

(1) $Q>K_{sp}^{\ominus}$溶液呈过饱和状态，有沉淀从溶液中析出，直到溶液呈饱和状态。

(2) $Q<K_{sp}^{\ominus}$溶液呈不饱和状态，无沉淀析出。若系统中原来有沉淀，则沉淀开始溶解，直到溶液饱和。

(3) $Q=K_{sp}^{\ominus}$溶液呈饱和状态，沉淀和溶解处于动态平衡。

这就是**溶度积规则**，它是判断沉淀的生成和溶解的重要依据。

四、沉淀的生成

1. 生成沉淀的条件

根据溶度积规则，在难溶电解质溶液中生成沉淀的条件是离子积大于溶度积。

【例 3-10】 将 $0.010mol \cdot L^{-1}$ 的 Na_2CO_3 溶液与等体积同浓度的 $CaCl_2$ 溶液混合，是否有沉淀生成？

解 两种溶液等体积混合后，体积增大一倍，浓度各自减小为原来的 1/2。

$$c(Ca^{2+})=0.010mol \cdot L^{-1}/2=0.0050mol \cdot L^{-1}$$

$$c(CO_3^{2-})=0.010mol \cdot L^{-1}/2=0.0050mol \cdot L^{-1}$$

$CaCO_3$ 的溶解-沉淀平衡为　$CaCO_3(s) \rightleftharpoons Ca^{2+} + CO_3^{2-}$

$$Q=c'(CO_3^{2-})c'(Ca^{2+})=0.0050\times0.0050=2.5\times10^{-6}$$

查表得 $K_{sp}^{\ominus}(CaCO_3)=6.7\times10^{-9}$

则根据溶度积规则 $Q>K_{sp}^{\ominus}$，故有 $CaCO_3$ 沉淀生成。

【例 3-11】 向 1.0L 的 $0.050mol \cdot L^{-1}$的氨水中加入 0.25mol 的 $MgCl_2$ 固体，问：(1) 是否有 $Mg(OH)_2$ 沉淀生成？(2) 欲控制 $Mg(OH)_2$ 沉淀不产生，问至少需加入多少克固体

NH_4Cl（设加入 $MgCl_2$ 固体或固体 NH_4Cl 后溶液体积不变）?

解 (1) $c(Mg^{2+})=0.25mol\cdot L^{-1}$，$c(NH_3)=0.050mol\cdot L^{-1}$

溶液中 OH^- 由 $NH_3\cdot H_2O$ 离解产生：

$$c'(OH^-)=\sqrt{K_b^{\ominus}(NH_3)c'(NH_3)}=\sqrt{1.8\times10^{-5}\times0.05}=9.5\times10^{-4}$$

$$c(OH^-)=9.5\times10^{-4}mol\cdot L^{-1}$$

$Mg(OH)_2$ 的沉淀-溶解平衡为：

$$Mg(OH)_2(s)\rightleftharpoons Mg^{2+}+2OH^-$$

$$Q=c'(Mg^{2+})[c'(OH^-)]^2=0.25\times(9.5\times10^{-4})^2=2.3\times10^{-7}。$$

查表得 $K_{sp}^{\ominus}[Mg(OH)_2]=1.8\times10^{-11}$

则，$Q>K_{sp}^{\ominus}$，故有 $Mg(OH)_2$ 沉淀析出。

(2) 若在上述系统中加入 NH_4Cl，由于同离子效应，氨水离解度降低，使得 OH^- 的浓度降低，则有可能不产生沉淀。

系统中同时存在两个平衡：

$$Mg(OH)_2(s)\rightleftharpoons Mg^{2+}+2OH^-$$

$$K_{sp}^{\ominus}[Mg(OH_2)]=c'(Mg^{2+})[c'(OH^-)]^2 \tag{1}$$

$$NH_3\cdot H_2O\rightleftharpoons NH_4^++OH^-$$

$$K_b^{\ominus}(NH_3)=c'(NH_4^+)c'(OH^-)/c'(NH_3) \tag{2}$$

欲使 $Mg(OH)_2$ 不沉淀，所允许的最大 OH^- 浓度可根据式(1) 进行计算：

$$c'(OH^-)=\sqrt{K_{sp}^{\ominus}[Mg(OH)_2]/c'(Mg^{2+})}=\sqrt{1.8\times10^{-11}/0.25}=8.5\times10^{-6}$$

$$c(OH^-)=8.5\times10^{-6}mol\cdot L^{-1}$$

需加入 NH_4^+ 的最低浓度可以根据式(2) 进行计算：

$$\begin{aligned}c'(NH_4^+)&=K_b^{\ominus}(NH_3)c'(NH_3)/c'(OH^-)\\&=1.8\times10^{-5}\times0.050/(8.5\times10^{-6})=0.11\end{aligned}$$

$$c(NH_4^+)=0.11mol\cdot L^{-1}$$

又 $M(NH_4Cl)=53.5g\cdot mol^{-1}$，溶液总体积为 1.0L，则至少需加入 NH_4Cl 的质量为

$$m(NH_4Cl)=1.0L\times0.11mol\cdot L^{-1}\times53.5g\cdot mol^{-1}=5.9g$$

本题若多重平衡进行计算，则

式(1) $-2\times$式(2)，得沉淀溶解的反应式：

$$Mg(OH)_2(s)+2NH_4^+\rightleftharpoons Mg^{2+}+2NH_3\cdot H_2O$$

该反应平衡常数为

$$\begin{aligned}K^{\ominus}&=K_{sp}^{\ominus}[Mg(OH)_2]/[K_b^{\ominus}(NH_3)]^2=1.8\times10^{-11}/(1.8\times10^{-5})^2\\&=5.6\times10^{-2}\end{aligned}$$

根据反应式：

$$K^{\ominus}=c'(Mg^{2+})[c'(NH_3)]^2/[c'(NH_4^+)]^2$$

$$\begin{aligned}[c'(NH_4^+)]^2&=c'(Mg^{2+})[c'(NH_3)]^2/K^{\ominus}\\&=0.25\times0.050^2/(5.6\times10^2)\\&=0.011\end{aligned}$$

$$c'(NH_4^+)=0.11$$

$$c(NH_4^+)=0.11mol\cdot L^{-1}$$

则 $$m(NH_4Cl)=0.1L\times0.11mol\cdot L^{-1}\times53.5g\cdot mol^{-1}=5.9g$$

2. 沉淀的完全程度

当制备产品或分离杂质时，沉淀完全与否是人们所关心的问题。严格地说，由于溶液中沉淀-溶解平衡总是存在，一定温度下 $K_{sp}^{\ominus}$ 为常数，所以溶液中没有哪一种离子的浓度会等于零。也就是说，没有一种沉淀反应是绝对完全的。通常认为残留在溶液中的离子浓度小于 $1\times10^{-5}mol\cdot L^{-1}$ 时，沉淀就达完全，认为该离子已除尽。

3. 同离子效应

在已达沉淀-溶解平衡的系统中，加入含有相同离子的易溶强电解质而使沉淀的溶解度降低的效应，叫做沉淀-溶解平衡中的**同离子效应**。

【例 3-12】 除去溶液中的 Ba^{2+}，常加入 SO_4^{2-} 作沉淀剂。问溶液中 Ba^{2+} 在下面两种情况下是否沉淀完全？

(1) 将 0.10L 0.010mol·L^{-1} $BaCl_2$ 与 0.10L 0.010mol·L^{-1} Na_2SO_4 溶液混合；

(2) 将 0.10L 0.010mol·L^{-1} $BaCl_2$ 与 0.10L 0.020mol·L^{-1} Na_2SO_4 溶液混合。

解 (1) 已知反应前两溶液中的 Ba^{2+} 与 SO_4^{2-} 的物质的量相等，二者作用后，可认为生成等物质的量的 $BaSO_4$ 沉淀。当反应达到平衡时溶液中残留的 Ba^{2+}、SO_4^{2-} 也可看作全部是由 $BaSO_4$ 溶解得到，二者浓度相同，可由 $K_{sp}^{\ominus}$ 求得：

$$BaSO_4(s) \rightleftharpoons Ba^{2+} + SO_4^{2-};\ K_{sp}^{\ominus}(BaSO_4)=1.1\times10^{-10}$$

$$c'(Ba^{2+})=c'(SO_4^{2-})=\sqrt{K_{sp}^{\ominus}(BaSO_4)}=\sqrt{1.1\times10^{-10}}=1.1\times10^{-5}$$

$$c(Ba^{2+})=c(SO_4^{2-})=1.1\times10^{-5}\,mol\cdot L^{-1}$$

所得浓度大于 $1\times10^{-5}mol\cdot L^{-1}$，说明此时 Ba^{2+} 未能沉淀完全。

(2) 此过程中 SO_4^{2-} 过量。先考虑 Ba^{2+}，与 SO_4^{2-} 以等物质的量互相作用，然后计算剩余的 SO_4^{2-} 浓度为

$$c(SO_4^{2-})=\{(0.020\times0.10-0.010\times0.10)/0.20\}mol\cdot L^{-1}$$
$$=0.0050mol\cdot L^{-1}$$

$$BaSO_4(s) \rightleftharpoons Ba^{2+} + SO_4^{2-}$$

平衡浓度 $c/mol\cdot L^{-1}$　　x　　$x+0.0050$

$$K_{sp}^{\ominus}(BaSO_4)=c'(Ba^{2+})c'(SO_4^{2-})=x(x+0.0050)$$

由题 (1) 的计算得知 x 很小，可认为 $x+0.0050\approx0.0050$

$$c'(Ba^{2+})=K_{sp}^{\ominus}(BaSO_4)/c'(SO_4^{2-})=1.1\times10^{-10}/0.0050=2.2\times10^{-8}$$

$$c(Ba^{2+})=2.2\times10^{-8}\,mol\cdot L^{-1}$$

此时，Ba^{2+} 已沉淀完全。

从例 3-12 看出，Ba^{2+} 是由 $BaSO_4$ 溶解产生的，故溶液中 Ba^{2+} 浓度代表 $BaSO_4$ 的溶解度。上例中 (2) 相当于在 (1) 中再加入过量的 SO_4^{2-}。计算结果表明，当 SO_4^{2-} 过量时，Ba^{2+} 浓度减小，即 $BaSO_4$ 溶解度下降。

由例 3-12 可进一步推断，欲使某种离子沉淀完全，可让另一种离子（即沉淀剂）过量。例如，由硝酸银和盐酸为原料生产 AgCl 时，考虑到硝酸银来自金属银，银为贵重金属，应充分利用。因此常加入适当过量的盐酸，促使 Ag^+ 沉淀完全。又如，从溶液中析出的沉淀因吸附有杂质而需要洗涤，为了减少洗涤时沉淀的溶解损失，常利用同离子效应，用含有相同离子的溶液代替纯水做洗涤液，以减少溶解损失。如常用稀 H_2SO_4 作为洗涤液洗涤 $BaSO_4$ 沉淀。

在易溶电解质的沉淀-溶解系统中，同离子效应同样起作用。例如，在饱和 NaCl 溶液中

通入 HCl 气体，也能析出 NaCl 晶体，并与杂质分离较好而得到较纯净的产品。

从同离子效应的角度看，加入沉淀剂越多，被沉淀的离子沉淀得越完全。但需指出，过多的沉淀剂反而会使沉淀溶解度增大，此时盐效应就是造成这种现象的原因之一。

4. 盐效应

实验证明，当含有其他易溶强电解质（无共同离子）时，难溶电解质的溶解度比在纯水中的要大。如 $BaSO_4$ 和 AgCl 在 KNO_3 溶液中的溶解度都大于在纯水中的，而且 KNO_3 的浓度越大，其溶解度越大。这种由于加入易溶强电解质而使难溶电解质溶解度增大的效应称为**盐效应**。

在沉淀操作中利用同离子效应的同时也存在盐效应。故应注意所加沉淀剂不要过量太多，否则由于盐效应反而会使溶解度增大。表 3-6 列出了 $PbSO_4$ 在 Na_2SO_4 溶液中的溶解度。

表 3-6 $PbSO_4$ 在 Na_2SO_4 溶液中的溶解度

$c(Na_2SO_4)/mol\cdot L^{-1}$	0	0.001	0.01	0.02
$s(PbSO_4)/mol\cdot L^{-1}$	1.5×10^{-4}	2.4×10^{-5}	1.6×10^{-5}	1.4×10^{-5}
$c(Na_2SO_4)/mol\cdot L^{-1}$	0.04	0.10	0.20	
$s(PbSO_4)/mol\cdot L^{-1}$	1.3×10^{-5}	1.5×10^{-5}	2.3×10^{-5}	

从表中看出，当 Na_2SO_4 浓度由零增加到 $0.04mol\cdot L^{-1}$ 时，$PbSO_4$ 溶解度不断降低，此时，同离子效应起主导作用。但当 Na_2SO_4 浓度超过 $0.04mol\cdot L^{-1}$ 时，溶解度又有所增加，说明此时盐效应用已很明显。在实际工作中，沉淀剂的用量一般以过量 20%～50% 为宜。在沉淀剂过量不多时同离子效应对难溶电解质溶解度的影响大于盐效应。因此，在有同离子效应的计算中，忽略盐效应所引起的误差，对于近似计算来说是允许的。

盐效应实际上普遍存在。在无机试剂的制备中，若在浓溶液中使杂质沉淀，往往得不到预期的效果。例如，在硝酸盐溶液中以 Ba^{2+} 沉淀 SO_4^{2-} 时，留在溶液中的 Ba^{2+} 及 SO_4^{2-} 的浓度之积要远远大于 $BaSO_4$ 的溶度积，才能生成 $BaSO_4$ 沉淀。

过量的沉淀剂的加入，除了产生盐效应外，沉淀剂有时还会与沉淀发生化学反应，导致沉淀的溶解度增加，甚至使沉淀完全溶解。例如，在沉淀 Ag^+ 时，若加入过量的 Cl^-，因生成 $[AgCl_2]^-$ 配离子，反而使 AgCl 溶解度增大；在沉淀 Hg^{2+} 时，若加入过量 I^-，因生成无色 $[HgI_4]^{2-}$ 配离子，而使红色的 HgI_2 沉淀溶解。又如，在 $Ca(OH)_2$ 的饱和溶液中通入 CO_2 有 $CaCO_3$ 沉淀生成，若继续通入 CO_2 则因生成可溶性的 $Ca(HCO_3)_2$，反而使沉淀重新溶解。

五、分步沉淀

以上讨论的是溶液中只有一种能生成沉淀的离子。实际溶液中往往同时含有多种离子，随着沉淀剂的加入，各种沉淀会相继生成，这种现象称为分步沉淀。运用溶度积规则可以判断沉淀生成的次序，以及使混合离子达到分离。

【例 3-13】 某水样中 $c(Cl^-)=7.1\times10^{-3}mol\cdot L^{-1}$，$c(CrO_4^{2-})=5.0\times10^{-3}mol\cdot L^{-1}$，工业上分析水中 Cl^- 的含量，常用 $AgNO_3$ 作滴定剂，K_2CrO_4 作为指示剂。在水样中逐滴加入 $AgNO_3$ 时，有白色 AgCl 沉淀析出。继续滴加 $AgNO_3$，当开始出现砖红色 Ag_2CrO_4 沉淀时，即为滴定的终点。

(1) 试解释为什么 AgCl 比 Ag_2CrO_4 先沉淀；

(2) 计算当 Ag_2CrO_4 开始沉淀时，水样中的 Cl^- 是否已沉淀完全？

解 (1) 设生成 AgCl 和 Ag_2CrO_4 沉淀所需的最低 Ag^+ 的浓度分别为 $c_1(Ag^+)$ 和 $c_2(Ag^+)$，AgCl 和 Ag_2CrO_4 的沉淀-溶解平衡式为

$$AgCl(s) \rightleftharpoons Ag^+ + Cl^- \quad K_{sp}^{\ominus}(AgCl)=1.8\times10^{-10} \tag{1}$$

$$Ag_2CrO_4(s) \rightleftharpoons 2Ag^+ + CrO_4^{2-} \quad K_{sp}^{\ominus}(Ag_2CrO_4)=1.1\times10^{-12} \tag{2}$$

$$c'_1(Ag^+)=K_{sp}^{\ominus}(AgCl)/c'(Cl^-)=1.8\times10^{-10}/(7.1\times10^{-3})=2.5\times10^{-8}$$

$$c_1(Ag^+)=2.5\times10^{-8}\,mol\cdot L^{-1}$$

$$c'_2(Ag^+)=\sqrt{K_{sp}^{\ominus}(Ag_2CrO_4)/c'(CrO_4^{2-})}=\sqrt{1.1\times10^{-12}/(5.0\times10^{-3})}$$
$$=1.5\times10^{-5}$$

$$c_2(Ag^+)=1.5\times10^{-5}\,mol\cdot L^{-1}$$

欲使 AgCl 或 Ag_2CrO_4 沉淀生成，溶液中离子积应大于其相应的溶度积。

从计算得知，沉淀 Cl^- 所需 Ag^+ 最低浓度比沉淀 CrO_4^{2-} 小得多，故加入 $AgNO_3$ 时，AgCl 应先沉淀。随着 Ag^+ 的不断加入，溶液中 Cl^- 的浓度逐渐减少，Ag^+ 的浓度逐渐增加。当达到 $1.5\times10^{-5}\,mol\cdot L^{-1}$ 时，Ag^+ 与 CrO_4^{2-} 的离子积达到了 Ag_2CrO_4 的 $K_{sp}^{\ominus}$，随即析出砖红色 Ag_2CrO_4 沉淀。

(2) 当 Ag_2CrO_4 开始析出时，溶液中 Cl^- 浓度为

$$c'(Cl^-)=K_{sp}^{\ominus}(AgCl)/c'(Ag^+)=1.8\times10^{-10}/(1.5\times10^{-5})=1.2\times10^{-5}$$

$$c(Cl^-)=1.2\times10^{-5}\,mol\cdot L^{-1}$$

Cl^- 浓度接近 $10^{-5}\,mol\cdot L^{-1}$，故 Ag_2CrO_4 开始析出时，可认为溶液中 Cl^- 已基本沉淀完全。

【例 3-14】 含由 $0.10mol\cdot L^{-1}\,Fe^{2+}$ 和 $0.10mol\cdot L^{-1}\,Fe^{3+}$ 某溶液，能否通过控制 pH 的方法达到分离二者的目的？

解 查附表 2 得 $K_{sp}^{\ominus}[Fe(OH)_2]=8\times10^{-16}$，$K_{sp}^{\ominus}[Fe(OH)_3]=4\times10^{-38}$，欲使沉淀 Fe^{2+} 所需 OH^- 的最低浓度为

$$c'_1(OH^-)=\sqrt{K_{sp}^{\ominus}[Fe(OH)_2]/c'(Fe^{2+})}=\sqrt{8\times10^{-16}/0.10}=8.9\times10^{-8}$$

$$c_1(OH^-)=8.9\times10^{-8}\,mol\cdot L^{-1},pOH=7.1$$

$$pH=6.9$$

欲使 Fe^{3+} 沉淀所需 OH^- 的最低浓度为

$$c'_2(OH^-)=\sqrt[3]{K_{sp}^{\ominus}[Fe(OH)_3]/c'(Fe^{3+})}=\sqrt[3]{4\times10^{-38}/0.10}=7.4\times10^{-13}$$

$$c_1(OH^-)=7.4\times10^{-13}\,mol\cdot L^{-1},pOH=12.1$$

$$pH=1.9$$

可见当混合溶液中加入 OH^- 时，Fe^{3+} 首先沉淀。

设当 Fe^{3+} 的浓度降为 $1.0\times10^{-5}\,mol\cdot L^{-1}$ 时，它已被沉淀完全，此时溶液中 OH^- 的浓度为

$$c'_3(OH^-)=\sqrt[3]{K_{sp}^{\ominus}[Fe(OH)_3]/c'(Fe^{3+})}=\sqrt[3]{4\times10^{-38}/(1.0\times10^{-5})}$$
$$=1.6\times10^{-11}$$

$$c_3(OH^-)=1.6\times10^{-11}\,mol\cdot L^{-1},pOH=10.8$$

$$pH=3.2$$

pH=3.2 时，$Fe(OH)_2$ 沉淀尚不致生成。因此只要控制在 3.2<pH<6.9，就能使二

者达到分离的目的。

从上面两例看出：当一种试剂能沉淀溶液中几种离子时，生成沉淀所需试剂离子浓度最小者首先沉淀。即是说，离子积首先达到其溶度积的难溶物先沉淀，这就是分步沉淀的基本原理。如果各离子沉淀所需试剂离子的浓度相差较大，借助分步沉淀就能达到分离的目的。

化工生产中，利用控制溶液 pH 的方法对金属氢氧化物进行分离，就是分步沉淀原理的重要应用。

六、沉淀的溶解

根据溶度积规则，要使沉淀溶解，需降低该难溶电解质饱和溶液中离子的浓度，使离子积小于溶度积，即 $Q<K_{sp}^{\ominus}$，为了达到这个目的，有以下几种途径。

1. 转化成弱电解质

(1) 沉淀溶解生成弱酸　FeS 溶于盐酸的反应可表示如下：

$$FeS(s) \rightleftharpoons Fe^{2+} + S^{2-}$$

$$+$$

$$2HCl \longrightarrow 2Cl^- + 2H^+$$

$$\Downarrow$$

$$H_2S$$

H^+ 与 S^{2-} 结合生成的弱酸 H_2S，H_2S 易于挥发，有利于 S^{2-} 浓度的降低，致使 $Q<K_{sp}^{\ominus}$ 使 FeS 溶解。其反应方程式为

$$FeS + 2HCl \longrightarrow FeCl_2 + H_2S\uparrow$$

$CaCO_3$ 溶于 HCl 也是由于生成了易分解的弱酸 H_2CO_3。

$$CaCO_3 + 2HCl \longrightarrow CaCl_2 + H_2O + CO_2\uparrow$$

(2) 沉淀溶解生成弱碱　$Mg(OH)_2$ 能溶于铵盐是因为生成了难离解的弱碱，降低了溶液中 OH^- 的浓度，使 $Mg(OH)_2$ 离解平衡向右移动：

$$Mg(OH)_2(s) \rightleftharpoons Mg^{2+} + 2OH^-$$

$$+$$

$$2NH_4Cl \longrightarrow 2Cl^- + 2NH_4^+$$

$$\Downarrow$$

$$2NH_3 \cdot H_2O$$

即

$$Mg(OH)_2(s) + 2NH_4Cl \longrightarrow MgCl_2 + 2NH_3 \cdot H_2O$$

(3) 沉淀溶解生成水　$Mg(OH)_2$溶于盐酸生成水：

$$Mg(OH)_2(s) \rightleftharpoons Mg^{2+} + 2OH^-$$

$$+$$

$$2HCl \longrightarrow 2Cl^- + 2H^+$$

$$\Downarrow$$

$$2H_2O$$

即

$$Mg(OH)_2(s) + 2HCl \longrightarrow MgCl_2 + 2H_2O$$

FeS 溶于 HCl 反应同时存在着两种平衡，即 FeS 的沉淀-溶解平衡及 H_2S 的离解平衡：

$$FeS(s) \rightleftharpoons Fe^{2+} + S^{2-} \quad (1) \quad K_1^{\ominus} = K_{sp}^{\ominus}$$

$$S^{2-} + 2H^+ \rightleftharpoons H_2S \quad (2) \quad K_2^{\ominus} = 1/(K_{a_1}^{\ominus} K_{a_2}^{\ominus})$$

溶解反应

$$FeS(s) + 2H^+ \rightleftharpoons Fe^{2+} + H_2S \quad (3) \quad K_3^{\ominus}$$

该溶解反应平衡实际是一多重平衡，即(1)＋(2)＝(3)，所以

$$K_3^{\ominus}=K_1^{\ominus}K_2^{\ominus}=K_{sp}^{\ominus}/(K_{a_1}^{\ominus}K_{a_2}^{\ominus})$$

从上式可以看出，溶解反应的平衡常数与难溶电解质的溶度积及弱电解质的离解常数有关。难溶电解质的溶度积越大，或所生成弱电解质的离解常数 $K_a^{\ominus}$ 或 $K_b^{\ominus}$ 越小，溶解反应的平衡常数越大，说明难溶电解质越易溶解。FeS 和 CuS 虽然同是弱酸盐，因 CuS 的 $K_{sp}^{\ominus}$ 比 FeS 的小得多，故 FeS 能溶于 HCl，而 CuS 不溶。又如，溶度积很小的金属氢氧化物 $Fe(OH)_3$、$Al(OH)_3$ 不能溶于铵盐，但能溶于酸。这是因为加酸后生成水，加 NH_4^+ 后生成 $NH_3\cdot H_2O$，而水是比氨水更弱的电解质。

2. *发生氧化还原反应*

CuS、Ag_2S 不能溶于盐酸，但能溶于硝酸。因为 HNO_3 能将 S^{2-} 氧化成单质 S，使 S^{2-} 的浓度降得更低，使得 $Q<K_{sp}^{\ominus}$。CuS 在 HNO_3 中溶解的反应式为

$$3CuS+8HNO_3 \longrightarrow 3Cu(NO_3)_2+3S\downarrow+2NO\uparrow+4H_2O$$

3. *生成难离解的配离子*

AgI 不溶于水，也不溶于强酸和强碱，却能溶于氰化钠溶液。这是由于 Ag^+ 与 CN^- 结合，生成了稳定的配离子 $[Ag(CN)_2]^-$，从而大大降低了 Ag^+ 的浓度之故。其反应方程式为

$$AgI+2CN^- \longrightarrow [Ag(CN)_2]^-+I^-$$

4. *转化为另一种沉淀再行溶解*

某些难溶盐如 $BaSO_4$、$CaSO_4$ 用上述方法都不能溶解，这时可采用沉淀转化的方法。以 $CaSO_4$ 转化成 $CaCO_3$ 为例，在 $CaSO_4$ 饱和溶液中加入反应式如下：

$$\begin{array}{rcl} CaSO_4 & \rightleftharpoons & Ca^{2+}+SO_4^{2-} \\ & & + \\ Na_2CO_3 & \rightleftharpoons & CO_3^{2-}+2Na^+ \\ & & \Updownarrow \\ & & CaCO_3\downarrow \end{array}$$

由于 $K_{sp}^{\ominus}(CaCO_3)<K_{sp}^{\ominus}(CaSO_4)$，$Ca^{2+}$ 与 CO_3^{2-} 能生成 $CaCO_3$ 沉淀，从而使溶液中 Ca^{2+} 的浓度降低。这时，溶液变为不饱和，故 $CaSO_4$ 逐渐溶解。只要 Na_2CO_3 的量足够，$CaSO_4$ 就能全部转化为 $CaCO_3$ 沉淀。锅炉水垢中含有不溶于酸的 $CaSO_4$，清除 $CaSO_4$ 就是利用上述原理，将 $CaSO_4$ 转化为易溶于酸的 $CaCO_3$，再用酸将水垢除去。

酸碱理论的发展

人们最初从性质上认识酸碱，是通过酸能使石蕊变红，有酸味；碱能使石蕊变蓝，有涩味来认识的。人们又发现当酸碱以恰当比例混合时，酸碱性质消失。从氧元素被发现后，人们开始从组成上认识酸碱，以为酸中一定含有氧元素；而盐酸等无氧酸被发现后，人们又认识到酸中一定含有氢元素。

Arrhenius 于 1884 年首先提出电离学说，使人们对酸碱的认识发生了一个飞跃。Arrhenius 的酸碱概念是根据物质在水中所产生的离子来定义酸和碱的。

酸是在水中电离出的正离子全部是 H^+ 的化合物，其电离通式为 $HA=H^++A^-$；碱是在水中电离出的负离子全部是 OH^- 的化合物，其电离通式为 $MOH=M^++OH^-$。

该酸碱理论进一步从平衡角度找到了比较酸碱强弱的标准，即 $K_a^{\ominus}$，$K_b^{\ominus}$。Arrhenius 理论在水溶液中

是成功的。但其在非水体系中的适用性，却受到了挑战，因为 Arrhenius 理论在某种程度上忽视了溶剂在酸碱体系中的作用。对下列两组反应进行比较：

$$H_2O + H_2O \rightleftharpoons OH^- + H_3O^+ \quad NaOH + (H_3O)Cl \longrightarrow NaCl + 2H_2O$$

$$NH_3 + NH_3 \rightleftharpoons NH_2^- + NH_4^+ \quad NaNH_2 + NH_4Cl \longrightarrow NaCl + 2NH_3$$

不难发现，溶剂自身的电离和液氨中进行的中和反应，无法用 Arrhenius 的理论解释，因为根本找不到符合定义的酸和碱。

一、酸碱的质子理论（Brönsted-Lowry 理论）

1. 酸碱的定义

按照 Brönsted-Lowry 的见解，酸碱反应是质子从一个物种转移到另一个物种的过程，在反应中给出质子的物质叫做酸，如 HCl、HAc、NH_4^+、HPO_4^{2-}、HSO_4^- 等都是酸；在反应中接受质子的物质叫做碱，如 Cl^-、Ac^-、NH_3、PO_4^{3-}、SO_4^{2-} 等都是碱。可见，质子理论的酸碱既包括分子，也包括离子。

2. 酸碱的共轭关系

酸给出质子后，变成碱，如：

$$\underset{\text{酸}}{HCl} \longrightarrow H^+ + \underset{\text{碱}}{Cl^-}$$

同理，碱接受质子后，变成酸。故有：酸＝碱＋质子。

处于上述关系中的一对酸和碱，互称为共轭酸碱。Cl^- 是 HCl 的共轭碱，而 HCl 是 Cl^- 的共轭酸，HCl 和 Cl^- 为共轭酸碱对。H_2O 作为一种酸时，其共轭碱是 OH^-；而 H_2O 作为一种碱时，其共轭酸是 H_3O^+。

3. 两性物质

H_2O 既可以给出质子作为酸，如在反应 $H_2O \rightleftharpoons H^+ + OH^-$ 中；又可以接受质子作为碱，如在反应 $H_2O + H^+ \rightleftharpoons H_3O^+$ 中。这种既能给出质子，又能接受质子的物质叫做两性物质。判断一种物质是酸还是碱，一定要在具体的反应中根据质子得失关系来判断。

4. 酸和碱的反应

强酸的电离 $\underset{\text{酸Ⅰ}}{HCl} + \underset{\text{碱Ⅱ}}{H_2O} \longrightarrow \underset{\text{酸Ⅱ}}{H_3O^+} + \underset{\text{碱Ⅰ}}{Cl^-}$

弱酸的电离平衡 $\underset{\text{酸Ⅰ}}{HAc} + \underset{\text{碱Ⅱ}}{H_2O} \rightleftharpoons \underset{\text{酸Ⅱ}}{H_3O^+} + \underset{\text{碱Ⅰ}}{Ac^-}$

弱碱的电离平衡 $\underset{\text{酸Ⅰ}}{H_2O} + \underset{\text{碱Ⅱ}}{NH_3} \rightleftharpoons \underset{\text{酸Ⅱ}}{NH_4^+} + \underset{\text{碱Ⅰ}}{OH^-}$

中和反应 $\underset{\text{酸Ⅰ}}{H_3O^+} + \underset{\text{碱Ⅱ}}{OH^-} \longrightarrow \underset{\text{酸Ⅱ}}{H_2O} + \underset{\text{碱Ⅰ}}{H_2O}$

弱酸盐的水解 $\underset{\text{酸Ⅰ}}{H_2O} + \underset{\text{碱Ⅱ}}{Ac^-} \rightleftharpoons \underset{\text{酸Ⅱ}}{HAc} + \underset{\text{碱Ⅰ}}{OH^-}$

弱碱盐的水解 $\underset{\text{酸Ⅰ}}{NH_4^+} + \underset{\text{碱Ⅱ}}{H_2O} \rightleftharpoons \underset{\text{酸Ⅱ}}{NH_3} + \underset{\text{碱}}{OH^-}$

酸和碱反应的实质是质子的转移，质子从酸Ⅰ转移给碱Ⅱ，从而生成酸Ⅱ和碱Ⅰ。

酸碱的质子理论也有局限性：对于不含有质子的物质，如 Cu^{2+}、Ag^+ 等不好归类，对于无质子转移的反应，如 $Ag^+ + Cl^- \longrightarrow AgCl$ 也难以讨论。

二、酸碱的电子理论（Lewis 理论）

1. 酸碱的定义

凡是能提供电子对的物质都是碱，碱是电子对的给予体。如 OH^-、CN^-、NH_3、F^- 等。

凡是能接受电子对的物质都是酸，酸是电子对的接受体。如 H^+、BF_3、Na^+、Ag^+ 等。

2. 酸碱反应和酸碱配合物

$$BF_3 + F^- \rightleftharpoons [BF_4]^-$$

酸　　碱　　酸碱配合物

$$Cu^{2+} + 4NH_3 \rightleftharpoons [Cu(NH_3)_4]^{2+}$$

酸　　碱　　酸碱配合物

$$H^+ + OH^- \rightleftharpoons H_2O$$

酸　　碱　　酸碱配合物

对于酸碱的识别，也要在具体的反应中进行。几乎所有的金属离子都是 Lewis 酸，负离子几乎都是碱，而酸和碱的反应的生成物都是酸碱配合物。

3. 取代反应

酸取代反应

$$[Cu(NH_3)_4]^{2+} + 4H^+ \rightleftharpoons Cu^{2+} + 4NH_4^+$$

该反应中酸 H^+ 取代了酸碱配合物$[Cu(NH_3)_4]^{2+}$中的酸 Cu^{2+}。

$$Al(OH)_3 + 3H^+ \rightleftharpoons Al^{3+} + 3H_2O$$

该反应中 H^+ 取代了酸碱配合物 $Al(OH)_3$中的 Al^{3+}。

碱取代反应

$$[Cu(NH_3)_4]^{2+} + 2OH^- \rightleftharpoons Cu(OH)_2 + 4NH_3$$

该反应中 OH^- 取代 NH_3。

双取代反应

$$NaOH + HCl \rightleftharpoons NaCl + H_2O$$

$$AgNO_3 + NaCl \rightleftharpoons AgCl + NaNO_3$$

上述两个反应中两种酸碱配合物交换成分。

酸碱的电子理论适应性强，大多数物质都可以包括在酸、碱及其配合物中，大多数的化学反应都可以归为酸、碱及其配合物之间的反应。其不足之处在于酸碱的特征不明确。

本章小结

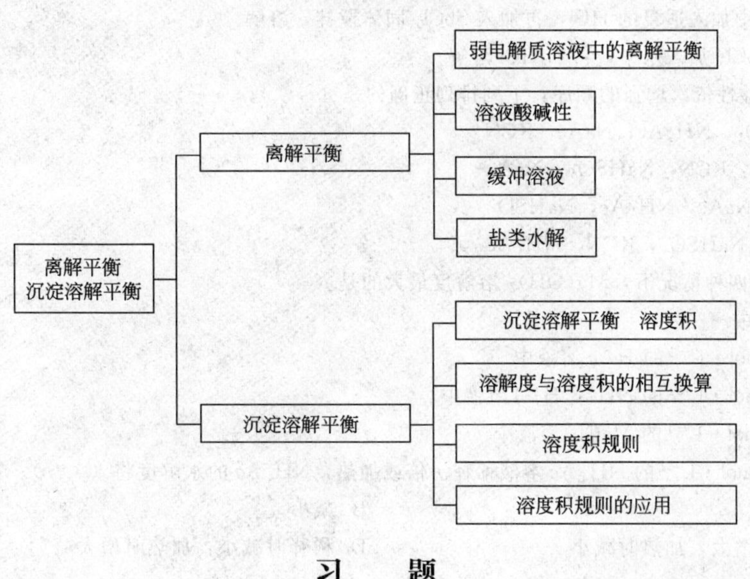

习　题

一、选择题

1. 在 1.0×10^{-2} mol·L^{-1} HAc 溶液中，其水的离子积为（　　）。

A. 1.0×10^{-2}　　B. 2　　C. 10^{-14}　　D. 10^{-12}

2. 一般成年人胃液的 pH 是 1.4，正常婴儿胃液的 pH 为 5.0，问成人胃液中［H^+］与婴儿胃液中［H^+］之比是（　　）。

A. 0.28　　B. 1.4 : 5.0　　C. 4.0×10　　D. 3980

3. 下列叙述正确的是（　　）。

A. 同离子效应与盐效应的效果是相同的

B. 同离子效应与盐效应的效果是相反的

C. 盐效应与同离子效应相比影响要大得多

D. 以上说法都不正确

4. 下列几组溶液具有缓冲作用的是（　　）。

A. H_2O-NaAc　　B. HCl-NaCl

C. NaOH-Na_2SO_4　　D. $NaHCO_3$-Na_2CO_3

5. 在氨水中加入少量固体 NH_4Ac 后，溶液的 pH 将（　　）。

A. 增大　　B. 减小　　C. 不变　　D. 无法判断

6. 下列有关缓冲溶液的叙述正确的是（　　）。

A. 缓冲溶液 pH 的整数部分主要由 $pK_a^\ominus$ 或 $pK_b^\ominus$ 决定，其小数部分由 $\lg\frac{c_{酸}}{c_{盐}}$ 或 $\lg\frac{c_{碱}}{c_{盐}}$ 决定

B. 缓冲溶液的缓冲能力是无限的

C. $\frac{c_{酸}}{c_{盐}}$ 或 $\frac{c_{碱}}{c_{盐}}$ 的值越大，缓冲能力越强

D. $\frac{c_{酸}}{c_{盐}}$ 或 $\frac{c_{碱}}{c_{盐}}$ 的比值越小，缓冲能力越弱

7. 下列各类型的盐不发生水解的是（　　）。

A. 强酸弱碱盐　　B. 弱酸强碱盐　　C. 强酸强碱盐　　D. 弱酸弱碱盐

8. 配制 $SbCl_3$ 水溶液的正确方法应该是（　　）。

A. 先把 $SbCl_3$ 固体加入水中，再加热溶解

B. 先在水中加入足量 HNO_3，再加入 $SbCl_3$ 固体溶解

C. 先在水中加入适量的 HCl，再加入 $SbCl_3$ 固体搅拌，溶解

D. 先把 $SbCl_3$ 加入水中，再加 HCl 溶解

9. 按溶液酸性依次增强的顺序，下列排列正确的是（　　）。

A. $NaHSO_4$，NH_4Ac，NaAc，KCN

B. NH_4Ac，KCN，$NaHSO_4$，NaAc

C. KCN，NaAc，NH_4Ac，$NaHSO_4$

D. NaAc，$NaHSO_4$，KCN，NH_4Ac

10. 在下列四种情况下，$Mg(OH)_2$ 溶解度最大的是（　　）。

A. 在纯水中

B. 在 $0.1mol \cdot L^{-1}$ 的 HAc 溶液中

C. 在 $0.1mol \cdot L^{-1}$ 的 $NH_3 \cdot H_2O$ 溶液中

D. 在 $0.1mol \cdot L^{-1}$ 的 $MgCl_2$ 溶液中

11. 把 $0.2mol \cdot L^{-1}$ 的 NH_4Ac 溶液稀释一倍或加热，NH_4Ac 的水解度将（　　）。

A. 增大　　B. 减小

C. 稀释时增大，加热时减小　　D. 稀释时减小，加热时增大

12. 在 $0.1mol \cdot L^{-1}$ NaH_2PO_4 溶液中离子浓度由大到小的顺序是（　　）。

A. Na^+，H_3PO_4，$H_2PO_4^-$，HPO_4^{2-}，PO_4^{3-}

B. Na^+，$H_2PO_4^-$，HPO_4^{2-}，H_3PO_4，PO_4^{3-}

C. Na^+，$H_2PO_4^-$，HPO_4^{2-}，PO_4^{3-}，H_3PO_4

D. Na^+，HPO_4^{2-}，PO_4^{3-}，$H_2PO_4^-$，H_3PO_4

13. 1L Ag_2CrO_4（相对分子质量 303.8）饱和溶液中，溶有该溶质 0.06257g，若不考虑离子强度、水

解等因素，Ag_2CrO_4 的 $K_{sp}^{\ominus}$是（　　）。

A. 3.5×10^{-11}　　B. 2.36×10^{-10}　　C. 4.24×10^{-8}　　D. 8.74×10^{-12}

14. 已知 Ag_2S 的溶度积为 6×10^{-50}，此时它在水中的溶解度是（　　）$mol\cdot L^{-1}$。

A. 6.0×10^{-1}　　B. 5.0×10^{-1}　　C. 5.3×10^{-1}　　D. 5.3×10^{-1}

15. 下列说法正确的是（　　）。

A. 溶度积小的物质一定比溶度积大的物质溶解度小

B. 对同类型的难溶物，溶度积小的一定比溶度积大的溶解度小

C. 难溶物质的溶度积与温度无关

D. 难溶物质的溶解度仅与温度有关

二、简答题

1. 举例说明缓冲溶液的组成及缓冲溶液的抗酸、抗碱与抗稀释性并保持溶液 pH 几乎不变的原因。

2. 影响盐类水解度大小的因素有哪些？增大或抑制盐类的水解作用在实际工作中有些什么应用？举例说明。

3. 以 NH_4Ac 为例，运用多重平衡规则，试推导一元弱酸弱碱盐水解常数的计算公式。同离子效应和盐效应对弱电解质的离解及难溶电解质的溶解各有什么影响？

4. 如何应用溶度积规则来判断沉淀的生成和溶解？

5. 什么是分步沉淀？根据什么来判断沉淀生成的次序？

6. 下列说法是否正确？若有错误请纠正，并说明理由。

(1) 将 NaOH 和 NH_3 的溶液各稀释一倍，两者的 OH^- 浓度均减少到原来的 1/2；

(2) 设盐酸的浓度为醋酸的二倍，则前者的 H^+ 浓度也是后者的二倍；

(3) 根据 $\alpha=\sqrt{K_a^{\ominus}/c'}$，弱酸溶液浓度越小，离解度越大，溶液酸性越强；

(4) 将 $1\times10^{-6}mol\cdot L^{-1}$的 HCl 冲稀 1000 倍后，溶液中的 $c(H^+)=1\times10^{-9}mol\cdot L^{-1}$；

(5) 使甲基橙显黄色的溶液一定是碱性的；

(6) 某离子被沉淀完全是指在溶液中其浓度为 0。

7. 解释下列问题：

(1) 在洗涤 $BaSO_4$ 沉淀时，不用蒸馏水而用稀 H_2SO_4；

(2) CuS 不溶于 HCl 但可溶于 HNO_3？

(3) 虽然 $K_{sp}^{\ominus}(PbCO_3)=7.4\times10^{-14}<K_{sp}^{\ominus}(PbSO_4)=1.6\times10^{-8}$，但 $PbCO_3$ 能溶于 HNO_3，而$PbSO_4$ 不溶？

(4) $Mg(OH)_2$ 可溶于铵盐而 $Fe(OH)_3$ 不溶；

(5) CaF_2 和 $BaCO_3$ 的溶度积常数很接近（分别为 5.3×10^{-9} 和 5.1×10^{-9}），两者的饱和溶液中 Ca^{2+} 和 Ba^{2+} 离子浓度是否也很接近？为什么？

(6) AgCl 可溶于弱碱氨水，却不溶于强碱氢氧化钠。

8. 回答下列问题，简述理由：

(1) NaHS 溶液呈弱碱性，Na_2S 溶液呈较强碱性；

(2) 如何配制 $SnCl_2$、$Bi(NO_3)_3$、Na_2S 溶液？

(3) 为何不能在水溶液中制备 Al_2S_3？

(4) $CaCO_3$ 在下列哪种试剂中溶解度最大？

纯水，$0.1mol\cdot L^{-1}$ Na_2CO_3，$0.1mol\cdot L^{-1}CaCl_2$，$0.5mol\cdot L^{-1}KNO_3$。

(5) 当溶液的 pH 降低时，下列哪一种物质的溶解度基本不变？

$Al(OH)_3$　　AgAc　　$ZnCO_3$　　$PbCl_2$

(6) 同是酸式盐，NaH_2PO_4 溶液为酸性，Na_2HPO_4 溶液为碱性。

9. 现有等浓度的 HCl 和氨水，在下列情况下如何计算溶液的 pH？

(1) 两种溶液等体积混合（此题只判断酸碱性）；

(2) 两种溶液以二比一的体积混合；

(3) 两种溶液以一比二的体积混合。

10. 试推导下列各类难溶电解质 AgCl、$Mg(OH)_2$、$Fe(OH)_3$ 的溶解度 s 与其溶度积 $K_{sp}^{\ominus}$之间的关系。

11. 写出难溶电解质 $PbCl_2$、AgBr、$Ba_3(PO_4)_2$、Ag_2S 溶度积的表达式。

12. 在含 AgCl 固体的饱和溶液中，分别加入下列物质，对 AgCl 的溶解度有什么影响，并解释之。

(1) NaCl (2) $NaNO_3$

三、计算题

1. 某一元弱碱（MOH）的相对分子质量为 125，在 298K 时取 0.500g 溶于 50.0mL 水中，测得溶液的 pH=11.30，试计算 MOH 的 $K_b^{\ominus}$ 值。

2. 计算下列混合溶液的 pH。

(1) 20mL 0.1mol·L^{-1} HCl 与 20mL 0.1mol·L^{-1} NaOH

(2) 20mL 0.10mol·L^{-1} HCl 加 20mL 0.10mol·L^{-1} $NH_3 \cdot H_2O$

(3) 20mL 0.10mol·L^{-1} HAc 加 20mL 0.10mol·L^{-1} NaOH

3. 25℃时，实验测得 0.020mol·L^{-1} 氨水溶液的 pH 为 10.78，求它的离解常数和离解度。

4. 0.10 L 0.10mol·L^{-1} 的 HAc 溶液中含有 0.010mol 的 NaAc，求该缓冲溶液的 pH [已知$K_a^{\ominus}$(HAc)=1.75×10^{-5}]。

5. 配制 pH 为 5.00 的缓冲溶液，需称取多少克结晶乙酸钠（$NaAc \cdot 3H_2O$，摩尔质量为 136 g·mol^{-1}）溶于 300mL 0.50mol·L^{-1} HAc 中（忽略体积变化）？

6. 维持人体血液、细胞液 pH 的稳定，$H_2PO_4^-$-HPO_4^{2-} 缓冲体系起了重要作用。

(1) 解释为什么该缓冲体系能起到缓冲作用？

(2) 溶液的缓冲范围是多少？

(3) 当 $c(H_2PO_4^-)$=0.050mol·L^{-1},$c(HPO_4^{2-})$=0.15mol·L^{-1}时缓冲溶液的 pH 是多少？

7. 计算 0.10mol·L^{-1} $(NH_4)_2SO_4$ 溶液的 pH。

8. 在室温下，$BaSO_4$ 的溶度积为 1.1×10^{-10}，计算每升饱和溶液中所溶解 $BaSO_4$ 为多少克？

9. 通过计算说明下列情况有无沉淀生成？

(1) 0.010mol·L^{-1} $SrCl_2$ 溶液 2mL 和 0.10mol·L^{-1} K_2SO_4 溶液 3mL 混合。[已知 $K_{sp}^{\ominus}(SrSO_4)=3.2 \times 10^{-7}$]

(2) 1 滴 0.001mol·L^{-1} $AgNO_3$ 溶液与 2 滴 0.0006mol·L^{-1} K_2CrO_4 溶液混合。[1 滴按 0.05mL 计算，已知 $K_{sp}^{\ominus}(Ag_2CrO_4)=1.1 \times 10^{-12}$]

(3) 在 0.010mol·L^{-1} $Pb(NO_3)_2$ 溶液 100mL 中，加入固体 NaCl。[忽略体积改变，$K_{sp}^{\ominus}(PbCl_2)=1.6 \times 10^{-5}$]

10. 在 Cl^- 和 CrO_4^{2-} 浓度都是 0.100mol·L^{-1} 的混合溶液中逐滴加入 $AgNO_3$ 溶液（忽略体积改变）时，问 AgCl 和 Ag_2CrO_4 哪种先沉淀？为什么？当 Ag_2CrO_4 开始沉淀时，溶液中 Cl^- 浓度是多少？

11. 已知某溶液中含由 0.10mol·L^{-1} Ni^{2+} 和 0.10mol·L^{-1} Fe^{3+}，通过计算说明能否通过控制 pH 的方法达到分离二者的目的。

第四章　氧化还原反应和电化学基础

学习目标

知识目标

1. 掌握氧化还原反应的基本概念、氧化还原反应的配平方法、原电池表示法；

2. 理解标准电极电势的意义，能运用电极电势判断氧化剂和还原剂的强弱、氧化还原反应进行的方向和计算平衡常数；

3. 理解能斯特方程式，理解离子浓度变化对电极电势、氧化还原反应的影响；

4. 理解元素电势图，化学电源和电解等；

5. 了解化学电源、电解原理及金属防腐的相关知识。

能力目标

1. 能够熟练配平氧化还原方程式；

2. 能运用电极电势判断氧化剂和还原剂的相对强弱、氧化还原反应进行的方向和计算平衡常数；会用能斯特方程式讨论离子浓度的变化对电极电势、氧化还原反应的影响；

3. 会用元素电势图判断元素及其化合物的氧化还原性；

4. 学会金属防腐的方法。

第一节　氧化还原反应的基本概念

各种各样的化学反应基本上可以分为两大类：一类是参加反应的各物质在反应前后没有电子的得失或偏移，如酸碱中和反应等；另一类是参加反应的物质在反应前后有电子的得失或偏移。后者称为氧化还原反应。例如，碳与氧气的反应：$C+O_2 = CO_2$；金属锌与硫酸铜溶液的反应：$Zn+CuSO_4 = ZnSO_4+Cu$。

氧化还原反应的本质是：参加化学反应的某些元素在反应前后发生了电子的转移（电子得失或电子对偏移）。为了更清楚地说明这个问题，学术界提出了氧化值的概念。

一、氧化值

由于在实际问题中电子对偏移的程度较难确定，所以在研究氧化还原反应时引入了氧化值概念。1970 年，国际纯粹和应用化学联合会（IUPAC）对氧化值定义如下：

氧化值（又叫氧化数），是指某元素一个原子的荷电数，该荷电数是假定把每一个化学键中的电子指定给电负性大（即吸电子能力强）的原子而求得的。例如，在 NaCl 分子中，Cl 电负性比 Na 大，成键时氯原子夺取了钠原子的一个电子，变成带一个单位负电荷的氯离子 Cl^-，氧化值为－1；钠原子变成带一个单位正电荷的钠离子 Na^+，氧化值为＋1。

确定氧化值的一般原则如下：

(1) 在单质中元素的氧化值为零；

(2) 在单原子离子中，元素的氧化值等于离子所带的电荷数；多原子离子中，各元素氧化值的代数和等于离子所带的电荷数；

(3) 氢在化合物中的氧化值一般为+1，但在活泼金属氢化物（如 NaH、CaH_2）中，氢的氧化值为−1；

(4) 氧在化合物中的氧化值一般为−2，在过氧化物（如 H_2O_2、Na_2O_2）中为−1，在超氧化物（如 KO_2）中为$-\frac{1}{2}$，在氟化氧中为正值；

(5) 氟在化合物中的氧化值总是−1；

(6) 在中性化合物中，各元素氧化值的代数和为零。

在表示氧化值时，为区别于离子的电荷符号，通常是在该元素符号的右上方用+x和−x表示，如 $\overset{+2}{Fe}SO_4$；$\overset{+3}{Fe_2}O_3$，有时也写成括号里的罗马数字跟在元素符号之后，如 $FeSO_4$中的 Fe(Ⅱ)，$FeCl_3$中的 Fe(Ⅲ)。

【例 4-1】 计算 $K_2S_2O_3$、Fe_3O_4 中硫和铁的氧化值。

解 在 $K_2S_2O_3$ 中，$2\times1+2\times x+3\times(-2)=0$，$x=+2$

在 Fe_3O_4 中，$3\times x+4\times(-2)=0$，$x=+8/3$

二、氧化还原电对

在氧化还原反应中，失电子过程称为**氧化**，得电子过程称为**还原**。被氧化的物质是**还原剂**，被还原的物质是**氧化剂**。可归结为：元素失电子，氧化值升高，被氧化，含该元素的物种为还原剂；元素得电子，氧化值降低，被还原，含该元素的物种为氧化剂。

实际上，氧化与还原必然同时发生。例如：$Zn+Cu^{2+}\longrightarrow Zn^{2+}+Cu$

这个反应可表示为两部分：

$$Zn\longrightarrow Zn^{2+}+2e^- \quad 氧化反应 \tag{a}$$

$$Cu^{2+}+2e^-\longrightarrow Cu \quad 还原反应 \tag{b}$$

反应式(a)、(b) 都称为半反应。式(a) 中 Zn 失去 2 个电子，氧化值由 0 升至+2，此过程称为氧化，Zn 为还原剂，Zn^{2+}为其氧化产物；式(b) 中 Cu^{2+}得到两个电子，氧化值由+2 降至 0，此过程称为还原，Cu^{2+}为氧化剂，Cu 为其还原产物。

从上式看出，每一个氧化还原反应都是两个半反应之和，每个半反应中包含了同一种物质的两种不同的氧化态，如 Zn^{2+}和 Zn；Cu^{2+}和 Cu。它们都称为**氧化还原电对**，简称**电对**。电对中氧化值较大的物种为氧化型，氧化值较小的物种为还原型，通常用氧化型/还原型（氧化值高/氧化值低）表示电对，如 Zn^{2+}/Zn、Cu^{2+}/Cu、H^+/H_2、Sn^{4+}/Sn^{2+}、Fe^{3+}/Fe^{2+}等。半反应式表示为：氧化型$+ne^-\rightleftharpoons$还原型。

本质上，氧化还原反应可以看做是两个电对之间传递电子的过程。所以，任一氧化还原反应至少包括两个电对，有时多于两个。

三、常见的氧化剂和还原剂

由氧化还原半反应看出，电对中氧化态物质得电子，在反应中作氧化剂；还原态物质失电子，在反应中作还原剂。也就是说，氧化剂中应含有高氧化值的元素；还原剂中必含低氧化值元素。若元素处于中间氧化态，则既可作氧化剂又可作还原剂，视与其作用的物质及反应条件而定。常见的氧化剂一般是活泼的非金属单质和一些高氧化值的化合物；常见的还原剂一般是活泼的金属和低氧化值的化合物。

常见氧化剂和还原剂及其产物见表 4-1。

表 4-1 常见氧化剂和还原剂及其产物

氧化剂	还原产物	还原剂	氧化产物
X_2（卤素）	X^-	M（氢前活泼金属）	M^{Z+}
O_2	H_2O	H_2	H^+
XO_n^-（$n=1,2,3,4$）	X^-	I^-	I_2
MnO_4^- ①	Mn^{2+}		
$Cr_2O_7^{2-}$	Cr^{3+}		
$S_2O_8^{2-}$	SO_4^{2-}	S^{2-}	S,SO_4^{2-}
$NaBiO_3$	Bi^{3+}		
PbO_2	Pb^{2+}	Sn^{2+}	Sn^{4+}
MnO_2	Mn^{2+}		
Fe^{3+}	Fe^{2+}	Fe^{2+}	Fe^{3+}
H_2O_2	H_2O	H_2O_2	O_2
H_2SO_3	S	H_2SO_3	SO_4^{2-}
HNO_2	NO	HNO_2	NO_3^-
		$H_2C_2O_4$	CO_2
浓 H_2SO_4	SO_2,S,H_2S	H_2S	S,SO_4^{2-}
浓 HNO_3	NO_2,NO	HX	X_2
稀 HNO_3	NO,N_2O,NH_4^+		
王水	NO		

① 紫红色的 MnO_4^- 在酸性介质中被还原为浅粉红色的 Mn^{2+}；在近中性介质中被还原成棕色沉淀 MnO_2；在强碱性介质中被还原成绿色 MnO_4^{2-}。

四、氧化还原反应方程式的配平

氧化还原反应往往比较复杂，因为参加反应的物质除氧化剂和还原剂外，一般还有介质。介质常为酸或碱，氧化值不发生变化。此外，H_2O 也常常作为反应物或生成物存在于反应方程式中。反应式中的反应物或生成物的计量数有时较大，因此，常需要按一定的方法将其配平，配平原则如下。

(1) 得失电子守恒　氧化剂和还原剂得失电子总数相等。

(2) 质量守恒　反应前后原子的种类和个数不变。

(3) 电荷守恒　离子反应前后，所带电荷总数相等。

最常用的氧化还原方程式的配平方法有氧化值法和离子-电子法。

1. 氧化值法

氧化值法配平方程式的步骤如下。

(1) 标（氧化值）　写出反应物和生成物的化学式，标出氧化值有变化的元素。

(2) 列（变化）　列出反应前后元素氧化值的变化值。

(3) 定（总数）　将氧化值升高数和氧化值降低数的最小公倍数定为电子转移总数。依据电子守恒，确定氧化剂、还原剂、氧化产物、还原产物的系数。

(4) 观（察平）　用观察法配平其他物质的化学计量数，配平后，把单线改成等号。

(5) 查（守恒）　依据原子守恒、电荷守恒、电子得失守恒，检查方程式两边是否平衡。

下面以氯酸与磷反应为例，说明用氧化值法配平氧化还原反应式的步骤。

【例 4-2】　配平反应方程式 $HClO_3+P_4 \longrightarrow HCl+H_3PO_4$

解　(1) 写出基本反应式

$$HClO_3 + P_4 \longrightarrow HCl + H_3PO_4$$

(2) 找出氧化剂中原子氧化值降低的数值和还原剂中原子氧化值升高的数值。

Cl的氧化值降低6

$$\overset{+5}{HClO_3} + \overset{0}{P_4} \longrightarrow \overset{-1}{HCl} + H_3\overset{+5}{P}O_4$$

P的氧化值升高 5×4

(3) 调整系数，使氧化值升高的总数等于氧化值降低的总数。

Cl的氧化值降低 6×10

$$\overset{+5}{HClO_3} + \overset{0}{P_4} \longrightarrow \overset{-1}{HCl} + H_3\overset{+5}{P}O_4$$

P的氧化值升高 5×4×3

(4) 在氧化剂和还原剂的化学式前，各乘以相应的系数，并使方程式两边相应的原子数相等。

$$10HClO_3 + 3P_4 \longrightarrow 10HCl + 12H_3PO_4$$

(5) 配平反应前后氧化值未发生变化的原子数。首先检查反应方程式两边的氢原子数目，找出参加反应的水分子数，最后核对氧原子数。由于右边多36个氢原子和18个氧原子，左边应加18个水分子，得到配平了的氧化还原方程式。

$$10HClO_3 + 3P_4 + 18H_2O = 10HCl + 12H_3PO_4$$

2. 离子-电子法（适用于溶液中的反应）

离子-电子法配平的基本原则是：反应中氧化剂得到的电子总数，与还原剂失去的电子总数相等，各元素原子总数在反应前后相等。

离子-电子法配平的基本步骤如下：

(1) 写出未配平的离子方程式；

(2) 把离子方程式拆成两个半反应并分别配平，分析介质酸碱性，写出介质物种；

(3) 将两个半反应分别乘以适当系数，使得失电子数相等，加和两式，消去电子与重复项，即完成配平。

【例 4-3】 配平反应方程式：$KMnO_4 + K_2SO_3 \longrightarrow MnSO_4 + K_2SO_4$

解 (1) 用离子式写出主要的反应物和生成物：$MnO_4^- + SO_3^{2-} \xrightarrow{\text{酸性溶液}} Mn^{2+} + SO_4^{2-}$

(2) 将上式拆成两个未配平的半反应

氧化剂被还原　　$MnO_4^- \longrightarrow Mn^{2+}$

还原剂被氧化　　$SO_3^{2-} \longrightarrow SO_4^{2-}$

分别配平两个半反应式，使两边的原子数及电荷数都相等。

前一半反应：MnO_4^- 还原成 Mn^{2+} 时，要减少4个O原子，在酸性介质中可以加入8个 H^+，使之结合成4分子 H_2O：$MnO_4^- + 8H^+ \longrightarrow Mn^{2+} + 4H_2O$

再配平电荷数。左边正、负电荷抵消后净剩正电荷数为+7，右边为+2，因此需在左边加上5个电子，达到左右两边电荷相等：$MnO_4^- + 8H^+ + 5e^- \longrightarrow Mn^{2+} + 4H_2O$　　(a)

后一半反应：SO_3^{2-} 氧化成 SO_4^{2-} 时需增加一个O原子，酸性溶液中可由 H_2O 提供，同时生成 2 个 H^+：

$$SO_3^{2-} + H_2O \longrightarrow SO_4^{2-} + 2H^+$$

上式中左边的电荷数为−2，右边正、负电荷抵消为 0，因此需在右边加上 2 个电子：

$$SO_3^{2-} + H_2O \longrightarrow SO_4^{2-} + 2H^+ + 2e^- \qquad (b)$$

(3) 根据整个反应得失电子总数相等的原则，找出两个半反应电子得失的最小公倍数，然后将两式相加并消去电子，有些反应还应抵消参与反应的某些介质，如 H_2O、H^+ 等，即得配平的离子方程式。

式(a) 和式(b) 中电子得失的最小公倍数是 10，将 2×(a)+5×(b)则得

$$2MnO_4^- + 6H^+ + 5SO_3^{2-} \longrightarrow 2Mn^{2+} + 5SO_4^{2-} + 3H_2O \qquad (c)$$

检查方程式(c) 两边的原子数和电荷数均相等，式(c) 即为配平的离子方程式。

将离子方程式改为分子或化学式的方程式时，由于反应在酸性介质中进行，对于所引入的酸，首先应考虑该酸的酸根离子不会参与氧化还原反应。其次，尽量不引进其他杂质。故此例中宜选用稀 H_2SO_4 作为介质，最后的配平方程式如下：

$$2KMnO_4 + 3H_2SO_4 + 5K_2SO_3 = 2MnSO_4 + 6K_2SO_4 + 3H_2O$$

【例 4-4】 将氯气通入热的氢氧化钠溶液中，生成氯化钠与氯酸钠，配平此反应方程式

解　$Cl_2 + NaOH \xrightarrow{\triangle} NaClO_3 + NaCl$

写出离子方程式　$Cl_2 + OH^- \longrightarrow Cl^- + ClO_3^-$

Cl_2 做氧化剂被还原半反应式为　$Cl_2 + 2e^- \longrightarrow 2Cl^-$　(a)

Cl_2 做还原剂被氧化　$Cl_2 \longrightarrow 2ClO_3^-$

从 Cl_2 生成 2 个 ClO_3^- 要增加 6 个 O 原子，按例 4-3 要加入 6 个 H_2O，得：

$$Cl_2 + 6H_2O \longrightarrow 2ClO_3^- + 12H^+ + 10e^-$$

反应式中出现了 H^+，显然与题意强碱性介质不符，故上式不正确。增加的 O 原子也可从 OH^- 得到，因为 2 个 OH^- 提供一个 O 原子后生成一分子 H_2O，因此提供的 OH^- 数目应为所需 O 原子数的二倍，且在右边加 $10e^-$，以配平两边的电荷，即得：

$$Cl_2 + 12OH^- \longrightarrow 2ClO_3^- + 6H_2O + 10e^- \qquad (b)$$

将 5×(a)+(b)得：　$6Cl_2 + 12OH^- \longrightarrow 10Cl^- + 2ClO_3^- + 6H_2O$　(c)

约简式(c) 得：$3Cl_2 + 6OH^- \longrightarrow 5Cl^- + ClO_3^- + 3H_2O$

化为化学式的反应方程式：$3Cl_2 + 6NaOH \overset{\triangle}{=} 5NaCl + NaClO_3 + 3H_2O$

说明：考虑产物时，酸性介质中进行的反应，不能出现 OH^-；碱性介质中进行的反应，不能有 H^+。

以上两种配平方法中，氧化值法应用范围广，尤其适用于简单的氧化还原反应；离子电子法适于水溶液中有介质参加的复杂氧化还原反应配平。

第二节　氧化还原反应与原电池

一、原电池的组成

如果将一块金属锌片放入 $CuSO_4$ 溶液中，经过一段时间会看到：锌片部分溶解，并且

有红色的铜在锌片上析出，溶液颜色逐渐变浅，在反应过程中，溶液温度上升，化学能转变成热能。这是因为 Zn 和 $CuSO_4$ 溶液发生了氧化还原反应：$Zn+Cu^{2+} \longrightarrow Zn^{2+}+Cu$。

在该反应中，Zn 失去电子为还原剂，Cu^{2+} 得到电子为氧化剂，Zn 把电子直接传递给了 Cu^{2+}。但由于 Zn 和 $CuSO_4$ 溶液直接接触，Zn 的电子从各个方向转移到了 Cu^{2+}，这时电子移动是无序的。

电学知识告诉我们，电荷按照一定方向移动形成电流。如果设计一种装置，使还原剂失去的电子沿导线定向地传递给氧化剂，那么在外电路中就会有电流产生。若在电路中连接一个小灯泡，灯泡会发光，说明化学能转变为电能。这种借助氧化还原反应将化学能转变为电能的装置称为**原电池**。

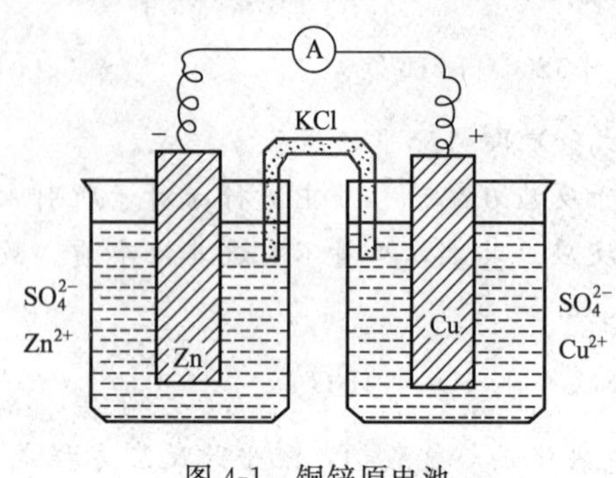

图 4-1 铜锌原电池

下面以铜锌原电池为例。原电池装置见图 4-1，锌片插入 $ZnSO_4$ 溶液中，铜片插入 $CuSO_4$ 溶液中。两个烧杯之间用一个“盐桥”连通起来。盐桥为一倒置的 U 形管，通常内盛饱和 KCl 溶液或 NH_4NO_3 溶液（以琼胶作成冻胶），使溶液不致流出，而离子又可以在其中自由流动。盐桥的作用：让溶液始终保持电中性；使电极反应得以继续进行；消除原电池中的液接电势（或称扩散电势）。用金属导线连接铜片和锌片，其间串联一个电流计。

当电路连通后，可以看到：电流计的指针发生了偏转，说明导线中有电流通过；根据指针偏转的方向，得知电子由锌片流向铜片，即锌是负极，铜是正极；锌片逐渐溶解，铜片上有铜沉积；若取出盐桥，电流计指针回归零点，放入盐桥指针偏转。

因此，在这两个烧杯中发生的反应分别是：$Zn \longrightarrow Zn^{2+}+2e^-$，锌变成 Zn^{2+} 进入溶液；$Cu^{2+}+2e^- \longrightarrow Cu$，$Cu^{2+}$ 变成单质 Cu 析出。该装置中电子是通过导线由锌片流向铜片而不是在 Zn 和 Cu^{2+} 之间直接传递的，故外电路中产生了电流。

上述原电池由两个半电池组成，每个半电池包含一个氧化还原电对。在铜锌原电池中电对分别为 Zn^{2+}/Zn 和 Cu^{2+}/Cu。半电池中应有一种固态物质作为导体，称为电极。有些电极既起导电作用，又参与氧化还原反应。如铜锌原电池中的锌片、铜片。另有些固体物质只起导电作用，而不与电池系统中的物质发生反应，这种物质称为惰性电极，常用的有金属铂和石墨。如对 Fe^{3+}/Fe^{2+}、Cl_2/Cl^- 等无固体电极的电对，可采用惰性电极。

半电池所发生的反应称为半电池反应或电极反应。在原电池中，给出电子的电极称为负极，发生氧化反应，对应于电池氧化还原反应的还原剂与其氧化产物；接受电子的电极称为正极，发生还原反应，对应于电池氧化还原反应的氧化剂与其还原产物。在铜锌原电池中，锌极为负极，反应为 $Zn \longrightarrow Zn^{2+}+2e^-$；铜为正极，反应为 $Cu^{2+}+2e^- \longrightarrow Cu$。原电池的总反应为两个电极反应之和：$Zn+Cu^{2+} \longrightarrow Zn^{2+}+Cu$。

原电池装置可以用电池符号来表示，如

$$(-)Zn \mid ZnSO_4(c_1) \parallel CuSO_4(c_2) \mid Cu(+)$$ [1]

[1] 有些书上不标出原电池的正负极，是因为习惯上规定左边为负极，右边为正极，不会引起混淆。

(一) 表示由 Zn 和 $ZnSO_4$ 溶液组成负极，习惯上把负极写在左边；(+) 表示由 Cu 和 $CuSO_4$ 溶液组成正极，正极写在右边。其中“|”表示物质间的相界面，正、负两极之间的“‖”表示两溶液用盐桥连接。电极物质是溶液时，通常还需注明离子的浓度，若是气体则要注明其分压。若溶液中含有两种离子参与电极反应，可用逗号把它们分开。若外加惰性电极也要注明。例如，由 H^+/H_2 电对和 Fe^{3+}/Fe^{2+} 电对组成的原电池，电池符号为

$$(-)Pt \mid H_2(p) \mid H^+(c_1) \parallel Fe^{3+}(c_2), Fe^{2+}(c_3) \mid Pt(+)$$

负极反应：　$H_2 = 2H^+ + 2e^-$

正极反应：　$Fe^{3+} + e^- = Fe^{2+}$

原电池反应：　$H_2 + 2Fe^{3+} = 2H^+ + 2Fe^{2+}$

二、原电池的电动势

铜锌原电池能产生电流，说明两极之间存在着电势差，用电位差计❶所测得的正极与负极间的电势差就是该原电池的**电动势**，电动势用符号 E 表示。

例如，实验测得铜锌电池的标准电动势为 1.10V。原电池电动势的大小主要取决于组成原电池物质的本性。溶液中离子的浓度改变，也会引起电动势的变化。此外，电动势还与温度有关，一般是在 25℃（即室温）下测定。为了比较各种原电池电动势的大小，通常在标准状态下❷测定，所测得的电动势为标准电动势，用 $E^{\ominus}$ 表示。

第三节　电极电势

一、标准电极电势及其测定

原电池中两个电极（电对）之间的电势差就是其电动势。如果已知各电极的电势值，就可以方便地计算出原电池的电动势。**电极电势**的绝对值迄今仍无法测定。通常的处理方法是：选定标准氢电极（或甘汞电极）作为参比标准，人为地规定该电极的电势为零。将标准氢电极和欲测电极组成原电池后，测定其电动势，就可得出各种电极的相对电极电势值 E。

1. 标准氢电极

标准氢电极的装置如图 4-2 所示。将镀有海绵状铂黑的铂片（图中阴影部分，它能吸附氢气）插入 $c(H^+)=1mol \cdot L^{-1}$ 的酸溶液（如 H_2SO_4）中，并在 298.15K 时不断通入压力为 100kPa 的纯氢气流，使铂黑吸附的氢气达到饱和。此时，被铂黑表面吸附的 H_2 与溶液中的 H^+ 建立起如下平衡：

$$2H^+ + 2e^- \rightleftharpoons H_2(g)$$

由于此时电对中的物质都处于标准状态，此电极即为**标准氢电极**，规定标准氢电极的电极电势为零（零的有效数字随测定值的有效数字而定）即，$E^{\ominus}_{298.15K}(H^+/H_2) = 0V$。

---

❶ 这里必须使用电位计才能测得电池的平衡电动势，若用普通电压表进行测量，因其内阻不够大而有电流通过，消耗了一定的电压，因此电压读数不等于电池的电动势。

❷ 标准状态是指电池反应中的固态或液态都是纯物质，气体物质的分压为 100kPa，溶液中离子的浓度为 $1mol \cdot L^{-1}$，反应温度 298.15K。

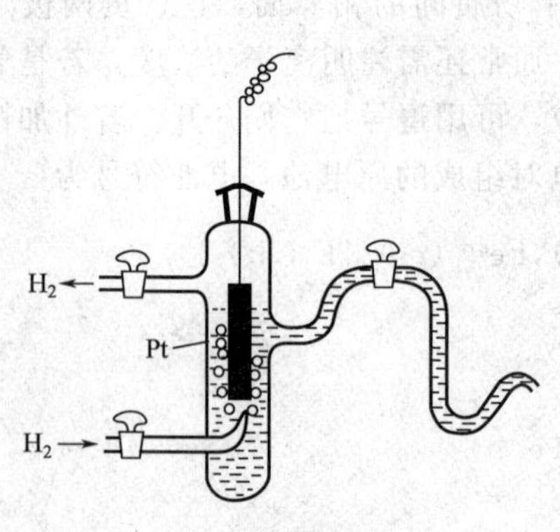

图 4-2 标准氢电极

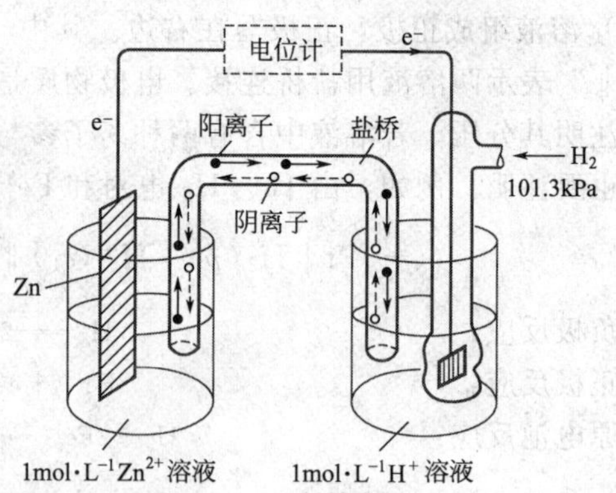

图 4-3 标准电极电势的测定

2. 标准电极电势的测定

任何电对处于标准状态时的电极电势，称为该电对的标准电极电势，符号也是 $E^{\ominus}$。要测定某电极的标准电极电势，可将待测的标准电极与标准氢电极组成原电池，如图 4-3，在 298K 时用电位计测定该原电池的电动势。由电流方向判断出正、负极，再按 $E^{\ominus}=E^{\ominus}_{正}-E^{\ominus}_{负}$❶的关系式，即可求出被测电极的标准电极电势。

例如，测定在 298K 时铜电极的标准电极电势 $E^{\ominus}(Cu^{2+}/Cu)$，将标准铜电极与标准氢电极组成原电池，电池符号为：

$$(-)Pt|H_2(100kPa)|H^+(1mol\cdot L^{-1})\|Cu^{2+}(1mol\cdot L^{-1})|Cu(+)$$

实验测得该原电池的电动势 $E^{\ominus}$ 为 0.337V，并知电流是由铜电极通过导线流向氢电极，所以铜电极为正极，氢电极为负极。

由 $$E^{\ominus}=E^{\ominus}_{正}-E^{\ominus}_{负}=E^{\ominus}(Cu^{2+}/Cu)-E^{\ominus}(H^+/H_2)$$

$$0.337V=E^{\ominus}(Cu^{2+}/Cu)-0$$

得 $$E^{\ominus}(Cu^{2+}/Cu)=0.337V$$

用同样方法可测定锌电极（Zn^{2+}/Zn）或其他电极的标准电极电势：

$$(-)Zn|Zn^{2+}(1mol\cdot L^{-1})\|H^+(1mol\cdot L^{-1})|H_2(100kPa)|Pt(+)$$

由 $$E^{\ominus}=E^{\ominus}_{正}-E^{\ominus}_{负}=E^{\ominus}(H^+/H_2)-E^{\ominus}(Zn^{2+}/Zn)$$

$$0.763V=0-E^{\ominus}(Zn^{2+}/Zn)$$

得 $$E^{\ominus}(Zn^{2+}/Zn)=-0.763V$$

由于氢电极是气体电极，使用起来不方便，通常采用容易制备、使用方便且电极电势稳定的甘汞电极作为参比电极。298K 时，饱和甘汞电极的电极电势为＋0.2415V。

利用以上方法可以测定大多数电对的电极电势。有些电对如 Na^+/Na、F_2/F^- 的电极电势不能直接测定，可以用间接方法推算。

把各种标准电极电势由低到高排成顺序，连同电极反应（以“氧化型＋ne^- $\rightleftharpoons$ 还原型”表示），即为标准电极电势表，如表 4-2（见附表 3）。

---

❶ 因为氧化还原反应是由氧化半反应和还原半反应两部分组成，而标准电极电势又指定使用还原反应，故对氧化还原反应的氧化半反应就应取负号，或在上式中用“相减”，以求电池的电动势。

使用标准电极电势表的注意事项如下。

(1) 表 4-2 及本书附表 3 中列出的标准电极电势 $E^{\ominus}$ 指给定电极与 $E^{\ominus}(H^+/H_2)$ 组成原电池的 $E^{\ominus}$，是国际标准化组织（ISO）和我国国标所规定的还原电势（即表示电对中氧化型物质得电子能力的大小）。在氢以上的电对如 Zn^{2+}/Zn、Na^+/Na 等的标准电极电势为负值，氢以下的电对如 Cu^{2+}/Cu、Ag^+/Ag 等的标准电极电势为正值。$E^{\ominus}$ 正值越大，表示电对中的氧化型物种在电极反应中吸引电子能力越强，氧化性强；反之，$E^{\ominus}$ 负值越大，表示电对中的还原型物种在电极反应中失去电子能力越强，还原性强。

表 4-2　一些电对的标准电极电势（298.15K，酸性溶液中）

	氧化型＋ne^- ⇌ 还原型	$E_A^{\ominus}$/V	
氧化型的氧化能力增强 ↓	$Li^+ + e^- \rightleftharpoons Li$	−3.045	还原型的还原能力增强 ↑
	$Na^+ + e^- \rightleftharpoons Na$	−2.714	
	$Mg^{2+} + 2e^- \rightleftharpoons Mg$	−2.37	
	$Zn^{2+} + 2e^- \rightleftharpoons Zn$	−0.763	
	$Fe^{2+} + 2e^- \rightleftharpoons Fe$	−0.44	
	$Sn^{2+} + 2e^- \rightleftharpoons Sn$	−0.136	
	$Pb^{2+} + 2e^- \rightleftharpoons Pb$	−0.126	
	$2H^+ + 2e^- \rightleftharpoons H_2$	0	
	$Cu^{2+} + 2e^- \rightleftharpoons Cu$	0.337	
	$I_2 + 2e^- \rightleftharpoons 2I^-$	0.5345	
	$Ag + e^- \rightleftharpoons Ag$	0.799	
	$Br_2 + 2e^- \rightleftharpoons 2Br^-$	1.065	
	$Cl_2 + 2e^- \rightleftharpoons 2Cl^-$	1.36	
	$MnO_4^- + 8H^+ + 5e^- \rightleftharpoons Mn^{2+} + 4H_2O$	1.51	
	$F_2 + 2e^- \rightleftharpoons 2F^-$	2.87	

(2) 某些物种随介质的酸碱性不同而有不同的存在形式，其 $E^{\ominus}$ 值也不同。例如，

Fe(Ⅲ) 和 Fe(Ⅱ) 的电对，在酸性介质为 Fe^{3+}/Fe^{2+}，$E^{\ominus}(Fe^{3+}/Fe^{2+})=0.771V$；在碱性介质中为 $Fe(OH)_3/Fe(OH)_2$，$E^{\ominus}[Fe(OH)_3/Fe(OH)_2]=-0.56V$。

实际上 Fe^{3+}/Fe^{2+} 和 $Fe(OH)_3/Fe(OH)_2$ 是存在于酸、碱介质中的同一电对，故标准电极电势表又分为酸表（记作 $E_A^{\ominus}$ 值）和碱表（记作 $E_B^{\ominus}$）。习惯上将不受介质酸碱性影响的如 Na^+/Na、Cl_2/Cl^- 的 $E^{\ominus}$ 值也列入酸表中。有些书上不分开列出，本书后的附录即是将不同介质中的 $E^{\ominus}$ 值列入同一表中，但凡是应属于碱表的（电极反应式中出现 OH^- 的）电极反应，前面均注有 * 号。对于同一电对，可从其 $E_A^{\ominus}$ 值推算出 $E_B^{\ominus}$ 值（或由 $E_B^{\ominus}$ 值推算出 $E_A^{\ominus}$ 值）。即前者的 $c(H^+)=1.0mol\cdot L^{-1}$ [$c(OH^-)$ 当然为 $1.0\times10^{-14}mol\cdot L^{-1}$]，后者的 $c(H^+)=1.0\times10^{-14}mol\cdot L^{-1}$ [$c(OH^-)$ 当然为 $1.0mol\cdot L^{-1}$]，代入相关的能斯特方程即可。

(3) $E^{\ominus}$ 值的大小反映物质得失电子的能力，是强度性质，没有加和性，即与电极反应中的计量数无关，例如，电极反应 $Cl_2 + 2e^- \rightleftharpoons 2Cl^-$，或写成 $1/2Cl_2 + e^- \rightleftharpoons Cl^-$，其 $E^{\ominus}$ 都等于 1.36V。

(4) $E^{\ominus}$ 是电极处于平衡状态时表现出来的特征值，它与达到平衡的快慢即速率无关。

(5) $E^{\ominus}$ 仅适用于水溶液，对非水溶液、固相反应不适用。

二、影响电极电势的因素

电极电势值的大小首先取决于组成电极材料的物质本性。如活泼金属的电极电势值一般

都很小，而活泼非金属的电极电势值较大。此外，电对的电极电势还与反应温度以及电极物质的浓度或分压有关。

对于任意电极反应：b 氧化态$+ze^- \rightleftharpoons a$ 还原态

$$E=E^{\ominus}+\frac{RT}{zF}\ln\frac{[c'(\text{氧化态})]^b}{[c'(\text{还原态})]^a} \tag{4-1}$$ ❶

此式称为电极反应的能斯特（Nernst）方程式。式中，E 为电对在非标准状态时的电极电势；$E^{\ominus}$ 为电对的标准电极电势；R 为气体常数（$8.314\mathrm{J\cdot K^{-1}\cdot mol^{-1}}$）；$F$ 为法拉第常数（$96486\mathrm{C\cdot mol^{-1}}$）；$T$ 为热力学温度；z 为电极反应中转移的电子数。c'（还原型）、c'（氧化型）分别表示在电极反应中还原型一侧、氧化型一侧各物种浓度与标准浓度的比值。各物种的 c' 与 p' 的指数等于电极反应中相应物种的计量数 a、b。

将上述数值代入式(4-1)，并将自然对数改为常用对数，则该方程式变为

$$E=E^{\ominus}+\frac{0.0592\mathrm{V}}{z}\lg\frac{[c'(\text{氧化态})]^b}{[c'(\text{还原态})]^a} \tag{4-2}$$

应用能斯特方程式，首先要将电极反应配平，并注意以下几点。

(1) 组成电对的固态、纯液态物质或 H_2O 浓度视为 1；

如 298K 时，$Zn^{2+}+2e^- \rightleftharpoons Zn$

$$E(Zn^{2+}/Zn)=E^{\ominus}(Zn^{2+}/Zn)+\frac{0.0592\mathrm{V}}{2}\lg[c'(Zn^{2+})]$$

(2) 如果电对中某一物质是气体，应以气体的分压代替浓度；

如 298K 时，$2H^++2e^- \rightleftharpoons H_2$

$$E(H^+/H_2)=E^{\ominus}(H^+/H_2)+\frac{0.0592\mathrm{V}}{2}\lg\frac{[c'(H^+)]^2}{p'(H_2)}$$

(3) 式中的 c'（还原型）、c'（氧化型）是广义的，它包括没有发生氧化数变化，但参加电极反应的物质，如 H^+ 或 OH^-，这些物质的浓度也必须表示在能斯特方程式中。如 298K 时：

$$MnO_4^-+8H^++5e^- \rightleftharpoons Mn^{2+}+4H_2O$$

$$E=E^{\ominus}(MnO_4^-/Mn^{2+})+\frac{0.0592\mathrm{V}}{5}\lg\frac{c'(MnO_4^-)[c'(H^+)]^8}{c'(Mn^{2+})}$$

【例 4-5】 计算 298.15K 时，金属锌在 $0.001\mathrm{mol\cdot L^{-1}}$ Zn^{2+} 溶液中的电极电势。

解 电极反应 $Zn^{2+}+2e^- \rightleftharpoons Zn$

$$E(Zn^{2+}/Zn)=E^{\ominus}(Zn^{2+}/Zn)+\frac{0.0592\mathrm{V}}{2}\lg[c'(Zn^{2+})]$$

$$=E^{\ominus}(Zn^{2+}/Zn)+\frac{0.0592\mathrm{V}}{2}\lg(0.001)$$

$$=-0.763\mathrm{V}+\frac{0.0592\mathrm{V}}{2}\lg(0.001)$$

$$=-0.85\mathrm{V}$$

---

❶ 对于同一电对，当离子浓度不同时，其电极电势也不同，因而不同离子浓度的同一电对也可组成电池，此即浓差电池，如(−)$Zn|Zn^{2+}(0.1\mathrm{mol\cdot L^{-1}})\|Zn^{2+}(1.0\mathrm{mol\cdot L^{-1}})|Zn$(+)，可以根据能斯特方程式，方便地算出其电动势。

由计算结果可知：Zn^{2+} 浓度由 1.00mol・L^{-1} 降至 0.001mol・L^{-1} 时电极电势由 −0.763V降至−0.85V，说明 E 值随氧化型物质浓度降低而减小。

【例 4-6】 求非金属碘在 0.01mol・L^{-1}KI 溶液中，298.15K 时的电极电势。

解 电极反应：$I_2+2e^- \rightleftharpoons 2I^-$

$$E=E^{\ominus}(I_2/I^-)+\frac{0.0592V}{2}\lg\frac{1}{[c'(I^-)]^2}$$
$$=0.535V-\frac{0.0592}{2}V\lg(0.01)^2$$
$$=0.535V+0.118V$$
$$=0.653V$$

计算结果表明：还原型物质浓度减小时，电极电势增大。

【例 4-7】 计算电对 MnO_4^-/Mn^{2+} 在 $c(H^+)=1.00mol \cdot L^{-1}$ 和 $c(H^+)=1.00\times10^{-3}$ mol・L^{-1} 时的电极电势（设 MnO_4^- 和 Mn^{2+} 的浓度都为 1.00mol・L^{-1}）。

解 电极反应：　$MnO_4^-+8H^++5e^- \rightleftharpoons Mn^{2+}+4H_2O$

$$E=E^{\ominus}(MnO_4^-/Mn^{2+})+\frac{0.0592V}{5}\lg\frac{c'(MnO_4^-)\{c'(H^+)\}^8}{c'(Mn^{2+})}$$
$$=1.51V+\frac{0.0592V}{5}\lg\frac{c'(MnO_4^-)[c'(H^+)]^8}{c'(Mn^{2+})}$$

当 $c(H^+)=1.00mol \cdot L^{-1}$ 时，

$$E=1.51V+\frac{0.0592V}{5}\lg\frac{(1.00)^8}{1}$$
$$=1.51V$$

当 $c(H^+)=1.00\times10^{-3}mol \cdot L^{-1}$ 时，

$$E=1.51V+\frac{0.0592V}{5}\lg\frac{(1.00\times10^{-3})^8}{1}$$
$$=1.23V$$

计算结果表明：H^+ 在电极反应中虽无电子得失，但它显著地影响电极电势的数值。此外，有些金属离子由于生成难溶的沉淀或很稳定的配离子，也会极大地降低溶液中金属离子的浓度，并显著地改变原来电对的电极电势。

【例 4-8】 根据 $E^{\ominus}(Ag^+/Ag)=0.799V$，求算在 Ag^+-Ag 系统中加入适量的 Cl^-，并使系统处于标准态时的电势值，即求 $E^{\ominus}(AgCl/Ag)$。

解 比较这两个电对的电极反应：

$$Ag^++e^- \rightleftharpoons Ag;\quad AgCl+e^- \rightleftharpoons Cl^-+Ag$$

$c(Ag^+)=1.00mol \cdot L^{-1}$，$c(Cl^-)=1.00mol \cdot L^{-1}$

$$E^{\ominus}(AgCl/Ag)=E(Ag^+/Ag)$$
$$=E^{\ominus}(Ag^+/Ag)+0.0592\lg c'(Ag^+)=E^{\ominus}(Ag^+/Ag)+0.0592\lg[K_{sp}(AgCl)/c'(Cl^-)]$$
$$=0.799V+0.0592\ V\lg[(1.8\times10^{-10})/1.00]=0.799\ V-0.58\ V$$
$$=0.22V$$

表 4-3 列出了 AgCl、AgBr、AgI 的 $K_{sp}^{\ominus}$ 和 $E^{\ominus}(AgCl/Ag)$、$E^{\ominus}(AgBr/Ag)$ 和 $E^{\ominus}(AgI/Ag)$ 值。

表 4-3　AgX 的 $K_{sp}^{\ominus}$ 与 $E^{\ominus}$（AgX/Ag）的关系

卤化物	AgCl	AgBr	AgI
$K_{sp}^{\ominus}$	1.8×10^{-10}	5.0×10^{-13}	8.3×10^{-17}
电对	AgCl/Ag	AgBr/Ag	AgI/Ag
$E^{\ominus}$/V	0.22	0.071	−0.15

由表可看出 $K_{sp}^{\ominus}$ 越小，其 $E^{\ominus}$ 值也越小。

【例 4-9】 求算在 Cu^{2+}-Cu 系统中加入适量 NH_3 并使系统处于标准态时的电极电势值，即求 $E^{\ominus}[Cu(NH_3)_4]^{2+}/Cu]$ 的值。

解 已知 $Cu^{2+}+2e^- \rightleftharpoons Cu$ （1）$E^{\ominus}(Cu^{2+}/Cu)=0.34V$

溶液中有 NH_3 时，Cu^{2+} 便会与 NH_3 作用并生成 $[Cu(NH_3)_4]^{2+}$，当 $c(Cu^{2+})$ 在 NH_3 的作用下达到平衡时，根据 $\beta\{[Cu(NH_3)_4]^{2+}\}$ 可知：

$$c'(Cu^{2+})=\frac{c'\{[Cu(NH_3)_4]^{2+}\}}{\beta\{[Cu(NH_3)_4]^{2+}\}[c'(NH_3)]^4}$$

还原反应为　　$[Cu(NH_3)_4]^{2+}+2e^- \rightleftharpoons Cu+4NH_3$

则

$$\begin{aligned}E\{[Cu(NH_3)_4]^{2+}/Cu\}&=E(Cu^{2+}/Cu)\\&=E^{\ominus}(Cu^{2+}/Cu)+\frac{0.0592V}{2}\lg c'(Cu^{2+})\\&=E^{\ominus}(Cu^{2+}/Cu)+\frac{0.0592}{2}V\lg\frac{c'\{[Cu(NH_3)_4]^{2+}\}}{\beta\{[Cu(NH_3)_4]^{2+}\}[c'(NH_3)]^4}\end{aligned}$$

$c(NH_3)=1.00mol\cdot L^{-1}$，$c\{[Cu(NH_3)_4]^{2+}\}=1.00mol\cdot L^{-1}$，即还原反应 $[Cu(NH_3)_4]^{2+}+2e^- \rightleftharpoons Cu+4NH_3$ 处于标准状态，

则

$$\begin{aligned}E^{\ominus}\{[Cu(NH_3)_4]^{2+}\}&=E(Cu^{2+}/Cu)\\&=E^{\ominus}(Cu^{2+}/Cu)+\frac{0.0592}{2}V\lg\frac{1}{\beta\{[Cu([NH_3)_4]^{2+}\}}\\&=0.34V+0.0296V\lg\frac{1}{4.3\times10^{13}}\\&=0.34V-0.40V=-0.06V\end{aligned}$$

可见，任一难溶盐与对应金属的电对或任一配离子与对应金属的电对的标准电极电势均是相关的还原反应处在标准状态时的电极电势，其数值与相关的 $K_{sp}^{\ominus}$ 或 β 有关。

第四节　电极电势的应用

每个氧化还原反应都涉及两个电对：氧化态（1）/还原态（1）、氧化态（2）/还原态（2），氧化还原反应可写成以下通式：

$$氧化态(1)+还原态(2)\rightleftharpoons 还原态(1)+氧化态(2)$$

该氧化还原反应进行的方向如何？反应完成的程度又如何？这些问题可以通过比较两电对的标准电极电势的大小来解决。

一、判断氧化剂和还原剂的相对强弱

电对的电极电势可反映氧化态物质和还原态物质氧化还原能力的相对强弱。电极电势的代数值大，表示电对氧化型物质得电子能力大，即其氧化性强；与其相对应的还原型物质则失电子能力小，还原性弱。相反，电极电势代数值小，表示电对的还原型物质失电子能力

大，即其还原性强；与其相对应的氧化型物质，则得电子能力小，氧化性弱。

【例 4-10】 试确定金属 Fe、Co、Ni、Cr、Mn、Zn、Pb 在水溶液中的活动性顺序。

解 查标准电极电势表得：

$E^{\ominus}(Fe^{2+}/Fe)=-0.440V$　　$E^{\ominus}(Co^{2+}/Co)=-0.277$

$E^{\ominus}(Ni^{2+}/Ni)=-0.246\ V$　　$E^{\ominus}(Cr^{3+}/Cr)=-0.74\ V$

$E^{\ominus}(Mn^{2+}/Mn)=-1.18\ V$　　$E^{\ominus}(Zn^{2+}/Zn)=-0.763\ V$

$E^{\ominus}(Pb^{2+}/Pb)=-0.126\ V$

由以上数据可知，活动性顺序为：Mn>Zn>Cr>Fe>Co>Ni>Pb

【例 4-11】 根据标准电极电势，判断下列电对中氧化剂或还原剂的强弱：

MnO_4^-/Mn^{2+}　　Fe^{3+}/Fe^{2+}　　I_2/I^-

解 查附表 3，找出各电对的标准电极电势

$$MnO_4^- + 8H^+ + 5e^- \rightleftharpoons Mn^{2+} + 4H_2O \quad E^{\ominus}=1.51V$$

$$Fe^{3+} + e^- \rightleftharpoons Fe^{2+} \quad E^{\ominus}=0.771V$$

$$I_2 + 2e^- \rightleftharpoons 2I^- \quad E^{\ominus}=0.535V$$

电对 MnO_4^-/Mn^{2+} 的 $E^{\ominus}$ 值最大，说明在这 3 个电对中其氧化态物质 MnO_4^- 是最强的氧化剂。电对 I_2/I^- 的 $E^{\ominus}$ 值最小，说明其还原态物质 I^- 是最强的还原剂。

各氧化态物质氧化能力的顺序为 $MnO_4^- > Fe^{3+} > I_2$

各还原态物质还原能力的顺序为 $I^- > Fe^{2+} > Mn^{2+}$

在实验室或生产上常选用 $E^{\ominus}$ 值较大的电对作氧化剂，如 $KMnO_4$、$K_2Cr_2O_7$、$(NH_4)_2S_2O_8$、O_2、HNO_3、H_2O_2 等；$E^{\ominus}$ 值较小的电对作还原剂，如活泼金属 Mg、Zn、Fe 等及 Sn^{2+}、I^- 等，选用时应视具体情况而定。

二、判断氧化还原反应进行的方向

当外界条件一定时，反应处于标准状态，反应的方向就取决于氧化剂或还原剂的本性。例如，判断 $2Fe^{3+} + Cu \rightleftharpoons 2Fe^{2+} + Cu^{2+}$ 反应进行的方向。

查得有关电对的 $E^{\ominus}$ 值为

$$Cu^{2+} + 2e^- \rightleftharpoons Cu \quad E^{\ominus}=0.337V$$

$$Fe^{3+} + e^- \rightleftharpoons Fe^{2+} \quad E^{\ominus}=0.771V$$

由于 $E^{\ominus}(Fe^{3+}/Fe^{2+}) > E^{\ominus}(Cu^{2+}/Cu)$，得知 Fe^{3+} 是比 Cu^{2+} 强的氧化剂，Cu 是比 Fe^{2+} 强的还原剂，故 Fe^{3+} 能与 Cu 作用，该反应自左向右自发进行。

也就是说，氧化还原反应总是电极电势值大的电对中的氧化型物质氧化电极电势值小的电对中的还原型物质。或者说，二者之差 $\Delta E^{\ominus}$（即对应电池的电动势 $E^{\ominus}=E^{\ominus}_{正}-E^{\ominus}_{负}$）>0，反应自发进行；如小于 0，则反应会逆向进行。当此差值足够大（>0.2V）时，就不必考虑反应中各种离子浓度改变对 ΔE 值正负或反应方向的影响。

对于两个电对 $E^{\ominus}$ 值相差较小的氧化还原反应，或有 H^+、OH^- 参加的反应，离子浓度或酸度的改变，可能会使反应转向。在非标准状态下，必须用能斯特方程式计算出 E 值后，再判断反应方向。

【例 4-12】 判断反应 $Sn + Pb^{2+} \longrightarrow Pb + Sn^{2+}$ 在标准状态和 $c(Pb^{2+})=0.10mol \cdot L^{-1}$，$c(Sn^{2+})=1.00mol \cdot L^{-1}$ 情况下的反应方向。

解 查出有关电对的 $E^{\ominus}$ 值

$$Sn^{2+} + 2e^- \rightleftharpoons Sn \quad E^{\ominus} = -0.136V$$

$$Pb^{2+} + 2e^- \rightleftharpoons Pb \quad E^{\ominus} = -0.126V$$

由 $E^{\ominus}$ 值可知，标准状态下反应的方向为 $Sn + Pb^{2+} \longrightarrow Pb + Sn^{2+}$，由能斯特方程式计算 $E(Pb^{2+}/Pb)$ 的值：

$$E(Pb^{2+}/Pb) = E^{\ominus}(Pb^{2+}/Pb) + 0.0592\lg\frac{c'(Pb^{2+})}{1}$$

$$= -0.126V + \frac{0.0592}{2}\lg 0.1$$

$$= -0.156V$$

由于 $E(Pb^{2+}/Pb) < E^{\ominus}(Sn^{2+}/Sn)$，所以反应逆向进行，$Sn + Pb^{2+} \longleftarrow Pb + Sn^{2+}$。

三、判断氧化还原反应进行的程度

从理论上讲，任一氧化还原反应都可以设计成原电池。氧化还原反应进行到一定程度（当其电动势为零时）就达到平衡。反应进行的程度，可由氧化还原反应的平衡常数的大小来衡量，平衡常数越大，反应进行得越彻底。

【例 4-13】 计算铜-锌原电池反应的平衡常数。

解 Cu-Zn 原电池的反应式为

$$Cu^{2+} + Zn \rightleftharpoons Zn^{2+} + Cu$$

当此反应达到平衡时，反应的平衡常数为：

$$K^{\ominus} = \frac{c(Zn^{2+})/c^{\ominus}}{c(Cu^{2+})/c^{\ominus}} = \frac{c'(Zn^{2+})}{c'(Cu^{2+})}$$

正极：
$$E(Cu^{2+}/Cu) = E^{\ominus}(Cu^{2+}/Cu) + \frac{0.0592V}{2}\lg c'(Cu^{2+})$$

负极：
$$E(Zn^{2+}/Zn) = E^{\ominus}(Zn^{2+}/Zn) + \frac{0.0592V}{2}\lg c'(Zn^{2+})$$

平衡时：$E_{正} = E_{负}$，所以

$$E(Cu^{2+}/Cu) = E^{\ominus}(Cu^{2+}/Cu) + \frac{0.0592V}{2}\lg c'(Cu^{2+})$$

$$= E(Zn^{2+}/Zn) = E^{\ominus}(Zn^{2+}/Zn) + \frac{0.0592V}{2}\lg c'(Zn^{2+})$$

所以
$$\frac{0.0592V}{2}\lg\frac{c'(Zn^{2+})}{c'(Cu^{2+})} = E^{\ominus}(Cu^{2+}/Cu) - E^{\ominus}(Zn^{2+}/Zn)$$

而
$$\frac{c'(Zn^{2+})}{c'(Cu^{2+})} = K^{\ominus}$$

所以
$$\lg K^{\ominus} = \frac{2[E^{\ominus}(Cu^{2+}/Cu) - E^{\ominus}(Zn^{2+}/Zn)]}{0.0592} = \frac{2\times[0.337-(-0.763)]}{0.0592}$$

$$= 37.2$$

$$K^{\ominus} = 1.6\times10^{37}$$

该反应平衡常数非常大，说明反应进行得很完全。

推而广之，298K 时，任一氧化还原反应的平衡常数和对应电对的 $\Delta E^{\ominus}$ 差值之间的关系为：

$$\lg K^{\ominus} = \frac{z(E^{\ominus}_{正} - E^{\ominus}_{负})}{0.0592} \quad (4\text{-}3)$$

或
$$\lg K^{\ominus} = \frac{z\Delta E^{\ominus}}{0.0592} \quad (4\text{-}4)$$

式中，$E^{\ominus}_{正}$为氧化剂电对的标准电极电势；$E^{\ominus}_{负}$为还原剂电对的标准电极电势；z为氧化还原反应中得失电子的最小公倍数。

也就是说，可以根据两电极标准电极电势的差值来衡量氧化还原反应进行的程度，差值越大，反应进行得越彻底。一般认为$K^{\ominus}\geqslant 10^6$时，反应进行得很完全，也就是说，对于$n\geqslant 2$的反应，当$\Delta E^{\ominus}\geqslant 0.2V$时，反应就进行得很完全了。

以上讨论说明，由电极电势可以判断氧化还原反应进行的方向和程度。但需指出，不能由电极电势判断反应速率的快慢。例如：

$$2MnO_4^- + 5Zn + 16H^+ \rightleftharpoons 2Mn^{2+} + 5Zn^{2+} + 8H_2O$$

$E^{\ominus}(MnO_4^-/Mn^{2+})(1.51V) > E^{\ominus}(Zn^{2+}/Zn)(-0.763V)$，两值相差很大（2.273V），说明反应进行得很彻底。但实际上将Zn放入酸性$KMnO_4$溶液中，几乎观察不到反应的发生。这是由于该反应的速率非常小，只有在Fe^{3+}的催化作用下，反应才能迅速进行。工业生产中选择氧化剂或还原剂时，不但要考虑反应能否发生，还要考虑是否能快速进行。

四、计算物质的某些常数

用化学分析方法很难直接测定难溶物质在溶液中的浓度，所以很难用离子浓度来计算$K^{\ominus}_{sp}$，但可以通过测定原电池的电动势来计算$K^{\ominus}_{sp}$。

【例 4-14】 已知　$PbSO_4 + 2e^- \rightleftharpoons Pb + SO_4^{2-}$　$E^{\ominus} = -0.359\ V$

$Pb^{2+} + 2e^- \rightleftharpoons Pb$　$E^{\ominus} = -0.126\ V$，求$PbSO_4$的溶度积。

解　把两电极反应组成原电池，则电对Pb^{2+}/Pb为正极，$PbSO_4/Pb$为负极，

电池反应为：$Pb^{2+} + SO_4^{2-} = PbSO_4$

平衡常数　$K^{\ominus} = \dfrac{1}{c'(Pb^{2+})c'(SO_4^{2-})} = \dfrac{1}{K^{\ominus}_{sp}}$

$$\lg K^{\ominus} = \frac{zE^{\ominus}}{0.0592V} = \frac{2\times[-0.126V-(-0.359V)]}{0.0592V} = 7.87$$

$K^{\ominus} = 5.56\times 10^7$（这就是该氧化还原反应的平衡常数）

所以，$K^{\ominus}_{sp} = \dfrac{1}{K^{\ominus}} = 1.8\times 10^{-8}$

同理，弱酸的离解常数、配合物的稳定常数等也可用测定电池电动势的方法求得。

五、元素电势图及其应用

许多元素具有多种氧化态，将同种元素的不同氧化态按氧化值由高到低的顺序自左向右排列成行，在相邻的两物质间连一直线表示一个电对，并在此直线上方标明该电对的标准电极电势值，由此构成的图称为元素电势图，也叫拉蒂麦尔图（Latimer diagram）。

例如，氧元素的常见氧化态为0、−1和−2，在酸性溶液中可组成三个电对：

$$O_2 + 2H^+ + 2e^- \rightleftharpoons H_2O_2 \quad E^{\ominus} = 0.682V$$

$$H_2O_2 + 2H^+ + 2e^- \rightleftharpoons 2H_2O \quad E^{\ominus} = 1.77V$$

$$O_2 + 4H^+ + 4e^- \rightleftharpoons 2H_2O \quad E^{\ominus} = 1.229V$$

氧在酸性介质中的元素电势图可表示为

$$E^{\ominus}_A/V \qquad O_2 \xrightarrow{0.682} H_2O_2 \xrightarrow{1.77} H_2O \quad (O_2 \text{ 至 } H_2O: 1.229)$$

与此类似，氧在碱性介质中的元素电势图可表示为

$$E_B^{\ominus}/V \quad O_2 \xrightarrow{-0.076} HO_2^- \xrightarrow{0.87} OH^- \quad (O_2 \to OH^-: 0.401)$$

元素电势图在无机化学中有重要应用。它使人们更清楚地看到元素及其化合物的氧化还原性能、各物质的稳定性、可能发生的氧化还原反应以及元素的自然存在等。

1. 判断某物质歧化反应的可能性

歧化反应是指同一元素在反应中，一部分被氧化，一部分被还原的反应。相反，如果是由元素的较高和较低的两种氧化态相互作用生成其中间氧化态的反应，则是歧化反应的逆反应，或称逆歧化反应。下面的反应是常见的：

$$2Cu^+ \rightleftharpoons Cu^{2+} + Cu \tag{1}$$

$$2Fe^{3+} + Fe \rightleftharpoons 3Fe^{2+} \tag{2}$$

反应（1）是歧化反应，所以在实验室得不到含 Cu^+ 的溶液，而只能见到 $CuCl_2^-$ 或 $[Cu(NH_3)_2]^+$ 的溶液或 CuCl、CuI 沉淀。(2) 是逆歧化反应，也是实验室为防止 Fe^{2+} 溶液的氧化常采用的措施（向溶液中加入铁丝或铁钉）。

酸性介质中，Cu、Fe 的元素电势图分别为：

$$E_A^{\ominus}/V \quad Cu^{2+} \xrightarrow{0.159} Cu^+ \xrightarrow{0.520} Cu \quad (Cu^{2+} \to Cu: 0.340)$$

$$E_A^{\ominus}/V \quad Fe^{3+} \xrightarrow{0.771} Fe^{2+} \xrightarrow{-0.44} Fe \quad (Fe^{3+} \to Fe: 0.165)$$

由于 $E^{\ominus}(Cu^+/Cu) > E^{\ominus}(Cu^{2+}/Cu)$，所以发生 Cu^+ 的歧化反应；因为 $E^{\ominus}(Fe^{3+}/Fe^{2+}) > E^{\ominus}(Fe^{2+}/Fe)$，所以 Fe^{3+} 和 Fe 发生逆歧化反应。推而广之，如某元素有三种氧化值由高到低的氧化态 A、B、C，则其元素电势图为

$$A \xrightarrow{E_{左}^{\ominus}} B \xrightarrow{E_{右}^{\ominus}} C$$

如果 $E_{左}^{\ominus} < E_{右}^{\ominus}$，则 B 会发生歧化反应，即

$$B \longrightarrow A + C$$

如果 $E_{左}^{\ominus} > E_{右}^{\ominus}$，则 A、C 会发生逆歧化反应，即

$$A + C \longrightarrow B$$

且差值越大，歧化或逆歧化反应的趋势越大。

2. 综合评价元素及其化合物的氧化还原性质

比较分析酸、碱介质中的元素电势图，可对元素及其化合物的氧化还原性质作出综合评价，得出许多有实际意义的结论。例如：

$$E_A^{\ominus}/V \quad ClO_4^- \xrightarrow{1.19} ClO_3^- \xrightarrow{1.21} HClO_2 \xrightarrow{1.64} HClO \xrightarrow{1.63} Cl_2 \xrightarrow{1.36} Cl^- \quad (ClO_3^- \to Cl_2: 1.47)$$

$$E_B^{\ominus}/V \quad ClO_4^- \xrightarrow{0.36} ClO_3^- \xrightarrow{0.33} ClO_2^- \xrightarrow{0.66} ClO^- \xrightarrow{0.42} Cl_2 \xrightarrow{1.36} Cl^- \quad (ClO_3^- \to Cl_2: 0.48)$$

由元素电势图可以得出：

(1) 无论酸性或碱性介质中，$HClO_2$ 或 ClO_2^- 都是 $E_{左}^{\ominus} < E_{右}^{\ominus}$，即都会发生歧化反应，因而它们很难在溶液中稳定存在，迄今还未从溶液中制得其纯物质。Cl_2 在碱性介质中有 $E_{左}^{\ominus} < E_{右}^{\ominus}$，会发生歧化反应。所以实验室氯气尾气，工厂的含氯量较低的废气的处理方法都是将其通入碱性溶液中吸收。

(2) 除 $E^{\ominus}(Cl_2/Cl^-)$ 值不受介质影响外，其他各电对的 $E^{\ominus}$ 值均受介质影响，且 $E_A^{\ominus} \gg$

$E_B^{\ominus}$，所以氯的含氧酸较其盐有较强的氧化性，而其盐较酸更为稳定（所有含氧酸均只制得水溶液而未得到纯品）。如果要利用其氧化性，最好在酸性介质；如果要从低价制备+3、+5、+7价的物种，则碱性介质更为有利。

（3）氯元素所有电对的 $E^{\ominus}$（无论酸碱介质）均大于0.33V，大部分大于0.66V，所以氧化性是氯元素的主要性质，在运输、储存中，不让它们接触还原剂是保证其安全的重要条件。自然界不存在氯单质及其正氧化值物种也应在意料之中。Cl^- 是氯的最低氧化态，且 $E^{\ominus}(Cl_2/Cl^-)=1.36V$，$Cl^-$ 的还原性很弱，氯的各高氧化态物种的还原产物大多为 Cl^-，故在氯的各种氧化态中 Cl^- 具有最高的稳定性，因而，Cl^- 作为元素资源（岩盐和海水）存在最为普遍当属必然。

（4）虽然 $HClO_4$、ClO_4^- 是氯的最高氧化态，但其相关电对的 $E^{\ominus}$ 值并不是最大（特别是碱性介质中），因此，其稳定性较高。可见，氧化性强弱与氧化值高低无直接关系。

第五节　化学电源和电解

一、化学电源

化学电源又称**电池**，是一种能将化学能直接转变成电能的装置。它通过化学反应，消耗某种化学物质，输出电能。常见的电池大多是化学电源。它在国民经济、科学技术、军事和日常生活方面均获得广泛应用。

按照其使用性质，化学电池可分为：一次电池、二次电池（又称蓄电池）和燃料电池三种。

1. 一次电池

一次电池是使用一次后就被废弃的电池。例如锌锰干电池、锌汞纽扣式电池等。

（1）锌锰干电池　这是日常生活中常用的干电池，其结构如图4-4所示：电池外壳为锌皮，它也是负极。电池的正极由碳棒（导电物质）及周围填充的 MnO_2 组成，两极间的酸性介质为 NH_4Cl 和用 NH_4Cl 溶液浸湿的 $ZnCl_2$ 以及一些填充料（面粉或木屑等）。

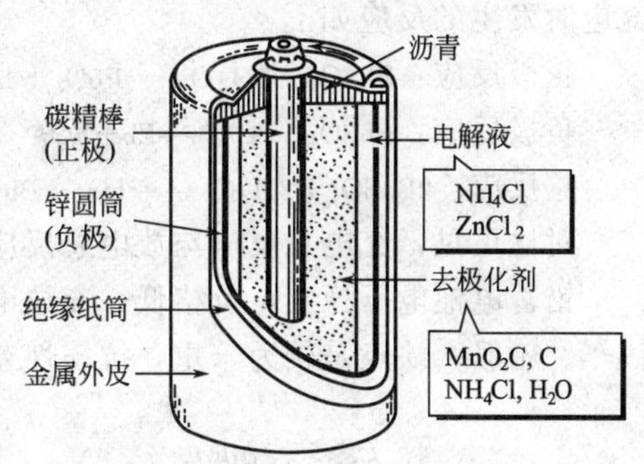

图4-4　锌锰干电池示意图

电池符号可表示为：

$$(-)Zn|ZnCl_2、NH_4Cl(糊状)\|MnO_2|C(石墨)(+)$$

负极反应：$Zn = Zn^{2+} + 2e^-$

正极反应：$2MnO_2 + 2NH_4^+ + 2e^- = Mn_2O_3 + 2NH_3 + H_2O$

电池总反应：$Zn + 2MnO_2 + 2NH_4^+ = Zn^{2+} + Mn_2O_3 + 2NH_3 + H_2O$

锌锰干电池的电动势为1.5V。因反应产生的 NH_3 气被石墨吸附，引起电动势下降较快。

如果用KOH代替 NH_4Cl，正极材料改用钢筒，MnO_2 层紧靠钢筒，就构成碱性锌锰干电池，电池反应没有气体产生，内电阻较低，电动势为1.5V，比较稳定。

（2）锌汞电池　该电池形状如纽扣，又称纽扣电池，常用于助听器、心脏起搏器、自动曝光照相机等小型装置。

负极为锌，正极为氧化汞，电解质是碱性的糊状 KOH。锌汞电池的电池符号表示为：(－)Zn|KOH(糊状,含饱和 ZnO) ‖ HgO(炭粉)(＋)

正极反应：$HgO+H_2O+2e^- \longrightarrow Hg+2OH^-$

负极反应：$Zn+2OH^- \longrightarrow ZnO+H_2O+2e^-$

总反应：$Zn+HgO \longrightarrow ZnO+Hg$

2. 二次电池

二次电池又称蓄电池，它是在充电后又能反复使用的电池，使用周期较长，故又称为可充式电池。如铅蓄电池、镍镉电池、金属氢化物镍电池、锂离子电池等。

(1) 铅蓄电池　此电池是用两组含锑 5%～8%的铅锑合金栅板作为电极导电材料，栅板上分别填充 PbO_2（作为正极）和海绵状 Pb（作为负极），两者交替排列，见图 4-5。电极之间注有 30%的 H_2SO_4 作为电解质溶液。铅蓄电池在放电（化学能转变为电能）时相当于原电池作用，其结构可简单表示为：

$$(-)Pb|H_2SO_4(30\%) \| PbSO_4|PbO_2(+)$$

负极反应：$Pb+SO_4^{2-} \longrightarrow PbSO_4+2e^-$

正极反应：$PbO_2+4H^++SO_4^{2-}+2e^- \longrightarrow PbSO_4+2H_2O$

总反应：$PbO_2+Pb+2H_2SO_4 \longrightarrow 2PbSO_4+2H_2O$

放电以后，正负极表面上会沉积一层，同时消耗一定电解液。所以，使用一定程度后就需要充电（由电能转变为化学能）：将一个电压略高于蓄电池电压的直流电源与蓄电池相接。充电时发生的反应如下：

正极反应：$PbSO_4+2H_2O \longrightarrow PbO_2+4H^++SO_4^{2-}+2e^-$

负极反应：$PbSO_4+2e^- \longrightarrow Pb+SO_4^{2-}$

总反应：$2PbSO_4+2H_2O \longrightarrow PbO_2+Pb+2H_2SO_4$

对比可见，充电总反应与放电总反应正是互逆过程。

铅蓄电池电压稳定，价格低，充放电可逆性好，适应温度范围宽。因此，被广泛应用于汽车、轮船；缺点是较为笨重，抗震性差，所以说更适用于固定设备。

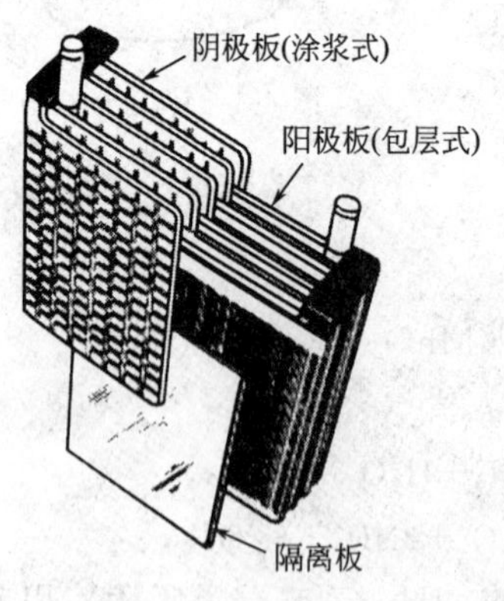

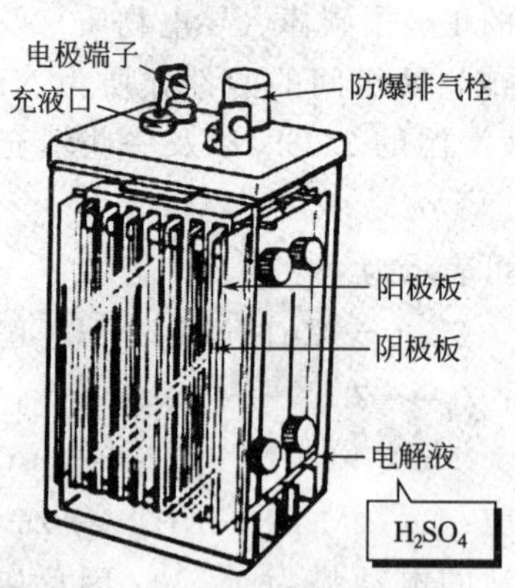

图 4-5　铅蓄电池

(2) 镍镉电池　镉镍电池是常见的一种碱性蓄电池。其电池符号为

$$(-)Cd|KOH(1.19\sim1.21g\cdot cm^{-3}) \| NiO(OH)|Ni(+)$$

放电时　负极反应　$Cd+2OH^- \longrightarrow Cd(OH)_2+2e^-$

　　　　正极反应　$2NiO(OH)+2H_2O+2e^- \longrightarrow 2Ni(OH)_2+2OH^-$

总反应　$Cd + 2NiO(OH) + 2H_2O = Cd(OH)_2 + 2Ni(OH)_2$

充电时反应相反。

镍镉电池可重复500次以上的充放电，经济耐用。其内阻很小，可快速充电，又可为负载提供大电流，而且放电时电压变化很小，是一种非常理想的直流供电电池。

3. 燃料电池

燃料电池是一种将存在于燃料与氧化剂中的化学能直接转化为电能的发电装置。严格来讲，燃料电池也属于一次电池，但一般的一次电池的正、负极活性物质是固体并放在电池内，用完后不能补充，因而容量较小，而燃料电池的活性物质是放在电池外储罐中的气体或液体，只要气体或液体的活性物质源源不断地输入燃料电池中，电池就连续发电。如碱性燃料电池（AFC）、熔融碳酸盐电池（MCFC）等。

二、电解

1. 电解的原理

原电池是自发地把化学能转变为电能。而电解是在外电源作用下被迫发生的氧化还原反应过程，也就是把电能转变为化学能。用来进行电解的装置叫做**电解池或电解槽**，如图4-6所示。

构成电解池的条件如下：

（1）直流电源。

（2）两个电极　其中与电源的正极相连的电极叫做阳极，与电源的负极相连的电极叫做阴极。电极一般用金属或石墨等导电体制作。

（3）电解质溶液或熔融态电解质。

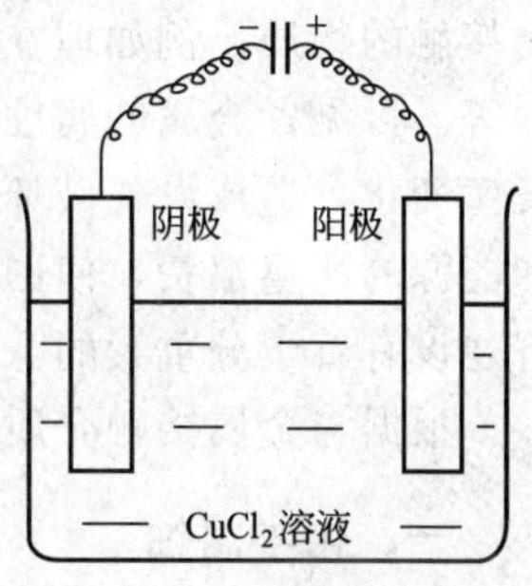

图4-6　电解池示意图

当电源和电解池两极接通时，电子从电源的负极流向电解池的阴极，经电解质溶液，再从电解池的阳极流回电源的正极。在电场作用下，电解质溶液中的阳离子向阴极迁移，并从阴极得到电子而被还原；同时电解质溶液中的阴离子向阳极迁移，在阳极失去电子而被氧化。习惯上，把阴、阳离子在电解池的两极上得失电子的过程叫放电。下面以惰性材料（石墨或铂）作电极，电解$CuCl_2$溶液为例，说明电解过程中，两极发生的变化。

$CuCl_2$是强电解质且易溶于水，在水溶液中电离生成Cu^{2+}和Cl^-。通电前，Cu^{2+}和Cl^-在水中自由地移动着；直流电源接通后，这些自由移动着的离子，在电场作用下，改做定向移动。溶液中带正电的Cu^{2+}向阴极移动，带负电的Cl^-向阳极移动。在阴极，Cu^{2+}获得电子而还原成Cu原子覆盖在阴极上；在阳极，Cl^-失去电子而被氧化成Cl原子，并两两结合成Cl_2分子，从阳极放出。

阴极：$Cu^{2+} + 2e^- = Cu$

阳极：$2Cl^- = Cl_2 + 2e^-$

电解总反应式为：$Cu^{2+} + 2Cl^- \xrightarrow{电解} Cu + Cl_2\uparrow$

2. 电解产物的判断

判断电解产物，不仅要考虑该物质的$E^{\ominus}$，还要考虑离子浓度、电极材料、电极对气体物质的阻碍作用等方面。综合这些影响因素，并根据大量实验事实，归纳出了判断电解产物的一般规律：

若以惰性材料作电极，电解离子浓度约为 $1mol \cdot L^{-1}$的盐类水溶液。

阴极：电解活泼顺序排在铝前面的很活泼金属的盐溶液时，阴极放电的常是水中的 H^+，得到氢气，而不是金属离子。电解活泼顺序排在铝以后的金属盐的溶液，金属离子放电，得到相应的金属。

阳极：电解卤化物溶液时，阳极上一般是卤离子放电得到卤素。电解含氧酸盐的溶液时，阳极上一般是 OH^- 放电得到氧气。

若以非惰性电极（如铜等一般金属）电解盐类水溶液，阳极一般为电极失去电子，而溶液中离子不放电（如 $Cu = Cu^{2+} + 2e^-$）；阴极则与电极材料无关。

若电解熔融状态的盐类，阳离子到阴极放电，阴离子到阳极放电。例如用惰性电极电解熔融的氯化钠：阴极　$2Na^+ + 2e^- = 2Na$

阳极　$2Cl^- = Cl_2 + 2e^-$

电解总反应　$2Na^+ + 2Cl^- \xrightarrow{电解} 2Na + Cl_2 \uparrow$

第六节　金属的腐蚀与防护

金属的腐蚀是指金属在和它周围的环境作用时所引起的破坏或变质。所谓环境是指和金属接触的物质。例如埋在地下的水管逐渐腐烂，铝制品表面出现白斑，铜制品久置会生成铜绿等。可见，金属的腐蚀作用非常普遍。金属被腐蚀后，在外形、色泽以及力学性能方面都发生变化，造成设备破坏、管道泄漏、产品污染，往往酿成燃烧或爆炸等恶性事故以及资源和能源的严重浪费，使国民经济受到巨大损失。因此，研究腐蚀机理，采取防护措施，对经济建设有着十分重大的意义。

根据与金属接触介质的不同，腐蚀可分为两大类：化学腐蚀和电化学腐蚀。

一、化学腐蚀

化学腐蚀是金属和环境介质直接发生化学作用而产生的损坏，在腐蚀过程中没有电流产生。例如金属与干燥的腐蚀性气体（O_2、H_2S、SO_2、CO_2、Cl_2 等）或非电解质（如汽油、润滑油、酒精等）接触所引起的腐蚀都属于这类。

化学腐蚀的特点是：引起金属化学腐蚀的介质不能导电，腐蚀只发生在金属表面，腐蚀速率随温度升高而加快。

金属与腐蚀性气体接触时，会发生化学反应，生成氧化物、硫化物、氯化物等化合物而损坏金属。如在炼制高硫原油时对金属构件产生的高温硫腐蚀和含硫气体的腐蚀、金属材料发生的脱碳等均属于化学腐蚀。反应方程式如下：

$$Fe + S \longrightarrow FeS \quad Fe + H_2S \longrightarrow FeS + H_2$$

脱碳是指钢铁中的渗碳体（FeC_3）和 CO_2、CO 和 H_2O（汽）等气体介质发生化学作用而遭腐蚀：

$$Fe_3C + O_2 \longrightarrow 3Fe + CO_2 \quad Fe_3C + CO_2 \longrightarrow 3Fe + 2CO$$

$$Fe_3C + H_2O \longrightarrow 3Fe + CO + H_2$$

由于金属层中的碳逐渐减少，致使钢铁硬度减小，力学性能下降，易于破坏。

二、电化学腐蚀

不纯的金属（或合金）与电解质溶液接触时，会发生原电池反应，较活泼的金属作为原电池的负极失去电子被氧化而腐蚀的过程，称为**电化学腐蚀**。电化学腐蚀比化学腐蚀更快、更普遍，危害也更大。

如将铁片放入稀硫酸溶液中，会发生下列反应：$Fe + H_2SO_4 \longrightarrow FeSO_4 + H_2 \uparrow$，结果是铁片逐渐溶解。若铁很纯，则该反应进行很慢。如果向硫酸溶液中滴加少许 $CuSO_4$ 溶液，反应速率就大大加快。原因是：反应生成的 Cu 沉积在铁片上，形成了无数个微小的原电池，使氧化还原反应速率加快。如图 4-7 所示：

腐蚀电池可表示为：(－)Fe | H_2SO_4 | Cu(＋)

阳极：$Fe = Fe^{2+} + 2e^-$

阴极：$2H^+ + 2e^- = H_2$

从以上分析可看出，如果两种活泼性不同的导体，放在电解质溶液中，即可形成腐蚀性电池。在形成的腐蚀性电池中，阳极发生氧化作用，阴极发生还原作用，可以大大加快金属的腐蚀速率。

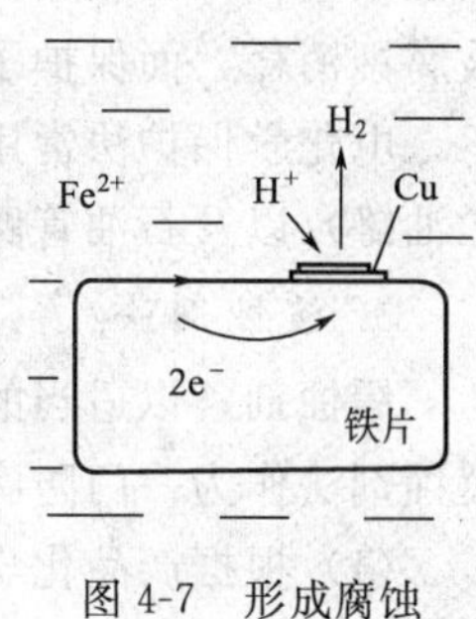

图 4-7　形成腐蚀电池示意图

工业用钢铁除含铁元素外，还含石墨、渗碳体等导体。因此，当钢铁表面吸附一薄层水膜后，因为水中溶解有 CO_2、O_2、盐、酸等，而形成电解质溶液。因此，在金属表面就会形成许许多多个腐蚀电池，它们不停地工作而使设备腐蚀。铁是活泼金属元素，所以在腐蚀电池中铁失电子作阳极，石墨或渗碳体则作阴极。

阳极：$Fe = Fe^{2+} + 2e^-$

水膜如果呈酸性，则阴极反应为：

阴极 ：$2H^+ + 2e^- = H_2$

腐蚀过程中有氢气放出，所以这种腐蚀称为析氢腐蚀。

若水膜呈弱酸性或中性，在阴极得电子的是溶液中的溶解氧。反应为：

阴极：$O_2 + 2H_2O + 4e^- = 4OH^-$

这种腐蚀过程中，溶解在水膜中的氧参加了反应，所以称为吸氧腐蚀。实际上，钢铁的大气腐蚀主要是吸氧腐蚀。

由于离子的扩散作用，阳极生成的 Fe^{2+} 可以和阴极生成的 OH^- 结合生成 $Fe(OH)_2$。反应式：$Fe^{2+} + 2OH^- \longrightarrow Fe(OH)_2$

$Fe(OH)_2$ 可以进一步被空气中的氧气氧化为 $Fe(OH)_3$，$Fe(OH)_3$ 脱水生成 Fe_2O_3。反应式：$4Fe(OH)_2 + O_2 + 2H_2O \longrightarrow 4Fe(OH)_3$

$$2Fe(OH)_3 \xrightarrow{\text{脱水}} Fe_2O_3 + 3H_2O$$

$Fe(OH)_3$ 和 Fe_2O_3 就是红褐色铁锈的主要成分。

三、金属设备的防护

金属被腐蚀的本质都是金属原子失去电子成为阳离子的氧化过程。因此，要防止金属被腐蚀，就要设法阻止金属与周围的物质发生氧化还原作用，破坏腐蚀发生的条件和减缓腐蚀速率。以下是几种常用方法。

1. *覆盖层保护法*

在金属的表面使用覆盖层是最常用的保护金属设备的有效方法之一。覆盖层能使金属与周围环境很好地隔开，而防止内层金属被破坏。覆盖层又可分为以下两种。

(1) 涂层　在金属设备表面涂上油脂、树脂、油漆等保护层，以防止“腐蚀电池”的形成，保护金属设备。例如，汽车外壳常喷油漆，机器常涂矿物性油脂，地下输油管道涂以沥青等。

（2）镀层　通过电镀、喷镀等方法在金属表面镀一层抗腐蚀性更强的金属，如锌、锡、铬、镍等，可以使金属与周围介质隔开。例如，白铁皮是在钢板上镀了一层锌，锌在空气中发生钝化现象，很好地保护了内部金属；自行车钢圈是镀了一层铬或镍等。

2. 电化学保护法

从原电池和电解池的电极反应可以看出，总是阳极发生氧化作用被溶解而遭到破坏，阴极被保护。因此，可在要被保护的金属上连接一种更活泼的金属或合金，此时，更活泼的金属作为腐蚀电池的阳极被腐蚀，钢铁设备作阴极被保护。例如，常在轮船外壳的水线以下焊接上一些锌，当轮船在水中航行时，锌和船壳构成原电池。活泼的锌作为原电池的负极不断被腐蚀消耗，而保护了船壳。

电化学保护法常用于保护海轮外壳，海水中的各种金属设备、构件和防止巨型设备（如贮油罐）以及石油管路的腐蚀。

3. 缓蚀剂法

缓蚀剂，以适当的浓度和形式存在于环境（介质）中时，可以防止或减缓材料的腐蚀。缓蚀剂法作为一门防腐技术，具有使用方便、见效快等优点。

（1）根据产品化学成分分类　可分为无机缓蚀剂、有机缓蚀剂、聚合物类缓蚀剂。

① 无机缓蚀剂　无机缓蚀剂主要包括铬酸盐、亚硝酸盐、硅酸盐、钼酸盐、钨酸盐、聚磷酸盐、锌盐等。

② 有机缓蚀剂　有机缓蚀剂主要包括膦酸（盐）、膦羧酸、巯基苯并噻唑、苯并三唑、磺化木质素等一些含氮、氧元素的杂环化合物。

③ 聚合物类缓蚀剂　聚合物类缓蚀剂只包括聚乙烯类、POCA、聚天冬氨酸等一些低聚物的高分子化合物。

（2）根据缓蚀剂对电化学腐蚀的控制部位分类　可分为阳极型缓蚀剂、阴极型缓蚀剂和混合型缓蚀剂。

① 阳极型缓蚀剂　阳极型缓蚀剂多为无机强氧化剂，如铬酸盐、钼酸盐、钨酸盐、钒酸盐、亚硝酸盐、硼酸盐等。它们的作用是在金属表面阳极区与金属离子作用，生成氧化物或氢氧化物氧化膜，覆盖在阳极上形成保护膜，这样就抑制了金属向水中溶解。阳极反应被抑制，阳极被保护。硅酸盐也可归到此类，它也是通过抑制阳极的腐蚀反应过程来达到缓蚀目的的。

阳极型缓蚀剂要求有较高的浓度，以使全部阳极都被钝化，一旦剂量不足，将在未被钝化的部位造成点蚀。

② 阴极型缓蚀剂　抑制阴极电化学反应的化学药剂称为阴极型缓蚀剂。

锌的碳酸盐、磷酸盐和氢氧化物，钙的碳酸盐和磷酸盐为阴极型缓蚀剂。阴极型缓蚀剂能与水中、与金属表面的阴极区反应，其反应产物在阴极沉积成膜，随着膜的增厚，阴极释放电子的反应被阻挡。在实际应用中，由于钙离子、碳酸根离子和氢氧根离子在水中是天然存在的，所以只需向水中加入可溶性锌盐或可溶性磷酸盐。

③ 混合型缓蚀剂　某些含氮、含硫或羟基的、具有表面活性的有机缓蚀剂，其分子中有两种性质相反的极性基团，能吸附在清洁的金属表面形成单分子膜，它们既能在阳极成膜，也能在阴极成膜。阻止水与水中溶解氧向金属表面的扩散，起了缓蚀作用，巯基苯并噻唑、苯并三唑、十六烷胺等属于此类缓蚀剂。

炼油设备防腐方法——一脱四注简介

在实际生产中，针对某一设备的防腐，需要采取多种措施才能达到目的。例如，在石油炼厂中，为了减轻对常减压蒸馏装置设备的腐蚀，采用了“一脱四注”工艺防腐方法。此法有效地解决了常减压蒸馏装置的腐蚀问题。下面简要介绍“一脱四注”防腐工艺。

1. 常减压塔顶冷凝、冷却系统腐蚀的原因

常减压塔顶冷凝、冷却系统腐蚀的根本原因是原油中含氯化钠、氯化钙、氯化镁等无机盐。原油加工时，塔顶温度高达 700K 以上。此时，氯化镁、氯化钙可发生水解。反应式如下：

$$MgCl_2 + H_2O \longrightarrow Mg(OH)Cl + HCl\uparrow$$

$$CaCl_2 + 2H_2O \longrightarrow Ca(OH)_2 + 2HCl\uparrow$$

反应生成的挥发性气体 HCl，与原油中的轻组分、水汽一起挥发，一起冷凝。由于 HCl 在水中的溶解度很大，使得少量的冷凝水中也含有大量 HCl。这种高浓度的盐酸会严重腐蚀设备。所以，腐蚀发生在气液两相转变的相变部位和液相部位，尤其是在相变部位更为严重。即对于常减压蒸馏装置来说，腐蚀主要发生在塔顶部位的塔盘及塔顶冷凝冷却器，反应如下：

$$Fe + 2HCl \longrightarrow FeCl_2 + H_2\uparrow$$

$$FeCl_2 + H_2S \longrightarrow FeS + 2HCl$$

胜利炼油厂通过多年的观察研究发现，常压塔顶冷凝水中 Cl^- 含量每增高 1.7 倍，则相变部位的腐蚀率增加 4.7 倍，冷凝水中 Fe^{2+} 含量增加 2.4 倍。所以说，原油含盐是引起这个部位腐蚀的根本原因。

2.“一脱四注”防腐措施及作用

所谓“一脱四注”是指原油脱盐、注碱、塔顶管线注氨、注缓蚀剂、注水。具体部位见图 4-8。

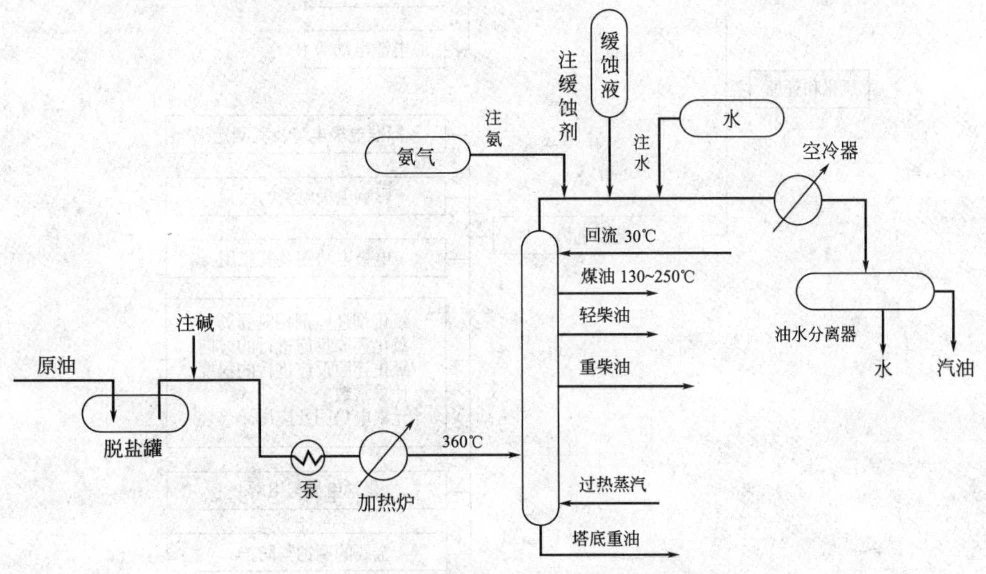

图 4-8　常压蒸馏装置“一脱四注”示意图

(1) 原油脱盐　由于原油中的盐水解生成的氯化氢引起常压塔顶冷凝、冷却系统的腐蚀。因此，原油脱盐是根本的解决办法。

现在一般使用电脱盐，即在高电压下使原油乳状液破乳，使油水分离。由于盐是溶于水的，所以脱水的同时也就脱去了盐。炼油厂常采用二级串联电脱盐罐组成脱盐系统，脱盐效果达 90%以上。

(2) 原油注碱　原油脱盐后，在进入加热炉之前注入纯碱（Na_2CO_3）或烧碱（NaOH）溶液，使之中

和氯化镁和氯化钙高温水解产生的氯化氢，防止它向塔顶流窜。

注碱效果明显，实验测得每吨原油注纯碱 18～27g，常压塔顶冷凝水中 Cl^- 含量降低 80%～85%，Fe^{2+} 含量降低 60%～90%。

(3) 塔顶挥发线注氨、注缓蚀剂　系统中残留的氯化氢积聚在蒸馏塔上段，在无水情况下腐蚀轻微。但随着温度降低，就有少量蒸馏水出现。因为氯化氢在水中的溶解度很大，水溶液 pH 很低，腐蚀性很强。所以必须赶在液态水出现以前，将气相中的氯化氢中和掉。实践证明注氨是最好的办法。氯化氢与氨作用生成氯化铵。

$$HCl + NH_3 \longrightarrow NH_4Cl$$

生成的氯化铵处于挥发状态，可被水洗带出塔顶系统。

凝结在管壁上的氯化铵和水溶液会产生强烈的电化学腐蚀，因此在注氨的同时，要注入有机缓蚀剂。有机缓蚀剂可在金属表面形成一层单分子抗水性保护膜，它遮盖了金属表面，使水不能和金属接触，也就阻止形成腐蚀电池，使设备受到保护。

(4) 塔顶挥发线注水　注入碱水，可冲掉设备内的氯化铵沉积物；同时，使水溶液的 pH 升高，减轻腐蚀。

长期的生产实践证明，“一脱四注”是解决常加压蒸馏装置的低温轻油部位腐蚀的一套行之有效的办法。减缓了腐蚀，也就保证了安全生产和延长了开工周期。

本章小结

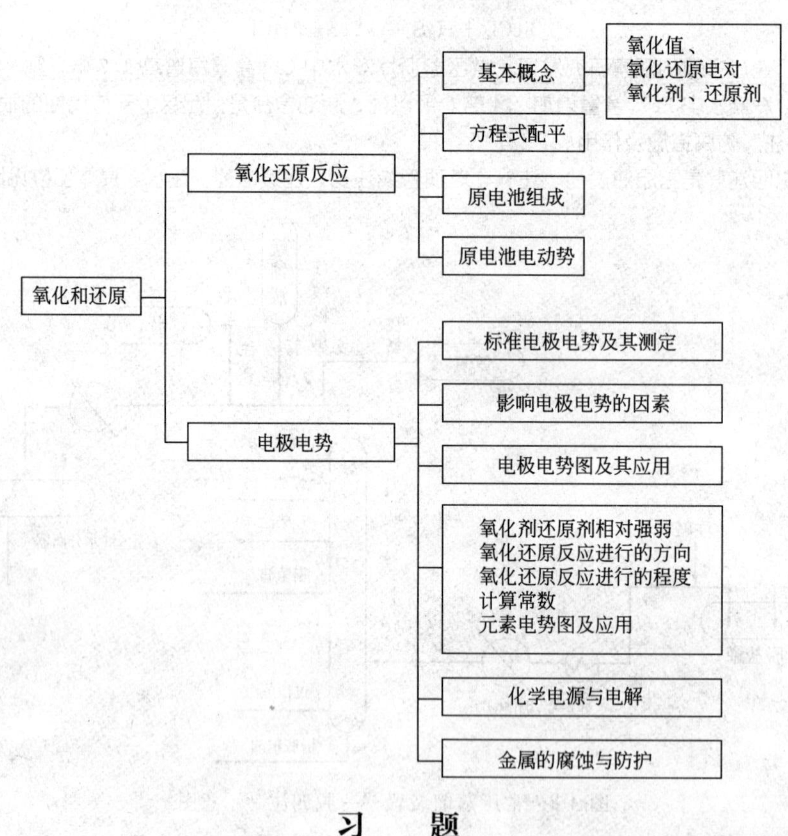

习　　题

一、选择题

1. 已知方程式 $5Fe^{2+} + 8H^+ + MnO_4^- = 5Fe^{3+} + Mn^{2+} + 4H_2O$，其氧化和还原的半反应式为（　　）。

A. $5Fe^{2+} = 5Fe^{3+} + 5e^-$ 和 $8H^+ + MnO_4^- = Mn^{2+} + 4H_2O$

B. $Fe^{2+} = Fe^{3+}$ 和 $8H^+ + MnO_4^- = Mn^{2+} + 4H_2O$

C. Fe^{2+} ══ $Fe^{3+}+e^-$ 和 $8H^+ + MnO_4^-$ ══ $Mn^{2+}+4H_2O$

D. $5Fe^{2+}$ ══ $5Fe^{3+}+5e^-$ 和 $8H^+ + MnO_4^- + 5e^-$ ══ $Mn^{2+}+4H_2O$

2. 在标准条件下将氧化还原反应 $Fe^{2+}+Ag^+$ ══ $Fe^{3+}+Ag$ 装配成原电池，原电池符号为（　　）。

A. $(-)Fe^{2+}|Fe^{3+} \| Ag^+|Ag(+)$　　B. $(-)Ag|Ag^+ \| Fe^{3+}|Fe^{2+}(+)$

C. $(-)Pt|Fe^{2+},Fe^{3+} \| Ag^+|Ag(+)$　　D. $(-)Ag|Ag^+ \| Fe^{2+},Fe^{3+}|Pt(+)$

3. 已知氧化还原电对：

	Cl_2/Cl^-	Pb^{2+}/Pb	Fe^{3+}/Fe^{2+}
$E^\ominus/V$	+1.36	−0.126	+0.77

选择一种氧化剂，在标准状态下能将上面三个电对中的还原态氧化成其氧化态（　　）。

A. $MnO_2[E^\ominus(MnO_2/Mn^{2+})=+1.208V]$　　B. $K_2Cr_2O_7[E^\ominus(Cr_2O_7^{2-}/Cr^{3+})=+1.33V]$

C. $KMnO_4[E^\ominus(MnO_4^-/Mn^{2+})=+1.49V]$　　D. $O_2[E^\ominus(O_2/H_2O_2)=+0.682V]$

4. 已知氧化还原电对：

	Fe^{3+}/Fe^{2+}	Cu^{2+}/Cu	Sn^{4+}/Sn^{2+}
$E^\ominus/V$	+0.77	+0.34	+0.15

它们之中氧化和还原能力最强的是（　　）。

A. Sn^{4+}，Fe^{2+}　　B. Cu^{2+}，Cu　　C. Fe^{3+}，Cu　　D. Fe^{3+}，Sn^{2+}

5. 罐头铁皮上镀有一层锡，当镀层损坏后，被腐蚀的金属是（　　）。

A. Sn　　B. Fe　　C. Sn 和 Fe　　D. 不能判断

6. 向 $Al_2(SO_4)_3$ 和 $CuSO_4$ 的混合溶液中放入一个铁钉，下列结论正确的是（　　）。

A. 生成 Al，Fe^{2+} 和 H_2　　B. 生成 Fe^{2+}，Al 和 Cu

C. 生成 Fe^{2+} 和 Cu　　D. 生成 Cu 和 H_2

7. 已知 $E^\ominus(Zn^{2+}/Zn)=-0.763V$，$E^\ominus(Cu^{2+}/Cu)=0.34V$，在标准条件下反应，$Zn+Cu^{2+}$ ══ $Zn^{2+}+Cu$ 的 $E^\ominus$ 值为（　　）。

A. +1.103V　　B. +0.423V　　C. −1.103V　　D. −0.423V

8. 在标准条件下将反应 $2Fe^{3+}+Cu$ ══ $2Fe^{2+}+Cu^{2+}$ 改写为 $Fe^{3+}+1/2Cu$ ══ $Fe^{2+}+1/2Cu^{2+}$，下面说法中不正确的是（　　）。

A. 电子得失数不同　　B. $E^\ominus$ 相同

C. $\Delta G^\ominus$ 不同，$K^\ominus$ 值也不同　　D. 组成原电池时，Cu 作正极

9. Cu-Zn 原电池，反应为：$Zn+Cu^{2+}$ ══ $Zn^{2+}+Cu$，欲使电动势增加，采取的方法是（　　）。

A. 增加 Zn^{2+} 浓度　　B. 增加 Cu^{2+} 浓度　　C. 增加溶液体积　　D. 增大电极尺寸

10. 已知氧化还原电对 Br_2/Br^- 和 Fe^{3+}/Fe^{2+} 的 $E^\ominus$ 值分别为 1.07V 和 0.77V，在标准条件下反应 Br^-+Fe^{3+} ══ $1/2Br_2+Fe^{2+}$ 的 $E^\ominus$ 值为（　　）。

A. 0.30V　　B. −0.30V　　C. 1.84V　　D. −1.84V

11. 已知 $E^\ominus(I_2/I^-)=0.53V$，在标准条件下反应 I^-+Fe^{3+} ══ $1/2\ I_2+Fe^{2+}$ 的 $E^\ominus/V$ 值为（　　）。

A. 0.24　　B. −0.24　　C. 1.30　　D. −1.30

12. 根据 10 和 11 题的结果，上面两个反应在标准条件下的方向依次为（　　）。

A. 正、正方向　　B. 逆、逆方向　　C. 正、逆方向　　D. 逆、正方向

13. 已知 $E^\ominus(Co^{2+}/Co)=-0.28V$，$E^\ominus(Ni^{2+}/Ni)=-0.23V$，在标准状态下氧化还原反应的方向为：

$Ni^{2+}+Co \longrightarrow Ni+Co^{2+}$，欲使反应逆向进行，采取的措施是（　　）。

A. 增加 Ni^{2+} 浓度　　B. 增加 Ni 的用量　　C. 增加 Co^{2+} 浓度　　D. 增加 Co 的浓度

14. 在酸性介质中 $KMnO_4$ 氧化 H_2O_2，其反应为 $2MnO_4^-+5H_2O_2+6H^+$ ══ $2Mn^{2+}+8H_2O+5O_2$，该反应中 H_2O_2 的半反应方程式为（　　）。

A. $2H^++H_2O_2+2e^-$ ══ $2H_2O$　　B. $H_2O_2+2e^-$ ══ $2OH^-$

C. $H_2O_2 = O_2 + 2H^+ + 2e^-$　　D. $H_2O_2 + 2OH^- = O_2 + 2H_2O + 2e^-$

15. 电极反应 $Cu^{2+} + 2e^- = Cu$，当 $c(Cu^{2+}) = 1.0 \times 10^{-2} mol \cdot L^{-1}$ 时，E 值为［已知 $E^{\ominus}(Cu^{2+}/Cu) = +0.34V$］（　）。

A. +0.40V　　B. +0.34V　　C. +0.28V　　D. +0.31V

二、简答题

1. 什么是氧化值？怎样计算分子或离子中元素的氧化值？

2. 影响电极电势的因素有哪些？

3. 怎样从标准电极电势表中寻找较强的氧化剂或还原剂？举例说明。

4. 如何根据电极电势表判断氧化还原反应进行的方向？举例说明。

三、计算题

1. 已知 $Ag^+ + e^- = Ag$，$E^{\ominus} = 0.799V$，AgBr 的 $K_{sp}^{\ominus} = 5.0 \times 10^{-13}$。求 $E^{\ominus}(AgBr/Ag) = ?$

2. 求非金属碘在 $0.01 mol \cdot L^{-1}$ KI 溶液中，298K 时的电极电势。

3. 已知 $E^{\ominus}(Co^{3+}/Co^{2+}) = 1.84V$，$[Co(NH_3)_6]^{2+}$ 的 $K_{稳}^{\ominus} = 2.4 \times 10^4$，$[Co(NH_3)_6]^{3+}$ 的 $K_{稳}^{\ominus} = 1.4 \times 10^{35}$，试求电极反应：$[Co(NH_3)_6]^{3+} + e^- \longrightarrow [Co(NH_3)_6]^{2+}$ 的标准电极电势。

4. 标准状态下，由电对 Ni^{2+}/Ni 和 Pb^{2+}/Pb 组成电池：

(1) 写出电池符号，电池反应方程式。

(2) 计算电池电动势，电池反应的平衡常数。（已知 $E^{\ominus}(Ni^{2+}/Ni) = -0.257V$，$E^{\ominus}(Pb^{2+}/Pb) = -0.126V$）

5. 已知电极反应

$$MnO_4^- + 8H^+ + 5e^- \rightleftharpoons Mn^{2+} + 4H_2O$$

$E^{\ominus} = +1.507V$，若 MnO_4^- 和 Mn^{2+} 均处于标准态（$1mol \cdot L^{-1}$），求 25℃，pH=6 时该电极的电极电势。

6. 已知酸性介质中，Cu、Fe 的元素电势图分别为 $E_A^{\ominus}/V$　$Cu^{2+} \xrightarrow{0.159} Cu^+ \xrightarrow{0.520} Cu$（$Cu^{2+}$—Cu：0.340）和

$E_A^{\ominus}/V$　$Fe^{3+} \xrightarrow{0.771} Fe^{2+} \xrightarrow{-0.44} Fe$（$Fe^{3+}$—Fe：0.165），判断：

(1) Cu^+、Fe^{2+} 能否发生歧化反应？

(2) 若能反应，请写出反应方程式，并求出其平衡常数 $K^{\ominus}$。

7. 在一含有 I^-、Br^- 的混合液中，逐步通入 Cl_2，哪一种先游离出来？要使 I_2 游离，而 Br_2 不游离，应选择 $Fe_2(SO_4)_3$ 还是 $KMnO_4$ 的酸性溶液？

四、分析题

1. 判断对错并分析原因：

(1) 在相同条件下，氧化还原电对中电极电势代数值愈小的还原态，其还原能力愈强。

(2) 在氧化还原反应中，凡是 $E^{\ominus}$ 值小的氧化态一定不能氧化 $E^{\ominus}$ 值大的还原态。

(3) E 值仅与物质的本性有关。

(4) 在 298K 下，$E^{\ominus}$ 值与物质的本性有关。

(5) 一定温度下，在氧化还原电对中氧化态的浓度降低，则还原态的还原能力增强。

(6) 一定温度下，在氧化还原电对中还原态的浓度增加，则氧化态的氧化能力减弱。

(7) 已知半反应 $H_2O_2 \longrightarrow O_2 + 2H^+ + 2e^-$，过氧化氢是该半反应中的氧化态物质。

(8) 对于电极反应 $I_2 + 2e^- \longrightarrow 2I^-$，其 $E^{\ominus} = 0.54V$，将反应改写为 $1/2I_2 + e^- \longrightarrow I^-$，则 $E^{\ominus} = 0.27V$。

(9) 微小浓度的改变就很容易逆转的氧化还原反应，是那些 $E^{\ominus}$ 值接近于零的反应。

(10) 当一种氧化剂能氧化系统中的几种还原剂时，首先发生的反应一定是在 E 值大的电对之间。

2. 用氧化值法配平下列方程式

(1) $KMnO_4 + HCl \longrightarrow MnCl_2 + Cl_2 + KCl + H_2O$

（2）$FeS_2 + O_2 \longrightarrow Fe_2O_3 + SO_2$

（3）$KMnO_4 + K_2SO_3 + H_2O \longrightarrow MnO_2 + K_2SO_4 + KOH$

（4）$KMnO_4 + K_2SO_3 + H_2SO_4 \longrightarrow MnSO_4 + K_2SO_4 + H_2O$

3. 用离子电子法配平下列方程式

（1）$NaBiO_3 + Mn^{2+} + H^+ \longrightarrow Na^+ + Bi^{3+} + MnO_4^- + H_2O$

（2）$Cr_2O_7^{2-} + SO_3^{2-} + H^+ \longrightarrow Cr^{3+} + SO_4^{2-}$

（3）$KMnO_4 + FeSO_4 + H_2SO_4$（稀）$\longrightarrow MnSO_4 + Fe_2(SO_4)_3 + K_2SO_4 + H_2O$

（4）$KMnO_4 + K_2SO_3 + KOH \longrightarrow K_2MnO_4 + K_2SO_4 + H_2O$

4. 在标准条件下，下列氧化还原反应正向进行，用原电池图式表示它们。

（1）$2I^- + 2Fe^{3+} \longrightarrow I_2 + 2Fe^{2+}$

（2）$3Sn^{2+} + Cr_2O_7^{2-} + 14H^+ \longrightarrow 3Sn^{4+} + 2Cr^{3+} + 7H_2O$

（3）$Cl_2(g) + Co(s) \longrightarrow 2Cl^- + Co^{2+}$

5. 下列各组电对在标准条件下组成原电池，根据教材附录计算原电池的 $E^{\ominus}$ 值，写出原电池图式。

（1）Sn^{2+}/Sn，Ag^+/Ag

（2）Zn^{2+}/Zn，Cl_2/Cl^-

（3）Ni^{2+}/Ni，Br_2/Br^-

第五章　原子结构与元素周期表

学习目标

知识目标

1. 了解原子核外电子运动状态，了解原子光谱、波粒二象性、原子轨道和电子云概念；

2. 了解四个量子数对核外电子运动状态的描述，掌握四个量子数的物理意义及取值范围；

3. 理解 s、p、d 原子轨道的形状和方向；

4. 掌握原子结构近似能级图、原子核外电子排布的一般规则和 s、p、d、f 区元素的原子结构特点；

5. 掌握元素的原子半径、金属性、非金属性和氧化值等性质的周期性变化规律。

能力目标

1. 能熟练写出元素的原子和简单离子的核外电子排布式；

2. 能判断主族元素及主要副族元素在周期表中的位置；

3. 熟悉原子半径、电离能、电子亲和能和电负性的周期性变化；

4. 能够对原子结构与元素性质进行互相推断。

迄今为止，人类已发现了一百多种元素，而这些元素形成了数以百万计的物质，组成了丰富多彩的物质世界。要了解这些物质的性质和变化规律，就必须要认识其结构，从原子、分子水平上研究物质结构、性质及其变化规律之间的关系。

第一节　原子核外电子的运动状态

一、氢原子光谱和玻尔理论

研究原子结构的主要实验方法是原子光谱。不同频率的光通过棱镜时有不同的折射率。太阳光或白炽灯发出的光，通过三棱镜折射后，可以得到红、橙、黄、绿、青、蓝、紫等波长连续变化的**连续光谱**。然而，当气体原子被电火花、电弧等激发而产生的光，经过同样的处理后得到的是有明显分界线的一条条谱线。这种不连续的谱线，称为**线状光谱**。线状光谱是原子受激发后从其内部发射出来的，因此又称为原子发射光谱，简称**原子光谱**。每种原子都有它自己的特征光谱。

例如，将氢气充入放电管，通过高压电电流，使氢分子离解为原子并激发而发光，光通过狭缝再由三棱镜分光后即得到氢原子光谱，简称氢光谱，如图 5-1 所示。

在可见光区，氢光谱有五条颜色不同的谱线，分别命名为 H_α、H_β、H_γ、H_δ、H_ε。从谱线的位置和颜色，可以知道发射光的波长（λ）和频率（ν），也可以知道发射光的能量（$E=h\nu$，h 叫普朗克常数 Planck constant，其值为 6.626×10^{-34} J・s）。

激发态原子为什么会发光？且发射出的光具有特征的波长、频率和能量？自19世纪末到20世纪初，很多科学家进行了大量研究，最有成就的是玻尔（N. Bohr，丹麦物理学家）。1913年，玻尔在氢原子光谱和普朗克量子论的基础上提出了如下理论。

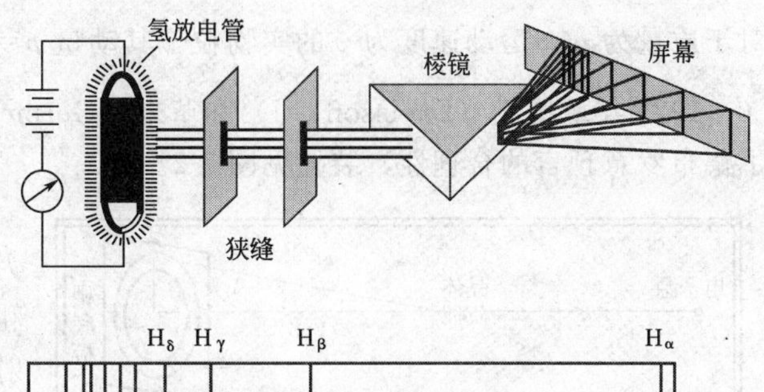

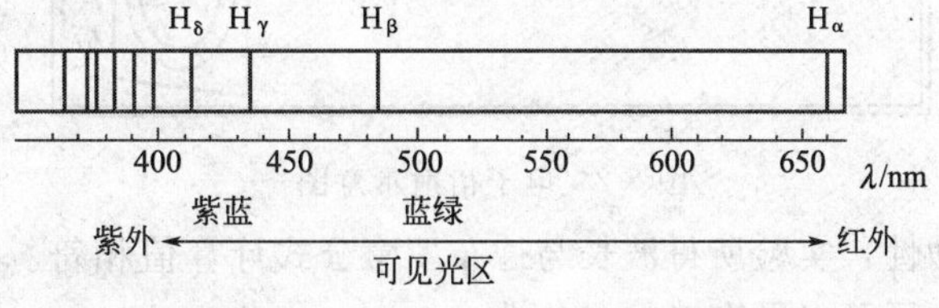

图 5-1　氢原子可见光谱实验示意图

（1）定态轨道　核外电子只能在有确定半径和能量的轨道上运动，这些轨道的能量状态一定，不同轨道能量不同。在一定轨道上运动的电子不放出也不吸收能量。

（2）轨道能级　离核越近的轨道能量越低，离核越远的轨道能量越高。轨道的这些能量状态称为能级。通常，电子处在离核最近的轨道上，能量最低，此时的状态称为基态；原子获得能量后，电子被激发到高能量轨道上，处于激发态。

（3）从激发态回到基态释放光能，光的频率取决于轨道间的能量差。

$$\Delta E = E_2 - E_1 = h\nu$$

玻尔理论成功地解释了氢原子光谱，阐明了谱线的波长（λ）与电子在不同的轨道之间跃迁时能级差的关系。玻尔因此获得1922年的诺贝尔物理奖。玻尔理论的成功之处在于他提出了绕核运动的电子的能量是量子化的。但是该理论不能解释多电子原子光谱、氢原子光谱的精细结构等新的实验事实。其原因是该理论没有彻底摆脱经典力学的束缚，电子在固定轨道上绕核运动的观点不符合微观粒子的运动特性。科学的发展，促使人们去研究和建立描述电子运动规律的量子力学理论。

二、电子的波粒二象性

光在传播过程中的干涉、衍射等现象说明光具有波动性；而光电效应、原子光谱等现象又说明光具有粒子性。所以光既有波动性又具有粒子性，称为光的**波粒二象性**。波粒二象性的关系可用下式表示：

$$E = h\nu = h\frac{c}{\lambda} \quad p = \frac{h}{\lambda}$$

式中　E——光子的能量，J；

h——普朗克常数，值为 6.626×10^{-34} J·s；

c——光速，3×10^{8} m·s^{-1}；

λ——光子的波长，m；

ν——光子的频率，s^{-1}；

p——光子运动时的动量，kg·m·s^{-1}。

式中左边表示微粒的特征，右边表示波动的特征。光的波动性和粒子性通过普朗克常数联系了起来。

受到光的波粒二象性的启发，1924年德布罗意（L De. Broglie，法国物理学家）大胆预言电子等微观实物粒子也具有波粒二象性，并且提出了计算波长的关系式（德布罗意公式）：

对于质量为 m，运动速度为 v 的实物粒子其动量 $p=mv$，所以 $\lambda=\frac{h}{p}=\frac{h}{mv}$。

1927 年戴维逊（Davisson C J）和革末（Germer L H）进行了电子衍射试验，结果证明了德布罗意预言的合理性，装置见图 5-2。

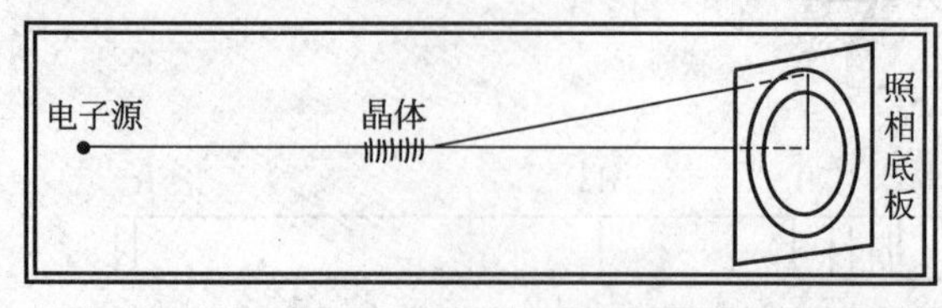

图 5-2　电子衍射示意图

当将一束高速电子流通过镍晶体（作为光栅）而射到荧光屏上时，结果得到了和光衍射现象相似的一系列明暗交替的衍射环纹，这种现象称为**电子衍射**。衍射是一切波动的共同特性，由此充分证明了高速运动的电子流，除了粒子性外，也有波动性，实验所得波长与德布罗意公式计算值相符。除光子、电子外，其他微观粒子如质子、中子等也具有波粒二象性。

具有波粒二象性的微观粒子，其运动状态和宏观物体的运动状态不同。例如，火车、人造卫星等的运动，它在任何瞬间，人们都能根据经典力学理论，精确地预测出它的运行轨道；也能够准确地同时测定它的位置和动量（动量等于质量乘以速度）。但是像电子这样的微观粒子的运动，由于兼具波动性，人们在任何瞬间都不能准确地同时测定电子的位置和动量；而是符合海森堡（W. Heisenberg，德国物理学家）提出的测不准关系：

$$\Delta x \cdot \Delta p \geqslant \frac{h}{2\pi}$$

式中　Δx——确定粒子位置时的测不准量；

　　　Δp——确定粒子动量时的测不准量。

测不准关系并不是说电子等微观粒子的运动是不可认识的，它只是指出了微观粒子运动具有波粒二象性，用经典力学理论无法描述。所以，在研究原子核外电子的运动状态时，必须要完全摒弃经典力学理论，而代之以描述微观粒子运动的量子力学理论。

三、波函数

虽然原子核外高速运转的电子具有波粒二象性，电子波与经典波（如电磁波）仍有许多共同特性，因此量子力学做了一个基本假设：任何微观粒子的运动状态，都可以用一个波函数表示。

物理学中，用**波函数**描述波的运动状态。例如，某时刻（t），电磁波在空间某点（x，y，z）的电场或磁场强度表示为 $\psi=$（x，y，z，t）。电子等实物粒子波，也可用波函数 ψ（x，y，z，t）来表示，但其物理意义与电磁波不同。电子的一个波函数代表电子的一种运动状态。

量子力学借用经典力学描述宏观物体运动的轨道概念，把波函数 ψ 称为**原子轨道函数**或简称**原子轨函**，甚至就叫**原子轨道**。因此波函数 ψ 和原子轨道是同义词，但此处的原子轨道绝无宏观物体固定轨道的含义，它只是反映了核外电子运动状态表现出的波动性和统计规律。波函数 ψ 是空间坐标 x，y，z 的函数，这种三维空间的波很难用适当的简单图形表示清楚。一般的处理方法是首先将 x，y，z 表示的直角坐标转换成 r，θ，φ 表示的球坐标，然后把 ψ（r，θ，φ）分解为用 r 表示的**径向分布函数**（或简称径向分布）和仅包含角度变量 θ 和 φ 的角度分布函数（或简称角度分布）Y（θ，φ）。图 5-3 为某些原子轨道的角度分布图，图中的"+"、"−"号表示波函数的正、负值。

四、概率密度与电子云

波函数 ψ 没有明确的、直观的物理意义，而 $|\psi|^2$ 有明确的物理意义，它表示电子在原子核外空间某点附近微体积内出现的概率。如果用小黑点的疏密程度表示电子在原子中的概率密度分布情况，就会发现，电子仿佛是分散在核周围空间的云雾一样，所以形象地将这种概率分布称为**电子云**。黑点较密的地方，表示电子出现的概率密度较大；黑点较稀疏处，表示电子出现的概率密度较小。图 5-4 为基态氢原子中电子的概率密度分布及电子云示意图。图的上部分表示电子的概率密度随其离核远近（r）的变化；下部分表示电子云分布。需要注意的是，电子云只是电子行为统计性的一种形象化描述，黑点的数目并不代表电子的数目。

与作原子轨道角度图类似，可以作出电子云的角度分布图（见图 5-5）。两种图形基本相似，但有两点不同：其一是电子云的角度分布图均为正值，通常不标出；其二是电子云角度分布的图形比较“瘦”些。

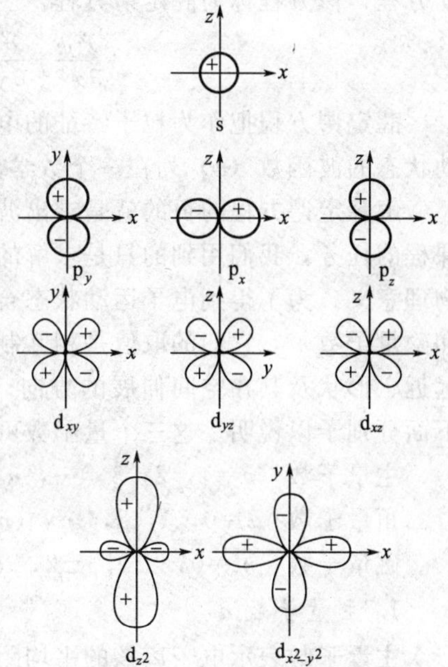

图 5-3　s，p，d 原子轨道角度分布图（平面图）

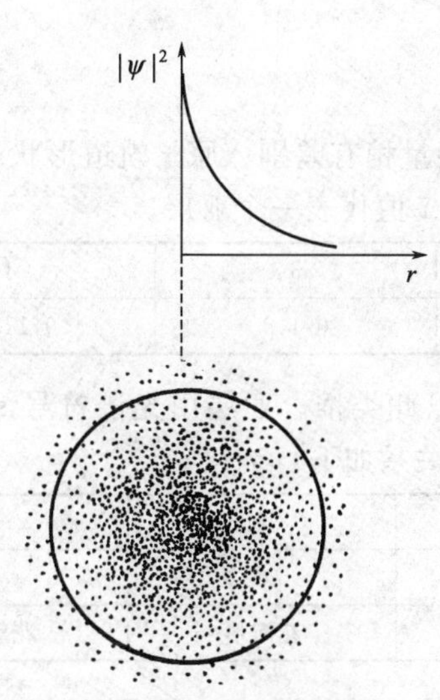

图 5-4　基态氢原子中电子概率密度分布及电子云

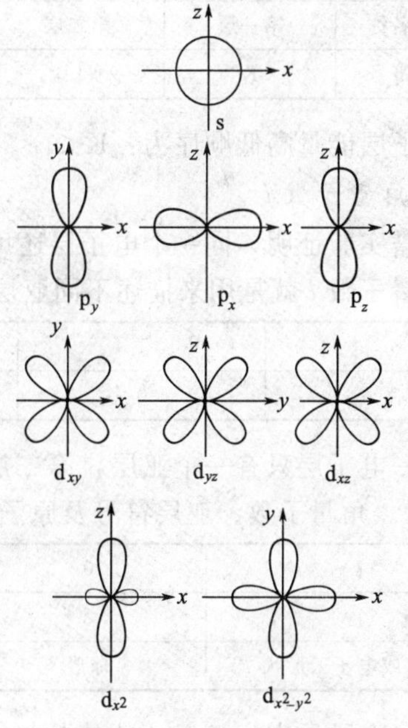

图 5-5　s，p，d 电子云角度

五、薛定谔方程和四个量子数

为了描述电子的运动状态，1926 年薛定谔（德文：Erwin Schrö dinger；英文 Erwin Schrodinger，奥地利物理学家）把电子运动和光的波动理论联系起来，提出了一种波动方程，该方程称为薛定谔方程。

$$\frac{\partial^2\psi}{\partial x^2}+\frac{\partial^2\psi}{\partial y^2}+\frac{\partial^2\psi}{\partial z^2}+\frac{8\pi^2 m}{h^2}(E-V)\psi=0$$

薛定谔方程把作为粒子特征的电子质量（m）、势能（V）和系统的总能量（E）与其运动状态的波函数（ψ）列在一个数学方程式中，体现了波动性和粒子性的结合。

解薛定谔方程的目的就是求出波函数 ψ 以及与其对应的能量 E。求解薛定谔方程不是本课程的任务，我们用到的只是求解的结论。这个方程的数学解很多，但并不是每一个解都有物理意义。为了得到电子运动状态合理的解，必须引用三个参数，主量子数 n、角量子数 l 和磁量子数 m，它们的取值是相互制约的。用这些量子数可以表示原子轨道或电子云离核的远近、形状及其在空间伸展的方向。此外，还有用来描述电子自旋运动的自旋量子数 m_s。下面分别予以说明。这三个量子数可取的数值及它们的关系如下：

主量子数　$n=1，2，3，\cdots，n$（正整数）

角量子数　$l=0，1，2，\cdots，(n-1)$（共可取 n 个数值）

磁量子数　$m=0，\pm1，\pm2，\cdots，\pm l$（共可取 $2l+1$ 个数值）

1. 主量子数 n

主量子数表示电子离核的平均距离，n 越大，电子离核平均距离越远，n 相同的电子离核平均距离比较接近，即所谓电子处于同一电子层。电子离核越近，其能量越低，因此电子的能量随 n 的增大而升高。n 值又代表电子层数，不同的电子层用不同的符号表示：

n	1	2	3	4	5	6
电子层名称	第一层	第二层	第三层	第四层	第五层	第六层
电子层符号	K	L	M	N	O	P

电子层能量高低顺序为：K＜L＜M＜N＜O＜P。

2. 角量子数 l

光谱实验证明，同一个电子层还可以分为若干个能量稍有差别、原子轨道形状不同的亚层。**角量子数** l 就是用来描述不同亚层的量子数，每个 l 值代表一个亚层。

n	1	2	3	4
l	0	0,1	0,1,2	0,1,2,3

第一电子层只有一个亚层，第二层有两个亚层，以此类推。亚层用光谱符号 s，p，d，f 等表示。角量子数、亚层符号及原子轨道形状的对应关系如下：

l	0	1	2	3
亚层符号	s	p	d	f
原子轨道或电子云形状	球形	哑铃形	花瓣形	花瓣形

同一电子层中，随着 l 数值的增大，原子轨道能量也依次升高，即 $E_{ns}<E_{np}<E_{nd}<E_{nf}$。所以，从能量角度讲，每一个亚层有不同的能量，称之为相应的能级。

3. 磁量子数 m

光谱线在磁场中会发生分裂的现象说明原子轨道不仅有一定的形状，而且还有不同的空间伸展方向。某种形状的原子轨道在空间取不同的伸展方向，就得到几个空间取向不同的原子轨道。**磁量子数** m 表示原子轨道在空间的伸展方向。m 的取值为：$m=0，\pm1，\pm2，\cdots，\pm l$，共有 $(2l+1)$ 个。每个取值表示亚层中的一个有一定空间伸展方向的轨道。因此，一个亚层中 m 可取

n个数值，该亚层中就有几个伸展方向不同的轨道。n、l和m的关系见表5-1。

表5-1　n、l和m的关系

主量子数(n)	1	2		3			4			
电子层符号	K	L		M			N			
角量子数(l)	0	0	1	0	1	2	0	1	2	3
电子亚层符号	1s	2s	2p	3s	3p	3d	4s	4p	4d	4f
磁量子数(m)	0	0	0 ±1	0	0 ±1	0 ±1 ±2	0	0 ±1	0 ±1 ±2	0 ±1 ±2 ±3
亚层轨道数($2l+1$)	1	1	3	1	3	5	1	3	5	7
电子层轨道数 n^2	1	4		9			16			

由表可见，当$n=1$，$l=0$时，$m=0$，表示1s亚层在空间只有一种伸展方向。当$n=2$，$l=1$时，$m=0$，$+1$，-1，表示2p亚层中有3个空间伸展方向不同的轨道，即p_x、p_y、p_z。这3个轨道的n、l值都相同，轨道的能量相同，所以称为等价轨道或简并轨道。当$n=3$，$l=2$时，$m=0$，±1，±2，表示3d亚层中有5个空间伸展方向不同的d轨道。这5个轨道的n、l值也相同，轨道能量也应相同，所以也是等价轨道。

综上所述，用n、l和m三个量子数即可决定特定原子轨道的大小、形状和伸展方向。

4. 自旋量子数m_s

直接从薛定谔方程得不到第四个量子数m_s，它是根据后来的理论和实验的要求引入的。精密观察强磁场存在下的原子光谱，发现大多数谱线是由靠得很近的两条谱线组成的。这是因为电子除绕核运动外，本身还作两种相反方向的自旋运动。描述电子自旋运动的量子数称为**自旋量子数**m_s。取值为$+1/2$和$-1/2$，符号用"↑"和"↓"表示。由于自旋量子数只有2个取值，因此每个原子轨道最多能容纳2个电子。

以上讨论了四个量子数的意义和它们之间相互联系又相互制约的关系。有了这四个量子数就能够比较全面地描述一个核外电子的运动状态。而n、l、m三个量子数可以确定一个原子轨道，在每个轨道上电子可以取两种相反的状态↑或↓。

综上，各电子层可能有的状态数，K层为2个，L层为8个，M层为18个，N层为32个。归纳得出，各电子层可能有的状态数等于主量子数的平方的二倍，即状态数$=2n^2$。

【例5-1】　某一多电子原子，试讨论在其第三电子层：

(1) 亚层数是多少？并用符号表示各亚层；

(2) 各亚层上的轨道数是多少？该电子层上的轨道总数是多少？

(3) 哪些是等价轨道？

解　第三电子层，即主量子数$n=3$。

(1) 亚层数是由角量子数l的取值数确定的。$n=3$时，l的取值可有0，1，2。所以第三电子层中有3个亚层，它们分别是3s，3p，3d。

(2) 各亚层上的轨道数是由磁量子数m的取值确定的。各亚层中可能有的轨道数是：

当$n=3$，$l=0$时，$m=0$，即只有一个3s轨道。

当$n=3$，$l=1$时，$m=0$，-1，$+1$，即可有3个3p轨道：$3p_x$，$3p_y$，$3p_z$。

当$n=3$，$l=2$时，$m=0$，±1，±2，即可有5个3d轨道：$3d_{z^2}$，$3d_{xz}$，$3d_{yz}$，

$3d_{x^2-y^2}$，$3d_{xy}$

由上可知，第三电子层总共有九个轨道。

(3) 等价轨道是能量相同的轨道，轨道能量主要决定于 n，其次是 l，所以 n、l 相同的轨道具有相同的能量。故等价轨道分别为 3 个 3p 轨道和 5 个 3d 轨道。

六、多电子原子轨道的能级

用图形把原子轨道能级高低顺序表示出来，就是原子轨道能级图。氢原子核外只有一个电子，它的原子轨道能级只取决于主量子数 n。但是多电子原子中，由于电子间的互相作用，使得原子轨道能级关系较为复杂。根据光谱实验数据，人们先后概括总结出了多种近似能级图，其中以 1939 年鲍林（Pauling L，美国化学家）的近似能级图最简单而被广泛使用。图 5-6 是鲍林的原子轨道近似能级图。

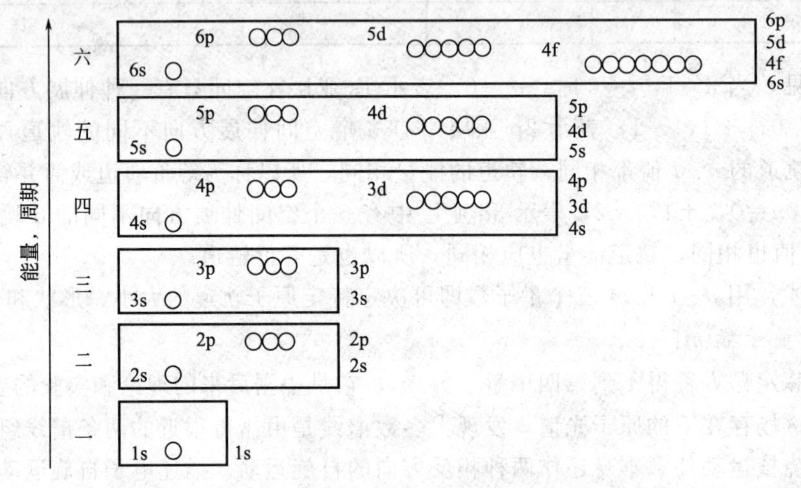

图 5-6 鲍林原子轨道近似能级图

图中每个圆圈代表一个原子轨道，方框内各原子轨道能量接近，构成一个能级组。相邻能级组之间能量相差比较大。每个能级组（除第一能级组）都是从 s 能级开始，于 p 能级终止。能级组数等于核外电子层数。在本章第三节将看到能级组的划分与周期表中周期的划分是一致的。从图 5-6 可以看出：

(1) 同一原子中的同一电子层内，各亚层之间的能量次序为 $ns<np<nd<nf$；

(2) 同一原子中的不同电子层内，相同类型亚层之间的能量次序为 $1s<2s<3s$；

(3) 同一原子中的第三层以上的电子层中，不同类型的亚层之间，在能级组中常出现能级交错现象。例如：$4s<3d<4p$；$5s<4d<5p$；$6s<4f<5d<6p$。

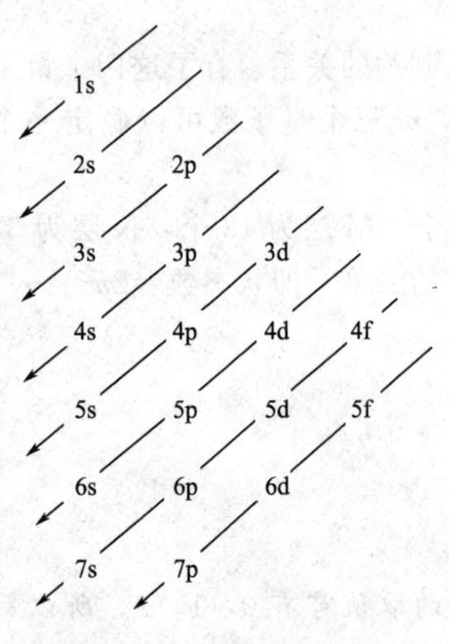

图 5-7 电子填充顺序图

综上所述，多电子原子的电子按如图 5-7 所示的顺序进入核外空间轨道。

必须指出，鲍林近似能级图是根据光谱实验，对周期系中各元素原子的能级图进行分析、归纳、总结出的多电子原子轨道能级的一般规律，不可能完全反映出每个元素原子轨道能级的相对高低，即只有近似的意义。

第二节　原子核外电子排布

多电子原子中，电子不仅受核的吸引，而且还存在电子间的相互排斥，所以原子轨道的能级远比氢原子要复杂得多。这些都影响到原子核外电子的排布，而核外电子的排布又直接决定着元素的性质。因此，核外电子排布是多电子原子结构中的一个重要问题。

一、基态原子中电子的排布原理

核外电子的排布是客观事实，本来不存在人为地向核外原子轨道填充电子和填充电子的顺序问题。但是，作为研究原子核外电子运动状态的一种科学假想，对了解原子电子层的结构，掌握化学反应规律是有益的。

人们根据光谱实验结果，并结合对元素周期律的分析，归纳、总结出基态原子核外电子排布的三个基本原理。

1. 泡利不相容原理

泡利（Pauli W.，奥地利科学家）提出：同一轨道上最多只能容纳 2 个电子，而且，这两个电子的自旋方向要相反。或者是说，在同一原子中不可能有两个电子的运动状态完全相同，即描述电子运动状态的四个量子数（n、l、m、m_s）不可能完全相同。

2. 能量最低原理

自然界任何体系总是能量越低，所处状态越稳定，这个规律称为能量最低原理。原子核外电子的排布也遵循这个原理。所以，在不违背泡利不相容原理的前提下，随着原子序数的递增，电子总是优先进入能量最低的轨道，基本上可依鲍林近似能级图逐级填入。24 号元素铬之前的原子严格遵守图 5-7 的填充顺序，铬及之后的原子有时出现例外。

需要指出，无论是实验结果或理论推导都证明：原子在失去电子时的顺序与填充时的并不对应。基态原子外层电子填充顺序为 $n\text{s}\rightarrow(n-2)\text{f}\rightarrow(n-1)\text{d}\rightarrow n\text{p}$；而基态原子失去外层电子的顺序为 $n\text{p}\rightarrow n\text{s}\rightarrow(n-1)\text{d}\rightarrow(n-2)\text{f}$。

例如，Fe 的最高能级组电子填充的顺序为先填 4s 轨道上的 2 个电子，再填 3d 轨道上的 6 个电子。而在失去电子时，却是先失 2 个 4s（成为 Fe^{2+}），再失 1 个 3d 电子（成为 Fe^{3+}）

【例 5-2】（1）写出$_{3}$Li 和$_{11}$Na 的电子排布式；

（2）用四个量子数表示$_{3}$Li 各能级上的电子运动状态；

解　（1）根据以上两个原理，它们的电子排布是

$_{3}$Li：　　$1s^2 2s^1$

$_{11}$Na：　　$1s^2 2s^2 2p^6 3s^1$

（2）$_{3}$Li 有 3 个电子分布在 1s 和 2s 两个能级上，它们的运动状态用四个量子数来描述是

$1s^2$：$n=1$，$l=0$，$m=0$，$m_s=+\frac{1}{2}$

$n=1$，$l=0$，$m=0$，$m_s=-\frac{1}{2}$

$2s^1$：$n=2$，$l=0$，$m=0$，$m_s=+\frac{1}{2}$　或 $n=2$，$l=0$，$m=0$，$m_s=-\frac{1}{2}$

3. 洪德规则

洪德（Hund F，法国化学家）根据大量光谱实验数据提出：在同一亚层的等价轨道上，

电子将尽可能占据不同的轨道，且自旋方向相同（这样排布时总能量最低）。例如，${}_6C$ 的电子排布为 $1s^2 2s^2 2p^2$，其轨道上的电子排布为

1s　2s　2p

(↑↓) (↑↓) (↑)(↑)( )

而不是(↑↓) (↑↓) (↑↓)( )( )或(↑↓) (↑↓) (↑)(↓)( )

此外，光谱实验结果还表明：当等价轨道中的电子处于全充满、半充满或全空的状态时，能量较低，因而是较稳定的状态比较稳定的。

即　p^6 或 d^{10} 或 f^{14}　全充满

p^3 或 d^5 或 f^7　半充满

p^0 或 d^0 或 f^0　全　空

例如，铬和铜原子核外电子的排布式：

${}_{24}Cr$ 不是 $1s^2 2s^2 2p^6 3s^2 3p^6 3d^4 4s^2$，而是 $1s^2 2s^2 2p^6 3s^2 3p^6 3d^5 4s^1$。$3d^5$ 为半充满

${}_{29}Cu$ 不是 $1s^2 2s^2 2p^6 3s^2 3p^6 3d^9 4s^2$，而是 $1s^2 2s^2 2p^6 3s^2 3p^6 3d^{10} 4s^1$。$3d^{10}$ 为全充满

为了书写方便，以上两例的电子排布式也可简写成

$${}_{24}Cr\text{：}[Ar]\ 3d^5 4s^1 \qquad {}_{29}Cu\text{：}[Ar]\ 3d^{10} 4s^1$$

方括号中所列稀有气体表示该原子内层的电子结构与此稀有气体原子的电子结构一样，[Ar]，[Kr]，[Xe] 等称为原子芯❶（在离子的电子排布式中使用时称离子芯）。

因为化学反应一般只涉及原子的外层电子，所以掌握外层电子的排布式是必要的。外层电子排布式也叫外层电子构型或价层电子构型。对于主族元素，指最外层电子，如 19 号元素钾的 $4s^1$，17 号元素氯的 $3s^2 3p^5$；对于副族元素，是指最外层电子和次外层电子，如 26 号元素铁的 $3d^6 4s^2$，29 号元素铜的 $3d^{10} 4s^1$。

二、基态原子中的电子排布

表 5-2 列出了由光谱实验数据得到的原子序数 1～109 各元素基态原子中的排布情况。其中，绝大多数元素的电子排布与上节所述的排布原则是一致的，但也有少数不符合。对此，必须尊重事实，并在此基础上去探求更符合实际的理论解释。

表 5-2　基态原子中的电子排布

周期	原子序数	元素符号	元素名称	电子层 K	L		M			N				O				P			Q
				1s	2s	2p	3s	3p	3d	4s	4p	4d	4f	5s	5p	5d	5f	6s	6p	6d	7s
1	1	H	氢	1																	
	2	He	氦	2																	
2	3	Li	锂	2	1																
	4	Be	铍	2	2																
	5	B	硼	2	2	1															
	6	C	碳	2	2	2															
	7	N	氮	2	2	3															
	8	O	氧	2	2	4															
	9	F	氟	2	2	5															
	10	Ne	氖	2	2	6															

❶ 也称原子实。

续表

周期	原子序数	元素符号	元素名称	电子层																	
				K	L		M			N				O				P			Q
				1s	2s	2p	3s	3p	3d	4s	4p	4d	4f	5s	5p	5d	5f	6s	6p	6d	7s
3	11	Na	钠	2	2	6	1														
	12	Mg	镁	2	2	6	2														
	13	Al	铝	2	2	6	2	1													
	14	Si	硅	2	2	6	2	2													
	15	P	磷	2	2	6	2	3													
	16	S	硫	2	2	6	2	4													
	17	Cl	氯	2	2	6	2	5													
	18	Ar	氩	2	2	6	2	6													
4	19	K	钾	2	2	6	2	6		1											
	20	Ca	钙	2	2	6	2	6		2											
	21	Sc	钪	2	2	6	2	6	1	2											
	22	Ti	钛	2	2	6	2	6	2	2											
	23	V	钒	2	2	6	2	6	3	2											
	24	Cr	铬	2	2	6	2	6	5	1											
	25	Mn	锰	2	2	6	2	6	5	2											
	26	Fe	铁	2	2	6	2	6	6	2											
	27	Co	钴	2	2	6	2	6	7	2											
	28	Ni	镍	2	2	6	2	6	8	2											
	29	Cu	铜	2	2	6	2	6	10	1											
	30	Zn	锌	2	2	6	2	6	10	2											
	31	Ga	镓	2	2	6	2	6	10	2	1										
	32	Ge	锗	2	2	6	2	6	10	2	2										
	33	As	砷	2	2	6	2	6	10	2	3										
	34	Se	硒	2	2	6	2	6	10	2	4										
	35	Br	溴	2	2	6	2	6	10	2	5										
	36	Kr	氪	2	2	6	2	6	10	2	6										
5	37	Rb	铷	2	2	6	2	6	10	2	6			1							
	38	Sr	锶	2	2	6	2	6	10	2	6			2							
	39	Y	钇	2	2	6	2	6	10	2	6	1		2							
	40	Zr	锆	2	2	6	2	6	10	2	6	2		2							
	41	Nb	铌	2	2	6	2	6	10	2	6	4		1							
	42	Mo	钼	2	2	6	2	6	10	2	6	5		1							
	43	Tc	锝	2	2	6	2	6	10	2	6	5		2							
	44	Ru	钌	2	2	6	2	6	10	2	6	7		1							
	45	Rh	铑	2	2	6	2	6	10	2	6	8		1							
	46	Pd	钯	2	2	6	2	6	10	2	6	10		0							
	47	Ag	银	2	2	6	2	6	10	2	6	10		1							
	48	Cd	镉	2	2	6	2	6	10	2	6	10		2							
	49	In	铟	2	2	6	2	6	10	2	6	10		2	1						
	50	Sn	锡	2	2	6	2	6	10	2	6	10		2	2						
	51	Sb	锑	2	2	6	2	6	10	2	6	10		2	3						
	52	Te	碲	2	2	6	2	6	10	2	6	10		2	4						
	53	I	碘	2	2	6	2	6	10	2	6	10		2	5						
	54	Xe	氙	2	2	6	2	6	10	2	6	10		2	6						

续表

周期	原子序数	元素符号	元素名称	电子层																	
				K	L		M			N				O				P			Q
				1s	2s	2p	3s	3p	3d	4s	4p	4d	4f	5s	5p	5d	5f	6s	6p	6d	7s
	55	Cs	铯	2	2	6	2	6	10	2	6	10		2	6			1			
	56	Ba	钡	2	2	6	2	6	10	2	6	10		2	6			2			
	57	La	镧	2	2	6	2	6	10	2	6	10		2	6	1		2			
	58	Ce	铈	2	2	6	2	6	10	2	6	10	1	2	6	1		2			
	59	Pr	镨	2	2	6	2	6	10	2	6	10	3	2	6			2			
	60	Nd	钕	2	2	6	2	6	10	2	6	10	4	2	6			2			
	61	Pm	钷	2	2	6	2	6	10	2	6	10	5	2	6			2			
	62	Sm	钐	2	2	6	2	6	10	2	6	10	6	2	6			2			
	63	Eu	铕	2	2	6	2	6	10	2	6	10	7	2	6			2			
	64	Gd	钆	2	2	6	2	6	10	2	6	10	7	2	6	1		2			
	65	Tb	铽	2	2	6	2	6	10	2	6	10	9	2	6			2			
	66	Dy	镝	2	2	6	2	6	10	2	6	10	10	2	6			2			
	67	Ho	钬	2	2	6	2	6	10	2	6	10	11	2	6			2			
	68	Er	铒	2	2	6	2	6	10	2	6	10	12	2	6			2			
	69	Tm	铥	2	2	6	2	6	10	2	6	10	13	2	6			2			
6	70	Yb	镱	2	2	6	2	6	10	2	6	10	14	2	6			2			
	71	Lu	镥	2	2	6	2	6	10	2	6	10	14	2	6	1		2			
	72	Hf	铪	2	2	6	2	6	10	2	6	10	14	2	6	2		2			
	73	Ta	钽	2	2	6	2	6	10	2	6	10	14	2	6	3		2			
	74	W	钨	2	2	6	2	6	10	2	6	10	14	2	6	4		2			
	75	Re	铼	2	2	6	2	6	10	2	6	10	14	2	6	5		2			
	76	Os	锇	2	2	6	2	6	10	2	6	10	14	2	6	6		2			
	77	Ir	铱	2	2	6	2	6	10	2	6	10	14	2	6	7		2			
	78	Pt	铂	2	2	6	2	6	10	2	6	10	14	2	6	9		1			
	79	Au	金	2	2	6	2	6	10	2	6	10	14	2	6	10		1			
	80	Hg	汞	2	2	6	2	6	10	2	6	10	14	2	6	10		2			
	81	Tl	铊	2	2	6	2	6	10	2	6	10	14	2	6	10		2	1		
	82	Pb	铅	2	2	6	2	6	10	2	6	10	14	2	6	10		2	2		
	83	Bi	铋	2	2	6	2	6	10	2	6	10	14	2	6	10		2	3		
	84	Po	钋	2	2	6	2	6	10	2	6	10	14	2	6	10		2	4		
	85	At	砹	2	2	6	2	6	10	2	6	10	14	2	6	10		2	5		
	86	Rn	氡	2	2	6	2	6	10	2	6	10	14	2	6	10		2	6		
	87	Fr	钫	2	2	6	2	6	10	2	6	10	14	2	6	10		2	6		1
	88	Ra	镭	2	2	6	2	6	10	2	6	10	14	2	6	10		2	6		2
	89	Ac	锕	2	2	6	2	6	10	2	6	10	14	2	6	10		2	6	1	2
	90	Th	钍	2	2	6	2	6	10	2	6	10	14	2	6	10		2	6	2	2
	91	Pa	镤	2	2	6	2	6	10	2	6	10	14	2	6	10	2	2	6	1	2
	92	U	铀	2	2	6	2	6	10	2	6	10	14	2	6	10	3	2	6	1	2
	93	Np	镎	2	2	6	2	6	10	2	6	10	14	2	6	10	4	2	6	1	2
	94	Pu	钚	2	2	6	2	6	10	2	6	10	14	2	6	10	6	2	6		2
7	95	Am	镅	2	2	6	2	6	10	2	6	10	14	2	6	10	7	2	6		2
	96	Cm	锔	2	2	6	2	6	10	2	6	10	14	2	6	10	7	2	6	1	2
	97	Bk	锫	2	2	6	2	6	10	2	6	10	14	2	6	10	9	2	6		2
	98	Cf	锎	2	2	6	2	6	10	2	6	10	14	2	6	10	10	2	6		2
	99	Es	锿	2	2	6	2	6	10	2	6	10	14	2	6	10	11	2	6		2
	100	Fm	镄	2	2	6	2	6	10	2	6	10	14	2	6	10	12	2	6		2
	101	Md	钔	2	2	6	2	6	10	2	6	10	14	2	6	10	13	2	6		2
	102	No	锘	2	2	6	2	6	10	2	6	10	14	2	6	10	14	2	6		2

续表

周期	原子序数	元素符号	元素名称	电子层																	
				K	L		M			N				O				P			Q
				1s	2s	2p	3s	3p	3d	4s	4p	4d	4f	5s	5p	5d	5f	6s	6p	6d	7s
7	103	Lr	铹	2	2	6	2	6	10	2	6	10	14	2	6	10	14	2	6	1	2
	104	Rf	𬬻	2	2	6	2	6	10	2	6	10	14	2	6	10	14	2	6	2	2
	105	Db	𬭊	2	2	6	2	6	10	2	6	10	14	2	6	10	14	2	6	3	2
	106	Sg	𬭳	2	2	6	2	6	10	2	6	10	14	2	6	10	14	2	6	4	2
	107	Bh	𬭛	2	2	6	2	6	10	2	6	10	14	2	6	10	14	2	6	5	2
	108	Hs	𬭶	2	2	6	2	6	10	2	6	10	14	2	6	10	14	2	6	6	2
	109	Mt	鿏	2	2	6	2	6	10	2	6	10	14	2	6	10	14	2	6	7	2

注：1. 表中框线内为副族元素，框线内背影元素为镧系元素和锕系元素。

2. 104～109 号的元素名称和符号经历了多年的争议。我国科学技术名词审定委员会根据 IUPAC1997 年的通知，于 1998 年 1 月讨论、通过，并推荐使用 104～109 号元素的符号和中文名称。

第三节　原子结构与元素周期律

按原子序数递增的顺序将元素依次排列，原子的最外层电子呈现出周期性变化。除第一横行外，最外层电子总是从 ns^1 开始至 ns^2np^6 为止的周期性变化。核外电子排布的周期性变化，引起元素性质的周期性变化。这种性质的周期性变化称为元素周期律。元素周期律的图表形式称为**元素周期表**，见表 5-3。1869 年门捷列夫（俄语：Дми́трий Ива́нович Менделе́ев，英语：Dmitri Ivanovich Mendeleev，前苏联化学家）发现了第一张元素周期表。

一、周期与能级组

周期表共有七个横行，每一横行是一个**周期**（见表 5-3）。其中，第一周期有 2 种元素，称为**特短周期**；第二、三周期各有 8 种元素，称为**短周期**；第四、五周期各有 18 种元素，称为**长周期**；第六周期有 32 种元素，称为**特长周期**；第七周期尚未填满，称为**不完全周期**。除第一周期外，每一周期元素原子最外层电子数都由 1 增至 8。每一次这样的重复，都意味着一个新周期的开始。周期表中元素所属的周期数等于原子的电子层数；各周期中元素数目，等于相应能级组中原子轨道所能容纳的电子总数。随着原子序数的递增，每一周期中的元素总是从活泼的碱金属开始（第一周期例外），逐渐过渡到稀有气体为止。对应的电子结构是从 ns^1 开始至 np^6 结束，周期性地重复出现。在长周期或特长周期中，其电子层结构还夹着（n－1）d 或（n－2）f（n－1）d 亚层，见表 5-4。

可见，元素划分为周期的本质在于能级组的划分。元素性质周期性的变化，是原子核外的电子排布周期性变化的反映。

二、族与价层电子构型

周期表中共有十八个纵行，分为八个**主（A）族**和**八个副（B）族**。同族元素电子层数不同，但价层电子构型基本相同（少数例外），所以价层电子构型相同是元素分族的依据。

1. 主族元素

在各族号罗马字旁加 A 表示主族。周期表中共有 8 个主族，即ⅠA～ⅧA。凡原子核外最后一个电子填入 ns 或 np 亚层上的元素，都是主族元素。其价层电子构型为 $ns^{1\sim2}$ 或 $ns^2np^{1\sim6}$，其族数等于原子最外电子层的电子数。同主族元素价层电子构型相同，性质相似。

表 5-3　元素周期表

族 周期	1	2	3	4	5	6	7	8	9	10	11	12	13	14	15	16	17	18
1	1 H																	2 He
	ⅠA	ⅡA											ⅢA	ⅣA	ⅤA	ⅥA	ⅦA	ⅧA
2	3 Li	4 Be											5 B	6 C	7 N	8 O	9 F	10 Ne
3	11 Na	12 Mg	ⅢB	ⅣB	ⅤB	ⅥB	ⅦB	Ⅷ			ⅠB	ⅡB	13 Al	14 Si	15 P	16 S	17 Cl	18 Ar
4	19 K	20 Ca	21 Sc	22 Ti	23 V	24 Cr	25 Mn	26 Fe	27 Co	28 Ni	29 Cu	30 Zn	31 Ga	32 Ge	33 As	34 Se	35 Br	36 Kr
5	37 Rb	38 Sr	39 Y	40 Zr	41 Nb	42 Mo	43 Tc	44 Ru	45 Rh	46 Pd	47 Ag	48 Cd	49 In	50 Sn	51 Sb	52 Te	53 I	54 Xe
6	55 Cs	56 Ba	*71 Lu	72 Hf	73 Ta	74 W	75 Re	76 Os	77 Ir	78 Pt	79 Au	80 Hg	81 Tl	82 Pb	83 Bi	84 Po	85 At	86 Rn
7	87 Fr	88 Ra	**103 Lr	104 Rf	105 Db	106 Sg	107 Bh	108 Hs	109 Mt									
价层电子结构类型	ns^1	ns^2	$(n-1)d^1ns^2$	$(n-1)d^2ns^2$	$(n-1)d^3ns^2$	$(n-1)d^5ns^1$	$(n-1)d^5ns^2$	$(n-1)d^{6\sim10}ns^{0\sim2}$			$(n-1)d^{10}ns^1$	$(n-1)d^{10}ns^2$	ns^2np^1	ns^2np^2	np^4np^3	ns^2np^4	ns^2np^5	ns^2np^6
	*镧系元素				57 La	58 Ce	59 Pr	60 Nd	61 Pm	62 Sm	63 Eu	64 Gd	65 Tb	66 Dy	67 Ho	68 Er	69 Tm	70 Yb
	**锕系元素				89 Ac	90 Th	91 Pa	92 U	93 Np	94 Pu	95 Am	96 Cm	97 Bk	98 Cf	99 Es	100 Fm	101 Md	102 No

表 5-4　能级组与周期的关系

周期	能级组	原子序数	能级组内各亚层电子填充顺序	电子填充数	元素种数
1	Ⅰ	1～2	$1s^{1\sim2}$	2	2
2	Ⅱ	3～10	$2s^{1\sim2}\rightarrow2p^{1\sim6}$	8	8
3	Ⅲ	11～18	$3s^{1\sim2}\rightarrow3p^{1\sim6}$	8	8
4	Ⅳ	19～36	$4s^{1\sim2}\rightarrow3d^{1\sim10}\rightarrow4p^{1\sim6}$	18	18
5	Ⅴ	37～54	$5s^{1\sim2}\rightarrow4d^{1\sim10}\rightarrow5p^{1\sim6}$	18	18
6	Ⅵ	55～86	$6s^{1\sim2}\rightarrow4f^{1\sim14}\rightarrow5d^{1\sim10}\rightarrow6p^{1\sim6}$	32	32
7	Ⅶ	87～未完	$7s^{1\sim2}\rightarrow5f^{1\sim14}\rightarrow6d^{1\sim7}$	23 （未填满）	23 （尚待发现）

2. 副族元素

在各族号罗马字旁加 B 表示副族。周期表中共有 8 个副族，即ⅢB～ⅧB～ⅡB。凡是原子核外最后一个电子填入 $(n-1)d$ 或 $(n-2)f$ 亚层上的元素，都是副族元素，也称过渡元素［最后一个电子填在 $(n-2)f$ 亚层上的元素，称内过渡元素］。$(n-1)d^{1\sim10}ns^{0\sim2}$ 为过渡元素的价层电子构型。ⅢB～ⅦB 族元素原子的价层电子总数等于其族数。ⅢB 中 57 号元素镧（La）代表 57～71 号的 15 种元素，称为镧系元素；89 号元素锕（Ac）代表 89～103 号元素，称为锕系元素。镧系和锕系元素统称为内过渡元素。ⅧB 族有三个纵行，它们的价层电子构型为 $(n-1)d^{6\sim10}ns^{0\sim2}$（${}_{46}Pd$ 无 ns 电子），价层电子总数为 8～10 个，ⅧB 族的多数元素在化学反应中表现出的价电子数并不等于其族数。ⅠB、ⅡB 族元素由于其 $(n-1)d$ 亚层已经填满，所以最外层（即 ns）上的电子数等于其族数。

三、周期表元素分区

根据周期、族和原子结构特征的关系，将周期表中的元素划分成五个区域，如图 5-8 所示。

s 区元素：价层电子构型为 ns^1、ns^2，包括ⅠA 碱金属、ⅡA 碱土金属元素。

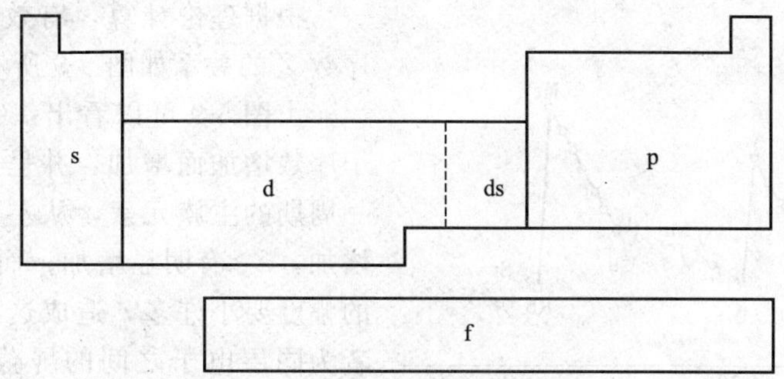

图 5-8　周期表中元素分区示意图

d 区元素：价层电子构型 $(n-1)\ d^{1\sim10}ns^{0\sim2}$，包括ⅢB～ⅧB 族元素。

ds 区元素：价层电子构型为 $(n-1)\ d^{10}ns^{1\sim2}$，包括ⅠB、ⅡB 族元素。d 区和 ds 区元素又称为过渡元素。

p 区元素：价层电子构型为 $ns^2np^{1\sim6}$，为ⅢA～ⅧA 族元素。ⅧA 族元素，除 He 原子最外层只有 2 个电子外，其余元素的最外电子层都是 8 电子（ns^2np^6），这样的电子层结构比较稳定。这也是本族元素曾被称为零族的原因。

f 区元素：其价层电子构型为 $(n-2)\ f^{0\sim14}\ (n-1)\ d^{0\sim2}ns^2$（周期表下的两横列），包括镧系、锕系元素。f 区元素也称为内过渡元素。

综上所述，原子的电子层结构与元素周期表的关系十分密切。对于多数元素来说，如果知道元素的原子序数，便可以知道其原子的电子层结构，从而判断它所在的周期和族。反之，如果已知某元素所在的周期和族，便可写出该元素原子的电子结构，也能推知它的原子序数。

【例 5-3】 已知某元素在周期表中位于第 5 周期ⅥA 族，试写出该元素的电子排布式、名称和符号。

解　根据该元素位于第 5 周期可以断定，它的核外有 5 个电子层；主族元素的族数应等于它的最外层电子数，该元素位于ⅥA 族即价电子构型为 $5s^25p^4$。所以其原子的电子排布式为 [Kr] $4d^{10}5s^25p^4$，该元素为碲（Te）。

第四节　元素性质的周期性

原子核外电子排布的周期性变化，造成元素的基本性质，如有效核电荷、原子半径、电离能、电子亲和能、电负性等也呈现出明显的周期性。本节阐述元素的一些主要性质的周期性变化规律。

一、有效核电荷（Z^*）

在多电子原子中，核外某一选定电子不仅受到原子核的吸引，同时还受到其他电子的排斥。斯莱脱（Slater J. C.）提出：内层电子和同层电子对选定电子的排斥作用，势必削弱原子核对该电子的吸引，这种作用称为**屏蔽效应**。屏蔽效应的结果，使该电子实际上受到的核电荷（**有效核电荷** Z^*）的引力比原子序数（Z）所表示的核电荷的引力要小。屏蔽作用的大小可以用屏蔽常数（σ）来表示：$Z^*=Z-\sigma$。

可见屏蔽常数可以理解为被抵消的那部分核电荷。

在周期表中元素的原子序数依次递增，原子核外电子层结构呈周期性变化。由于屏蔽常数 σ 与电子层结构有关，所以有效核电荷也呈现周期性的变化。

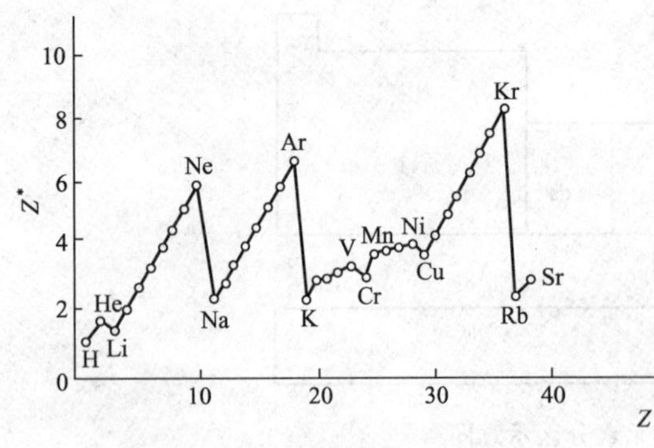

图 5-9 有效核电荷的周期性变化

根据理论计算，有效核电荷 Z^* 与原子序数 Z 的关系如图 5-9 所示。

由图 5-9 可以看出：①有效核电荷随原子序数增加而增加，并呈周期性变化。②同一周期的主族元素，从左到右随原子序数的增加，Z^* 有明显增加；而副族元素 Z^* 增加的幅度要小许多。造成这种差别的原因是前者为同层电子之间的屏蔽，屏蔽作用较小；而后者是内层电子对外层电子的屏蔽，屏蔽作用较大。③同族元素由上到下，虽然核电荷增加得较多，但上下相邻两元素的原子依次增加一个电子层，屏蔽作用大，故有效核电荷增加得并不多。

二、原子半径（r）

1. 原子半径

严格地讲，由于电子云没有边界，原子半径也就无一定数。但人总会有办法的。迄今所有的原子半径都是在结合状态下测定的。常用的有以下三种。

（1）金属半径　把金属晶体看成是由金属原子紧密堆积而成。因此，测得两相邻金属原子核间距离的一半，称为该金属原子的**金属半径**。

（2）共价半径　同种元素的两个原子以共价键结合时，测得它们核间距离的一半，称为该原子的**共价半径**。周期表中各元素原子的共价半径见表 5-5。

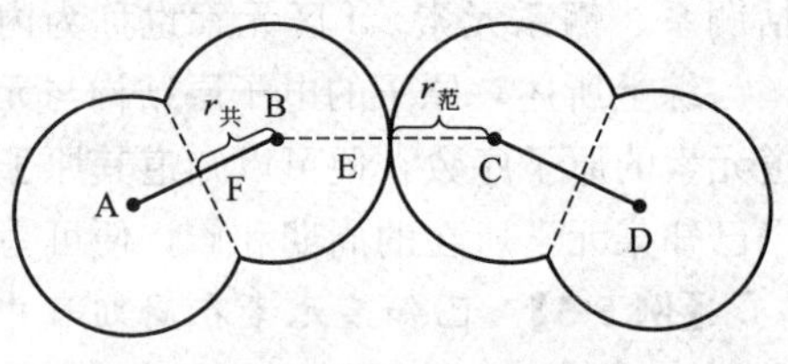

图 5-10 氯原子的共价半径与范德华半径

（3）范德华半径　在分子晶体中，分子间以范德华（van der Waals）力相结合，这时相邻分子间两个非键结合的同种原子，其核间距离的一半，称为该原子的**范德华半径**。同一元素原子的范德华半径大于共价半径。例如，氯原子的共价半径为 99pm，其范德华半径则为 180pm。两者区别见示意图 5-10。

表 5-5 元素的原子半径 r（单位：pm）

H																	He
32																	93
Li	Be											B	C	N	O	F	Ne
123	89											82	77	F	66	64	112
Na	Mg											Al	Si	P	S	Cl	Ar
154	136											118	117	110	104	99	154
K	Ca	Sc	Ti	V	Cr	Mn	Fe	Co	Ni	Cu	Zn	Ga	Ge	As	Se	Br	Kr
203	174	144	132	122	118	117	117	116	115	117	125	126	122	121	117	114	169
Rb	Sr	Y	Zr	Nb	Mo	Tc	Ru	Rh	Pd	Ag	Cd	In	Sn	Sb	Te	I	Xe
216	191	162	145	134	130	127	125	125	128	134	148	144	140	141	137	133	190
Cs	Ba	Lu	Hf	Ta	W	Re	Os	Ir	Pt	Au	Hg	Tl	Pb	Bi	Po	At	Rn
235	198	158	144	134	130	128	126	127	130	134	144	148	147	146	146	145	220
Fr	Ra	Lr															
		La	Ce	Pr	Nd	Pm	Sm	Eu	Gd	Tb	Dy	Ho	Er	Tm	Yb		
		169	165	164	164	163	162	185	162	161	160	158	158	158	170		

原子半径与原子序数的关系见图 5-11。

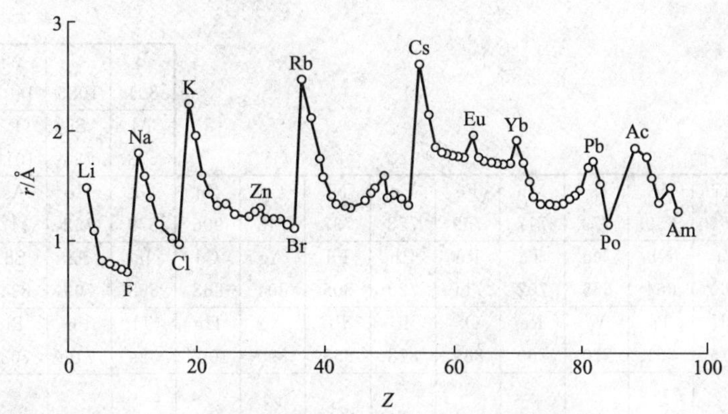

图 5-11　原子半径的周期性变化

2. 原子半径变化规律

原子半径的大小主要取决于核外电子层数和有效核电荷。其变化规律可归纳如下。

(1) 同周期原子半径的变化总趋势　随着原子序数的增大，原子半径自左至右减小。原因是，电子层数不变的情况下，有效核电荷的增大导致核对外层电子的引力增大。

另外，图 5-11 表明，相邻元素半径的减小幅度：主族元素＞过渡元素＞内过渡元素。这是因为，对于主族元素，电子逐个添加在最外层，对原来最外层上的电子的屏蔽常数（σ）小，使有效核电荷（Z^*）迅速增大。对于过渡元素，电子逐个添加在次外层，增加的次外层电子对原来最外层上电子的屏蔽较强，使有效核电荷增加较小。对于内过渡元素，电子逐个添加在从外数第三层，增加的电子对原来最外层上电子的屏蔽很强，有效核电荷增加甚小。镧系元素原子半径的这种缓慢递减的现象称为镧系收缩。

(2) 同族元素原子半径的变化趋势　同族元素原子半径自上而下增大，原因是电子层依次增加，有效核电荷的影响退居次要地位。第 6 周期过渡元素（如 Hf、Ta）的原子半径与第 5 周期同族元素（如 Zr、Nb）相比几乎没有增大，这是镧系收缩的重要效应之一。

三、电离能（I）

基态气体原子失去最外层一个电子成为气态＋1 价离子所需的最小能量叫**第一电离能**，再从正离子相继逐个失去电子所需的最小能量则叫第二、第三、…电离能。通常 $I_1<I_2<I_3$……，例如：

$$Al(g)-e^- \longrightarrow Al^+(g);I_1=577.6kJ \cdot mol^{-1}$$

$$Al^+(g)-e^- \longrightarrow Al^{2+}(g);I_2=1817kJ \cdot mol^{-1}$$

$$Al^{2+}(g)-e^- \longrightarrow Al^{3+}(g);I_3=2745kJ \cdot mol^{-1}$$

其 SI 的单位为 $kJ \cdot mol^{-1}$。各元素的第一电离能见表 5-6。

电离能有加和性，如上例中：$Al(g)-3e^- \longrightarrow Al^{3+}(g);I=I_1+I_2+I_3=5139.6kJ \cdot mol^{-1}$。

电离能的大小反映原子失去电子的难易。电离能越大，原子失去电子越难；反之，电离能越小，原子失去电子越容易。通常用第一电离能 I_1 来衡量原子失去电子的能力。

表 5-6 元素的第一电离能 I_1（单位：$kJ \cdot mol^{-1}$）

H 1312																	He 2372
Li 520	Be 899											B 801	C 1086	N 1402	O 1314	F 1631	Ne 2081
Na 496	Mg 738											Al 578	Si 786	P 1012	S 1000	Cl 1251	Ar 1521
K 419	Ca 590	Sc 631	Ti 658	V 650	Cr 623	Mn 717	Fe 759	Co 758	Ni 737	Cu 745	Zn 906	Ga 579	Ge 762	As 947	Se 941	Br 1140	Kr 1351
Rb 403	Sr 550	Y 616	Zr 660	Nb 664	Mo 685	Tc 702	Ru 711	Rh 720	Pd 805	Ag 804	Cd 868	In 558	Sn 709	Sb 834	Te 869	I 1008	Xe 1170
Cs 376	Ba 503	Lu 523	Hf 675	Ta 761	W 770	Re 760	Os 839	Ir 878	Pt 868	Au 890	Hg 1007	Tl 589	Pb 716	Bi 703	Po 812	At	Rn 1041
Fr	Ra 509	Lr															

电离能的大小主要取决于有效核电荷、原子半径和电子层结构等，电离能也呈周期性的变化。见图 5-12。

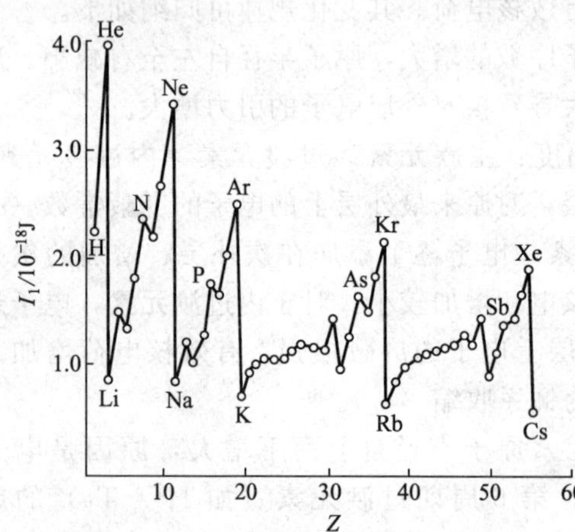

图 5-12 元素的第一电离能的周期性变化

由图可见：对同一周期的主族元素来说，随着有效核电荷 Z^* 增加，原子半径减小，失电子由易变难，故电离能明显增大。有些元素如 N、P 等的第一电离能在曲线上突出冒尖，这是由于电子要从 np^3 半充满的稳定状态中电离出去，需要消耗更多的能量（实际上，前面述及的等价轨道的全空、半充满、全充满状态比较稳定，就是根据电离能的数据归纳总结出的）。过渡元素电离能升高比较慢，这种现象和它们有效核电荷增加缓慢、半径减小缓慢是一致的。

同一主族元素从上而下有效核电荷增加不明显，但原子的电子层数相应增多，原子半径增大显著，因此，核对外层电子的引力逐渐减弱，电子移去就较为容易，故电离能逐渐减小。

四、电子亲和能（Y）

电子亲和能是指在标准状态时，气态原子在基态时得到一个电子形成－1 价气态阴离子所放出的能量。用符号 Y 表示，其 SI 的单位也为 $kJ \cdot mol^{-1}$。电子亲和能也有 Y_1、Y_2 之分，例如，按热力学表示：

$$O(g) + e^- \longrightarrow O^-(g); Y_1 = -141 kJ \cdot mol^{-1}$$

$$O^-(g) + e^- \longrightarrow O^{2-}(g); Y_2 = +780 kJ \cdot mol^{-1}$$

如果没有特别说明，通常说的电子亲和能，就是指**第一电子亲和能**。元素第一电子亲和能的正值表示放出能量，负值表示吸收能量。元素的电子亲和能越大，表示原子获取电子的能力越强，即非金属性越强。各元素原子的 Y_1 一般为负值，这是由于电子获得第一个电子时系统能量降低，要放出能量。已带负电的阴离子要再结合一个电子，则需要克服阴离子电荷的排斥作用，必须吸收能量。

电子亲和能的大小与有效电荷、原子半径和电子层结构有关，故也呈周期性变化。以主族元素为例，同一周期从左到右，各元素的原子结合电子时放出的能量总的趋势是增加的或更负的（稀有气体除外），表明原子越来越容易结合电子形成阴离子。但也表现出了与电离能相似的波浪形变化。例如：

原 子	Na	Mg	Al	Si	P	S	Cl
Y_1/kJ·mol^{-1}	−52.7	−230	−44	−133.6	−71.7	−200.4 590(Y_2)	−348.8

同族元素从上到下结合电子时放出的能量总的趋势是逐渐减小，表明结合电子的能力逐渐减弱，但是，可能由于F原子半径太小，其原子亲和能反而比Cl原子小，氯是周期表中电子亲和能最大的元素。例如：

原 子	F	Cl	Br	I
Y_1/kJ·mol^{-1}	−327.9	−348.8	−324.6	−295.3

五、电负性（X）

电离能和电子亲和能分别从不同方面反映出原子得失电子的能力。但在形成化合物时，有些原子并没有得失电子，而只是发生电子偏移。因此，只从电离能或电子亲和能来判断元素的金属性或非金属性就有一定局限性。为了综合表征原子得失电子的能力，1932年鲍林提出了电负性概念。**元素电负性**是指在分子中原子吸引成键电子的能力。他指定最活泼的非金属元素氟的电负性为4.0，然后通过计算得出其他元素电负性的相对值。元素电负性越大，表示该元素原子在分子中吸引成键电子的能力越强。反之，则越弱。表5-7列出了鲍林的元素电负性数值。

表 5-7 电负性表

H 2.2																
Li 1.0	Be 1.6											B 2.0	C 2.6	N 3.0	O 3.4	F 4.0
Na 0.9	Mg 1.3											Al 1.6	Si 1.9	P 2.2	S 2.6	Cl 3.2
K 0.8	Ca 1.0	Sc 1.4	Ti 1.5	V 1.6	Cr 1.7	Mn 1.6	Fe 1.8	Co 1.9	Ni 1.9	Cu 1.9	Zn 1.7	Ga 1.8	Ge 2.0	As 2.2	Se 2.6	Br 3.0
Rb 0.8	Sr 1.0	Y 1.2	Zr 1.3	Nb 1.6	Mo 2.2	Tc 1.9	Ru 2.2	Rh 2.3	Pd 2.2	Ag 1.9	Cd 1.7	In 1.8	Sn 2.0	Sb 2.1	Te 2.1	I 2.7
Cs 0.8	Ba 0.9	Lu 1.3	Hf 1.3	Ta 1.5	W 2.4	Re 1.9	Os 2.2	Ir 2.2	Pt 2.3	Au 2.5	Hg 2.0	Tl 2.0	Pb 2.3	Bi 2.0	Po 2.0	At 2.2
Fr 0.7	Ra 0.9	Lr														

由表5-7可见，元素的电负性也呈周期性变化。同一周期主族元素的电负性从左到右依次递增。原因是同周期元素原子的有效核电荷逐渐增大，半径依次减小，使原子在分子中吸引成键电子的能力逐渐增加。在同一主族中从上到下电子层构型相同，原子半径逐渐增大，使原子核对成键电子的引力减小，电负性趋于减小。过渡元素电负性的变化没有明显的规律。

元素电负性数据是衡量元素金属性或非金属性强弱的重要数据。电负性越大，非金属性越强，金属性越弱，反之亦然。一般地，金属电负性小于 2.0，非金属元素大于 2.0，但也有例外。还可以根据两元素颠覆性差值粗略判断化学键的性质及分子中元素的氧化值。

量子论简介

1900 年，普朗克（M. Planck，1858～1947 年）在研究黑体辐射时意识到，以连续地发射或吸收不同固有频率的辐射为特征的经典物理学无法解释黑体辐射时能量密度按频率（波长）分布的实验事实。于是，他果断提出了一个非常重要的假设：黑体都是由不同频率的谐振子组成的，每个谐振子的能量 E 总是某个能“量子（quantum）”的整数倍，即谐振子的能量是量子化的，每一个可能的能量状态为一个量子态，其中确定状态能量值的整数 n 称为量子数。用现代的术语说，就是物质只能以单个的、一定分量的能量的方式吸收或发射能量。此后，普朗克的假设得到了大量实验结果的证实，被称为普朗克量子论（quantum theory）。

在微观世界中，量子化现象是普遍存在的，是微观粒子运动的重要特征。量子论提出的所谓“连续”或“不连续”的概念，实质上就是量的变化有没有一个最小单位。在描述宏观物体运动规律性的经典物理学中，许多物理量是可以连续变化的。例如物体的电量的测量可以为几十库仑或零点几库仑，仿佛物体的电量可以增减任意一个无穷小量。但从微观角度分析，物体的电量是由电子或离子提供的，而一个电子的电量是 1.602×10^{-19}C（库仑），物体的电量只能是一个电子电量的整倍数，而不可能是它的几分之几，因此电量这个物理量实际上存在一个最小单位，就是一个电子的电量。当物体的电量发生增减时，只能以一个电子的电量的整数倍跳跃式增减，而不可能增减任一无穷小量。如果某一物理量存在着最小单位，并以这一最小单位作跳跃式变化，就说该物理量的变化是不连续的，或者说该物理量具有量子化特征。

在宏观物体中，物理量的量子化特征常常难以觉察出来。例如测出的电量往往都是最小单位一个电子电量的极大倍数，但对原子、离子等微观粒子就完全不同了，一个一个的电子电量的增减就不可认为是连续变化了。因此，不连续性是微观世界的重要特征。

本章小结

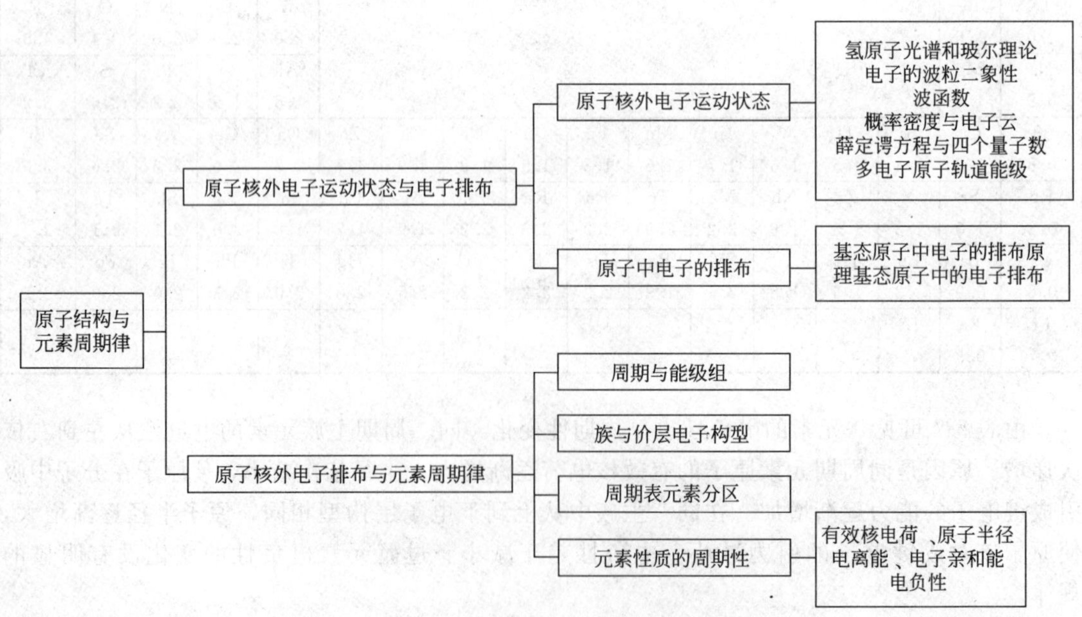

习　题

一、单项选择题

1. 下列哪一种电子层的结构不是卤素的电子结构（　　）。

A. 7　B. 2，7　C. 2，8，7　D. 2，8，18，7　E. 2，8，18，18，7

2. 下列关于电子亚层的正确说法是（　　）。

A. p 亚层有一个轨道　B. 同一亚层的各轨道是简并的

C. 同一亚层电子的运动状态相同　D. d 亚层全充满的元素属主族

E. s 亚层电子的能量低于 p 亚层电子

3. 下列说法中，正确的是（　　）。

A. 主量子数为 1 时，有自旋相反的两个轨道

B. 主量子数为 3 时，有 3s、3p、3d 共三个轨道

C. 在除氢以外的原子中，2p 能级总是比 2s 能级高

D. 电子云是电子出现的概率随 r 变化的图像

E. 电子云图形中的小黑点代表电子

4. 基态$_{24}$Cr 的电子组态是（　　）。

A. [Ar]$4s^2 3d^4$　B. [Kr]$3d^4 4s^2$　C. [Ar]$3d^5 4s^1$　D. [Xe]$4s^1 3d^5$　E. [Xe]$3d^4 4s^2$

5. 下图中表示基态 Fe 原子的 3d 和 4s 轨道中 8 个电子排布正确的是（　　）。

A. 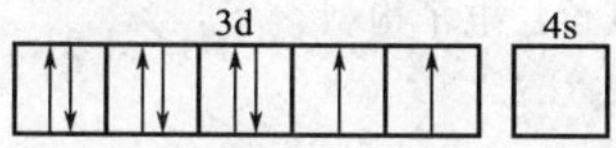 3d 4s

B. 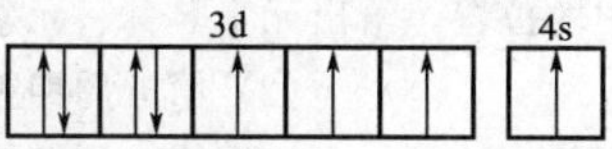 3d 4s

C. 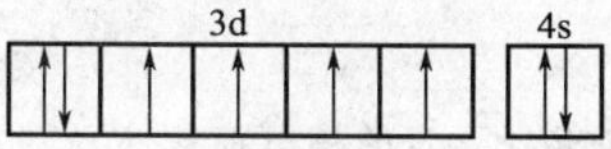 3d 4s

D. 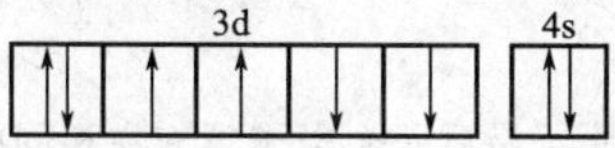 3d 4s

E.  3d 4s

6. 下列用核电荷数表示出的各组元素，有相似性质的是（　　）。

A. 1 和 2　B. 19 和 55　C. 16 和 17　D. 12 和 24

7. 在多电子原子中，决定电子能量的量子数为（　　）。

A. n　B. n 和 l　C. n，l 和 m　D. l　E. n，l，m 和 m_s

8. 某原子的基态电子组态是 [Kr] $4d^{10} 5s^2 5p^1$，该元素的价层电子是（　　）。

A. $4d^{10} 5s^2 5p^1$　B. $5s^2 5p^1$　C. $5p^1$　D. $4d^{10}$　E. $4d^{10} 5p^1$

9. 基态$_{19}$K 原子最外层电子的四个量子数应是（　　）。

A. 4，1，0，1/2　B. 4，1，1，1/2　C. 3，0，0，1/2　D. 4，0，0，1/2　E. 4，1，−1，1/2

10. 首次将量子化概念应用到原子结构，并解释了原子的稳定性的科学家是（　　）。

A. 道尔顿　B. 爱因斯坦　C. 玻尔　D. 普朗克

11. 下列能级属于同一个能级组的是（　　）。

A. 3s3p3d　B. 4s4p4d4f　C. 6p7s5f6d　D. 4f5d6s6p　E. 2s2p3s

12. 电子排布为 [Ar] $3d^6 4s^0$ 者，可以表示（　　）。

A. $_{25}Mn^{2+}$　B. $_{26}Fe^{3+}$　C. $_{27}Co^{3+}$　D. $_{28}Ni^{2+}$　E. $_{24}Cr^{3+}$

13. X、Y 是短周期元素，两者能组成化合物 X_2Y_3，已知 X 的原子序数为 n，则 Y 的原子序数为（　　）。

A. $n-5$　B. $n-11$　C. $n-6$　D. $n+5$

14. 有 A、B 和 C 三种主族元素，若 A 元素阴离子与 B、C 元素的阳离子具有相同的电子层结构，且 B 的阳离子半径大于 C，则这三种元素的原子序数大小次序是（　　）。

A. B<C<A　B. A<B<C　C. C<B<A　D. B>C>A

15. 填电子时下列能级能量最高的是（　　）。

A. $n=1$，$l=0$　　B. $n=2$，$l=0$　　C. $n=4$，$l=0$　　D. $n=3$，$l=2$　E. $n=2$，$l=1$

二、简答题

1. 下列各组量子数，哪些是错误的，为什么？怎样改正？

A. 若 $n=2$　$l=1$　$m=0$　　B. 若 $n=2$　$l=2$　$m=-1$

C. 若 $n=3$　$l=0$　$m=+1$　　D. 若 $n=2$　$l=3$　$m=+2$

2. 若将以下基态原子的电子排布写成下列形式，各违背了什么原理？并改正之。

A. $_5B$　$1s^2 2s^3$　　B. $_4Be$　$1s^2 2p^2$　　C. $_7N$　$1s^2 2s^2 2p_x^2 2p_y^1$

3. 第 82 号元素属于哪一周期？哪一族？

三、推断题

1. 有 A、B、C、D 四种元素。其中 A 为第四周期元素，与 D 可形成 1∶1 和 1∶2 原子比的化合物。B 为第四周期 d 区元素，最高氧化数为 7。C 和 B 是同周期元素，具有相同的最高氧化数。D 为所有元素中电负性第二大元素。给出四种元素的元素符号，并按电负性由大到小进行排列。

2. 有 A、B、C、D、E、F 元素，试按下列条件推断各元素在周期表中的位置、元素符号，给出各元素的价电子构型。

(1) A、B、C 为同一周期活泼金属元素，原子半径满足 A>B>C，已知 C 有 3 个电子层。

(2) D、E 为非金属元素，与氢结合生成 HD 和 HE。室温下 D 的单质为液体，E 的单质为固体。

(3) F 为金属元素，它有 4 个电子层并且有 6 个单电子。

3. 由下列元素在周期表中的位置，给出元素名称、元素符号及其价层电子构型。

(1) 第四周期第ⅥB 族；　　(2) 第五周期第ⅠB 族；

(3) 第五周期第ⅣA 族；　　(4) 第六周期第ⅡA 族；

(5) 第四周期第ⅦA 族。

4. A、B、C 三种元素的原子最后一个电子填充在相同的能级组轨道上，B 的核电荷比 A 大 9 个单位，C 的质子数比 B 多 7 个；1mol 的 A 单质同酸反应置换出 1g H_2，同时转化为具有氩原子的电子层结构的离子。判断 A、B、C 各为何元素，A、B 同 C 反应时生成的化合物的分子式。

四、分析题：判断对错并分析原因

1. 在元素周期表中，每一周期的元素个数正好等于该周期元素最外电子层轨道可以容纳的电子个数。（　　）

2. s 区元素原子的内电子层都是全充满的。（　　）

3. 所有非金属元素（H，He 除外）都在 p 区，但 p 区所有元素并非都是非金属元素。（　　）

4. 非金属元素的电负性均大于 2。（　　）

5. p 区和 d 区元素多有可变的氧化值，s 区元素（H 除外）没有。（　　）

6. M 电子层原子轨道的主量子数都等于 3。（　　）

7. 最外层电子组态为 ns^1 或 ns^2 的元素，都在 s 区。（　　）

8. 铬原子的电子排布为 Cr[Ar]$4s^1 3d^5$，由此得出：洪德规则在与能量最低原理出现矛盾时，首先应服从洪德规则。（　　）

9. s 电子在球面轨道上运动，p 电子在双球面轨道上运动。（　　）

10. 依据能级由低到高顺序、遵守 Pauli 不相容原理排布电子就写出基态原子的电子组态。（　　）

第六章　分子结构与晶体结构

学习目标

知识目标

1. 理解化学键（共价键、离子键、金属键）的形成、本质及其性质；
2. 掌握杂化轨道的概念、类型和形成；
3. 理解分子间力、氢键的产生及其对物质性质的影响；
4. 理解不同类型晶体的特征及其与物质熔点、沸点、硬度等物理性质的关系。

能力目标

1. 能够用化学键理论判断简单无机化合物的结构和性质；
2. 能够利用现代价键理论和杂化轨道理论判断分子的空间构型和极性；
3. 能够判断分子间作用力的类型及分子极性；
4. 能够根据晶体类型判断物质的性质。

2010 年 2 月 19 日，由德国重离子研究中心（GSI）发现的原子序数为 112 的最重化学元素被正式命名为 Copernicium，化学符号为“Cn”，到此世界上被人们发现的化学元素已达到 112 种，这些元素的原子构成了丰富多彩的物质世界。

人们通常遇到的物质，除稀有气体外，都不是以单原子的状态存在，而是以原子之间相互结合形成的分子或晶体的状态存在的。分子或晶体内相邻原子或离子之间的一种较强的相互作用力称为**化学键**。

根据粒子间相互作用方式不同，一般把化学键分为三类：离子键、共价键和金属键。相应形成的晶体为离子晶体、原子晶体和分子晶体、金属晶体。

分子是构成物质的基本单位。物质的许多性质都与分子间的作用力以及晶体的结构密切相关。

本章将重点讨论各种化学键的形成、粒子间作用力的类型和本质、分子和晶体的空间构型及其结构和物质性质之间的关系，进而深入了解物质的性质及化学反应规律。

第一节　共价键理论

1923 年，路易斯（Lewis G. N.）提出了经典的共价键理论，用八隅体解释共价分子的成因。他认为，在形成分子时，每个原子都有使本身达到稳定的稀有气体 8 电子构型的倾向，这种倾向也可以通过两原子之间共用电子对的方式来实现。这样形成的化学键称为**共价键**。

1927 年，德国物理学家海特勒（Heitler W.）和伦敦（London F.）首次运用量子力学研究最简单的氢分子的形成，进一步阐明了共价键的本质。接着，美国化学家鲍林进一步将量子力学处理氢分子的方法推广应用于其他分子体系，发展成现代价键理论和杂化轨道理论。

1932 年，美国化学家密立根（Robert A. Millikan）和德国化学家洪德（F. Hund）又从不同角度提出了分子轨道理论，共价键理论的发展日趋完善。

一、现代价键理论

1. 共价键的形成及其本质

海特勒和伦敦研究了两个氢原子结合成为氢分子时所形成共价键的本质。他们将两个氢原子相互作用时的能量（E）当作两个氢原子核间距（R）的函数进行计算，得到了如图 6-1 所示的两条曲线。

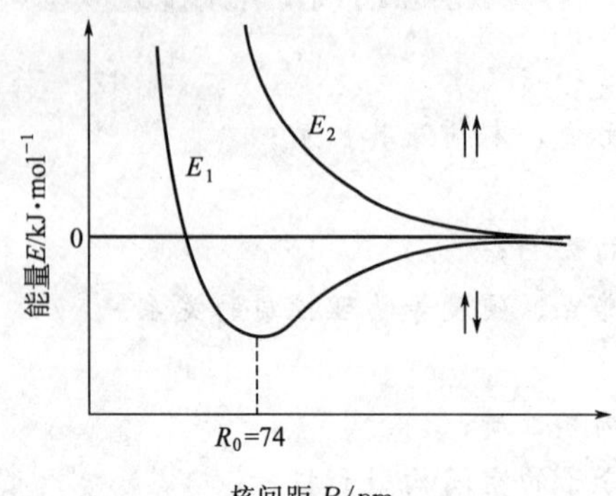

图 6-1 氢分子形成过程中能量与核间距的关系示意

E_1—基态的能量曲线；E_2—排斥态的能量曲线

（1）当 1s 电子运动状态完全相同（即自旋方向相同）的两个氢原子相距很远时，它们之间基本上不存在相互作用力。但当它们互相趋近时，逐渐产生了排斥作用，能量曲线 E_2 随核间距减小而急剧上升（见图 6-1），系统能量始终高于两个氢原子单独存在时的能量，故不能形成稳定的分子。

（2）如果两个氢原子的 1s 电子运动状态不同（即自旋方向相反），当它们相互趋近时，两原子产生了吸引作用，整个系统的能量降低（见图 6-1E_1 曲线）。当两个氢原子的核间距为 74pm 时，系统能量达到最低，表明两个氢原子在此平衡距离 R_0 处成键，形成了稳定的氢分子，这种状态称为氢分子的基态。如果两个氢原子继续接近，则原子间的排斥力将迅速增加，能量曲线 E_1 急剧上升，排斥作用又将氢原子推回平衡位置。因此氢分子中的两个氢原子在平衡距离 R_0 附近振动，R_0 即为氢分子单键的键长。氢分子在平衡距离 R_0 时与两个氢原子相比能量降低的数值近似等于氢分子的键能 436kJ·mol^{-1}。

因此，两个 1s 电子之所以能配对成键形成稳定的氢分子，其关键在于两个氢原子参与配对的 1s 电子的自旋方向相反。

由量子力学的原理可以知道，当 1s 电子自旋方向相反的两个氢原子相互靠近时，随着核间距 R 的减小，两个 1s 原子轨道发生重叠，按照波的叠加原理可以发生同相位重叠（即同号重叠），使两核间形成了一个电子概率密度增大的区域，从而削弱了两核间的正电排斥力，系统能量降低，达到稳定状态——基态。实验测知氢分子中的核间距为 74pm，而氢原子的玻尔半径为 53pm，可见氢分子中两个氢原子的 1s 轨道必然发生了重叠。若 1s 电子自旋方向相同的两个氢原子相互靠近时，两个 1s 原子轨道发生不同相位重叠（即异号重叠），使两核间电子概率密度减少，增大了两核间的排斥力，系统能量升高，即为不稳定状态——排斥态（见图 6-2）。

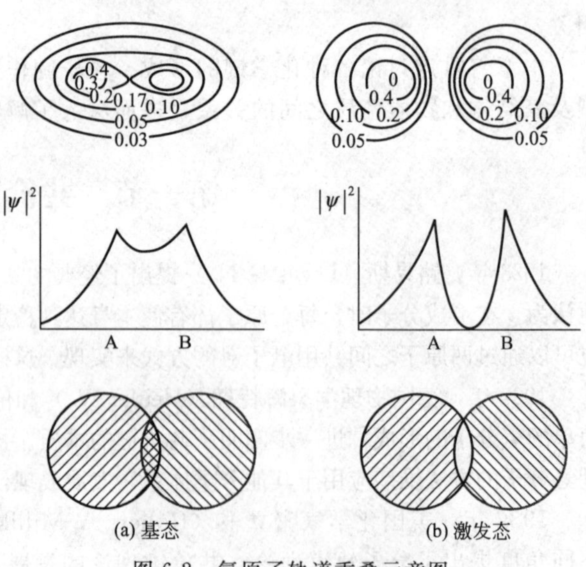

图 6-2 氢原子轨道重叠示意图

2. 现代价键理论的基本要点

把量子力学处理氢分子体系的研究成果推广到其他分子体系，就发展成为量子化学中最近似的方法之一——**现代价键理论**。其基本要点如下：

(1) 电子配对原理　两原子接近时，自旋方向相反的未成对的价电子可以配对，形成共价键，故价键理论又称**电子配对法**。

例如，氮原子有 3 个未成对价电子，若与另一个氮原子的 3 个未成对价电子自旋方向相反，则可以配对形成叁键（N≡N）。氦原子无未成对价电子，故不可能形成 He_2 分子。

(2) 最大重叠原理　成键原子的原子轨道相互重叠得越多，形成的共价键越稳定。因此共价键应尽可能地沿着原子轨道最大重叠的方向形成。

3. 共价键的特征

共价键的两个特征——饱和性和方向性，是现代价键理论两个基本要点的自然结论。

(1) 饱和性　原子在形成共价分子时所形成的共价键数目，取决于它所具有的未成对电子的数目。因此，一个原子有几个未成对电子（包括激发后形成的未成对电子），便可与几个自旋方向相反的未成对电子配对成键。这一特性称为**共价键的饱和性**。

例如，氯原子最外层只有一个未成对电子，只能与一个氢原子的自旋方向相反的未成对电子配对形成一个共价单键，结合成 HCl，而不能与更多的氢原子结合。

(2) 方向性　根据原子轨道最大重叠原理，在成键时原子间总是尽可能沿着原子轨道最大重叠的方向成键。轨道重叠越多，形成的共价键就越稳定。原子轨道中，除 s 轨道呈球形对称没有方向性外，p、d、f 轨道在空间都有一定的伸展方向。成键原子轨道必然沿重叠程度最大的方向相互靠近，因此形成的共价键必然会有一定的方向性。例如在形成 HCl 分子时，H 原子的 1s 电子与 Cl 原子的 p 轨道上的一个未成对电子（假设在 $3p_x$ 轨道上）配对成键时可能有三种重叠方式。只有 H 原子的 1s 原子轨道沿着 x 轴的方向与 Cl 原子的 $3p_x$ 轨道头碰头接近，才能达到最大的重叠，形成稳定的共价键［见图 6-3（a)]。

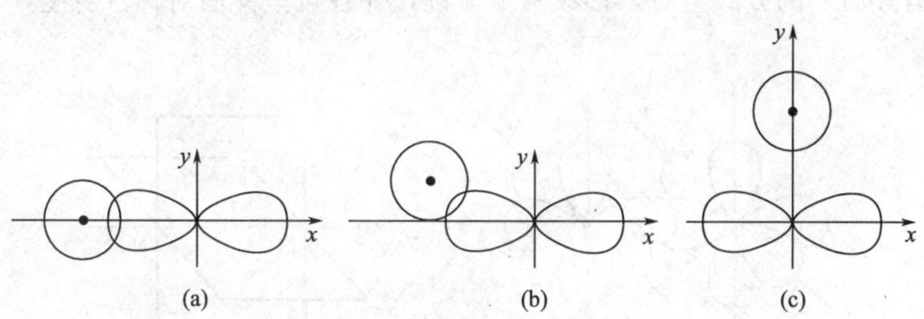

图 6-3　s 和 p_x 轨道的重叠示意图

图 6-3（b）所示的接近方向中，重合程度小，结合不稳定。而图 6-3（c）所示的轨道重叠方式为无效重叠，氢与氯在这个方向上不能结合成键。

共价键的方向性决定了共价分子具有一定的空间构型。

4. 共价键的类型

(1) σ 键和 π 键　按原子轨道重叠方式及重叠部分对称性的不同，可以将共价键分为 σ 键和 π 键。

① σ 键　若两原子轨道按“头碰头”的方式发生轨道重叠，轨道重叠部分沿着键轴呈圆柱形轴对称，这种共价键称为 **σ 键**［见图 6-4(a)］。形成 σ 键的电子叫 σ 电子。

② π 键　若两原子轨道按“肩并肩”的方式发生轨道重叠，轨道重叠的上下两部分通过与其垂直的平面呈镜面对称，这种共价键称为 **π 键**［见图 6-4(b)］。形成 π 键的电子叫 π 电子。

σ 键和 π 键的特征比较见表 6-1。

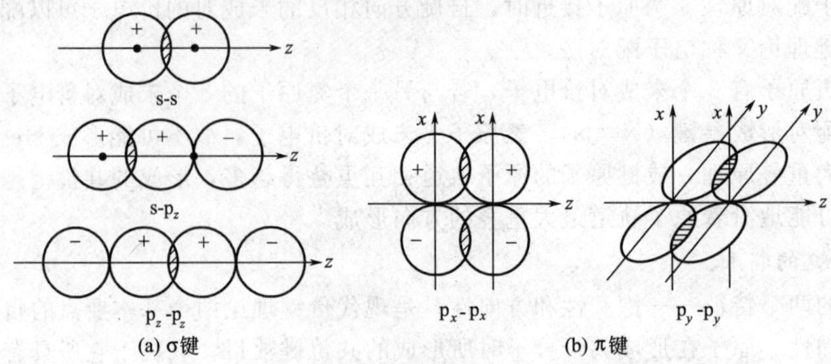

图 6-4 σ 键和 π 键

表 6-1 σ 键和 π 键的特征比较

项　目	σ 键	π 键
原子轨道重叠方式	沿键轴方向"头碰头"重叠	沿键轴方向"肩并肩"重叠
原子轨道重叠部位	两核之间键轴处，可绕键轴旋转	在通过键轴的一平面的上、下方呈镜面对称，键轴处为零
原子轨道重叠程度	大	小
键的强度	较大	较小
化学活泼性	不活泼	活泼

当两个原子形成双键或者叁键时，既有 σ 键又有 π 键。如 N_2 分子中两个 N 原子，各以三个 3p 轨道（$3p_x$，$3p_y$，$3p_z$）相互重叠形成共价叁键。设键轴为 z 轴，结合时每个 N 原子的未成对 $3p_z$ 电子彼此沿 z 轴方向，以"头碰头"的方式重叠，形成一个 σ 键。而 $3p_x$ 和 $3p_y$ 电子则只能采取"肩并肩"的方式重叠，形成两个 π 键，并各自呈镜面对称（见图 6-5）。

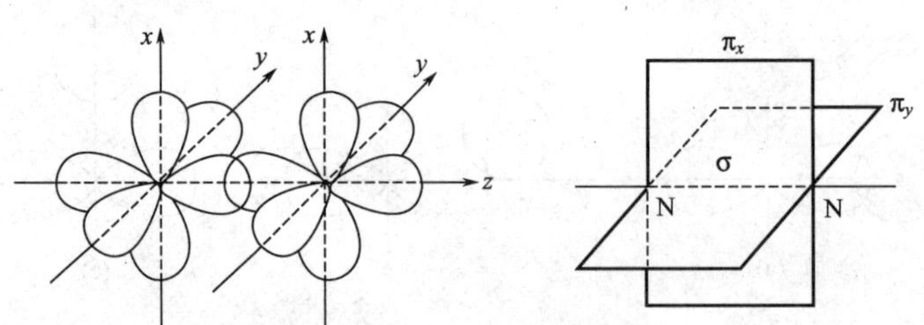

图 6-5 N_2 分子中化学键示意图

N_2 分子的价键结构可以用下面两式表示：

路易斯结构式　　价键结构式

右式中间横线表示 σ_z 键，用长方框分别表示 π_x 和 π_y 键，框内电子为 π 电子，元素符号侧旁的电子表示 2s 轨道上未参与成键的孤对电子。

π 键不能在分子中单独存在，只要有 π 键则必然首先形成 σ 键，一般双键含一个 σ 键，一个 π 键；叁键含一个 σ 键、两个 π 键。

（2）极性键和非极性键　共价键有极性共价键和非极性共价键之分。在共价键中，若成键两原子的电负性差值等于 0，电子云在两核间均匀分布，这种键称为**非极性共价键**，如

N_2、H_2 等单质分子；若不同元素的原子成键，它们的电负性差值不等于 0，这种键称为**极性共价键**，如 HCl、H_2O 等分子。在极性共价键中，共用电子对偏向电负性大的原子，产生**偶极**。电负性差值越大，键的极性也就越大。

(3) 配位共价键　如果共价键的共用电子对是由成键两原子各提供一个电子所组成，称为正常共价键，如 H_2、O_2、Cl_2、HCl 等。如果共价键的共用电子对是由成键两原子中其中的一方提供的，称为**配位共价键**，简称**配位键**。提供电子对的原子称为**电子对给予体**，接受电子对的原子称为**电子对接受体**。例如：

$$H^+ + :\underset{H}{\overset{H}{\underset{|}{\overset{|}{N}}}}—H \longrightarrow [H:\underset{H}{\overset{H}{\underset{|}{\overset{|}{N}}}}—H]^+ \longrightarrow [H\leftarrow\underset{H}{\overset{H}{\underset{|}{\overset{|}{N}}}}—H]^+$$

通常用"→"表示配位键，以区别于正常共价键，但是和正常共价键没有任何差别，4 个 N—H 键是完全等价的。

形成配位键必须具备两个条件：

① 一个原子的价电子层有孤对电子；

② 另一个原子的价电子层有空轨道。

5. 键参数

用来表征化学键性质的某些物理量，如键长、键角、键能、键级等，称为**键参数**。键参数可用来简单地定性、半定量确定分子的形状，解释分子的某些性质。它们在理论上可以由量子力学计算而得，也可以由实验测得。

(1) 键长　分子中成键的两原子核间的平衡距离叫**键长**（l）或**键距**（d），单位 pm。键长的数据可通过分子光谱、X 射线衍射、电子衍射等实验方法测得，也可用量子力学的近似方法计算而得（见表 6-2）。

两个确定的原子之间形成的共价键，键长越短，键就越强。H—F、H—Cl、H—Br、H—I 键长依次增大，键的强度依次减弱，热稳定性递减。

相同的成键原子所组成的单键和多重键的键长并不相等，如 C—C、C═C、C≡C，键长依次缩短，而键的强度增强。

表 6-2　部分共价键的键长和键能

共价键	键长/pm	键能/kJ·mol^{-1}	共价键	键长/pm	键能/kJ·mol^{-1}
H—H	74.2	436.00	F—F	141.8	154.8
H—F	91.8	565±4	Cl—Cl	198.8	239.7
H—Cl	127.4	431.20	Br—Br	228.4	190.16
H—Br	140.8	362.3	I—I	266.6	198.95
H—I	160.8	294.6	C—C	154	345.6
O—H	96	458.8	C═C	134	602±21
S—H	134	363±5	C≡C	120	835.1
N—H	101	386±8	O═O	120.7	493.59
C—H	109	411±7	N≡N	109.8	941.69

(2) 键能　键能用来衡量化学键的强弱。在标准状态下，断裂单位物质的量的气态分子的化学键，使它变成气态原子或原子团所需要的能量，称为**键能**。用符号 E 来表示，单位 kJ·mol^{-1}。

在标准状态下，将 1mol 理想气态双原子分子 AB 拆开成为气态的 A 原子和 B 原子，所需的能量称为 A—B 键的**离解能**，常用 D（A—B）表示，单位 kJ·mol^{-1}。

对双原子分子来说，键离解能就是键能，例如 N_2，D（N≡N）$=E$（N≡N）$=$ 941.69kJ·mol^{-1}。

对多原子分子来说，同一种键的键能和离解能并不完全等同，键离解能是指离解分子中某一特定键所需的能量，而二元多原子分子中某种键的键能，实际上指的是某种键多次离解能的平均值。例如：

$$CH_4(g) \longrightarrow CH_3(g) + H(g) \qquad D_1 = 435.3\text{kJ} \cdot \text{mol}^{-1}$$
$$CH_3(g) \longrightarrow CH_2(g) + H(g) \qquad D_2 = 460.5\text{kJ} \cdot \text{mol}^{-1}$$
$$CH_2(g) \longrightarrow CH(g) + H(g) \qquad D_3 = 426.9\text{kJ} \cdot \text{mol}^{-1}$$
$$+)\quad CH(g) \longrightarrow C(g) + H(g) \qquad D_4 = 339.1\text{kJ} \cdot \text{mol}^{-1}$$

$$CH_4(g) \longrightarrow C(g) + 4H(g) \qquad D_{总} = 1661.8\text{kJ} \cdot \text{mol}^{-1}$$

$$E(\text{C—H}) = \frac{D_{总}}{4} = \frac{1661.8}{4} = 415.5\text{kJ} \cdot \text{mol}^{-1}$$

同样的化学键在不同的多原子分子中键能数据会稍有不同，这是由于分子中的键能不仅取决于成键原子本身的性质，也与分子中存在的其他原子的种类有关，表 6-2 中列出的只是一些化学键的平均键能。从表中数据可以看出，共价键是一种很强的结合力。一般键能越大，表明该键越牢固，由该键组成的分子越稳定。如 H—F、H—Cl、H—Br、H—I 键长增大，键能渐小，所以 H—I 分子不如 H—F 稳定。

（3）键角　双原子分子的形状是直线形的。而多原子分子中两相邻化学键之间往往呈一定的夹角，称为**键角**。目前一般通过光谱、衍射等结构实验求得键角。表 6-3 列出了部分分子的键长、键角和分子的几何构型。

根据一个分子中的键长和键角数据，大致可以确定该分子的几何构型。例如：CO_2 分子的键角∠COC=180°，可推知 CO_2 分子是直线形非极性分子；SO_2 分子的键角∠OSO=119.5°，故 SO_2 分子呈 V 形，为极性分子。

表 6-3　部分分子的键长、键角和分子构型

分子式	键长/pm(实验值)	键角 α(实验值)/(°)	分子构型
SO_2	143	119.5	V 形
CO_2	116.2	180	直线形
NH_3	101	107.3	三角锥形
CH_4	109	109.5	正四面体形
SO_3	143	120	平面三角形

二、杂化轨道理论

价键理论成功解释了共价键的形成及共价键的方向性和饱和性，但是却不能圆满解释某些分子的空间结构。例如 CH_4 分子的形成，按照价键理论，C 原子只有两个未成对的电子，只能与两个 H 原子形成两个共价键，键角应该大约为 90°。但这与实验事实不符，因为 C 与 H 可形成 CH_4 分子，空间构型为正四面体，∠HCH=109.5°。为了更好地解释多原子分子的实际空间构型和性质，1931 年鲍林提出了杂化轨道理论，丰富和发展了现代价键理论。

1. 杂化轨道理论的基本要点

杂化轨道理论认为一个原子和其他原子形成分子时，中心原子所用的原子轨道不是原来纯粹的 s 轨道或 p 轨道，而是几个不同类型、能量相近的原子轨道重新组合成了同等数目的能量完全相同的新的原子轨道——杂化轨道，以满足化学结合的需要。这一过程称为**原子轨道的杂化**，简称**杂化**，所组成的新轨道称为**杂化轨道**。

杂化轨道理论的基本要点如下。

(1) 同一个原子中能量相近的原子轨道之间才可以形成杂化轨道。n 个原子轨道杂化后得到 n 个能量相等、空间取向不同的杂化轨道。

(2) 孤立原子轨道本身不会杂化形成杂化轨道。只有当原子要相互结合形成分子，需要满足原子轨道的最大重叠要求时，原子内的轨道才会发生杂化以获得更强的成键能力。

(3) 原子轨道杂化时，原已成对的电子可以激发到空轨道中而成单个电子，其激发所需的能量可以由成键时放出的能量得到补偿。

原子在成键时，可同时发生电子激发与轨道杂化，也可以只进行轨道杂化。

2. 杂化轨道的类型与分子几何构型的关系

根据参与杂化的原子轨道的种类和数目的不同，可将杂化轨道分成不同的类型，本章只讨论 s-p 杂化及等性和不等性杂化。

(1) sp 杂化　能量相近的一个 ns 轨道和一个 np 轨道杂化，可形成二个等价的 sp 杂化轨道。每个 sp 杂化轨道含$\frac{1}{2}$的 ns 轨道和$\frac{1}{2}$的 np 轨道的成分，轨道呈一头大、一头小，两 sp 杂化轨道之间的夹角为 180°（见图 6-6）。分子呈直线形构型。

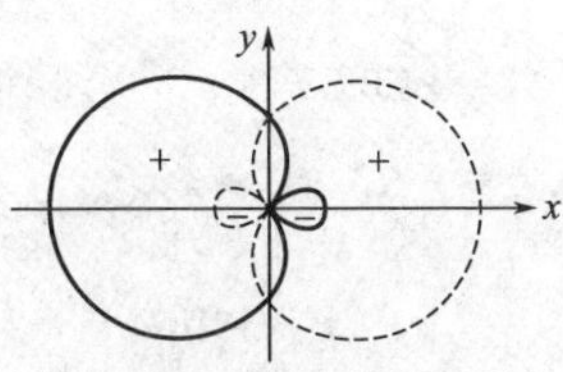

图 6-6　sp 杂化轨道示意图

例如气态 $HgCl_2$ 分子的形成（见图 6-7）。Hg 原子的外层电子构型为 $6s^2$，无未成对电子，成键时，Hg 的一个 6s 电子激发进入 6p 轨道，取 sp 杂化形成两个等价的 sp 杂化轨道，分别与两个 Cl 的 3p 轨道沿键轴方向重叠，生成两个 (sp-p) σ 键。因此 $HgCl_2$ 分子呈直线形构型。

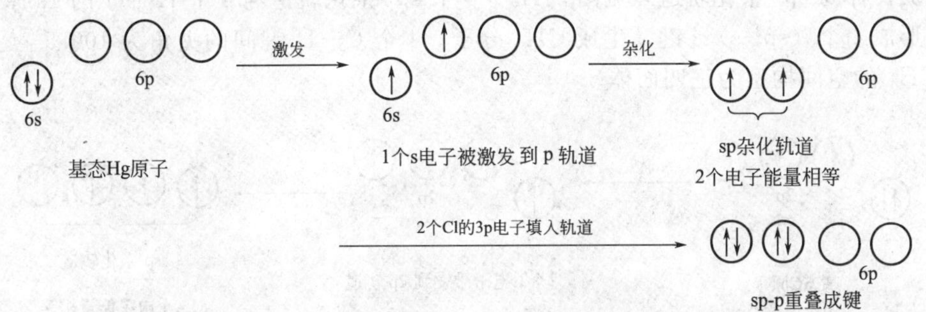

图 6-7　气态 $HgCl_2$ 分子的形成示意图

此外 CO_2 分子、$[Ag(NH_3)_2]^+$ 以及周期表ⅡB 族 Zn、Cd 元素的某些共价化合物，其中心原子也是采取 sp 杂化的方式与相邻原子结合的。

(2) sp^2 杂化　能量相近的一个 ns 轨道和两个 np 轨道杂化，可形成三个等价的 sp^2 杂化轨道。每个 sp^2 杂化轨道含有$\frac{1}{3}$的 ns 轨道成分和$\frac{2}{3}$的 np 轨道成分，轨道呈一头大、一头小，各 sp^2 杂化轨道之间的夹角为 120°（见图 6-8）。分子呈平面三角形构型。

例如，BF_3 分子的形成（见图 6-9）。基态 B 原子的外层电子构型为 $2s^2 2p^1$。按杂化轨道理论，成键时 B 的一个 2s 电子被激发到空的 2p 轨道上，激发态 B 原子的外层电子构型为 $2s^1\ 2p_x^1 2p_y^1$，取 sp^2 杂化，形成 3 个等价的 sp^2 杂化轨道，指向平面三角形的 3 个顶点，分

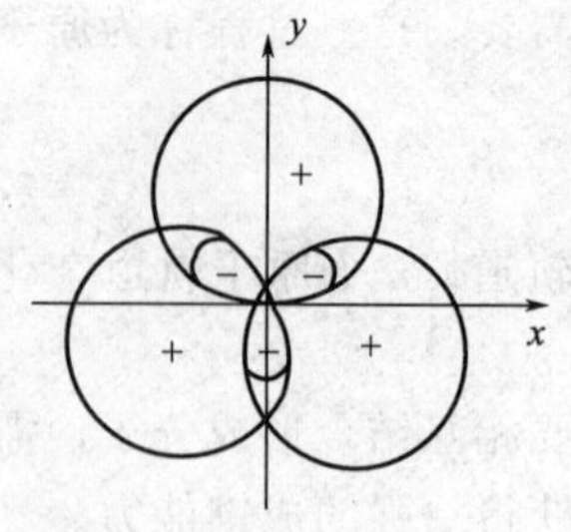

图 6-8 sp^2 杂化轨道示意图

别与 F 的 2p 轨道"头碰头"重叠，形成 3 个（sp^2-p）σ 键，键角为 120°。所以，BF_3 分子呈平面三角形。

（3）sp^3 杂化 能量相近的一个 ns 轨道和 3 个 np 轨道杂化，可形成四个等价的 sp^3 杂化轨道。每个 sp^3 杂化轨道含 $\frac{1}{4}$ 的 ns 轨道成分和 $\frac{3}{4}$ 的 np 轨道成分，轨道呈一头大、一头小，分别指向正四面体的 4 个顶点，各 sp^3 杂化轨道间的夹角为 109.5°。分子呈四面体构型。

例如 CH_4 分子的形成（见图 6-10）。在成键之前，基态 C 原子的外层电子构型为 $2s^2 2p_x^1 2p_y^1$。在与 H 原子结合时，2s 上的一个电子被激发到 $2p_z$ 轨道上，成为外层电子构型

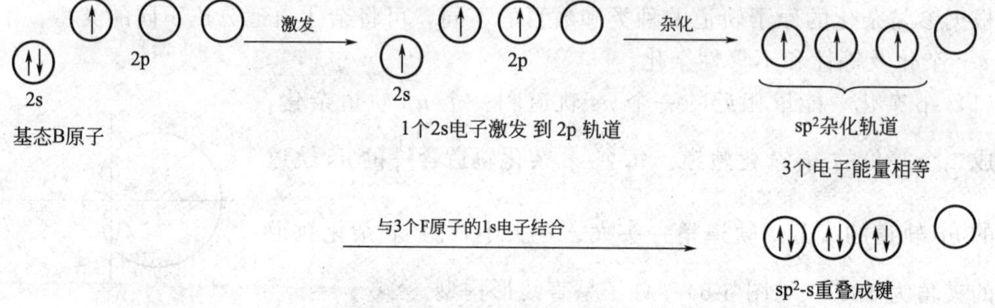

图 6-9 BF_3 分子形成的杂化过程示意图

为 $2s^1 2p_x^1 2p_y^1 2p_z^1$ 的激发态 C 原子结构。4 个单电子分占的轨道 2s、$2p_x$、$2p_y$、$2p_z$ 会互相"混杂"，线性组合成 4 个新的完全等价的杂化轨道。此杂化轨道由一个 s 轨道和 3 个 p 轨道杂化而成，称为 sp^3 杂化轨道（见图 6-11）。4 个 sp^3 杂化轨道与 4 个 H 原子的 1s 原子轨道重叠，形成 4 个（sp^3-s）σ 键，生成 CH_4 分子。4 个 C—H 键间的夹角为 109.5°（见图 6-12），CH_4 的空间构型为正四面体。

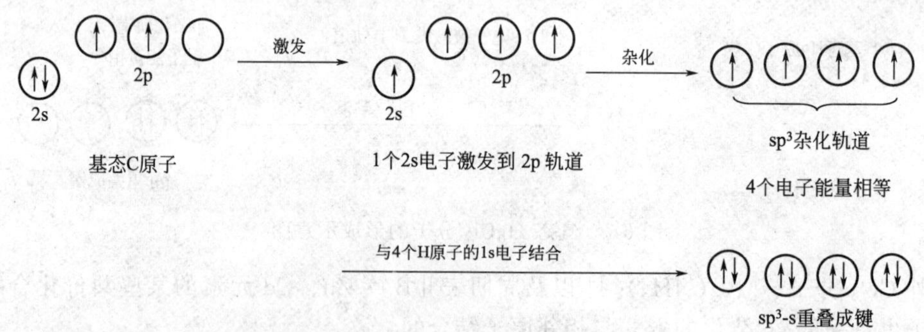

图 6-10 CH_4 分子形成的杂化过程示意图

3. 等性杂化和不等性杂化

以上讨论的三种 s-p 杂化方式中，每一种杂化方式所得的杂化轨道的能量、成分都相同，其成键能力必然相等，这样的杂化轨道称为**等性杂化轨道**。

但若中心原子有不参与成键的孤对电子占有的原子轨道也参与了杂化，就形成了能量不等、成分不完全相同的新的杂化轨道，这类杂化轨道称为**不等性杂化轨道**。

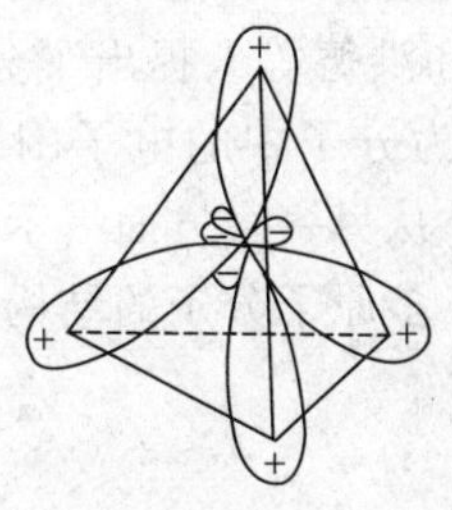

图 6-11　sp^3 杂化轨道示意图

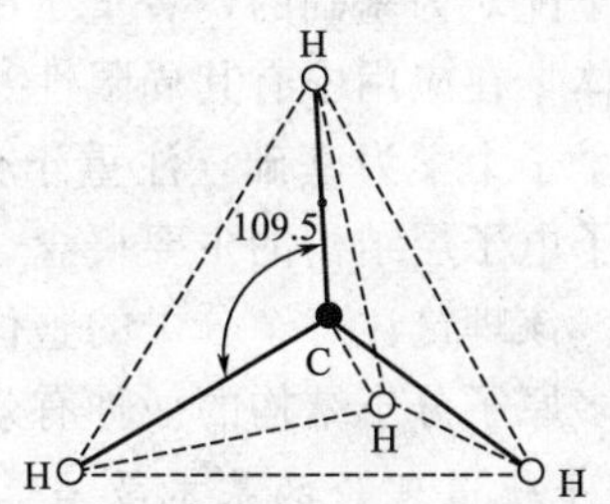

图 6-12　CH_4 分子的空间结构

例如，基态 N 原子的外层电子构型为 $2s^2 2p_x^1 2p_y^1 2p_z^1$，其中 s 轨道上有一对孤对电子。成键时这 4 个价电子轨道发生了 sp^3 杂化，得到 4 个 sp^3 杂化轨道，其中有 3 个 sp^3 杂化轨道分别被未成对电子占有，它们和 3 个 H 原子的 1s 电子形成 3 个 σ 键，第 4 个 sp^3 杂化轨道则为孤对电子所占有（见图 6-13）。该孤对电子不参与成键，较靠近 N 原子中心，其电子云较密集于 N 原子的周围，从而对其他 3 个 sp^3 杂化轨道产生较大的排斥作用，使它们的键角从理论上的 109.5°压缩到 107.3°。所以 NH_3 分子呈三角锥形（见图 6-14）。

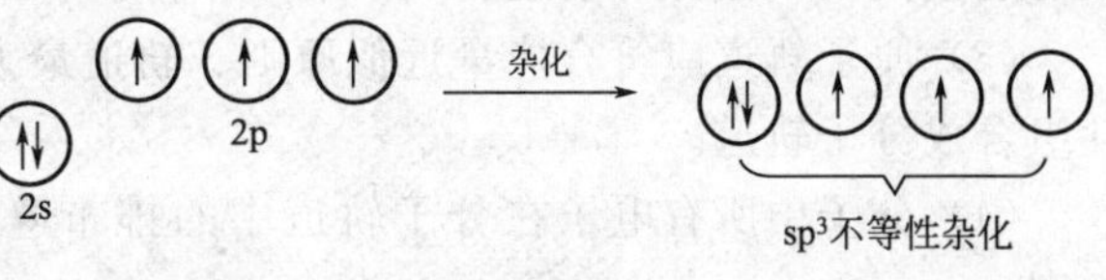

图 6-13　N 原子 sp^3 不等性杂化示意图

而 H_2O 分子中的 O 原子也是采取 sp^3 不等性杂化，其中有两个 sp^3 杂化轨道分别为孤对电子所占有，对其他两个 sp^3 杂化轨道的排斥更大，使键角被压缩到 104.5°。H_2O 分子的空间构型呈 V 形（见图 6-15）。

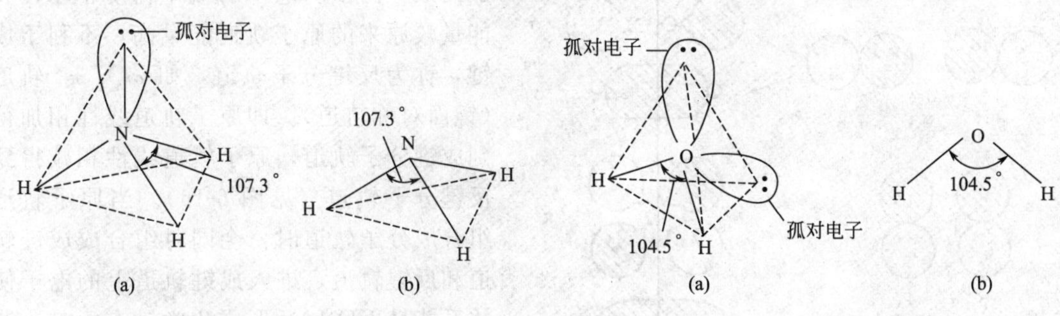

图 6-14　NH_3 分子的空间结构　　图 6-15　H_2O 分子的空间结构

另外，如果键合的原子不同，也可以引起中心原子轨道的不等性杂化。如 $CHCl_3$ 分子中，C 原子采取 sp^3 杂化，但是成键后的 4 个轨道中含有的 s 轨道的成分不相同，也属于不等性杂化。

杂化轨道理论成功地解释了许多分子的键合状况以及分子的形状、键角等。但是由于过分强调了电子对的定域性，因而对有些实验事实如光谱和磁性（例如氧分子的顺磁性）等无法加以解释。

*三、分子轨道理论

价键理论、杂化轨道理论虽能较好地说明共价键形成的本质和分子的空间构型，但由于都是以电子配对为基础的，着重于用原子轨道的重组杂化成键来理解化学，而未将分子看成是一个整体，在应用中有其局限性。1932 年，美国密立根和洪德等人提出了分子轨道理论。该理论以量子力学为基础，注重于分子轨道的认知，即认为分子中的电子围绕整个分子运动，把原子电子层结构的主要概念，推广到分子体系中去，从另一个方面揭示了共价分子形成的本质。该理论注意了分子的整体性，因此较好地说明了多原子分子的结构，是处理双原子分子及多原子分子结构的一种有效的近似方法。

1. 分子轨道理论的基本要点

(1) 分子中电子的运动遍及整个分子范围，其运动状态可用分子轨道来描述。

(2) 分子轨道由原子轨道线性组合而成。n 个原子轨道可线性组合成 n 个分子轨道，有 $n/2$ 个是能量比组合前的原子轨道能量低的成键分子轨道，有 $n/2$ 个是能量比组合前的原子轨道能量高的反键分子轨道。

(3) 原子轨道应符合能量近似原则、轨道最大重叠原则和对称性匹配原则，才能有效线性组合成分子轨道。

(4) 分子中所有电子在分子轨道中的排布遵从能量最低原理、泡利不相容原理和洪德规则。

2. 原子轨道线性组合成分子轨道

分子轨道可以由分子中原子轨道线性组合而得到，几个原子轨道可组合成几个分子轨道，其中有一半分子轨道分别由正负符号相同的两个原子轨道叠加而成，两核间电子的概率密度增大，其能量较原来的原子轨道能量低，有利于成键，称为成键分子轨道，如σ、π 轨道（轴对称轨道）；另一半分子轨道分别由正负符号不同的两个原子轨道叠加而成，两核间电子的概率密度很小，其能量较原来的原子轨道能量高，不利于成键，称为反键分子轨道，如 σ^*、π^* 轨道（镜面对称轨道）。即原子轨道线性相加得到成键分子轨道，原子轨道线性相减得到反键分子轨道（见图 6-16）。当原子轨道组合成分子轨道时，会同时组合成成键轨道和反键轨道，进入成键轨道上的电子使体系能量下降，对形成化学键有贡献，称为成键电子；进入反键轨道上的电子，使体系能量升高，对成键有抵消作用。而电子则会依据最低能量原理首先进入成键轨道，以使体系能量最低、最稳定。

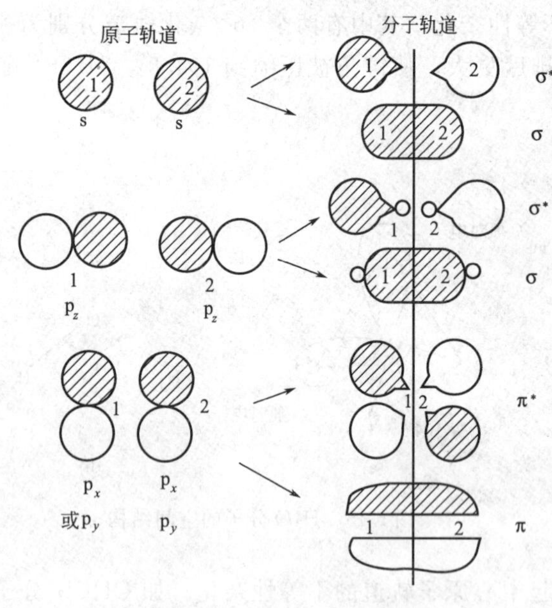

图 6-16 成键和反键轨道示意图

原子轨道线性组合时应符合能量近似原则、轨道最大重叠原则和对称性匹配原则。只有能量相近的对称性匹配的原子轨道以最大程度重叠才能组合成分子轨道，这样组合成的分子轨道的能量低，所形成的化学键牢固。

在上述三条原则中，对称性匹配原则是首要的，它决定原子轨道有无组合成分子轨道的可能性。能量近似原则和轨道最大重叠原则是在符合对称性匹配原则的前提下，决定分子轨道组合效率的问题。

3. 分子轨道能级图

原子轨道种类不同，能量不同，由此组合而成的分子轨道能量也不同。以第二周期元素为例，第二周期同核双原子分子（离子）的分子轨道能级图有两种情况（见图 6-17O_2 分子轨道能级图和图 6-18N_2 分子轨道能级图）。

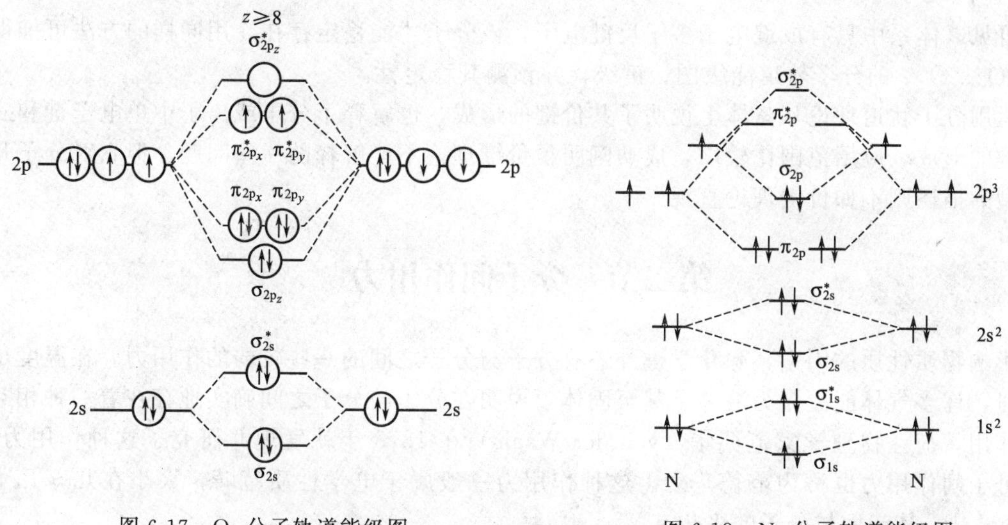

图 6-17　O_2 分子轨道能级图　　　　图 6-18　N_2 分子轨道能级图

（1）对于 O_2、F_2 等原子序数较大的分子，2s 和 2p 原子轨道能量相差较大，当两原子相互接近时，2s 和 2p 轨道之间不会发生相互作用，分子轨道能量次序为轨道中：$\sigma_{2p_z}<\pi_{2p_x}=\pi_{2p_y}$。

（2）在 B_2、C_2、N_2 等原子序数较大的分子中，2s 和 2p 原子轨道能量相差较小，当两原子相互接近时，邻近的轨道会发生相互作用，致使原来的分子轨道能量次序发生改变为：$\pi_{2p_x}=\pi_{2p_y}<\sigma_{2p_z}$。

必须注意的是，在 σ 键和 π 键中都包括单电子键、双电子键和三电子键，这一点是与价键理论不同的。

当电子首先进入成键轨道时，体系能量下降，有利于形成牢固稳定的共价键。键的牢固程度可用“键级”来定性衡量。键级越大，键越牢固，该分子也越稳定。

$$\text{键级}=\frac{\text{成键轨道上的电子数}-\text{反键轨道上的电子数}}{2}$$

4. 应用实例

（1）Li_2 分子　Li_2 分子有 6 个电子，其分子轨道表示式为：

$$Li_2[(\sigma_{1s})^2(\sigma_{1s}^*)^2(\sigma_{2s})^2]$$

键级$=\frac{2+2-2}{2}=1$，可由此判断气态 Li_2 能稳定存在。这是因为体系中有 4 个成键电子，2 个反键电子，系统能量下降，所以气态 Li_2 能稳定存在。

（2）He_2 分子　He_2 分子中有 4 个电子，其分子轨道表示式为：

$$He_2[(\sigma_{1s})^2(\sigma_{1s}^*)^2]$$

键级$=\frac{2-2}{2}=0$，所以 He_2 分子不能存在。因为两个 He 原子要形成双原子分子，成键和反键轨道中各填充 2 个电子，体系能量没有下降，所以 He_2 分子不能稳定存在。

(3) O_2^- 分子离子　O_2^- 分子离子中有 17 个电子，其分子轨道表示式为：

$$O_2^-[(\sigma_{1s})^2(\sigma_{1s}^*)^2(\sigma_{2s})^2(\sigma_{2s}^*)^2(\sigma_{2p_x})^2(\pi_{2p_y})^2(\pi_{2p_z})^2(\pi_{2p_x}^*)^2(\pi_{2p_y}^*)^1]$$

键级$=\frac{3}{2}$，O_2^- 能够存在。

可见，体系中只有成键电子多于反键电子，该分子才能稳定存在。用同样的方法可推得 O_2^+、O_2、O_2^{2-} 的分子轨道能级图、键级，并预测其稳定性。

运用分子轨道理论从整体上说明了共价键的形成，也解释了分子或离子中单电子键和三电子键的形成，应用范围比较广，成功阐明了价键理论不能解释的一些问题。但它对分子几何构型的描述则不如价键理论直观。

第二节　分子间作用力

影响物质性质的因素，除化学键外还有分子与分子之间的一些较弱的作用力。在温度足够低时，许多气体能凝聚为液体、甚至固体，说明在分子与分子之间确实地存在着一种相互吸引作用。荷兰物理学家范德华（van der Waals）在 1873 年就发现并研究了这种作用力，因此分子间作用力也称为范德华力。这种作用力一般属于电学性质范畴，大小在几～几十 $kJ\cdot mol^{-1}$，其产生与分子的极化有关。

一、分子的极性

1. 分子的极性

共价分子有极性分子和非极性分子之分。一种分子的正电荷部分（原子核）和负电荷部分（电子）的中心重合时，从整个分子来看，电荷分布是均匀的，对称的，整个分子不显极性，称为**非极性分子**；反之，分子便会显出极性，称为**极性分子**。极性分子本身存在的正、负极（正负电荷中心）称为**固有偶极**或**永久偶极**。

分子的极性与键的极性有关。

(1) 如果组成分子的键是非极性键，则该分子一定为非极性分子，如 H_2、N_2 分子；

(2) 如果组成分子的键有极性，对双原子分子来说，必定为极性分子，如 HCl、HBr 等分子；对多原子分子来说，则与分子的空间构型有关。CO_2、BF_3 等分子中，C—O、B—F 均为极性键，但由于 CO_2 为直线形，BF_3 为平面三角形构型，键的极性互相抵消，因此它们均为非极性分子。而 H_2S、H_2O 等分子为 V 形构型，NH_3 分子为三角锥形构型，键的极性不能互相抵消，故它们均为极性分子。

分子的极性大小常用偶极矩 μ 来衡量。**偶极矩**定义为正负电荷中心电量 $\pm q$ 与正负电荷中心间距离为 d（又称偶极长度）的乘积：

$$\mu = qd$$

单位为 $C\cdot m$。偶极矩是一个矢量，其方向规定从正电荷指向负电荷。分子的偶极矩 μ 可以用实验方法测定（见表 6-4）。

μ 值既可以说明分子极性的强弱，也可以用来判断分子空间构型。例如，BF_3 分子的 $\mu=0$，可以判断 BF_3 为非极性分子，其空间构型应是平面三角形。μ 越大，分子的极性越强。因此可以根据偶极矩 μ 的大小比较分子极性的相对强弱。

表 6-4　部分分子的偶极矩 μ 和分子的空间构型

分子		$\mu/10^{-30}C\cdot m$	空间构型	分子		$\mu/10^{-30}C\cdot m$	空间构型
双原子分子	HCl	3.43	直线形	三原子分子	H_2S	3.66	V 字形
	HBr	2.63	直线形		CO_2	0	直线形
	HI	1.27	直线形		CS_2	0	直线形
	CO	0.40	直线形	四原子分子	NH_3	4.90	三角锥形
	H_2	0	直线形		BF_3	0	平面三角形
三原子分子	HCN	6.99	直线形	五原子分子	$CHCl_3$	3.37	四面体形
	H_2O	6.16	V 字形		CH_4	0	正四面体形
	SO_2	5.33	V 字形		CCl_4	0	正四面体形

2. 分子的极化

在外电场作用下，分子中的原子核和电子云会产生相对位移，正负电荷中心的位置发生改变，从而产生**诱导偶极**（见图 6-19），分子则发生了变形，极性增大，这种过程称为**分子的极化**。因电子云与原子核发生相对位移而使分子外形发生变化的性质称为**分子的变形性**。当外电场消失时，诱导偶极也就随之消失，分子恢复为原状。

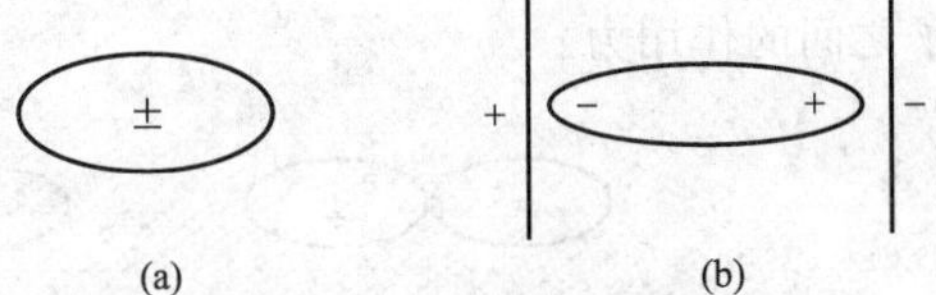

图 6-19　非极性分子在外电场中的变形极化

极性分子本身就具有**固有偶极**，通常这些极性分子做不规则运动［见图 6-20(a)］，当极性分子被置于外电场中时，所有分子的偶极会按照电场的方向进行定向排列［见图 6-20(b)］，这一过程称为**取向**，亦称为**分子的取向极化**。同时在外电场的作用下，极性分子也会因变形而产生诱导偶极。分子此时所呈现的极性，是由极性分子本身的固有偶极和由外电场诱发的诱导偶极所组成的［见图 6-20(c)］。

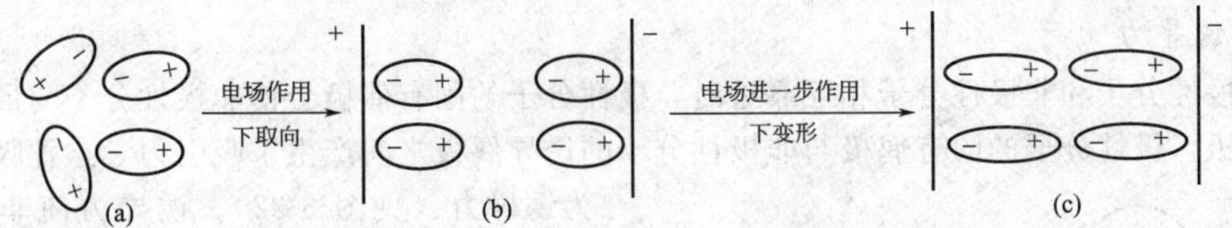

图 6-20　极性分子在外电场中的取向和变形极化

外电场越强，分子被极化的程度越大，其变形程度也越大。分子被极化的程度，可用分子极化率表示。**极化率**表示在单位电场作用下，分子被极化的程度或变形性的大小。极化率可以由实验测得，极化率越大，表示该分子的变形性越大。从表 6-5 可以看出，越大的分子，变形的可能性也越大。故稀有气体从 He 到 Xe，卤化氢从 HCl 到 HI，分子的变形性会增大。

表 6-5　部分分子的极化率 α

分子	$\alpha/10^{-30}m^3$	分子	$\alpha/10^{-30}m^3$	分子	$\alpha/10^{-30}m^3$	分子	$\alpha/10^{-30}m^3$
He	0.203	H_2	0.81	HCl	2.56	CO	1.93
Ne	0.392	O_2	1.55	HBr	3.49	CO_2	2.59
Ar	1.63	N_2	1.72	HI	5.20	NH_3	2.34
Kr	2.46	Cl_2	4.50	H_2O	1.59	CH_4	2.60
Xe	4.01	Br_2	6.43	H_2S	3.64	C_2H_6	4.50

要注意的是，由于极性分子本身存在着正、负极，因此极性分子本身就相当于一个微电场。当极性分子与非极性分子、极性分子与极性分子相邻时，同样也会发生极化作用，产生

诱导偶极，并产生诱导偶极的叠加。这种极化作用对分子间力的产生有重要影响。

二、分子间作用力

分子的极化和变形是分子间产生作用力的根本原因，任何分子都有变形的可能。分子间力有三种类型。

1. 色散力

非极性分子的偶极矩为零，似乎不存在相互作用。但事实上任何一个分子，由于电子的运动和核的振动，电子和核之间会有瞬间的相对位移，从而引起分子中正负电荷中心的瞬时分离，产生**瞬时偶极**。这种瞬时偶极会诱使邻近的非极性分子也产生瞬时诱导偶极，使得相邻分子产生异极相邻的状态（见图 6-21），分子间因此而产生了瞬时的吸引力。瞬时诱导偶极的存在时间极短，但由于分子总是处于不断的运动之中，因此不断地重复产生瞬时偶极，所以分子之间始终存在着这种作用力。由于从量子力学导出的这种力的理论公式与光色散公式相似，因此把这种由于瞬间偶极而产生的相互作用力称为**色散力**。色散力是存在于一切分子之间的作用力。

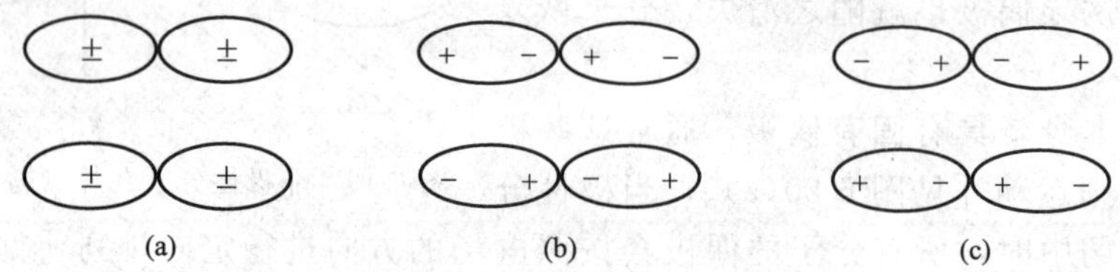

图 6-21 非极性分子相互作用示意图

色散力的大小与分子的变形性有关，一般来说，分子越大，其变形性越大，分子间的色散力就越大，物质的熔点、沸点也越高。

2. 诱导力

当极性分子和非极性分子相互靠近时，极性分子的固有偶极会使非极性分子变形而产生**诱导偶极**，极性分子的固有偶极与非极性分子的诱导偶极之间产生了吸引力，这种吸引力称为**诱导力**（见图 6-22）。诱导力使非极性分子产生了偶极，也使极性分子的极性增强。极性分子的偶极矩越大，非极性分子的变形性越大，分子间产生的诱导力就越大。

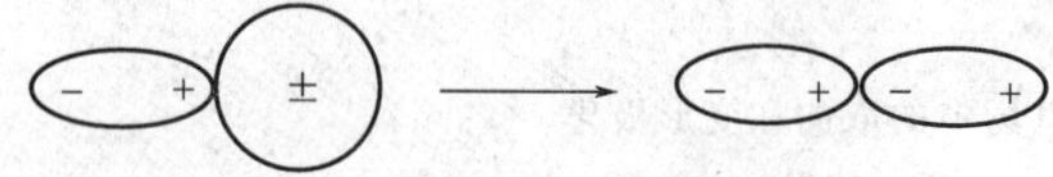

图 6-22 极性分子与非极性分子相互作用示意

诱导力除了存在于极性和非极性、极性和极性分子之间，也会出现在离子和离子、离子和分子之间。

3. 取向力

当两个极性分子互相靠近时，分子间不仅存在色散力和诱导力，而且由于极性分子固有偶极的作用，同极相斥，异极相吸，使极性分子之间以静电引力互相吸引，在空间转向成为异极相邻的状态。这种由极性分子在空间取向形成的作用力，称为**取向力**。取向力只存在于极性分子之间。其大小取决于极性分子固有偶极的大小，偶极矩越大，取向力越大。

4. 分子间作用力的特征及其对物质性质的影响

综上所述，分子间作用力有如下特征：

(1) 分子间作用力是存在于所有分子之间的一种静电引力，作用能量一般在几～几十 $kJ \cdot mol^{-1}$，比化学键小 1～2 个数量级，作用范围较小，约在 500pm 以内。

(2) 没有方向性和饱和性。只要空间许可，分子凝聚时总是吸引周围尽可能多的其他分子。

(3) 在三种作用力中，大多数分子间的作用力以色散力为主。只有极性很大的分子，取向力才占较大的比重，诱导力最小。

分子间力对物质的熔点、沸点、熔化热、汽化热、溶解度和黏度等都有较大的影响。同类分子，例如 F_2、Cl_2、Br_2、I_2 的熔、沸点随相对分子质量的增加而升高，这是因为色散力随分子相对质量增大（即分子体积增大）而增强的缘故。

分子间力也可以用来解释物质相互溶解的情况。极性分子之间以取向力为主，非极性分子之间以色散力为主，分子之间的作用力较大，容易互相溶解。而极性分子与非极性分子之间以诱导力为主，分子之间作用力较小，不容易互相溶解。

图 6-23 给出了ⅣA～ⅦA 同族元素氢化物熔点、沸点的递变情况。图中除 F、O、N 外，其余氢化物熔点、沸点的变化趋势可以用分子间作用力的大小很好地加以解释。

三、氢键

1. 氢键的形成

按照前面对分子间力的讨论，在卤化氢中，HF 的熔、沸点应该最低，但事实并非如此。从图 6-23 中可以看出：H_2O 和 NH_3 也有这样反常高的熔点、沸点，说明这些分子中除了普遍存在的分子间力外，还存在着另一种作用力。

当氢原子与电负性很大、半径很小的原子 X（如 F、O、N 等）以共价键结合时，由于 X 原子吸引电子的能力很强，共用电子对强烈偏向于 X 原子，使氢原子几乎成为没有电子云的只带有正电荷的“裸核”。容易吸引另一个电负性很大，且半径较小的原子 Y（如 F、O、N 等）的孤对电子，形成**氢键**。氢键通常表示为 X—H…Y。X 和 Y 可以是同种元素，也可以是不同种的元素。

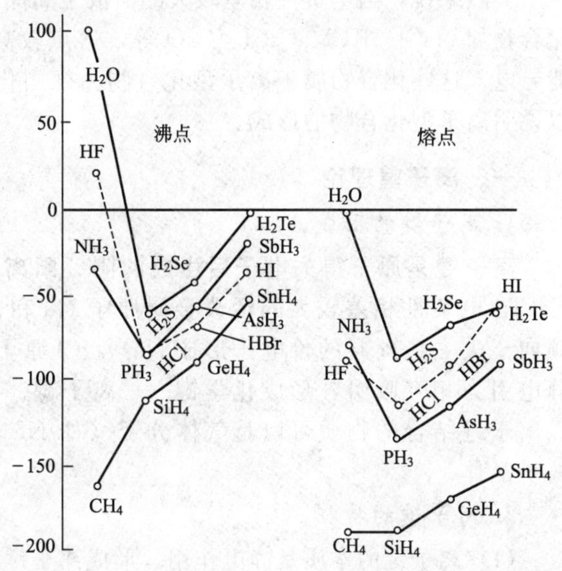

图 6-23　ⅣA～ⅦA 同族元素氢化物熔点、沸点的递变情况

氢键的键能是指打开 1mol H…Y 键所需要的能量，约为 $10\sim40kJ\cdot mol^{-1}$，比共价键小得多，与分子间作用力的数量级相同，所以把它归入分子间作用力的范畴，但它比分子间作用力大。

元素的电负性越大，形成的氢键越强；半径越小，氢键越强，例如：

F—H…F>O—H…O>O—H…N>N—H…N>O—H…Cl>O—H…S

除了分子间氢键外，某些化合物（多是一些有机化合物如邻硝基苯酚、水杨醛等）可以形成分子内氢键。

2. 氢键的特点

(1) 方向性　X—H…Y 三个原子在一直线上时，Y 与 X 距离最远，两原子电子云之间的斥力最小，从而能形成较强的氢键。

(2) 饱和性　当另一个电负性大的原子靠近时，这个原子的电子云受到氢键中 X 和 Y 电子云的排斥力远远大于 H 原子核的吸引力而很难与 H 靠近，因此 X—H⋯Y 上的氢原子不可能再与另一个原子形成氢键。

3. 氢键对物质性质的影响

氢键通常是物质在液态时形成的，但形成后有时也能继续存在于某些晶态甚至气态物质之中。氢键的存在，影响到物质的某些物理性质。

(1) 熔、沸点的变化　分子间氢键增加了分子间的作用力，从而使物质的熔、沸点显著升高。例如，图 6-23 中 HF、H_2O、NH_3 的熔、沸点与同族氢化物相比都特别高。

而分子内形成氢键时，反而会使物质熔、沸点下降。对硝基苯酚和邻硝基苯酚的沸点分别为 114℃和 45℃，是因为前者只能生成分子间氢键，而后者可以生成分子内氢键。

(2) 溶解度的变化　溶质和极性溶剂间形成氢键有利于溶质的溶解，如 NH_3 在水中的溶解度很大。而当溶质形成分子内氢键时，在极性溶剂中的溶解度减小，在非极性溶剂中的溶解度增加。

氢键的形成也常常会影响到物质的酸碱性、黏度、密度、介电常数甚至反应性。

第三节　离子晶体

一般来说，当电负性相差较大的活泼金属原子与活泼非金属原子相互作用时，所形成的化合物如 NaCl、KCl、CsCl、CaO 等，熔点较高，硬度较大，易溶于水，溶于水或熔化时能导电。这些化合物属于离子型化合物。德国化学家柯塞尔于 1916 年提出了离子键理论，以说明离子型化合物的形成。

一、离子键理论

1. 离子键的形成

离子键是原子得失电子后生成的阴、阳离子之间靠静电作用而形成的化学键。例如 NaCl，电负性相差较大的活泼金属原子 Na 和活泼非金属原子 Cl 相互接近时，Na 原子倾向于失去最外层的价电子形成 Na^+，Cl 原子倾向于接受电子形成 Cl^-。Na^+ 和 Cl^- 以静电引力相互吸引，形成化学键——离子键。由离子键形成的化合物叫**离子型化合物**。以离子键结合的物质可以是气体分子（如 Na^+Cl^- 离子型分子），但更多的是固体，即离子晶体。

2. 离子键的特征

(1) 离子键的本质是静电作用。形成离子键时，两原子的电负性相差越大，形成键的离子性就越强。但实验证明，即使是电负性最强的原子与电负性最弱的原子结合，其中仍有共价键成分。一般认为，电负性差值 $\Delta\chi > 1.7$ 的两原子形成的化学键以离子键为主，可以认为属于离子型化合物。

(2) 由于静电引力没有方向性，阴阳离子之间可在任何方向上发生作用，所以离子键也没有方向性和饱和性。只要条件允许，阳离子周围可以尽可能多地吸引阴离子，反之亦然。

3. 离子的特征

(1) 离子的电子构型　所有简单阴电子最外层电子构型为 ns^2np^6，为 8 电子构型。而阳离子的电子构型则较为复杂（见表 6-6）。

表 6-6　阳离子的电子构型

电子构型	离子外电子层电子排布通式	离子的电子构型	阳离子实例	元素所在区域
稀有气体电子构型	$1s^2$	2 电子型	Li^+，Be^{2+}	s 区
	ns^2np^6	8 电子型	Na^+，Mg^{2+}，Al^{3+}	s 区、p 区
非稀有气体电子构型	$ns^2np^6nd^{1\sim9}$	9～17 电子型	Cr^{3+}，Mn^{2+}，Fe^{2+}，Fe^{3+}，Cu^{2+}	d 区、ds 区
	$ns^2np^6nd^{10}$	18 电子型	Cu^+，Zn^{2+}，Cd^{2+}，Hg^{2+}	ds 区
	$(n-1)s^2(n-1)p^6(n-1)d^{10}ns^2$	18+2 电子型	Sn^{2+}，Pb^{2+}，Sb^{3+}，Bi^{3+}	p 区

(2) 离子的半径　离子半径是决定离子型化合物中正负离子之间静电引力的因素之一，直接影响离子型化合物中离子键的强弱，进而影响到该化合物的性质。例如，$r_{Li^+}<r_{Na^+}<r_{K^+}$，则有熔点 KF(856℃)＜ NaF(995℃)＜LiF(1040℃)。

离子的真实半径是无法确定的，可以大致认为相邻两个正负离子核间的平衡距离 d 就等于正负离子的接触半径（以 r_+、r^- 表示）之和：$d=r_++r_-$。

不同方法测得的离子半径略有不同，目前最常用的是泡利从核电荷数（Z）和屏蔽常数（σ）推算出的一套离子半径（见表 6-7）。离子半径的大小与核电荷以及核外电子数有关，大致有如下规律。

① 同一周期电子层结构相同的正离子，半径随电荷数增大而减小，如 r_{Na^+}（98pm）＞$r_{Mg^{2+}}$（66pm）。负离子半径随电荷数增大而稍有减小，但变化不大，如 $r_{O^{2-}}$（140pm）＞r_{F^-}（133pm）。

② 同一主族元素具有相同电荷数的离子半径随核电荷数增大而增大，如 $r_{F^-}<r_{Cl^-}<r_{Br^-}<r_{I^-}$。

③ 同一元素的正离子半径＜原子半径＜负离子半径。所带电荷越高，半径越小，如 $r_{Fe^{3+}}<r_{Fe^{2+}}$。

表 6-7　部分常见离子的半径（单位：pm）

Li^+ 68	Be^{2+} 31											O^{2-} 140	F^- 133
Na^+ 98	Mg^{2+} 66											S^{2-} 184	Cl^- 181
K^+ 133	Ca^{2+} 99	Sc^{3+} 81	…	Cr^{2+} 89	Mn^{2+} 80	Fe^{2+} 72	Co^{2+} 72	Ni^{2+} 69	Cu^{2+} 72	Zn^{2+} 74	…	Se^{2-} 198	Br^- 196
Rb^+ 148	Sr^{2+} 113	Y^{3+} 93	…						Ag^+ 126	Cd^{2+} 97	…	Te^{2-} 221	I^- 220
Cs^+ 167	Ba^{2+} 135	La^{3+} 115	…						Au^+ 137	Hg^{2+} 110	…		

二、离子晶体

离子型化合物所形成的晶体叫做**离子晶体**。绝大部分的盐和许多金属氧化物的固体都是离子晶体。离子晶体是由正、负离子相间排列在晶格结点上形成的。正、负离子之间以离子键相结合。离子键的键能比较大，所以离子晶体具有较高的熔点和沸点，硬度大，质脆，延展性差，挥发性差，易溶于极性溶剂，是热和电的不良导体，但在溶于水或熔融状态时能够导电。

1. 典型 AB 型离子晶体的分类

离子晶体内正、负离子空间排布方式的不同，离子晶体的类型也不同。其中 AB 型二元离子化合物中最常见的三种典型结构为 NaCl 型、CsCl 型和立方 ZnS 型离子晶体（见图 6-24）。

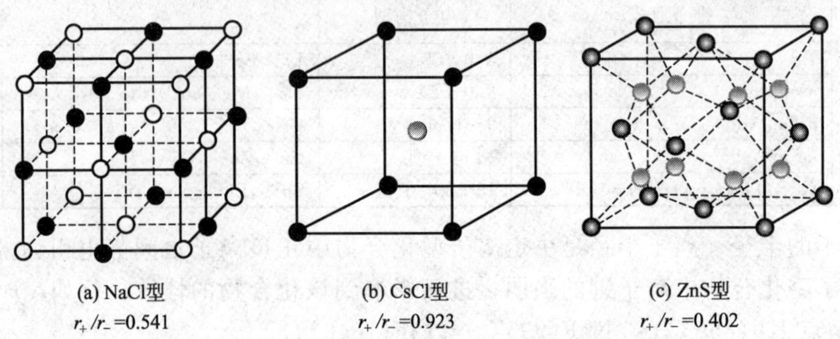

图 6-24 三种典型的 AB 型离子晶体结构

(1) NaCl 型 面心立方晶格，每个离子均被 6 个带异号电荷的离子所包围，配位比 6∶6。

(2) CsCl 型 简单立方晶格，每个离子均被 8 个带异号电荷的离子所包围，配位比 8∶8。

(3) ZnS 型 面心立方晶格，ZnS 本身是共价性质的化合物，属共价晶体，但有些 AB 型离子化合物具有 ZnS 的点阵结构，每个离子均被 4 个带异号电荷的离子所包围，配位比 4∶4。

2. 晶格能

晶体的稳定程度可以用晶格能来衡量，**晶格能**是指在标准状态下，破坏 1mol 离子晶体，使其变为各组分气态离子时需要吸收的能量，用 U 来表示。例如 NaCl 的晶格能为：

$$NaCl(s) \xrightarrow{U} Na^+(g) + Cl^-(g) \quad U = \Delta_r H_m^{\ominus}$$

晶格能越大，正、负离子间结合力越强，离子晶体越稳定，晶体的熔点越高，硬度越大（见表 6-8）。晶格能一般无法通过实验直接测定，大多数的晶格能都是间接计算得到的。

表 6-8 晶格能与熔点和硬度

性 能	BaO	SrO	CaO	MgO
核间距/pm	277	257	240	210
晶格能/kJ·mol^{-1}	3041	3204	3476	3916
熔点/K	2196	2703	2843	3073
硬度(莫氏标准)	3.3	3.5	4.5	6.5

三、离子极化

1. 离子的极化力和变形性

简单离子由于正、负电荷中心重合，并不显极性。但若离子处于外电场中，原子核和外层电子的电子云就会发生相对位移，离子发生变形，产生诱导偶极，这个过程称为**离子的极化**。

带有电荷的离子本身就是一个电场。正、负离子靠近时，可以相互产生极化（见图 6-

25）。其结果是使电子云变形，并使正、负离子之间产生了额外的吸引力。离子极化的强弱主要取决于离子的极化力和离子的变形性。

（1）离子的极化力　**离子的极化力**是指某种离子使异号电荷离子受到极化而变形的能力。

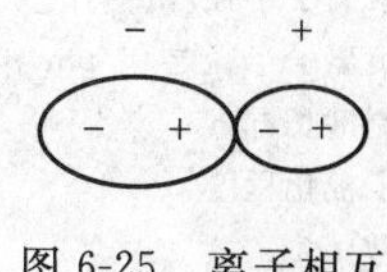

图 6-25　离子相互极化示意图

离子的极化力与离子的电荷数、半径以及电子构型有关。对阳离子而言，离子的电荷越多，半径越小，所产生的电场强度就越大，离子的极化力就越强，例如：$Na^+ > K^+$、$Mg^{2+} > Ca^{2+}$、$Al^{3+} > Mg^{2+} > Na^+$。

当离子的电荷相同、半径相近时，对离子的极化力就取决于离子的电子构型：8 电子构型（如 Na^+、Ca^{2+} 等）$<$ 9～17 电子构型（Mn^{2+}、Fe^{3+} 等）$<$ 2、18 和 18＋2 电子构型（Li^+、Cu^{2+}、Pb^{2+} 等）。

（2）离子的变形性　在极化力的作用下，离子外层电子云与核发生相对位移，称为离子的变形性。

离子的变形性也是与离子的电荷数、半径以及电子构型有关。离子半径大，核对外层电子的束缚力较弱，离子变形性大，如 $I^- > Br^- > Cl^- > F^-$。对正离子来说，电荷越大，半径越小，则变形性越小；对负离子来说，电荷越大，半径越大，其变形性越大。

当离子半径相近、电荷数相等时，离子的变形性取决于电子构型，非稀有气体构型（即 18、18＋2、9～17 电子构型）的正离子的变形性比稀有气体构型（8 电子构型）离子大得多。

电子构型相同时，负离子比正离子容易变形。

（3）离子的附加极化作用　一般来说，正离子极化力较强，而负离子更容易变形，因此一般是考虑正离子对负离子的极化和负离子的变形。

但当正离子为 18 或 18＋2 电子构型时，它的极化力和变形性都比较显著。当遇到半径较大的阴离子，它在使阴离子极化的同时，本身又会被阴离子所极化。极化了的阳离子又增大了阴离子的变形程度，结果正、负离子发生相互极化现象，从而加大了离子间的引力，这种加强的极化作用又称为**附加极化作用**。每个离子的总极化作用是它原来的极化作用和附加极化作用的加和。

2. 离子极化对晶体结构和性质的影响

（1）对键型的影响　离子极化与变形会使得正、负离子的电子云互相重叠，导致正、负离子的核间距（即键长）缩短，键的极性减弱，键的性质可能从离子键向共价键逐步过渡（见图 6-26）。

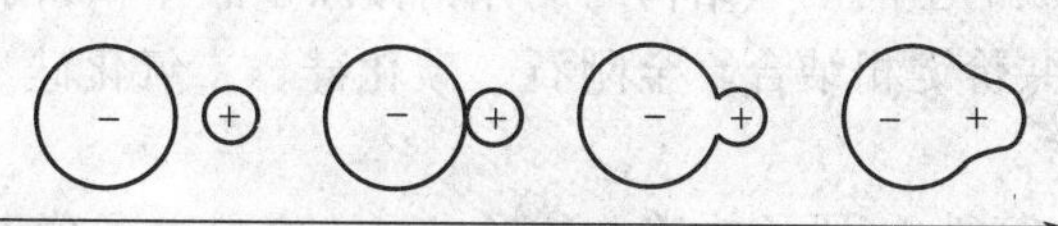

图 6-26　离子极化对键型的影响

离子相互极化程度越大，键的共价成分就越多。例如，Ag^+ 是 18 电子构型，其极化力和变形性都很强。而 F^- 半径很小，变形性小，Ag^+ 和 F^- 之间相互极化作用不明显，所以 AgF 为离子键。随 Cl^-、Br^-、I^- 半径增大，它们和 Ag^+ 之间的相互极化作用不断增强，化学键极性逐渐减弱，到 AgI 已经是共价键（见表 6-9）。

可见，离子键和共价键之间没有绝对的界限。无机化合物中不少属于过渡键型。

表 6-9 卤化银的键型、晶体结构和性质

卤化银	AgF	AgCl	AgBr	AgI
卤素离子半径/pm	136	181	196	216
正负离子半径之和/pm	262	307	322	342
实测键长/pm	246	277	288	299
离子极化程度	从左到右逐渐增强→			
键型	离子键	过渡键型	过渡键型	共价键
r_+/r_- 值	0.95	0.70	0.64	0.57
理论晶体构型	CsCl 型	NaCl 型	NaCl 型	NaCl 型
实际晶体构型	NaCl 型	NaCl 型	NaCl 型	ZnS 型
配位数	6	6	6	4
溶解度/mol·L^{-1}	易溶	1.3×10^{-5}	7.1×10^{-7}	9.1×10^{-9}
颜色	白色	白色	淡黄色	黄色

（2）对晶体结构的影响　如果正、负离子相互极化作用明显，离子的电子云相互重叠增大，正离子部分钻入了负离子的电子云，导致晶体向配位数较小的构型转变。例如，AgCl、AgBr 和 AgI 都应属配位数为 6 的 NaCl 型，但 AgI 中离子相互极化作用更强烈，导致其向配位数较小的 ZnS 型转变，且为共价晶体。AgF 虽是离子键，但仍有一定的离子极化作用，所以 AgF 晶体本应为 CsCl 型，实际为 NaCl 型（见表 6-9）。

（3）对化合物性质的影响　离子极化作用必然会影响到化合物的性质。

① 熔、沸点降低　极化力 $Al^{3+}>Mg^{2+}>Na^+$，NaCl、$MgCl_2$、$AlCl_3$ 的熔点分别为 801℃、714℃、192℃，NaCl 为离子化合物，而 $AlCl_3$ 则接近于共价化合物。

② 溶解度减小　离子化合物大都易溶于水，而离子的极化作用会使得化合物的溶解度减小，例如，随着极化和变形作用的增强，AgF、AgCl、AgBr、AgI 的溶解度依次减小，其共价性依次增加。

③ 颜色加深　一般若组成化合物的正、负离子都为无色，则化合物也为无色，若其中某一离子有色，则化合物呈该离子的颜色。但若化合物中离子具有较强的极化作用和变形性，则化合物的颜色会变深。例如，K_2CrO_4 呈黄色，而 Ag_2CrO_4 呈棕红色；AgI 呈黄色，而 Ag_2S 呈黑色。

第四节　非离子型晶体

非离子型晶体包括原子晶体、分子晶体和金属晶体。

一、原子晶体

相邻原子之间通过强烈的共价键结合而成的空间网状结构的晶体叫做**原子晶体**。原子晶体的晶格结点上排列的是原子，原子之间以共价键相结合。金刚石、碳化硅、二氧化硅（β-方石英）、单质硅、单质硼等都属于原子晶体。

在金刚石晶体中，C 原子的 2s 电子被激发到 2p 原子轨道上，形成由 4 个单电子分占的 4 个 sp^3 杂化轨道，与另外 4 个碳原子形成共价键，构成四面体构型，每个碳环有 6 个碳原子组成，所有的 C—C 键长为 1.55×10^{-10} m，键角为 109°28′，键能也都相等（见图 6-27）。金刚石晶体中碳原子对称分布、等距排布，结合力很强，熔点高达 3550℃，是硬度最大的单质。

在 SiO_2 晶体中，每个硅原子位居正四面体中心，并以 4 个 sp^3 杂化轨道与 4 个氧原子

形成共价键，其中每个氧原子又为两个硅氧四面体共用（见图 6-28）。

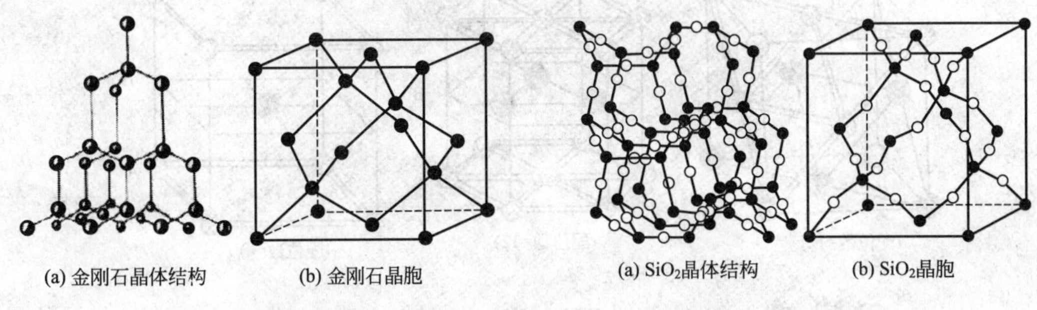

(a) 金刚石晶体结构　　(b) 金刚石晶胞

图 6-27　金刚石的结构

(a) SiO_2晶体结构　　(b) SiO_2晶胞

图 6-28　SiO_2 的晶体结构

原子晶体中不存在分子，整个晶体是一个巨大的分子，因此这类晶体没有确定的相对分子质量。一般用化学式表示晶体的物质组成，单质的化学式直接用元素符号表示，两种以上元素组成的原子晶体，按各原子数目的最简比写化学式。

一般来说，组成晶体的原子半径越小，键长越短，共价键越牢固，晶体的熔、沸点越高，例如金刚石、碳化硅、硅晶体的熔、沸点依次降低。原子晶体的熔、沸点一般要比分子晶体和离子晶体高，多被用作耐磨、耐火的工业材料。

二、分子晶体

分子晶体中占据其晶格结点的是分子，可以是极性分子，也可以是非极性分子。结点之间的作用力是分子间力（包括氢键）。属于分子晶体的有非金属单质（如 Br_2、白磷等）、非金属化合物（如 CO_2、HCl、草酸等）以及许多有机化合物。

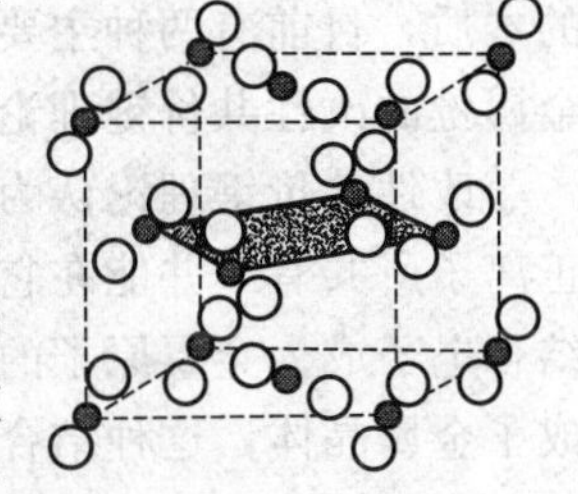

图 6-29　干冰的晶体结构

在分子晶体中存在单个分子。分子内的原子之间是以共价键相结合的，但分子与分子之间的作用力却是远比离子键和共价键要弱的范德华力。因此，一般熔、沸点低，硬度小，有较大挥发性，在固态或熔化时通常不导电。但由极性分子构成的分子晶体易溶于极性溶剂中，在极性溶剂作用下产生可自由移动的离子，故溶于极性溶剂如水后能导电。而 HF、H_2O、NH_3、CH_3CH_2OH 等分子间，除存在范德华力外，还有氢键的作用力，它们的熔、沸点则较高，属于氢键型分子晶体。

图 6-29 是固体二氧化碳（俗称干冰）的结构示意图。

三、金属晶体

1. 金属晶格

金属晶体的晶格上占据的质点是金属原子或金属正离子。金属晶体是靠金属正离子和自由电子之间的相互吸引作用结合成一个整体的，这种结合作用就是**金属键**。

金属键的特点是没有方向性和饱和性，因此金属晶体中每一个原子都倾向于有尽可能多的近邻原子围绕自己，这就导致金属结构属于原子密堆积和具有高配位数的特点。金属原子可看成是圆球，位于等边三角形网的一系列顶点上。这种堆积有三种基本的构型：配位数为 12 的面心立方密堆积（Ca、Ag、Cu 等），配位数为 12 的六方密堆积（Mg、Hg、Cd 等）和配位数为 8 的体心立方堆积（K、Na、Fe 等）。前两种都是最紧密堆积，圆球在全部体积中占 74%。体心立方堆积是一种比较紧密的堆积方式，圆球在全部体积中占 68%（见图 6-30）。

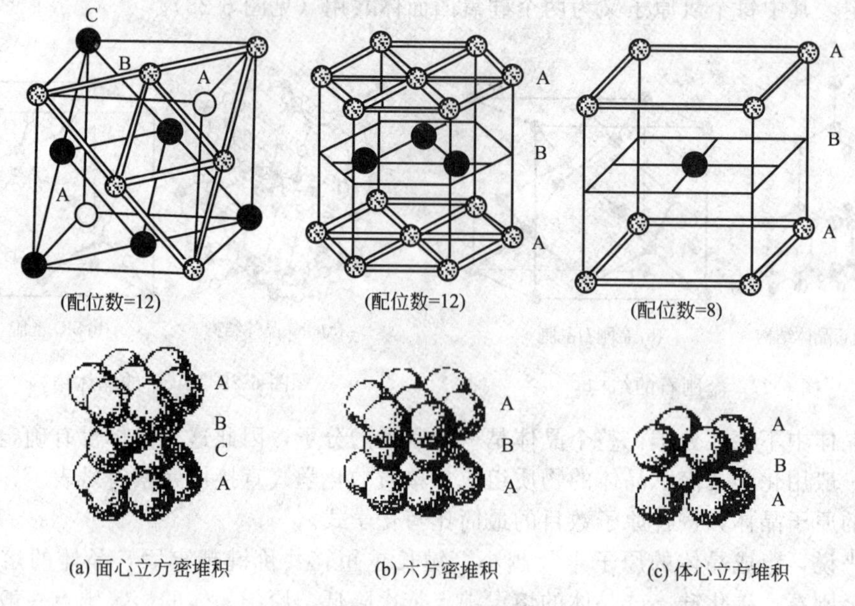

图 6-30 等径圆球的密堆积

2. 金属键与金属晶体

大多数金属元素的价电子都少于 4 个（多数只有 1 个或 2 个价电子），而金属晶格中每个原子要被 8 个或 12 个相邻原子所包围，它们之间是如何结合起来的呢？为了说明金属键的本质，目前有两种主要的理论——金属键的改性共价键理论和能带理论。下面只简要讨论金属键的改性共价键理论。

改性共价键理论认为，电子可以从金属原子上脱离下来为整个晶体内的金属原子、金属正离子所共有，并能在它们之间自由运动，故称为自由电子。失去电子后的金属正离子亦有结合电子成为金属原子的趋势。这样，自由电子就把金属正离子和金属原子结合在一起，形成了金属晶体，这种结合力就称为**金属键**。与一般的共价键不同，它们的共用电子是非定域（即离域）的，是属于整个金属晶体内所有原子和离子的，因此金属键是一种“少电子多中心键”。金属键没有方向性和饱和性。

由于自由电子的存在和晶体的紧密堆积结构，使金属晶体具有一些共同的性质，例如具有较大的密度、良好的导电性、导热性和延展性，有很好的可塑性和机械强度，对光的反射系数大，呈现金属光泽。

四、混合键型晶体

除了离子晶体、原子晶体、分子晶体和金属晶体这四种典型晶体外，还有一种混合键型晶体或称过渡型晶体，其晶体内同时存在着几种不同的作用力。典型的例子是石墨（见图 6-31）。

石墨晶体中，同一层中的每个碳原子用 3 个 sp^2 杂化轨道与同一平面相邻的 3 个碳原子以 σ 共价键相连接，键角 120°，不断重复延伸，形成无限片状结构。每个碳原子还剩下一个未杂化的 p 轨道垂直于这个片状平面，这些轨道互相之间发生肩并肩重叠，形成了同层碳原子之间的大 π 键。大 π 键中的 π 电子可在整个层面中自由活动，因此这种大 π 键亦是**非定域的多中心键**。这种大 π 键中的电子类似于金属键中的自由电子，因此石墨具有金属光泽，能导电、导热。石墨中相邻两层之间的作用力是范德华力，距离较远，故易发生相对滑动，可作润滑剂。同一层中的碳原子之间结合的共价键很强，故石墨熔点高、化学性质稳定。

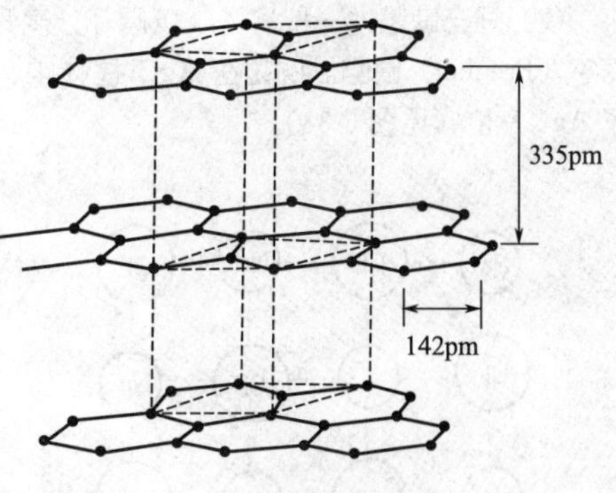

图 6-31　石墨的层状结构

石墨晶体内既有共价键，又有类似金属键那样的非定域键以及分子间力，故石墨晶体兼有原子晶体、金属晶体和分子晶体的特征，是一种混合键型晶体。其他一些无机物如线状和片状硅酸盐、碘化镁、氮化硼和云母、黑磷等也属于混合键型晶体。与石墨结构相同、性质相似的氮化硼（BN）是比石墨更耐高温的固体润滑剂。另外，前面所说的既有离子键成分，又有共价键成分的 AgCl、AgBr 等也属于混合型晶体。

四种基本晶体类型的结构及其性质特征见表 6-10。

表 6-10　四种基本晶体类型的结构及其性质特征

晶体类型	离子晶体	原子晶体	分子晶体		金属晶体
结点上的粒子	正、负离子	原子	极性分子	非极性分子	原子、正离子（间隙处有自由电子）
结合力	离子键	共价键	分子间力（有些还有氢键）	分子间力	金属键
熔、沸点	高	很高	低	很低	
硬度	硬	很硬	软	很软	
力学性能	脆	很脆	弱	很弱	有延展性
导电、导热性	熔融态及其水溶液导电	一般为非导体（半导体导电）	固态、液态不导电，但水溶液导电	非导体	良导体
溶解性	易溶于极性溶剂	不溶性	易溶于极性溶剂	易溶于非极性溶剂	不溶性
实例	NaCl，LiF	金刚石，SiC	NH_3，H_2O	CO_2，I_2	Ag，Cu

实　际　晶　体

人们平时讨论的都是理想晶体的几何图像，离子、原子或分子都是精确地、有规则地排列在晶格结点上。而实际上，仅在 0K 时才有这种完美的晶体结构。在 0K 以上，晶体常常不规则、不完整，即或多或少地存在着缺陷。因此实际晶体总是有缺陷的，理想的完整晶体不能获得。

一、晶体缺陷

实际晶体中离子、原子、分子离开了正常位置或被杂质所取代，就造成了晶体缺陷。从几何的角度看，晶体缺陷可以分为点缺陷、线缺陷和面缺陷三大类，以点缺陷最重要、最普遍。

点缺陷是由于晶体中离子（或原子）从晶格结点上位移，产生了空位，或外来的杂质离子（或原子）取代原有的粒子，或晶格间隙位置上存在间隙离子（或原子）。根据产生缺陷的起源，可分为本征缺陷和化学杂质缺陷。

1. 本征缺陷

本征缺陷是指那些不含外来杂质，但其本身结构并不完整的缺陷。

(1) 空位缺陷　晶格结点缺少某些原子（或离子）而出现了空位，称空位缺陷，亦称肖特基缺陷。例如，NaCl 晶体的晶格结点上，Na^+ 和 Cl^- 按化学计量比同时空位，即 Na^+ 和 Cl^- 的空位数目相等（见图 6-32）。

(2) 间充缺陷　一种离子（或原子）离开原来位置移向晶格间隙，留下空位，称间充缺陷，亦称弗伦克尔（Frenkel）缺陷。例如在 AgCl 晶体中，Ag^+ 离开结点位置间充入晶格的空隙之中，而在结点上出现了 Ag^+ 空位（见图 6-33）。

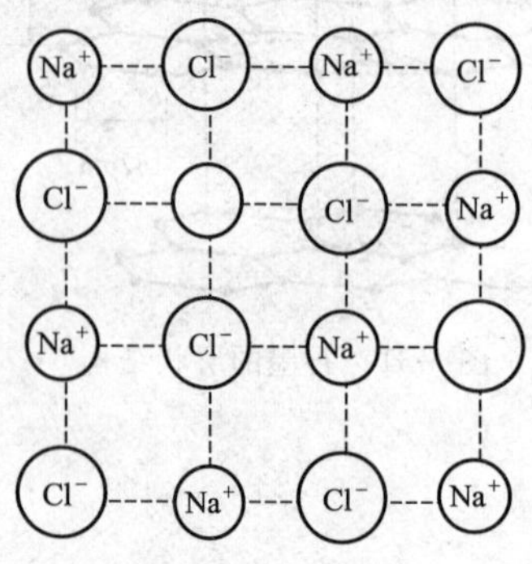

图 6-32　空位缺陷

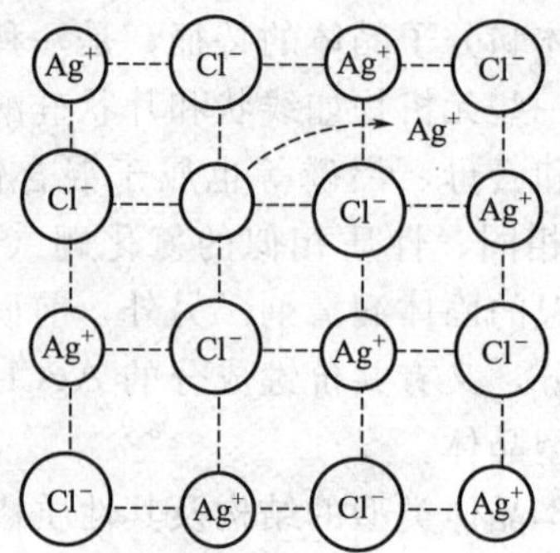

图 6-33　间充缺陷

(3) 错位缺陷　在晶格结点上，A 类原子占据了 B 类原子应占据的位置。

(4) 非整比缺陷　晶体的组成偏离了定组成定律的缺陷称非整比缺陷。例如，组成为 $Zn_{1+\delta}O$ 的氧化锌晶体，过量的 Zn 原子可进入 ZnO 晶格的空隙，同时把它的 2 个电子松弛地束缚在其周围。这类晶体缺陷因含有自由电子而可以导电。

2. 化学杂质缺陷

化学杂质缺陷是由杂质原子（或离子）进入基质晶体以后引起的缺陷。

杂质原子（或离子）可以取代晶格结点上原有的原子（或离子），产生取代式缺陷。通常电负性接近、半径相差不大的元素原子可以互相取代。例如，基本无色透明的 α-Al_2O_3 晶体（刚玉），掺入 1%Cr^{3+} 后形成杂质缺陷，即为具有良好光学性能的红宝石。Si 作为杂质原子可以掺入砷化镓（GaAs）晶体中，取代 Ga 或 As 的位置，形成取代式杂质缺陷。半径较小的杂质原子（或离子）也可以充入基质晶格的空隙之中。

晶体中的缺陷破坏了点阵结构，会对晶体的物理、化学性质产生重要影响。人们已经利用晶体缺陷制造出许多性质优异的功能材料和结构材料。例如 ZrO_2 高温陶瓷材料的熔点 2983K，可制成火箭、宇宙飞船的前锥体，它是多成分集合体，其内部具有众多面缺陷的晶体。而若在 ZrO_2 中加入 Cr_2O_3 形成复合陶瓷，其耐热性比 ZrO_2 要高 4 倍。氧化物、氢化物、硫化物、氮化物、碳化物等常出现非整比性。非整比意味着在化合物中金属或非金属过量或短缺。例如方铁矿在 900℃时，其组成为 $FeO_{1+\delta}$，其中 δ 为 0.09～0.19。晶体缺陷是造成化合物组成非整比性的重要原因。在层状结构的层间嵌入某些离子、原子或分子，也可形成非整比化合物。在 TiS_2 中掺入 Li 形成的 $Li_\delta TiS_2$，其导电性很好，可作为锂电池中的电解质。

1987 年，美国休斯顿大学（Houston University）首次制得具有高温超导的非整比化合物 $YBa_2Cu_3O_{7-\delta}$（式中 $0 \leqslant \delta \leqslant 0.5$），其超导起始温度高达 90K，在此温度以上电阻完全消失而具有超导性，这一突破性进展使超导材料进入实用研究阶段。

非整比化合物虽与相同组成元素的整比化合物在组成上有些偏差，但在导电性、磁性、光学性能、催化性能等方面却显示了其独特的技术特性。因此利用晶体的缺陷和非整比化合物具有的物理性质，可能制成许多具有特殊性能的晶体，以满足人们的各种需要。

二、富勒烯

长期以来，人们熟知的结晶状态固体碳主要有两种——石墨和金刚石，二者的晶体结构和物理性质迥然不同。十多年前人们又发现了晶体碳的又一种存在形态：碳原子簇——富勒烯。1985 年，美国 Rice 大学的 Kroto H W 和 Smalley R E 等在实验中意外发现了 C_{60}。在 Curt R F Jr 的建议和参与下，经过优化实验条件，终于得到了性质十分稳定的 C_{60} 的质谱图。之后，他们又致力于对其结构的研究，受建筑学家 Buckminster Fulller 用五边形和六边形构成球形薄壳建筑结构的启发，Kroto 等提出 C_{60} 分子是由 60 个碳原子所构成的球形 32 面体（见图 6-34），即由 12 个五边形和 20 个六边形所组成。相当于截顶二十面体，其中五边形彼此不相连接，只与六边形相邻。每个碳原子以 sp^2 杂化轨道和相邻三个碳原子相连，剩余的 p 轨道在 C_{60} 分子的外围和内腔形成 π 键，显示出芳香性，随之命名为 Buckminsterfullerence。

由于 C_{60} 分子结构酷似足球，故又称为 Footballene，即足球烯，是一个直径为 0.7nm 的空心球，其内腔可以容纳直径为 0.5nm 的其他原子。已经证明，它的笼状结构可以包含 K、Na、Cs、La、Ca、Ba、Sr、U 等单个离子，生成包合物 $Mn+C_{60}$，具有许多特殊的物理和化学性质。如北京大学和中国科学院物理所合作成功合成的 K_3C_{60} 和 Rb_3C_{60} 超导体的超导起始温度分别为：18K 和 28K。C_{60} 有极好的抗辐射、抗腐蚀性，容易接受和释放电子。

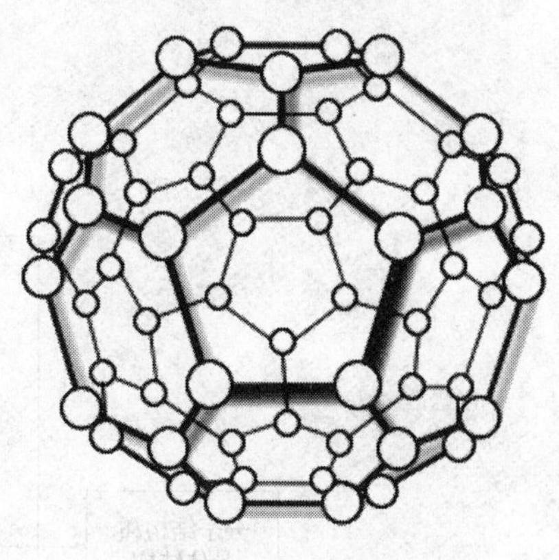

图 6-34　足球烯的笼状结构

除了 C_{60} 外，具有这种封闭空心笼状结构的还可能有 C_{28}、C_{32}、C_{50}、C_{76}、C_{84}、C_{92}、C_{94}…C_{240}、C_{540} 等，这一系列球形分子统称为富勒烯（Fullerenes）。有人预言，掺杂 C_{240} 和 C_{540}，有可能成为具有更高超导起始温度的超导体。

如果说碳的四面体结构和凯库勒苯结构的发现是碳化学的两个重要阶段，那么 C_{60} 球形结构的发现，将开辟碳化学的新里程。Curt、Kroto 和 Smalley 等三位教授因此而获得了 1996 年诺贝尔化学奖。

三、固体无机新材料

材料、能源和信息构成了现代科技的三大支柱。随着科技的发展，新型无机材料在热学、力学、电学、磁学、光学等方面表现出独特的物理性质，满足了人类不同的需要（见表 6-11）。

表 6-11　导致新产业兴起的新型材料

年代	新的原型化合物	随后开发成的新技术材料
1910	InP	ⅢA～ⅤA 族化合物半导体
1925	$BaTiO_3$	铁电、压电、陶瓷电容器
1926	Na-β-Al_2O_3	固体电解质，钠-硫燃料电池
1929	CaO 或 Y_2O_3，稳定的 ZrO_2	固体电解质，氧传感器
1937	$LiNbO_3$	非线性光学
1938	$BaFe_{12}O_{19}$	铁氧体、磁记忆
1940	(Zn、Cd)S	阴极射线发光显示器件
1943	$LaNi_5$	强磁体、储氢材料
1944	非晶硅	太阳能电池
1949	$Ca_5(PO_4)_3X:Sb^{3+},Mn^{2+}$	荧光照明
1969	$Y_2O_2S:Eu^{2+}$	彩色电视
1972	ZSM-5 型铝硅酸盐分子筛	石油催化裂化
1984	$Nd_2Fe_{14}B$	新永磁材料
1986	多元氟化物玻璃	洲际光件通讯
1986	$YBa_2Cu_3O_{7-\delta}$	高温超导

1910 年 InP 的合成，开始了ⅢA～ⅤA 族化合物半导体的应用，其作用一直延续到现在信息的产生、传递和显示等各个方面。20 世纪 60 年代末红色荧光体 Y_2O_3：Eu 的发现和应用，推动了彩色电视的发展，极大地丰富了人们的现代文化生活。目前正在积极研究的对红外线透明度比硅玻璃大数百倍的多元金属氟化物玻璃纤维，如果获得成功和应用，可以把光纤通讯的距离扩展到 5000km 以上，其传递信息的效果可

以和空间卫星通讯相媲美。1986年陶瓷态的复合金属氧化物 $LaBa_2Cu_3O_{7-\delta}$ 的合成及其高温超导性的发现是一个奇迹，将导致固体理论的重大突破，如果能把它形成材料，将对今后众多科技领域的发展产生不可估量的影响。

本章小结

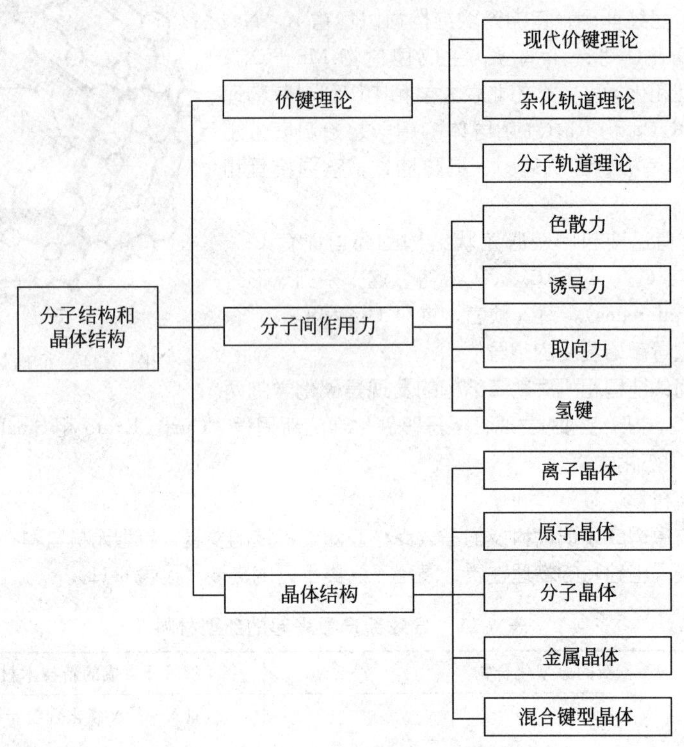

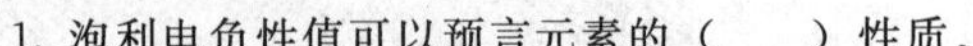

习　题

一、选择题

1. 泡利电负性值可以预言元素的（　　）性质。

A. 配位数　B. 偶极矩　C. 分子的极性　D. 键的极性

2. BCl_3 分子空间构型是平面三角形，而 NCl_3 分子的空间构型是三角锥形，后者是由（　　）所引起的。

A. sp^3 杂化　B. 不等性 sp^3 杂化　C. dsp^2 杂化　D. sp^2 杂化

3. 甲醇和水之间存在的分子间作用力是（　　）。

A. 取向力　B. 氢键　C. 色散力和诱导力　D. 以上几种作用力都存在

4. 下列物质中，（　　）沸点最高。

A. CH_4　B. SiH_4　C. GeH_4　D. SnH_4

5. 按离子极化理论，以下离子中，变形性最大的是（　　）。

A. Cl^-　B. S^{2-}　C. O^{2-}　D. Ag^+

6. H_2O、H_2S 及 BF_3 三种分子的极性大小顺序为（　　）。

A. $H_2S>H_2O>BF_3$　B. $H_2O>H_2S>BF_3$　C. $BF_3>H_2O>H_2S$　D. $BF_3>H_2S>H_2O$

7. CaF_2、$BaCl_2$、$CaCl_2$、MgO 四种晶体的熔点由高到低的排列顺序为（　　）。

A. $MgO>CaF_2>BaCl_2>CaCl_2$　B. $MgO>CaF_2>CaCl_2>BaCl_2$

C. $CaF_2>MgO>BaCl_2>CaCl_2$　D. $CaF_2>MgO>CaCl_2>BaCl_2$

8.（　　）晶体熔化时，需破坏共价键的作用。

A. HF　　B. Al　　C. KF　　D. SiO_2

9. 下列各微粒中，半径最大的一组是（　　）。

A. Cs^+ 和 Ba^{2+}　　B. Cl 和 Cl^-　　C. S^{2-} 和 Cl^-　　D. Zn 和 Zn^{2+}

10. 下列（　　）分子，其几何构型为平面三角形。

A. ClF_3　　B. BF_3　　C. NH_3　　D. PCl_3

二、简答题

1. BF_3 为平面正三角形，而 $[BF_4]^-$ 却是正四面体，NH_3 是三角锥形，试用杂化轨道理论说明之。

2. 根据下列分子的几何构型，推断其中心原子的杂化轨道类型，并简要说明它们的成键过程。

SiH_4（正四面体）　$HgCl_2$（直线形）　BCl_3（正三角形）　CS_2（直线形）

3. 乙醇（C_2H_5OH）和二甲醚（CH_3OCH_3）组成相同，但前者沸点为 78.5℃，后者沸点为－23℃，为什么？

4. 回答下列问题：

（1）元素的原子半径与它的简单阳、阴离子半径相比较，哪个大？哪个小？

（2）同一元素形成的不同简单离子，离子的正、负电荷数越多，离子半径是越大还是越小？

（3）同一周期电子层结构相同的阳离子，正电荷数越多，离子半径是越大还是越小？

（4）同族元素电荷数相同的离子，电子层数越多，离子半径是越大还是越小？

5. AgCl、AgBr、AgI 的测定键长比它们的 $r(Ag^+)$ 与 $r(X^-)$ 之和短了许多，这说明了什么？

6. 根据结构解释下列事实：

（1）石墨比金刚石软得多；

（2）与 SO_2 相比，SiO_2 的熔、沸点高得多。

（3）AgF 易溶于水，AgCl、AgBr、AgI 难溶于水，溶解度由 AgF 到 AgI 依次减小。

（4）AgCl、AgBr、AgI 的颜色依次加深。

（5）下列物质熔点高低的顺序是：$NaCl > MgCl_2 > AlCl_3$。

（6）Cu^+ 与 Na^+ 虽然半径相近，但 CuCl 在水中溶解度比 NaCl 小得多的原因。

（7）常温下，F_2、Cl_2 是气体，溴是液体而碘是固体。

（8）HCl、HBr、HI 的熔点和沸点随相对分子质量增大而升高。

三、分析题

1. 指出下列分子中 C 原子所采用的杂化轨道。

（1）CH_4　（2）C_2H_2　（3）C_2H_4　（4）H_3COH　（5）CH_2O　（6）$H_3C—C(=O)—CH=CH—CH_3$

2. 试用杂化轨道理论说明下列分子的成键类型，并预测分子的空间构型，判断分子的极性。

CCl_4　$CHCl_3$　H_2S　BCl_3

3. 下列分子间存在什么形式的分子间作用力（取向力、诱导力、色散力、氢键）？

（1）CH_4　（2）He 和 H_2O　（3）HCl 气体　（4）H_2S　（5）甲醇和水

4. 试由以下数据计算氯化钾的晶格能（$kJ \cdot mol^{-1}$）。

$K(s) \longrightarrow K(g)$　　$\Delta H_1 = 90.0 kJ \cdot mol^{-1}$

$Cl_2(g) \longrightarrow 2Cl(g)$　　$\Delta H_2 = 243 kJ \cdot mol^{-1}$

$K(g) \longrightarrow K^+(g) + e^-$　　$\Delta H_3 = 425 kJ \cdot mol^{-1}$

$Cl(g) + e^- \longrightarrow Cl^-(g)$　　$\Delta H_4 = -349 kJ \cdot mol^{-1}$

$K(s) + 1/2Cl_2(g) \longrightarrow KCl(s)$　　$\Delta H_5 = -435.8 kJ \cdot mol^{-1}$

5. 填充下表格：

物质	晶格结点上微粒	粒子间作用力	晶体类型	熔点高低	硬度大小	导电性
冰						
SiC						
MgO						
O_2						
Al						

6. 试用电负性值估计下列键的极性顺序：

H—Cl　Be—Cl　Li—Cl　Al—Cl　Si—Cl　C—Cl　N—Cl　O—Cl

7. 分别指出下列各组化合物中，极性最大和极性最小的物质。

(1) LiF，NaF，KF，RbF，CsF

(2) NaCl，$MgCl_2$，$AlCl_3$，$SiCl_4$

8. 根据杂化轨道理论，预测下表所列分子的空间构型，并指出偶极矩是否为零。

分　子	SiF_4	$BeCl_2$	PCl_3	OF_2	$SiHCl_3$
杂化轨道类型					
空间构型					
偶极矩					

9. 指出下列各组离子中，何者极化率（变形性）最大？

(1) Na^+，I^-，Rb^+，Cl^-　(2) O^{2-}，F^-，S^{2-}

10. 根据下列物质的性质，判断它们是属于何种类型的晶体。

(1) $CaCO_3$ 晶体的硬度高，在 1173K 时尚未熔融就已分解。

(2) B 的硬度极高，熔点为 2573K，导电性很差。

(3) $SnCl_4$ 熔点为 240K，沸点为 387K。

第七章 配位化合物

学习目标

知识目标

1. 掌握配位化合物的基本概念和命名；
2. 了解配位化合物的杂化类型；
3. 掌握配位化合物的稳定常数和平衡常数；
4. 掌握配位平衡移动条件；
5. 了解螯合物的概念和特性；
6. 了解配位化合物在各领域中的应用。

能力目标

1. 能够正确命名配位化合物；
2. 能够根据配合物的杂化类型判断其空间构型；
3. 能够进行有关配位平衡常数的计算。

自然界中无机化合物种类繁多，而绝大多数都是以配位化合物（简称配合物）的形式存在。配位化合物具有较为复杂的结构，是现代无机化学重要的研究对象。

配位化合物具有多种独特的性能，这一领域的发展，已经形成了一门独立的分支学科——配位化学。配位化合物的形成及其结构具有其自身的规律性，不能简单地用经典的价键理论来加以解释，为此在本章专门对配位化合物、配位平衡及其应用加以讨论。

第一节 配位化合物的概念

我们常见的一些简单化合物之间，还可以进一步结合形成一些复杂的化合物，如 $[Cu(NH_3)_4]SO_4$、$[Ag(NH_3)_2]Cl$、$K_4[Fe(CN)_6]$ 等。这些化合物都含有一个在溶液中较难离解、但可以像一个简单离子一样参加反应的复杂离子，如其中的 $[Cu(NH_3)_4]^{2+}$、$[Ag(NH_3)_2]^+$、$[Fe(CN)_6]^{4-}$，这些复杂离子就叫做**配离子**，配离子中的简单阳离子和一定数目的中性分子或阴离子以**配位键**相结合。该简单阳离子称为**中心离子（或原子）**，中性分子或阴离子则称为**配位体**（简称**配体**）。配离子可分为**配阳离子**（如 $[Cu(NH_3)_4]^{2+}$、$[Ag(NH_3)_2]^+$）和**配阴离子**（如 $[PtCl_6]^{2-}$、$[Fe(CN)_6]^{4-}$）。

配位化合物是由中心离子（中心原子）与配位体以配位键相结合而成的复杂化合物。另外还有一些不带电荷的中性的复杂化合物，如 $[CoCl_3(NH_3)_3]$、$[Fe(CO)_5]$ 等，也叫做配合物。

多数配离子既能存在于晶体中，也能存在于水溶液中。

自然界中还有一种分子间化合物，其晶体溶于水后离解为简单离子和分子，如明矾（$[KAl(SO_4)_2 \cdot 12H_2O]$），溶于水后离解为 K^+、Al^{3+}、SO_4^{2-} 和 H_2O 分子，性质如同简单 K_2SO_4 和 $Al_2(SO_4)_3$ 的混合水溶液一样。因此称明矾为复盐，复盐不是配位化合物。

一、配位化合物及其组成

由配离子形成的配位化合物，如 $[Cu(NH_3)_4]SO_4$ 和 $K_4[Fe(CN)_6]$，由内界和外界两部分组成。我们把配离子称为内界，是配位化合物的特征部分，不在内界的其他离子构成外界（见图 7-1）；电中性的配合物，如 $[CoCl_3(NH_3)_3]$、$[Ni(CO)_4]$ 等，没有外界(见图 7-2)。

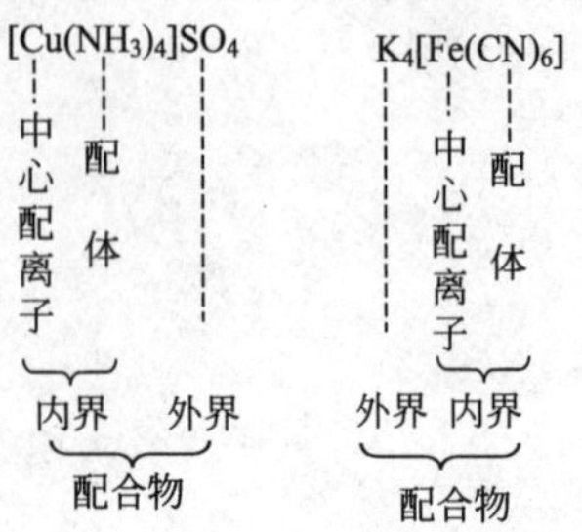

图 7-1　由配离子形成的配合物

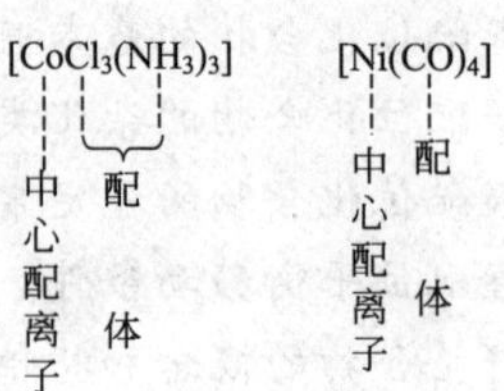

图 7-2　电中性的配合物

1. 中心离子

中心离子（用 M 表示）位于内界的中心，一般为带正电荷的阳离子。

常见的中心离子为过渡金属元素离子，如 Cr^{3+}、Ag^{+}、Cu^{2+} 等，也可以是中性原子和高氧化态的非金属元素，如 Ni、Si（Ⅳ）等。价键理论中，中心离子（或原子）与配位体以配位键结合时，中心离子（或原子）提供空轨道，是电子对的接受体。

2. 配位体

与中心离子（或原子）结合的中性分子或阴离子叫做**配位体**（用 L 表示），简称**配体**，例如 NH_3、H_2O、OH^-、CN^-、X^- 等。提供配体的物质叫做**配位剂**，如 NaOH、KCN 等。有时配位剂本身就是配体，如 NH_3、H_2O 等。

配体中以配位键与中心离子（或原子）相结合的原子叫做**配位原子**，配位原子提供孤对电子。配位原子主要是那些电负性较大且有孤对电子的非金属元素，如 F、Cl、Br、I、O、S、N、P、C 等。

可以按一个配体中所含配位原子的数目不同，将配体分为**单齿配体**和**多齿配体**。

单齿配体中只含有一个配位原子，如 NH_3、OH^-、X^-、CN^-、SCN^- 等。

多齿配体中含有两个或两个以上的配位原子，如 $C_2O_4^{2-}$、$NH_2C_2H_4NH_2$（常缩写为 en)、NH_2CH_2COOH 等。多齿配体中的多个配位原子可以同时与一个中心离子结合，形成不同类型的环状结构，所形成的配合物称为**螯合物**。

3. 配位数

配合物中与中心离子（或原子）成键的配位原子的总数叫做该中心离子（或原子）的**配位数**。例如，在 $[Ag(NH_3)_2]^+$ 中，中心离子 Ag^+ 的配位数为 2；在 $K_2[SiF_6]$、$[Fe(CN)_6]^{4-}$ 和 $[CrCl_2(H_2O)_4]Cl$ 中，中心离子 Si、Fe^{2+} 和 Cr^{3+} 的配位数皆为 6。

多齿配体的数目不等于中心离子的配位数。如 $[Pt(en)_2]^{2+}$ 中的 en 是双齿配体，因此 Pt^{2+} 的配位数是 4 而不是 2。

中心离子配位数的多少，与中心离子和配体的性质以及形成配合物时的外界条件有关。增大配体的浓度或降低反应的温度，都将有利于形成高配位数的配合物。

4. 配离子的电荷数

配离子的电荷数等于中心离子和配体二者电荷数的代数和。

二、配位化合物的命名

配位化合物系统名称是按照《无机化学命名原则》(1980) 命名的。命名时阴离子在前，阳离子在后，称为某化某或某酸某。

配离子命名时按以下顺序进行：配体数目（用倍数词头二、三、四等表示）——配体名称——合——中心离子（用罗马数字标明氧化数）

有多种配体时，配体的命名顺序为：阴离子配体在前，中性分子配体在后；无机配体在前，有机配体在后；简单配体在前，复杂配体在后；同类配体按配位原子元素符号的英文字母顺序排列。不同配体名称之间以圆点“·”分开。

下面列出一些配合物命名的实例：

含配阳离子的配合物：

$[Cu(NH_3)_4]SO_4$　　硫酸四氨合铜(Ⅱ)

$[CrCl_2(H_2O)_4]Cl$　　一氯化二氯·四水合铬(Ⅲ)

$[Co(NH_3)_5(H_2O)]Cl_3$　　三氯化五氨·一水合钴(Ⅲ)

含配阴离子的配合物：

$K_2[SiF_6]$　　六氟合硅(Ⅳ)酸钾

$K_4[Fe(CN)_6]$　　六氰合铁(Ⅱ)酸钾

$K[PtCl_3(C_2H_4)]$　　三氯·(乙烯)合铂(Ⅱ)酸钾

电中性配合物：

$[Fe(CO)_5]$　　五羰基合铁

$[PtCl_2(NH_3)_2]$　　二氯·二氨合铂(Ⅳ)

$[Co(NO_2)_3(NH_3)_3]$　　三硝基·三氨合钴(Ⅲ)

除系统命名外，有些常用配合物也有俗名，例如 $K_4[Fe(CN)_6]$，称为亚铁氰化钾，又称黄血盐。而 $K_3[Fe(CN)_6]$ 又称赤血盐，$Fe_4[Fe(CN)_6]_3$ 又称普鲁士蓝等。

第二节　配位化合物的价键理论

1919 年，英国化学家西奇威克 (N. V. SidgwiCk) 根据美国化学家路易斯 (C. N. Lewis) 等人提出的原子价理论，将共用电子对的概念推广到配位化合物中而提出配位键的概念。1931 年泡利首先将分子结构的价键理论应用于配位化合物，提出配位化合物的价键理论。

一、配位化合物价键理论的基本要点

配位化合物中的化学键是指配位化合物内中心离子（或原子）与配体之间的化学键。

价键理论是根据配位化合物的性质，按杂化轨道理论解释配位化合物中金属离子和配位体间的结合力。

价键理论的核心是：

(1) 中心离子（或原子）和配位原子通过杂化了的共价配位键结合；

(2) 这种配位键的本质是中心离子（或原子）M 提供与配位数相同数目的空轨道，来接受配位体 L 上的孤电子对而形成 σ 配键（一般用 M←L 表示)。

少数配体中没有孤电子对，则由含π键电子的分子（或离子）与具有空轨道的中心离子（或原子）结合而形成π配键。如在 $K[(CH_2=CH_2)PtCl_3]$中，乙烯分子就是通过π电子和 Pt^{2+} 配位的。

中心离子杂化轨道的类型与配位离子的空间构型和配位化合物类型（内轨型或外轨型配位化合物）密切相关。

二、杂化轨道与配合物的空间构型

由于中心离子的杂化轨道具有一定的方向性，所以配位化合物具有一定的空间构型。以下分别举例加以说明。

1. sp 杂化

经 sp 杂化形成的配合物配位数为 2，以 $[Ag(CN)_2]^-$ 配离子的形成为例：

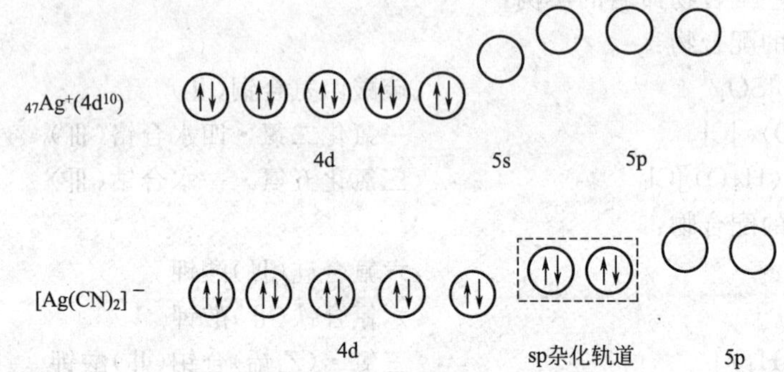

Ag^+ 和两个 CN^- 形成 $[Ag(CN)_2]^-$ 配离子时，两个 N 原子共有两对孤对电子，Ag^+ 需提供两个空轨道。Ag^+ 外层能级相近的一个 5s 和一个 5p 轨道经杂化后，形成两个等价的成 180°夹角的 sp 杂化轨道，与两对孤对电子形成两个配键。因此 $[Ag(CN)_2]^-$ 配离子的空间构型呈直线形（见表 7-1）。

2. sp^3 杂化

经 sp^3 杂化形成的配合物配位数为 4，以 $[Cd(NH_3)_4]^{2+}$ 配离子的形成为例：

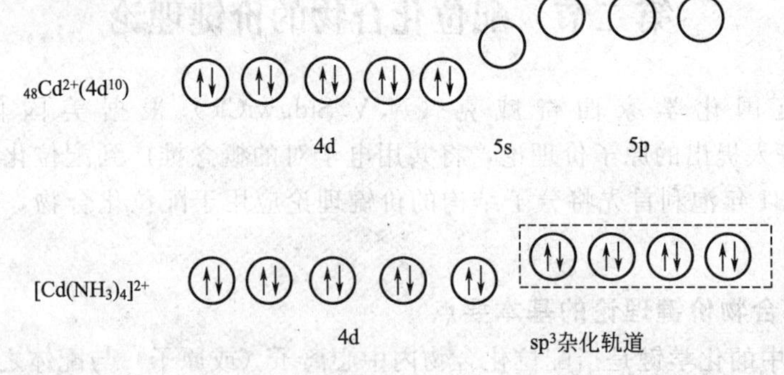

当 Cd^{2+} 与四个氨分子结合为 $[Cd(NH_3)_4]^{2+}$ 时，Cd^{2+} 的价电子层能级相近的一个 5s 和三个 5p 空轨道杂化，形成四个等价的 sp^3 杂化轨道，容纳四个 NH_3 中的四个 N 原子提供的四对孤对电子，形成四个配键，$[Cd(NH_3)_4]^{2+}$ 的空间构型为正四面体形。Cd^{2+} 位于正四面体的中心，四个配位原子 N 在正四面体的四个顶角上（见表 7-1）。

3. dsp^2 杂化

经 dsp^2 杂化形成的配合物配位数为 4，以配离子 $[Cu(NH_3)_4]^{2+}$ 的形成为例：

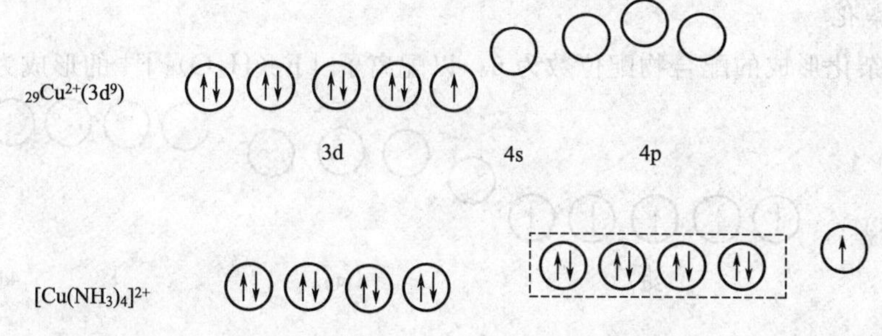

当 Cu^{2+} 与四个 NH_3 接近，结合为 $[Cu(NH_3)_4]^{2+}$ 时，Cu^{2+} 在配体 NH_3 的影响下，3d 轨道中一个电子被激发到 4p 轨道上，空出一个 3d 轨道，与一个 4s、两个 4p 空轨道杂化，形成四个等价的 dsp^2 杂化轨道，容纳四个 NH_3 中的四个 N 原子所提供的四对孤对电子，形成四个配键。四个 dsp^2 杂化轨道位于同一平面上，相互间的夹角为 90°，各杂化轨道的方向是从平面正方形的中心指向四个顶角，所以 $[Cu(NH_3)_4]^{2+}$ 的空间构型为平面正方形。Cu^{2+} 位于正方形的中心，四个配位原子 N 在正方形的四个顶角上（见表 7-1）。

表 7-1　常见轨道杂化类型与配位化合物的空间构型

杂化类型	配位数	空间构型	类　型	实　例
sp	2	直线形	外轨型	$[Cu(NH_3)_2]^+$、$[Ag(NH_3)_2]^+$、$[CuCl_2]^-$、$[Ag(CN)_2]^-$
sp^2	3	平面三角形	外轨型	$[CuCl_3]^{2-}$、$[HgI_3]^-$、$[Cu(CN)_3]^{2-}$
sp^3	4	正四面体形	外轨型	$[Cd(NH_3)_4]^{2+}$、$[Zn(NH_3)_4]^{2+}$、$[Ni(CO)_4]$、$[HgI_4]^{2-}$、$[BF_4]^-$
dsp^2	4	正方形	内轨型	$[Ni(CN)_4]^{2-}$、$[Cu(NH_3)_4]^{2+}$、$[PtCl_4]^{2-}$、$[Cu(H_2O)_4]^{2+}$
dsp^3	5	三角双锥形	内轨型	$[Fe(CO)_5]$、$[Ni(CN)_5]^{3-}$
sp^3d^2	6	正八面体	外轨型	$[FeF_6]^{3-}$、$[Fe(H_2O)_6]^{3+}$、$[Co(NH_3)_6]^{2+}$、$[Fe(CN)_6]^{3-}$
d^2sp^3	6	正八面体	内轨型	$[Fe(CN)_6]^{4-}$、$[Co(NH_3)_6]^{3+}$、$[PtCl_6]^{2-}$

4. sp^3d^2 杂化

经 sp^3d^2 杂化形成的配合物配位数为 6，以配离子 $[Fe(H_2O)_6]^{3+}$ 的形成为例：

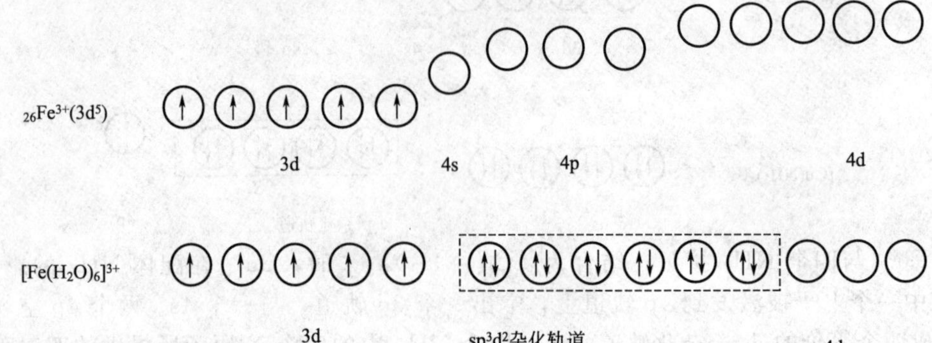

当 Fe^{3+} 与六个 H_2O 形成 $[Fe(H_2O)_6]^{3+}$ 配离子时，Fe^{3+} 的一个 4s、三个 4p 和两个 4d 空轨道杂化，形成六个等价的 sp^3d^2 杂化轨道，容纳由六个 H_2O 提供的六对孤对电子，形成六个配键。六个 sp^3d^2 杂化轨道在空间对称地指向正八面体的六个顶角，轨道间的夹角为 90°。所以 $[Fe(H_2O)_6]^{3+}$ 的空间构型为正八面体形。Fe^{3+} 位于正八面体的中心，六个配位原子 O 在正八面体的六个顶角上（见表 7-1）。

5. d^2sp^3 杂化

经 d^2sp^3 杂化形成的配合物配位数为 6，以配离子 $[Fe(CN)_6]^{4-}$ 的形成为例：

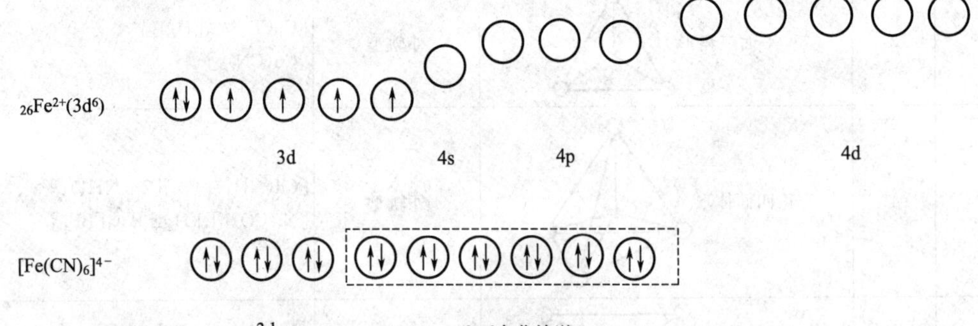

Fe^{2+} 在配体 CN^- 的影响下，3d 电子重新分布，空出两个 3d 轨道，与一个 4s、三个 4p 空轨道杂化，形成六个 d^2sp^3 杂化轨道，容纳六个 CN^- 中的六个 C 原子所提供的六对孤对电子，形成六个配键。六个 d^2sp^3 杂化轨道在空间中对称指向正八面体的六个顶角，轨道间的夹角为 90°。所以 $[Fe(CN)_6]^{4-}$ 的空间构型为正八面体构型 C 见表 7-1）。

可见，中心离子所采用的杂化轨道类型与配位化合物的空间构型以及中心离子的配位数有明确的对应关系。另外还有 sp^2（三角锥形）、dsp^3（三角双锥形）、d^2sp^2（四方锥形）等杂化方式不太常见，暂不作详细介绍。

三、外轨型配合物与内轨型配合物

1. 外轨型配合物

上述 sp、sp^2、sp^3、sp^3d^2 杂化类型中，中心离子都是以最外层的 ns、np、nd 轨道参与杂化，再与配位原子成键，这样形成的配键称为外轨配键，所形成的配合物称为**外轨型配合物**（见表 7-1）。

在形成外轨型配合物时，中心离子的电子排布不受配体的影响，配合物中心离子的未成对电子数和自由离子的未成对电子数相同，此时中心离子具有较多的未成对电子数。外轨型配合物的离子性较强，共价性较弱，稳定性较差。

2. 内轨型配合物

而 $[Ni(CN)_4]^{2-}$ 和 $[Fe(CN)_6]^{3-}$ 中，中心离子分别以次外层$(n-1)$d 和外层的 ns、np 轨道组成 dsp^2 和 d^2sp^3 杂化轨道，再与配位原子成键，这样形成的配键称为内轨配键，所形成的配合物为**内轨型配合物**（见表 7-1）。

形成内轨型配合物时，中心离子的电子在配体的影响下重新进行了排布，未成对电子数比自由离子时的未成对电子数少，此时体系具有较少的未成对电子。由于共用电子对深入到了中心离子能量更低的内层轨道，因此内轨化合物比外轨化合物更稳定，在水溶液中更难离解。

例如，$[Fe(CN)_6]^{3-}$ 比 $[FeF_6]^{3-}$ 要稳定，$[Ni(CN)_4]^{2-}$ 比 $[Ni(NH_3)_4]^{2+}$ 要稳定。

是形成内轨型配合物还是外轨型配合物，主要取决于中心离子的电子构型、离子所带的电荷数和配体的性质。

(1) 具有 d^{10} 构型的离子，如 $Zn^{2+}(3d^{10})$、$Ag^+(4d^{10})$，只能形成外轨型配合物。

(2) 具有 d^8 构型的离子，如 Ni^{2+}、Pt^{2+}、Pd^{2+} 等，大多数情况下形成内轨型配合物。

(3) d 电子数一般为 4～9 个构型的离子，是形成内轨型还是外轨型配合物，与配体性质有关。

不同配体对形成内轨型配合物的影响大体上有如下规律：$CO > CN^- > NO_3^- > en > RNH_2 > NH_3 > H_2O > C_2O_4^{2-} > OH^- > F^- > Cl^- > SCN^- > S^{2-} > Br^- > I^-$。

其中 NH_3 以前的配体容易形成内轨型配合物；NH_3 以后的配体容易形成外轨型配合物；NH_3 则视中心离子的情况不同而异。但也有例外，如 $[PtCl_6]^{2-}$ 是内轨型配合物等。

(4) 中心离子的电荷较多时，它对配位原子的孤对电子的引力较强，有利于形成内轨型配合物；$(n-1)$d 轨道中电子数较少时，也有利于中心离子空出内层 d 轨道参与成键。如 $[Co(NH_3)_6]^{2+}$ 为外轨型配合物，而 $[Co(NH_3)_6]^{3+}$ 为内轨型配合物。

第三节　配离子的配位离解平衡

与多元弱酸（弱碱）的离解相类似，有多个配位体的配离子在水溶液中的形成与离解都是分步进行的，最后在一定条件下达到某种平衡状态，这就是**配位平衡**。

一、配离子的稳定常数

一定条件下，配离子形成反应达到平衡时的平衡常数，称为配离子的**稳定常数**。在溶液中配离子的形成分步进行，其每步生成平衡常数称为**逐级稳定常数（或分步稳定常数）**。

例如，$[Cu(NH_3)_4]^{2+}$ 配离子的形成过程：

第一步：$Cu^{2+} + NH_3 \rightleftharpoons [Cu(NH_3)]^{2+}$

$$K^{\ominus}_{稳_1} = \frac{c'\{[Cu(NH_3)]^{2+}\}}{c'(Cu^{2+})c'(NH_3)} = 10^{4.31}$$

第二步：$[Cu(NH_3)]^{2+} + NH_3 \rightleftharpoons [Cu(NH_3)_2]^{2+}$

$$K^{\ominus}_{稳_2} = \frac{c'\{[Cu(NH_3)_2]^{2+}\}}{c'\{[Cu(NH_3)]^{2+}\}c'(NH_3)} = 10^{3.67}$$

第三步：$[Cu(NH_3)_2]^{2+} + NH_3 \rightleftharpoons Cu[(NH_3)_3]^{2+}$

$$K^{\ominus}_{稳_3}=\frac{c'\{[Cu(NH_3)_3]^{2+}\}}{c'\{[Cu(NH_3)_2]^{2+}\}c'(NH_3)}=10^{3.04}$$

第四步：$Cu[(NH_3)_3]^{2+}+NH_3 \rightleftharpoons [Cu(NH_3)_4]^{2+}$

$$K^{\ominus}_{稳_4}=\frac{c'\{[Cu(NH_3)_4]^{2+}\}}{c'\{[Cu(NH_3)_3]^{2+}\}c'(NH_3)}=10^{2.30}$$

可见，随着配位数的增加，逐级稳定常数逐渐减小。这是因为随着配位数的增加，配体之间的斥力增大，同时中心离子对每个配体的吸引力减小，因此配离子的稳定性会逐渐减弱。

逐级稳定常数的乘积等于该配离子的**总稳定常数**：

$$Cu^{2+}+4NH_3 \rightleftharpoons [Cu(NH_3)_4]^{2+}$$

$$K^{\ominus}_{稳}=K^{\ominus}_{稳_1}K^{\ominus}_{稳_2}K^{\ominus}_{稳_3}K^{\ominus}_{稳_4}=\frac{c'\{[Cu(NH_3)_4]^{2+}\}}{c'(Cu^{2+})c'(NH_3)^4}=10^{13.32}$$

$K^{\ominus}_{稳}$值越大，表示该配离子在水中越稳定，从 $K^{\ominus}_{稳}$的大小可以判断配位反应完成的程度。

也可以用累积稳定常数表示配合物的平衡，若将逐级稳定常数依次相乘，就得到各级**累积稳定常数**（β_i）：

$$\beta_1=K^{\ominus}_{稳_1}=\frac{c'\{[Cu(NH_3)]^{2+}\}}{c'(Cu^{2+})c'(NH_3)}$$

$$\beta_2=K^{\ominus}_{稳_1}K^{\ominus}_{稳_2}=\frac{c'\{[Cu(NH_3)_2]^{2+}\}}{c'(Cu^{2+})c'(NH_3)^2}$$

$$\beta_3=K^{\ominus}_{稳_1}K^{\ominus}_{稳_2}K^{\ominus}_{稳_3}=\frac{c'\{[Cu(NH_3)_3]^{2+}\}}{c'(Cu^{2+})c'(NH_3)^3}$$

$$\beta_4=K^{\ominus}_{稳_1}K^{\ominus}_{稳_2}K^{\ominus}_{稳_3}K^{\ominus}_{稳_4}=K^{\ominus}_{稳}=\frac{c'\{[Cu(NH_3)_4]^{2+}\}}{c'(Cu^{2+})c'(NH_3)^4}$$

配离子在水溶液中会发生逐级离解，其各级离解的程度可用相应的**逐级不稳定常数** $K^{\ominus}_{不稳}$表示，对同一配合物来说，逐级不稳定常数分别与相对应的逐级稳定常数互为倒数：

$$K^{\ominus}_{不稳_1}=\frac{1}{K^{\ominus}_{稳_4}},K^{\ominus}_{不稳_2}=\frac{1}{K^{\ominus}_{稳_3}},K^{\ominus}_{不稳_3}=\frac{1}{K^{\ominus}_{稳_2}},K^{\ominus}_{不稳_4}=\frac{1}{K^{\ominus}_{稳_1}}$$

同理，

$$[Cu(NH_3)_4]^{2+} \rightleftharpoons Cu^{2+}+4NH_3$$

$$K^{\ominus}_{不稳}=K^{\ominus}_{不稳_1}K^{\ominus}_{不稳_2}K^{\ominus}_{不稳_3}K^{\ominus}_{不稳_4}=\frac{1}{K^{\ominus}_{稳}}=10^{-13.32}$$

一般配离子的逐级稳定常数彼此相差不大，因此在计算离子浓度时必须考虑各级配离子的存在。但在实际工作中，一般总是加入过量的配位剂，这时金属离子将绝大部分处在最高配位数的状态，其他低配位数的配离子可忽略不计。此时若只求简单金属离子的浓度，只需按总的 $K^{\ominus}_{不稳}$（或 $K^{\ominus}_{稳}$）进行计算，这样可使计算大为简化。

二、配位平衡移动及其应用

在水溶液中，配离子的配位平衡是相对的，当外界条件发生变化时，平衡发生移动，在新的条件下建立新的平衡。配位平衡的移动问题本质上是配位平衡与其他各种化学平衡的多重平衡问题，主要包括：配位平衡与酸碱平衡；配位平衡与沉淀平衡；配位平衡和氧化还原平衡；配离子之间的转化。

利用配离子的稳定常数 $K^{\ominus}_{稳}$，可以计算配合物溶液中有关离子的浓度，判断配位平衡与沉淀溶解平衡之间、配位平衡与配位平衡之间相互转化的可能性，计算有关氧化还原电对的电极电势。

1. 计算配合物溶液中有关离子的浓度

【例 7-1】　在 1mL 0.04mol·L^{-1} $AgNO_3$ 溶液中加入 1mL 2mol·L^{-1} $NH_3 \cdot H_2O$，计算平衡时溶液中 Ag^+ 的浓度（已知 $[Ag(NH_3)_2]^+$：$K^{\ominus}_{稳}=1.7\times10^7$）。

解　配合反应为　$Ag^+ + 2NH_3 \rightleftharpoons [Ag(NH_3)_2]^+$

开始浓度/mol·L^{-1}　0.02　1　0

平衡浓度/mol·L^{-1}　x　$1-2(0.02-x)$　$0.02-x\approx0.02$

$$K^{\ominus}_{稳}=\frac{0.02-x}{[1-2(0.02-x)]^2x}=\frac{0.02}{(1-0.04)^2x}=1.7\times10^7$$

$$x=1.3\times10^{-9}\ (\text{mol}\cdot\text{L}^{-1})$$

所以平衡溶液中 Ag^+ 浓度为 1.3×10^{-9}mol·L^{-1}。

2. 配位平衡与沉淀溶解平衡之间的转化

【例 7-2】　试比较完全溶解 0.10mol 的 AgCl 和完全溶解 0.10mol 的 AgBr 所需要的 NH_3 浓度。假设混合溶液体积为 1L（已知 AgCl：$K^{\ominus}_{sp}=1.8\times10^{-10}$；AgBr：$K^{\ominus}_{sp}=5.0\times10^{-13}$）。

解　AgCl 在 NH_3 中的溶解反应为：

$$AgCl+2NH_3 \rightleftharpoons [Ag(NH_3)_2]^+ + Cl^-$$

其平衡常数为：

$$K^{\ominus}=\frac{c'\{[Ag(NH_3)_2]^+\}c'(Cl^-)}{c'(NH_3)^2}$$

$$=\frac{c'\{[Ag(NH_3)_2]^+\}c'(Ag^+)c'(Cl^-)}{c'(Ag^+)c'(NH_3)^2}$$

$$=K^{\ominus}_{稳}\{[Ag(NH_3)_2]^+\}K^{\ominus}_{sp}(AgCl)$$

查附录知：　$K^{\ominus}_{sp}$ (AgCl) $=1.8\times10^{-10}$

$K^{\ominus}_{稳}$ { $[Ag(NH_3)_2]^+$ } $=1.7\times10^7$

则　$K^{\ominus}=1.7\times10^7\times1.8\times10^{-10}=3.06\times10^{-3}$

平衡时　$$c'(NH_3)=\sqrt{\frac{c'\{[Ag(NH_3)_2]^+\}c'(Cl^-)}{K^{\ominus}}}$$

设 AgCl 溶解后，全部转化为 $[Ag(NH_3)_2]^+$，则 $[Ag(NH_3)_2]^+$ 浓度为 0.10mol·L^{-1}（严格地讲，由于 $[Ag(NH_3)_2]^+$ 的离解，应略小于 0.10mol·L^{-1}），c (Cl^-) =0.10mol·L^{-1}，有：

$$c\ (NH_3)\ =\sqrt{\frac{0.10\times0.10}{3.06\times10^{-3}}}\text{mol}\cdot\text{L}^{-1}=1.81\text{mol}\cdot\text{L}^{-1}$$

在溶解 0.10mol AgCl 的过程中，消耗 NH_3 的浓度为：

$$2\times0.10=0.20\text{mol}\cdot\text{L}^{-1}$$

故溶解 0.10mol AgCl 所需要的 NH_3 的原始浓度为：

$$1.81+0.20=2.01\text{mol}\cdot\text{L}^{-1}$$

同理，可以求出溶解 0.10mol AgBr 所需要的 NH_3 的浓度至少为 34.50mol·L^{-1}。

下述实验事实可以说明有关配位平衡与沉淀溶解平衡之间的相互转化关系。在 $AgNO_3$ 溶液中，加入数滴 KCl 溶液，产生白色 AgCl 沉淀。再滴加氨水，由于生成$[Ag(NH_3)_2]^+$，

AgCl 沉淀即发生溶解。若向此溶液中再加入少量 KBr 溶液，会有淡黄色 AgBr 沉淀生成。再滴加 $Na_2S_2O_3$ 溶液，AgBr 沉淀将转化为 $[Ag(S_2O_3)_2]^{3-}$ 而被溶解。若再向溶液中滴加 KI 溶液，则又将会析出溶解度更小的黄色 AgI 沉淀。再滴加 KCN 溶液，AgI 沉淀又将溶解生成 $[Ag(CN)_2]^-$，此时若再加入 $(NH_4)_2S$ 溶液，则最终生成溶解度更小的棕黑色的 Ag_2S 沉淀。

由此可见，配合物的 $K^{\ominus}_{稳}$ 值越大，沉淀越易溶解形成相应配合物；而沉淀的 $K^{\ominus}_{sp}$ 越小，则配合物越易离解转变成相应的沉淀。

3. 配位平衡之间的转化

配离子之间的相互转化，和配离子与沉淀之间的转化类似，转化反应向着生成更稳定的配离子的方向进行。两种配离子的稳定常数相差越大，转化将越完全。

【例 7-3】 向含有 $[Ag(NH_3)_2]^+$ 的溶液中分别加入 KCN 和 $Na_2S_2O_3$，此时发生下列反应：

$$[Ag(NH_3)_2]^+ + 2CN^- \rightleftharpoons [Ag(CN)_2]^- + 2NH_3 \quad (1)$$

$$[Ag(NH_3)_2]^+ + 2S_2O_3^{2-} \rightleftharpoons [Ag(S_2O_3)_2]^{3-} + 2NH_3 \quad (2)$$

试问，在相同的情况下，哪个转化反应进行得较完全？

解 反应式 (1) 的平衡常数表示为：

$$K_1^{\ominus} = \frac{c'\{[Ag(CN)_2]^-\}c'(NH_3)}{c'\{[Ag(NH_3)_2]^+\}c'(CN^-)^2}$$

$$= \frac{c'\{[Ag(CN)_2]^-\}c'(NH_3)^2c'(Ag^+)}{c'\{[Ag(NH_3)_2]^+\}c'(CN^-)^2c'(Ag^+)}$$

$$= \frac{K^{\ominus}_{稳}\{[Ag(CN)_2]^-\}}{K^{\ominus}_{稳}\{[Ag(NH_3)_2]^+\}}$$

$$= \frac{5.6\times10^{18}}{1.7\times10^{7}} = 3.3\times10^{11}$$

同理，可求出反应式 (2) 的平衡常数 $K_2^{\ominus} = 1.0\times10^6$。

由于 $K_1^{\ominus}$ 大于 $K_2^{\ominus}$，所以反应 (1) 比反应 (2) 进行得较完全。

上题也可以通过直接比较 $[Ag(CN)_2]^-$ 和 $[Ag(S_2O_3)_2]^{3-}$ 的 $K^{\ominus}_{稳}$ 值来进行判断，$[Ag(CN)_2]^-$ 的 $K^{\ominus}_{稳}$ 比 $[Ag(S_2O_3)_2]^{3-}$ 的 $K^{\ominus}_{稳}$ 大，所以反应 (1) 将会比反应 (2) 进行得完全。

4. 计算氧化还原电对的电极电势

氧化还原电对的电极电势会因配合物的生成而改变，相应物质的氧化还原性能也会发生改变。

【例 7-4】 已知 $E^{\ominus}(Cu^{2+}/Cu) = 0.34V$，$[Cu(NH_3)_4]^{2+}$ 的 $K^{\ominus}_{稳} = 4.3\times10^{13}$，试计算 $E^{\ominus}\{[Cu(NH_3)_4]^{2+}/Cu\}$ 的值？

解 首先根据题意，配离子 $[Cu(NH_3)_4]^{2+}$ 和配体 NH_3 的浓度均为 $1mol\cdot L^{-1}$，则可以由 $K^{\ominus}_{稳}$ 值计算平衡时相应的 Cu^{2+} 的浓度。

$$[Cu(NH_3)_4]^{2+} \rightleftharpoons Cu^{2+} + 4NH_3$$

$$K^{\ominus} = \frac{c'(Cu^{+})c'(NH_3)^4}{c'\{[Cu(NH_3)_4]^{2+}\}}$$

$$= \frac{1}{K^{\ominus}_{稳}\{[Cu(NH_3)_4]^{2+}\}}$$

则

$$c(Cu^{2+})=\frac{1}{K^{\ominus}_{稳}\{[Cu(NH_3)_4]^{2+}\}}mol\cdot L^{-1}=2.3\times10^{-14}mol\cdot L^{-1}$$

将 Cu^{2+} 浓度代入能斯特方程式：

$$E^{\ominus}\{[Cu(NH_3)_4]^{2+}/Cu\}=E(Cu^{2+}/Cu)=E^{\ominus}(Cu^{2+}/Cu)+\frac{0.059}{2}\lg c(Cu^{2+})$$

$$=0.34+\frac{0.059}{2}\lg(2.3\times10^{-14})V$$

$$=-0.062V$$

可以看出，当 Cu^{2+} 形成稳定的 $[Cu(NH_3)_4]^{2+}$ 配离子后，E（Cu^{2+}/Cu）减小，此时 Cu 的还原能力增强，即在配体 NH_3 存在时 Cu 易被氧化为 $[Cu(NH_3)_4]^{2+}$，这就是湿法冶金所依据的原理。

第四节　螯　合　物

一、螯合物

配位化合物的种类非常多，按照结构可分为两类。

1. 简单配位化合物

简单配位化合物是指由单齿配体与中心离子配位结合形成的配位化合物，如 $[CuCl_2]^-$、$[Ag(CN)_2]^-$ 等。

2. 螯合物

螯合物是一类由中心离子和多齿配体结合形成的具有环状结构的配位化合物。例如，二齿配体乙二胺中有两个 N 原子可以作为配位原子，两个乙二胺能同时与配位数为 4 的 Cu^{2+} 配位，形成具有环状结构的螯合物 $[Cu(en)_2]^{2+}$［二乙二胺合铜（Ⅱ）离子］：

$$\begin{matrix}CH_2-H_2N: \\ | \\ CH_2-H_2N:\end{matrix} + Cu^{2+} + \begin{matrix}:NH_2-CH_2 \\ | \\ :NH_2-CH_2\end{matrix} = \left[\begin{matrix}CH_2-H_2N: & & :NH_2-CH_2 \\ | & \searrow \; Cu \; \swarrow & | \\ CH_2-H_2N: & \nearrow \quad \nwarrow & :NH_2-CH_2\end{matrix}\right]^{2+}$$

大多数螯合物具有五原子环或六原子环结构，使得螯合物通常比一般配合物要稳定，其稳定常数都非常高。

可以形成螯合物的配位剂称为**螯合剂**。常见的螯合剂是含有 N、O、S、P 等配位原子的有机化合物。例如，二齿螯合剂有乙二胺（en）、2，2′-联吡啶（bipy）、1,10-二氮菲（phen）、草酸根（ox）等，乙二胺四乙酸（EDTA）是六齿螯合剂。

这些螯合剂的共同特点是：含有两个或两个以上能给出孤对电子的配位原子，这些配位原子相互之间一般间隔两个或三个其他原子，以形成稳定的五原子环或六原子环。

在各种螯合剂中，氨羧配位剂是一类十分重要的化合物，它们可与金属离子形成组成一定的很稳定的螯合物。目前在配位滴定中最重要、应用最广的氨羧配位剂是乙二胺四乙酸（EDTA）：

$$\begin{matrix}HOOCCH_2 & & & & CH_2COOH \\ & \diagdown & & \diagup & \\ & N-CH_2-CH_2-N & & & \\ & \diagup & & \diagdown & \\ HOOCCH_2 & & & & CH_2COOH\end{matrix}$$

乙二胺四乙酸为四元弱酸，常用 H_4Y 表示。乙二胺四乙酸两个羧基上的 H^+ 常转移到 N 原子上，形成双偶极离子：

$$\begin{array}{c} HOOCCH_2 \diagdown_{H} \quad\quad\quad\quad\quad\quad {}_{H}\diagup CH_2COO^- \\ N^+-CH_2-CH_2-N^+ \\ {}^-OOCCH_2 \diagup \quad\quad\quad\quad\quad\quad\quad \diagdown CH_2COOH \end{array}$$

乙二胺四乙酸在水中的溶解度很小（室温下，每 100mL 水中只能溶解 0.02g），而它的二钠盐（$Na_2H_2Y \cdot 2H_2O$，一般也称 EDTA）溶解度较大（室温下，每 100mL 水中能溶解 11.2g），它的饱和溶液的浓度约为 $0.3mol \cdot L^{-1}$，因此滴定分析时常用它作为配位剂。

由于 EDTA 是多元酸，在不同条件下的水溶液中常常有不同的型体，而只有 Y^{4-} 型体能与金属离子有效螯合。当溶液的酸度较大时，EDTA 的两个羧基负离子还可以再接受两个 H^+，形成 H_6Y^{2+}，这时，EDTA 就相当于一个六元酸。

二、金属离子-EDTA 配合物的特点

1. 特殊稳定性

螯合物比具有相同配位原子的非螯合物要稳定，在水中更难离解。螯合物的稳定性随螯合物中环数的增多而显著增强，这一特点称为**螯合效应**。

EDTA 的配位能力很强，它能通过 2 个 N 原子、4 个 O 原子总共 6 个配位原子与金属离子结合，形成很稳定的具有 5 个五原子环的螯合物，它甚至能和很难形成配合物的、半径较大的碱土金属离子（如 Ca^{2+}、Sr^{2+}、Ba^{2+} 等）形成稳定的螯合物。一般情况下，EDTA 与一至四价金属离子都可 1∶1 配位，形成易溶于水的螯合物。为了讨论方便，常可略去离子的电荷。金属离子 M 与 EDTA 的螯合物的结构如图 7-3 所示。

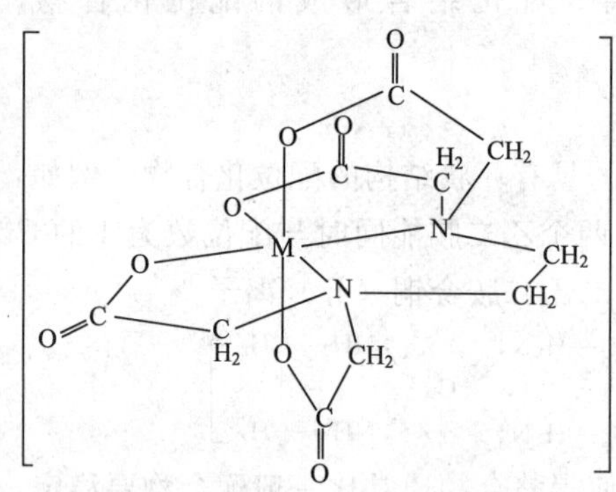

图 7-3 金属离子 M 与 EDTA 的螯合物结构示意图

金属离子与 EDTA 的生成与离解平衡可表示为：

$$M+Y \rightleftharpoons MY$$

其稳定常数为：

$$K_{MY}^{\ominus}=\frac{[MY]^{n-4}}{[M^{n+}][Y^{4-}]}=\frac{[MY]}{[M][Y]}$$

上述平衡常数是 EDTA 全部为 Y^{4-} 时的稳定常数，并未考虑 EDTA 其他型体的存在。但是，仅在 pH>12 的强碱性溶液中，$[Y]_{总}$ 才等于 $[Y^{4-}]$；并且在金属离子的浓度未受其他条件影响时，上式才适用。

由于不同金属离子的电荷数、半径和电子层结构不同，它们与 EDTA 形成的螯合物的稳定性也不同：碱金属离子的螯合物最不稳定；其次是碱土金属离子的螯合物，$\lg K_{MY}^{\ominus} \approx 8 \sim 11$；过渡元素、稀土元素、$Al^{3+}$ 的螯合物，$\lg K_{MY}^{\ominus} \approx 15 \sim 19$；三价、四价金属离子和 Hg^{2+} 的螯合物，$\lg K_{MY}^{\ominus} > 20$。

此外，溶液的酸度、温度和其他配位剂的存在等外界因素也影响螯合物的稳定性。其中，以酸度的影响最为重要，主要是在不同酸度的水溶液中，EDTA 具有不同的型体分布系数，一般来说水溶液的酸度越小，螯合物的稳定性越强。

2. 颜色

无色金属离子与 EDTA 形成的螯合物仍为无色，这有利于用指示剂确定滴定终点。有色金属与 EDTA 形成的螯合物的颜色将加深。

许多螯合物都具有特征颜色。例如，在弱碱性条件下，丁二酮肟与 Ni^{2+} 形成鲜红色的

二丁二酮肟合镍螯合物沉淀：

$$2\begin{matrix} CH_3-C=N-OH \\ | \\ CH_3-C=N-OH \end{matrix} + Ni^{2+} = \left[\begin{matrix} CH_3-C=N\rightarrow & O\cdots H-O & \leftarrow N=C-CH_3 \\ | & Ni & | \\ CH_3-C=N\rightarrow & OH-H\cdots O & \leftarrow N=C-CH_3 \end{matrix}\right]\downarrow + 2H^+$$

该反应可用于定性检验 Ni^{2+} 的存在，也可用来定量测定 Ni^{2+} 的含量。

第五节　配位化合物的应用

一、化学领域

在定性分析中，广泛应用配位化合物的形成反应以达到离子分离和鉴定的目的。

1. 离子的分离

两种离子中若仅有一种离子能和某配位剂形成配位化合物，这种配位剂即可用于分离这两种离子。例如，向含有 Zn^{2+} 和 Al^{3+} 的混合溶液中加入氨水，此时 Zn^{2+} 与 Al^{3+} 均能够与氨水形成氢氧化物沉淀：

$$Zn^{2+} + 2NH_3 + 2H_2O = Zn(OH)_2\downarrow + 2NH_4^+$$

$$Al^{3+} + 3NH_3 + 3H_2O = Al(OH)_3\downarrow + 3NH_4^+$$

但在加入更多的氨水后，$Zn(OH)_2$ 可与 NH_3 形成 $[Zn(NH_3)_4]^{2+}$ 溶解而进入溶液中：

$$Zn(OH)_2 + 4NH_3 = [Zn(NH_3)_4]^{2+} + 2OH^-$$

$Al(OH)_3$ 沉淀则不能与 NH_3 形成配合物，从而达到分离 Zn^{2+} 与 Al^{3+} 的目的。

2. 离子的定性鉴定

不少配位剂能和特定金属离子形成特征的有色配位化合物或沉淀，具有很高的灵敏度和专属性，可用作鉴定该离子的特征试剂。例如，Fe^{3+} 与 KSCN 形成特征的血红色的 $[Fe(NCS)_n]^{3-n}$；$K_4[Fe(CN)_6]$ 可与 Fe^{3+} 形成 $Fe_4[Fe(CN)_6]_3$ 蓝色沉淀，与 Cu^{2+} 形成 $Cu_2[Fe(CN)_6]$ 红棕色沉淀。

3. 定量测定

配位滴定法是一种十分重要的定量分析方法，它利用配位剂与金属离子之间的配位反应来准确测定金属离子的含量，应用十分广泛。一些配位剂也常常用作分光光度法中的显色剂。

4. 掩蔽剂

掩蔽某些离子对其他离子的干扰作用。

例如，在含有 Co^{2+} 和 Fe^{3+} 的混合溶液中加入 KSCN 检出 Co^{2+} 时，利用了下列反应：

$$\underset{粉红色}{[Co(H_2O)_6]^{2+}} + 4SCN^- = \underset{宝石蓝}{[Co(SCN)_4]^{2-}} + 6H_2O$$

但 Fe^{3+} 也可与 SCN^- 反应，形成血红色的 $[Fe(SCN)]^{2+}$，妨碍了对 Co^{2+} 的鉴定。如果预先在鉴定溶液中加入足量的 NaF 或 NH_4F，使 Fe^{3+} 生成稳定的无色 $[FeF_6]^{3-}$，就可以防止 Fe^{3+} 对 Co^{2+} 鉴定的干扰。这种防止干扰的作用称为**掩蔽效应**，所用配位剂 NaF 就称为**掩蔽剂**。

二、工农业领域

配位化合物主要用于湿法冶金。湿法冶金就是用特殊的水溶液直接从矿石中将金属以化合物的形式浸取出来，再进一步还原为金属的过程，广泛用于从矿石中提取稀有金属和有色金属。

1. 提炼金属

例如，在金的提取中，因为 $E^{\ominus}(Au^+/Au)$ (1.68V) 远大于 $E^{\ominus}$ (O_2/OH^-) (0.401V)，金不能被 O_2 氧化。但当有 NaCN 存在时，由于形成 $[Au(CN)_2]^-$，$E^{\ominus}\{[Au(CN)_2]^-/Au\}$ (−0.56V) 比 $E^{\ominus}$ (O_2/OH^-) 数值小得多，因而空气中的 O_2 可在 NaCN 存在时将矿石中的金氧化为 $[Au(CN)_2]^-$：

$$4Au+8CN^-+2H_2O+O_2 = 4[Au(CN)_2]^-+4OH^-$$

然后再用锌还原 $[Au(CN)_2]^-$，即可得到单质金：

$$Zn+2[Au(CN)_2]^- = 2Au+[Zn(CN)_4]^{2-}$$

2. 分离金属

例如，由天然铝矾土（主要成分是水合氧化铝）制取 Al_2O_3 时，首先要使铝与杂质铁分离，分离的基础就是 Al^{3+} 可与过量的 NaOH 溶液形成可溶性的 $[Al(OH)_4]^-$ 进入溶液：

$$Al_2O_3+2OH^-+3H_2O = 2[Al(OH)_4]^-$$

而 Fe^{3+} 与 NaOH 反应则形成 $Fe(OH)_3$ 沉淀，澄清后加以过滤，即可除去杂质铁。

配位化合物还广泛用于电镀、催化、印染、化肥、农药等工业中，以及改良土壤、防腐工艺、硬水软化等。

三、生物科学及医学领域

生物体内有一类重要的物质——酶，不少酶含有金属元素。酶主要是 Fe^{2+}、Zn^{2+}、Mg^{2+}、Co^{2+}、Mo^{2+}、Mn^{2+}、Cu^{2+}、Cu^+ 和 Ca^{2+} 等金属离子和氨基酸侧链基团形成的金属配位化合物。这些配位化合物在生物体内能量的转换、传递、电荷的转移、化学键的形成或断裂以及伴随这些过程出现的能量变化和分配等过程中起着重要的作用。例如，植物中起光合作用的叶绿素是 Mg^{2+} 的配位化合物；在动物血液中起输送氧气作用的血红素是 Fe^{2+} 的配位化合物。在固氮菌中，能够固定大气中氮的固氮酶实际上是铁钼蛋白，这是以 Fe 和 Mo 为中心的复杂配位化合物——相对分子质量约 5 万的铁蛋白及相对分子质量约 27 万的钼蛋白。

在医药工业中，维生素 B_{12} 是 Co 的配合物；EDTA 是排除人体内 U、Th、Pu 等放射性元素的高效解毒剂；Pt、Rh、Ir 的配位化合物能使肿瘤萎缩，从而有可能合成为治疗癌症的药物。

近 20 年来在研究金属配位化合物基础上发展起来的生物无机化学是一门新兴的边缘学科，它将为早日解决科学研究三大前沿问题之一——生命的起源，发挥巨大的作用。

氨基酸螯合物

氨基酸螯合物主要对畜、禽生产有好处。微量元素营养对畜、禽生长和健康关系重大，被誉为生命元素。半个世纪以来，微量元素营养经历了 3 个阶段，即无机盐阶段、简单的有机化合物阶段及氨基酸螯合物阶段。前两个阶段被称为第 1 和第 2 代产品，存在着难吸收和生化功能差的缺点。而氨基酸螯合物易吸收，抗干扰，不污染水质、环境，接近于天然形态，稳定性适宜，被称为第 3 代微量元素饲料添加剂。用蛋白质生产复合氨基酸微量元素螯合物，是这样进行的：蛋白质→水解→中和→螯合→浓缩。无机盐、氨基酸、蛋白质和微量元素的螯合物同无机盐相比，在化学和生化上均有质的区别。无机盐中的金属呈离子态，进入小肠因 pH 较高，而以胶体沉淀析出，难以吸收利用。螯合物呈电中性，且有笼形结构，即使在小肠中仍可被溶解吸收。氨基酸螯合物的另一重要特性是稳定常数适中，金属在消化道中易于释放，且有利于消化酶的复制、生成和激活。另外，微量元素的无机盐形式添加剂混合不均匀，易氧化、易吸潮，而螯合物就克服了这一缺点，大大提高了微量元素的生物利用率。氨基酸、蛋白质金属螯合物具有提高畜、禽、水产品养殖产量，降低饲料消耗，增进健康水平，提高营养价值的特点。这将使畜、禽养殖业提高到一个新的台阶。这种螯合物用于水产养殖，添加 0.2%～0.3%螯合物，饵料系数可降低 10%，亩纯收入可增加 40%，效益显著。

本章小结

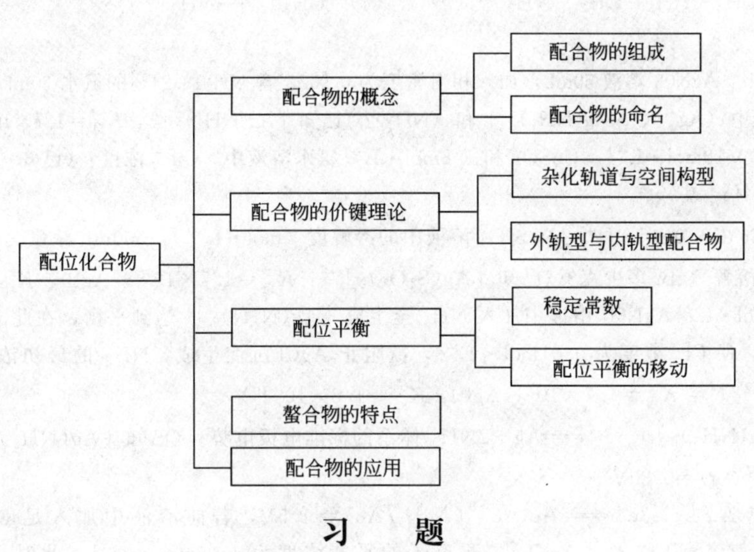

习　题

一、选择题

1. $[Cu(NH_3)_4]SO_4$ 中 Cu^{2+} 的配位数是（　　）。

A. 1　　B. 2　　C. 3　　D. 4

2. 用 sp^3 杂化轨道形成的配离子，空间构型为（　　）形。

A. 平面正方　　B. 正四面体　　C. 平面三角　　D. 正八面体

3. 配离子的电荷数是由（　　）决定的。

A. 中心离子电荷数　　B. 配位体电荷数

C. 配位原子电荷数　　D. 中心离子和配位体电荷数的代数和

4. $[Cu(NH_3)_2]^+$，实验测得直线形结构，中心离子杂化方式为（　　）。

A. sp^3　　B. dsp^2　　C. sp　　D. dsp^3

5. 下列配合物中，中心原子的杂化轨道类型属外轨型的是（　　）。

A. d^2sp^3　　B. dsp^2　　C. dsp^3　　D. sp^3d^2

6. 下列物质中不能做配体的是（　　）。

A. $C_6H_5NH_2$　　B. CH_3NH_2　　C. NH_4^+　　D. NH_3

二、简答题

1. 无水 $CrCl_3$ 和氨作用能形成两种配合物，组成相当于 $CrCl_3 \cdot 6NH_3$ 及 $CrCl_3 \cdot 5NH_3$。加入 $AgNO_3$ 溶液能从第一种配合物水溶液中将几乎所有的氯沉淀为 AgCl，而从第二种配合物水溶液中仅能沉淀出相当于组成中含氯量 2/3 的 AgCl，加入 NaOH 并加热时两种溶液都无 NH_3 味。试从配合物的形式推算出它们的内界和外界，并指出配离子的电荷数、中心离子的氧化数和配合物的名称。

2. 已知一些铂金属配合物，如 *cis*-$PtCl_4(NH_3)_2$、*cis*-$PtCl_2(NH_3)_2$ 和 *cis*-$PtCl_2(en)$ 可以作为活性

抗癌剂（*cis*-，顺式异构；*trans*-，反式异构，所有反式异构体均无抗癌活性），配离子均为内轨型。试用价键理论画出这些配合物的杂化轨道图，指出中心离子或原子的价层电子排布和轨道杂化类型。

3. 已知 $[PtCl_4]^{2-}$ 为平面正方形结构，$[HgI_4]^{2-}$ 为四面体结构，画出它们的电子分布情况并指出它们采用哪种杂化轨道成键？

4. 预测下列各组所形成的两组配离子之间的稳定性大小，并简要说明理由。

(1) Fe^{3+} 与 F^- 或 CN^- 配合　(2) Ni^{2+} 与 CN^- 或 NH_3 配合

(3) Cu^{2+} 与 NH_2CH_2COOH 或 CH_3COOH 配合

5. 指出在下列化合物中，哪些可能作为有效的螯合剂，并简要说明理由。

(1) H_2O　(2) 过氧化氢 HO—OH

(3) $H_2N—CH_2—CH_2—CH_2—NH_2$　(4) $(CH_3)_2N—NH_2$

三、计算题

1. 0.10mol·L^{-1} $AgNO_4$ 溶液 50mL，加入相对密度为 0.932、含 NH_3 18.24%的氨水 30mL 后，加水稀释至 100mL，求此溶液中 $c(Ag^+)$、$c[Ag(NH_3)_2^+]$ 和 $c(NH_3)$？（已知 $[Ag(NH_3)_2]^+$：$K^{\ominus}_{稳}=1.7\times10^7$）

2. 计算含有 0.10mol·L^{-1} $CuSO_4$ 和 1.8mol·L^{-1} 氨水溶液中，Cu^{2+} 浓度？（已知 $[Cu(NH_3)_4]^{2+}$：$K^{\ominus}_{不稳}=2.3\times10^{-14}$）

3. 计算 AgBr 在 1.0mol·L^{-1} $Na_2S_2O_3$ 溶液中的溶解度（mol·L^{-1}），500mL 浓度为 1.0mol·L^{-1} 的 $Na_2S_2O_3$ 溶液可溶解 AgBr 多少克？（已知 $[Ag(S_2O_3)_2]^{3-}$：$K^{\ominus}_{稳}=1.7\times10^{13}$；AgBr：$K^{\ominus}_{sp}=5.0\times10^{-13}$）

4. 在 0.06mol·L^{-1} $AgNO_3$ 溶液中加入 NH_3 至生成 $[Ag(NH_3)_2]^+$ 达到平衡，在此溶液中加入 NaCl（忽略体积变化），使 Cl^- 浓度为 0.01mol·L^{-1}，欲阻止 AgCl 沉淀生成，NH_3 的最初浓度至少为多少？（已知 $[Ag(NH_3)_2]^+$：$K^{\ominus}_{稳}=1.7\times10^7$；AgCl：$K^{\ominus}_{sp}=1.8\times10^{-10}$）

5. 计算 $[Ag(NH_3)_2]^+ + e^- \rightleftharpoons Ag + 2NH_3$ 体系的标准电极电势。（已知 $[Ag(NH_3)_2]^+$：$K^{\ominus}_{稳}=1.7\times10^7$，$E^{\ominus}(Ag^+/Ag)=0.80V$）

6. 电极反应 $Au^{3+} + 3e^- \rightleftharpoons Au$，$E^{\ominus}(Au^{3+}/Au)=1.5V$，若向溶液中加入足够的 Cl^- 以形成 $[AuCl_4]^-$，而且使溶液 Cl^- 及 $[AuCl_4]^-$ 配离子的平衡浓度为 1.00mol·L^{-1}，此时，电极电势降为 1.08V，计算反应 $Au^{3+} + 4Cl^- \rightleftharpoons [AuCl_4]^-$ 的 $K^{\ominus}_{稳}$ 值。

7. 已知 $[AlF_6]^{3-}$ 的逐级稳定常数的对数值分别为 6.13、5.02、3.85、2.74、1.63 和 0.47，试求它的 $K^{\ominus}_{稳}$ 和 $K^{\ominus}_{不稳}$。

8. 分别判断在标准状态下，下列两个歧化反应能否发生？

$2Cu^+ \rightleftharpoons Cu^{2+} + Cu$　$2[Cu(NH_3)_2]^+ \rightleftharpoons Cu + [Cu(NH_3)_4]^{2+}$

（已知 $E^{\ominus}(Cu^{2+}/Cu)=0.153V$，$E^{\ominus}(Cu^+/Cu)=0.52V$，$[Cu(NH_3)_4]^{2+}$ 的 $K^{\ominus}_{稳}=4.3\times10^{13}$，$[Cu(NH_3)_2]^+$ 的 $K^{\ominus}_{稳}=7.4\times10^{10}$）

四、分析题

1. 命名下列配合物，并指出中心离子及氧化数，配位体及配位数。

(1) $[Co(NH_3)_6]Cl_2$　(2) $K_2[PtCl_6]$　(3) $K_2[Cu(CN)_3]$

(4) $[CoCl(NH_3)_5]Cl_2$　(5) $[Co(en)_3]Cl_3$　(6) $[CoCl(NO_2)(NH_3)_4]^+$

2. 写出下列配合物的化学式

(1) 二硫代硫酸合银（Ⅰ）酸钠　(2) 三硝基·三氨合钴（Ⅲ）

(3) 氢氧化二羟·四水合铝（Ⅲ）　(4) 二氯·二羟基·二氨合铂（Ⅳ）

(5) 硫酸一氯·一氨·二（乙二胺）合铬（Ⅲ）

(6) 一氯·五氨合铬（Ⅲ）配离子

3. 根据价键理论指出下列配离子的成键情况和空间构型

(1) $[Fe(CN)_6]^{3-}$　(2) $[FeF_6]^{3-}$　(3) $[Ag(CN)_2]^-$　(4) $[Ni(CN)_4]^{2-}$

第八章 重要金属元素

学习目标

知识目标

1. 了解金属元素在周期表中的位置；
2. 掌握碱金属、碱土金属、p 区金属元素及部分副族代表元素及化合物的化学性质；
3. 了解常见金属及金属化合物的物理性质及用途。

能力目标

1. 熟练运用相关化合物的性质推测金属元素及其化合物；
2. 能够进行重要金属及离子的相互转换；
3. 学会鉴定常见金属及金属离子。

在目前已知的 112 种化学元素中，有 90 余种存在于自然界，其余 10 多种由人工合成。这些化学元素的原子构成整个物质世界，这些元素中除了 22 种非金属元素外都是金属元素。金属元素和非金属元素的物理、化学性质有明显的区别。但也有些元素如硼、硅、锗等兼有金属和非金属的性质。所以金属和非金属间并没有严格的界限。

金属的分类方法很多。本章按照金属元素在周期表中的族分别介绍碱金属、碱土金属、铝锡铅锑铋、铜银金锌镉汞、铬锰铁钴镍的性质及它们的重要化合物。

第一节 碱 金 属

一、碱金属的通性

碱金属是周期表中ⅠA 族，是最活泼的金属，包括锂、钠、钾、铷、铯、钫六种元素，其中钫是放射性元素。由于它们的氧化物的水溶液显碱性，所以叫**碱金属**。

ⅠA 族的价电子构型为 ns^1，在周期表中位于 s 区。它们大多是银白色的柔软、易熔金属。碱金属的基本性质列于表 8-1。

表 8-1 碱金属的一些性质

性质	锂(Li)	钠(Na)	钾(K)	铷(Rb)	铯(Cs)
原子序数	3	11	19	37	55
价层电子构型	$2s^1$	$3s^1$	$4s^1$	$5s^1$	$6s^1$
金属原子半径/pm	155	190	255	248	267
沸点/℃	1317	892	774	688	690
熔点/℃	180	97.8	64	39	28.5
电负性	0.98	0.93	0.82	0.82	0.79
第一电离能/kJ·mol^{-1}	520	496	419	403	376
第二电离能/kJ·mol^{-1}	7292	4562	3051	2633	2230
电极电势	−3.045	−2.741	−2.925	−2.925	−2.923
硬度(金刚石=10)	0.6	0.4	0.5	0.3	0.2

碱金属原子最外层只有一个 ns 电子，而次外层是 8 电子稳定结构（Li 的次外层是 2 个电子），它们的原子半径在同周期元素中（稀有气体除外）是最大的，而核电荷在同周期中是最小的，由于内层电子的屏蔽作用较显著，故这些元素很容易失去最外层的 1 个 s 电子，从而使碱金属的第一电离能在同周期元素中最低。因此，碱金属是同周期元素中金属性最强的元素。

从表 8-1 可以看出：碱金属元素性质的递变规律。同一主族自上而下，原子半径递增，电离能、电负性递减，金属性、还原性增强；与同一周期的其他元素相比自左而右，原子半径递减，电离能、电负性递增，金属性、还原性减弱。碱金属元素只有一种稳定的氧化态，为+1，这与它们的族序数一致。从电离能的数据可以看出，碱金属的第一电离能较小，容易失去一个电子，但第二电离能很大，故很难再失去第二个电子。碱金属元素是最活泼的金属元素，它们的单质都能与大多数非金属反应，如极易在空气中燃烧；碱金属易与水反应，生成的氢氧化物大多是强碱。

二、碱金属的重要化合物

1. 氧化物

碱金属与氧能形成三种类型的氧化物，即正氧化物、过氧化物、超氧化物，分别含有 O^{2-}、O_2^{2-}、O_2^-。

(1) 正氧化物　碱金属中只有 Li 在空气中燃烧时，生成正氧化物 Li_2O

$$4Li+O_2 = 2Li_2O$$

其他碱金属的正常氧化物是用金属与它们的过氧化物或硝酸盐作用而得的。例如：

$$Na_2O_2+2Na = 2Na_2O$$

$$2KNO_3+10K = 6K_2O+N_2\uparrow$$

碱金属氧化物从 Li_2O 过渡到 Cs_2O，颜色依次加深。由于 Li^+ 的半径特别小，Li_2O 的熔点很高。Na_2O 的熔点也很高，其余的氧化物未达到熔点时就分解。

碱金属氧化物与水化合生成碱性氢氧化物 MOH。Li_2O 与水反应很慢，Rb_2O 和 Cs_2O 与水发生剧烈反应。

(2) 过氧化物　Na_2O_2 是最常见的碱金属过氧化物。将金属钠在铝制容器中加热到 300℃，并通入不含 CO_2 的干燥空气，得到淡黄色的 Na_2O_2 粉末：

$$2Na+O_2 = Na_2O_2$$

Na_2O_2 与水或稀酸在室温下反应生成 H_2O_2，由于反应放出大量热，而使 H_2O_2 迅速分解：

$$Na_2O_2+2H_2O = 2NaOH+H_2O_2$$

$$Na_2O_2+H_2SO_4(\text{稀}) = Na_2SO_4+H_2O_2$$

$$2H_2O_2 = 2H_2O+O_2\uparrow$$

Na_2O_2 也能与 CO_2 反应，放出氧气：

$$2Na_2O_2+2CO_2 = 2Na_2CO_3+O_2\uparrow$$

由于过氧化钠的这种特殊反应性能，经常用于防毒面具、高空飞行和潜水作业等。

Na_2O_2 本身相当稳定，加热至熔融时几乎不分解，但遇到棉花、木炭或铝粉等还原性物质时，就会引起燃烧或爆炸，因此使用过氧化钠时应注意安全。工业上过氧化钠被列为强氧化剂。在碱性介质中它也可体现出很强的氧化性，如能将矿石中的铬、锰、钒等氧化为可溶性的含氧酸盐，因此，在分析化学中常用作分解矿石的溶剂。例如：

$$Cr_2O_3+3Na_2O_2 = 2Na_2CrO_4+Na_2O$$

$$MnO_2 + Na_2O_2 = Na_2MnO_4$$

Na_2O_2 的主要用途是作氧化剂和氧化发生剂，此外，还用作消毒剂，以及纺织、纸浆的漂白剂等。

(3) 超氧化物　钾、铷、铯在过量的氧气中燃烧可直接生成超氧化物。例如：

$$K + O_2 = KO_2$$

超氧化物与水反应生成 H_2O_2 和 O_2。例如：

$$2KO_2 + 2H_2O = 2KOH + H_2O_2 + O_2 \uparrow$$

$$Ba(O_2)_2 + 2H_2O = Ba(OH)_2 + H_2O_2 + O_2 \uparrow$$

与 CO_2 作用也会有 O_2 放出。例如：

$$4KO_2 + 2CO_2 = 2K_2CO_3 + 3O_2 \uparrow$$

$$2Ba(O_2)_2 + 2CO_2 = 2BaCO_3 + 3O_2 \uparrow$$

因此超氧化物可作供氧剂，还可作氧化剂。

2. 氢氧化物

碱金属元素的氧化物遇水都能发生剧烈反应，生成相应的碱：

$$M_2O + H_2O = 2MOH$$

碱金属的氢氧化物都是白色固体。它们易吸收空气中的 CO_2 变为相应的碳酸盐，也易在空气中吸水而潮解，故固体 NaOH 和 $Ca(OH)_2$ 常用作干燥剂。

碱金属的氢氧化物都是易溶于水的，溶解时放出大量的热。碱金属的氢氧化物呈强碱性，碱性按以下顺序递增：

$$LiOH < NaOH < KOH < RbOH < CsOH$$

氢氧化钠 (NaOH)，俗称烧碱、火碱、苛性钠，常温下是一种白色晶体，具有强腐蚀性。易溶于水，其水溶液呈强碱性，能使酚酞变红。氢氧化钠是一种极常用的碱，是化学实验室的必备药品之一。它的溶液可以用作洗涤液。

氢氧化钠的用途十分广泛，在化学实验中，除了用做试剂以外，由于它有很强的吸水性，还可用作碱性干燥剂。氢氧化钠在国民经济中有广泛应用，许多工业部门都需要氢氧化钠。使用氢氧化钠最多的部门是化学药品的制造，其次是造纸、炼铝、炼钨、人造丝、人造棉和肥皂制造业。另外，用在染料、塑料、药剂及有机中间体，旧橡胶的再生，制金属钠、水的电解以及无机盐生产中，制取硼砂、铬盐、锰酸盐、磷酸盐等，也要使用大量的烧碱。

3. 重要的盐类

(1) 氯化钠 (NaCl)　无色立方结晶或白色结晶。溶于水、甘油，微溶于乙醇、液氨。在空气中微有潮解性。食盐是人类赖以生存的物质基础，也是化学工业的重要原料。用于制造纯碱和烧碱及其他化工产品、矿石冶炼。在食品工业和渔业上用于制作盐腌品，还可用作调味料的原料和精制食盐。工业氯化钠的精制通常采用重结晶法。

(2) 氯化钾 (KCl)　无色立方晶体，常为长柱状。溶于水，易溶于醚、甘油及碱类，微溶于乙醇，但不溶于无水乙醇。有吸湿性，易结块。在水中的溶解度随温度的升高而迅速地增加，与钠盐常起复分解作用而生成新的钾盐。农业上用作钾肥（以氧化钾计含量为50%～60%），肥效快，直接施用于农田，能使土壤下层水分上升，有抗旱的作用。可用作基肥和追肥。但在盐碱地或对马铃薯、番薯、甜菜、烟草等忌氯农作物不宜施用。无机工业中是制造各种钾盐如氢氧化钾、硫酸钾、硝酸钾、氯酸钾、红矾钾等钾盐的基本原料。医药工业用作利尿剂及防治缺钾症的药物。

(3) 碳酸钠 (Na_2CO_3)　常见不含结晶水的碳酸钠为白色粉末，又称纯碱、碱面或苏打。碳酸钠易溶于水，是一种强碱弱酸盐，溶于水后发生水解反应使溶液显碱性，有一定的腐蚀性能。与酸进行中和反应，生成相应的盐并放出二氧化碳。实验室制取碳酸钠反应为：

$$2NaOH+CO_2 \longrightarrow Na_2CO_3+H_2O$$

工业上常用氨碱法或联碱法制取碳酸钠。1859 年，比利时苏尔维用食盐、氨水、二氧化碳为原料，于室温下从溶液中析出碳酸氢钠，将它加热，即分解为碳酸钠，此法即氨碱法(苏尔维法)，被沿用至今。用于生产玻璃、造纸、纺织、洗涤剂。1943 年，中国侯德榜结合中国内地缺盐的国情，对苏尔维法进行改进，将纯碱和合成氨两大工业联合，同时生产碳酸钠和化肥氯化铵，大大地提高了食盐利用率，称为联碱法（侯氏制碱法）。苏氏制碱法和侯氏制碱法的主要化学反应式均为：

$$NaCl+CO_2+NH_3+H_2O \longrightarrow NaHCO_3\downarrow+NH_4Cl$$

$NaHCO_3$（碳酸氢钠）可溶，只是在这种条件下，碳酸氢钠溶解的量大于该条件下的溶解度，所以析出了碳酸氢钠固体，经过滤，得到碳酸氢钠固体。

$$2NaHCO_3 \longrightarrow Na_2CO_3+CO_2\uparrow+H_2O$$

所不同的是苏氏法在整个制取过程中 NH_3 是循环使用的：

$$2NH_4Cl+Ca(OH)_2 \longrightarrow 2NH_3\uparrow+CaCl_2+2H_2O$$

而侯氏法在整个制取过程中，NH_4Cl 直接作为纯碱的副产品——肥料。

碳酸钠是重要的化工原料之一，用于制化学品、清洗剂、洗涤剂，也用于照相术和制医药品。绝大部分用于工业，一小部分为民用。在工业用纯碱中，主要是轻工、建材、化学工业，约占 2/3；其次是冶金、纺织、石油、国防、医药及其他工业。玻璃工业是纯碱的最大消费行业，每吨玻璃消耗纯碱 0.2t。化学工业用于制水玻璃、重铬酸钠、硝酸钠、氟化钠、小苏打、硼砂、磷酸三钠等。冶金工业用作冶炼助熔剂、选矿用浮选剂，炼钢和炼锑用作脱硫剂。印染工业用作软水剂。制革工业用于原料皮的脱脂、中和铬鞣革和提高铬鞣液碱度。还用于生产合成洗涤剂添加剂三聚磷酸钠和其他磷酸钠盐等。

第二节　碱　土　金　属

一、碱土金属的通性

碱土金属是周期表的ⅡA 族，包括铍、镁、钙、锶、钡、镭六种元素，其中镭是放射性元素。由于钙、锶、钡的氧化物的性质介于“碱性的”碱金属氧化物和“土性的”难溶的 Al_2O_3 等之间，所以又称为**碱土金属**。ⅡA 族的价电子构型为 ns^2，在周期表中也位于 s 区。碱土金属的基本性质列于表 8-2。

从表 8-2 可以看出碱土金属元素性质的递变规律与碱金属相同，只是碱土金属的核电荷比碱金属大，原子半径比碱金属小，金属性比碱金属略差。碱土金属稳定的氧化态为+2。这与它们的族序数也一致。碱土金属的第一、第二电离能都较小，容易失去两个电子，而第三电离能却很大，所以很难再失去第三个电子。

一般来说，碱金属和碱土金属元素性质的递变是有规律的，但锂和铍却表现反常，锂和镁，铍和铝在性质上却表现出很多相似性。

表 8-2 碱土金属的一些性质

性质	铍(Be)	镁(Mg)	钙(Ca)	锶(Sr)	钡(Ba)
原子序数	4	12	20	38	56
价层电子构型	$2s^2$	$3s^2$	$4s^2$	$5s^2$	$6s^2$
金属原子半径/pm	112	160	197	215	222
沸点/℃	2970	1107	1487	1334	1140
熔点/℃	1280	651	845	769	725
电负性	1.57	1.31	1.00	0.95	0.89
第一电离能/$kJ \cdot mol^{-1}$	900	738	590	549	502
第二电离能/$kJ \cdot mol^{-1}$	1757	1450.7	1145.4	1064.3	965.3
第三电离能/$kJ \cdot mol^{-1}$	14849	7732.8	4912	4210	3575
电极电势	−1.85	−2.37	−2.87	−2.89	−2.90
硬度(金刚石=10)	4	2.5	2	1.8	

在周期系中，某元素的性质和它右下方或左上方的另一元素性质相似，称为对角线规则。这种相似性特别明显地存在于下列三对元素之间：

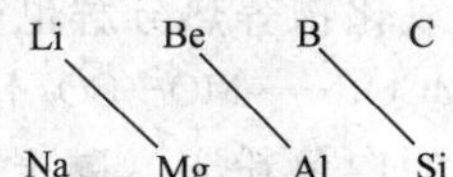

锂和镁的相似性表现如下：

① 在氧气中燃烧都生成正常氧化物，而其他碱金属生成过氧化物或超氧化物；

② 都能与氮气直接化合生成氮化物，而其他碱金属不能直接与氮气化合；

$$6Li + N_2 = 2Li_3N$$

$$3Mg + N_2 = Mg_3N_2$$

③ 它们的氟化物、碳酸盐、磷酸盐均难溶于水，其他碱金属相应的化合物均为易溶盐；

④ 氢氧化物均为中强碱，在水中溶解度不大。受热分解为正氧化物，其他碱金属氢氧化物均为强碱，且加热至熔融也不分解；

⑤ 硝酸盐加热分解产物均为氧化物、二氧化氮、氧气，而其他碱金属硝酸盐受热分解产物为亚硝酸盐和氧气；

⑥ 氯化物都具有共价性，能溶于有机溶剂中，它们的水合氯化物晶体受热时都会发生水解反应。

$$LiCl \cdot H_2O = LiOH + HCl\uparrow$$

$$MgCl_2 \cdot 6H_2O = Mg(OH)Cl + 5H_2O\uparrow + HCl\uparrow$$

铍和铝的相似性表现如下：

① 都是两性金属，既能溶于酸也能溶于强碱；

② 都被冷的浓硝酸钝化，而其他碱土金属均易与硝酸反应；

③ 氢氧化物均为两性，而碱土金属氢氧化物均为碱性；

④ 氯化物均为共价型化合物，易升华、易聚合、易溶于有机溶剂；

⑤ 氧化物均为高熔点、高硬度的物质。

对角线规则是从有关元素及其化合物的许多性质中总结出来的经验规律，对此可以用离子极化的观点加以粗略解释。同一周期最外层电子构型相同的金属离子，从左到右随离子电荷的增加而引起的极化作用增强；同一族电荷相同的金属离子，自上而下随离子半径增大而极化作用减弱。因此，处于周期表中左上或右下对角线位置上的两个元素，由于电荷和半径的影响恰好相反，它们的离子极化作用接近，从而使它们的化学性质比较相似。由此反映出物质结构与性质之间的内在联系。

二、碱土金属的重要化合物

1. 氧化物

碱土金属与氧也能形成三种类型的氧化物，即正氧化物、过氧化物、超氧化物，分别含有 O^{2-} 、O_2^{2-} 、O_2^- 。s 区元素与氧所形成的各种氧化物列于表 8-3 中。

表 8-3　s 区元素形成的氧化物

化合物	阴离子	直接形成	间接形成
正氧化物	O^2	Li、Be、Mg、Ca、Sr、Ba	ⅠA、ⅡA 所有元素
过氧化物	O_2^{2-}	Na、(Ba)	除 Be 外的所有元素
超氧化物	O_2^-	(Na)、K、Rb、Cs	除 Be、Mg、Li 外的所有元素

(1) 正常氧化物　碱土金属 Be、Mg、Ca、Sr、Ba 在空气中燃烧时，生成正氧化物 MO：

$$2M + O_2 \xlongequal{} 2MO$$

碱土金属的碳酸盐、硝酸盐、氢氧化物等热分解也得到氧化物 MO。例如：

$$MCO_3 \xlongequal{} MO + CO_2 \uparrow$$

碱土金属的氧化物都是难溶于水的白色粉末。碱土金属氧化物中，唯有 BeO 是 ZnS 型晶体，其他氧化物都是 NaCl 型晶体。碱土金属离子比同周期的碱金属离子电荷多、半径小，所以碱土金属氧化物具有较大的晶格能，熔点都很高，硬度都很大。除 BeO 外，由 MgO 到 BaO，熔点依次降低。

BeO 和 MgO 可做高温材料，CaO 是重要的建筑材料，也可由它制得价格更便宜的碱 $Ca(OH)_2$。

(2) 过氧化物　除铍和镁外，碱土金属都能形成相应的过氧化物 M(Ⅱ) O_2，其中只有钡的过氧化物可由金属在空气中燃烧直接得到。

钙、锶、钡的氧化物与过氧化氢作用，得到相应的过氧化物：

$$MO + H_2O_2 + 7H_2O \xlongequal{} MO_2 \cdot 8H_2O$$

工业上把 BaO 在空气中加热到 600℃ 以上使它转化为过氧化钡：

$$2BaO + O_2 \xlongequal{600\sim800℃} 2BaO_2$$

(3) 超氧化物　除了铍、镁外，碱土金属都能形成超氧化物 M(Ⅱ) $(O_2)_2$。

$$Ba(O_2)_2 + 2H_2O \xlongequal{} Ba(OH)_2 + H_2O_2 + O_2 \uparrow$$

与 CO_2 作用也会有 O_2 放出。例如：

$$2Ba(O_2)_2 + 2CO_2 \xlongequal{} 2BaCO_3 + 3O_2 \uparrow$$

因此超氧化物可作供氧剂，还可作氧化剂。

2. 氢氧化物

碱土金属的氧化物，除 BeO 几乎不与水反应，MgO 与水缓慢反应生成相应的碱外，其他氧化物遇水都能发生剧烈反应，生成相应的碱：

$$MO + H_2O \xlongequal{} M(OH)_2$$

碱土金属的氢氧化物也是白色固体。它们易吸收空气中的 CO_2 变为相应的碳酸盐，也易在空气中吸水而潮解，故固体 $Ca(OH)_2$ 常用作干燥剂。

碱土金属的氢氧化物的溶解度则较小，其中 $Be(OH)_2$ 和 $Mg(OH)_2$ 是难溶的氢氧化物，其溶解度列于表 8-4。

表 8-4　碱土金属氢氧化物的溶解度（20℃）

氢氧化物	$Be(OH)_2$	$Mg(OH)_2$	$Ca(OH)_2$	$Sr(OH)_2$	$Ba(OH)_2$
溶解度/$mol \cdot L^{-1}$	8×10^{-6}	5×10^{-4}	1.8×10^{-2}	6.7×10^{-2}	2×10^{-1}

由表中数据可见，对碱土金属来说，由 $Be(OH)_2$ 到 $Ba(OH)_2$ 溶解度依次增大。这是由于随着金属半径的增大，正、负离子之间的作用力逐渐减小，容易为水分子所离解的缘故。碱金属、碱土金属的氢氧化物，除了 $Be(OH)_2$ 为两性氢氧化物外，其他的都是强碱或中强碱。二者碱性与溶解度的递变规律见图 8-1。

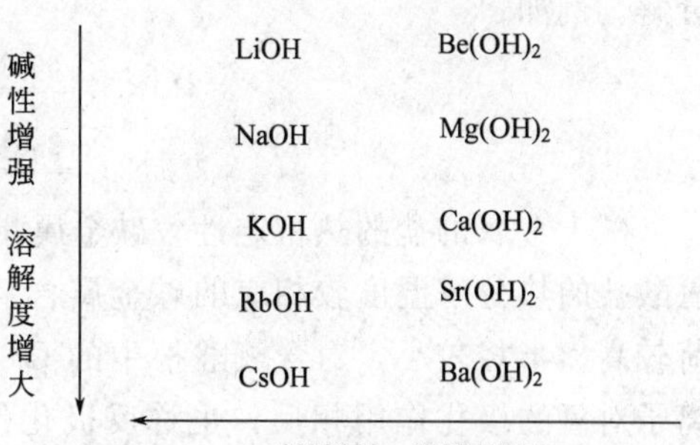

图 8-1　碱金属、碱土金属氢氧化物的碱性和溶解度递变规律

3. 重要的盐类

碱金属、碱土金属的常见的盐有卤化物、硝酸盐、硫酸盐、碳酸盐等。应注意碱土金属中铍的盐类有毒，钡盐也有毒。这里仅介绍这些盐类三方面的性质。

(1) 晶型　表 8-5 列出碱金属和碱土金属氟化物和氯化物的熔点。

表 8-5　碱金属和碱土金属氟化物和氯化物的熔点/℃

化合物	Li	Na	K	Rb	Cs	Be	Mg	Ca	Sr	Ba
氟化物	846	996	858	775	703	552	1263	1418	1477	1368
氯化物	606	801	776	715	645	405	714	772	873	963

可以看出，这些卤化物熔点均较高，所以它们的晶型多为离子型晶体；碱金属氟化物或氯化物的熔点在同一族中从上到下逐渐降低（Li 除外），而碱土金属氟化物或氯化物的熔点从上到下逐渐升高（BaF_2 除外）。两者变化趋势不同的主要原因是：①碱金属离子极化力小，它们的氟化物是典型的离子晶体，碱金属从上到下随半径增加，晶格能逐渐降低，故熔点下降；②碱土金属离子极化力比碱金属大，而且从上到下随半径增大极化力减弱。它们的卤化物自下而上由典型的离子型逐渐向共价型过渡，所以它们的熔点从下而上逐渐降低。其实 $BeCl_2$ 的共价性已超过离子性。固体 $BeCl_2$ 是链式多聚体结构，它易升华，随着温度升高，它先变成气态的双聚体，在 1000℃时才变成直线形的 $BeCl_2$ 分子。$BeCl_2$ 易溶于有机溶剂。这些性质都表明了它的共价性。

(2) 溶解性　碱金属的盐类大多数易溶于水，仅少数碱金属盐是难溶的。如 Li 的氟化物、碳酸盐、磷酸盐等。此外，K^+、Rb^+、Cs^+ 形成的少数具有较大阴离子的盐是难溶的。例如：六羟基锑酸钠 $Na[Sb(OH)_6]$（白色）、醋酸铀酰锌钠 $NaAc \cdot Zn(Ac)_2 \cdot 3UO_2(Ac)_2 \cdot 9H_2O$（黄绿色）、高氯酸钾 $KClO_4$（白色）、氯铂酸钾 $K_2[PtCl_6]$（淡黄色）、钴亚硝酸钠钾 $K_2Na[Co(NO)_2]$（亮黄色）等。在实验室里常利用生成这些难溶盐来鉴定 Na^+、K^+。

碱土金属的盐比相应碱金属的盐溶解度小。除卤化物和硝酸盐外，多数碱土金属的盐溶解度较小，而且不少是难溶的。如 $BeSO_4$、$BeCrO_4$ 易溶，而 $BaSO_4$、$BaCrO_4$ 极难溶。铍盐中多数是易溶的，镁盐部分易溶，而钙、锶、钡的盐多数为难溶。

碱金属离子 M^+ 和碱土金属离子 M^{2+} 是无色的，所以它们盐类的颜色一般取决于阴离子的颜色。无色阴离子（如 X^-、NO_3^-、SO_4^{2-}、CO_3^{2-}、ClO^- 等）与之形成的盐一般是无色或白色的，而有色阴离子与之形成的盐则是具有阴离子的颜色，如紫色的 $KMnO_4$、黄色的 $BaCrO_4$、橙色的 $K_2Cr_2O_7$ 等。

(3) 热稳定性　碱金属的盐一般具有较高的稳定性，唯有硝酸盐的热稳定性差，加热易分解。例如：

$$4LiNO_3 \xlongequal{650℃} 2Li_2O + 4NO_2\uparrow + O_2\uparrow$$

$$2NaNO_3 \xlongequal{830℃} 2NaNO_2 + O_2\uparrow$$

碱土金属的盐的热稳定性较碱金属相应的盐差，但在常温下也都是稳定的，碱土金属含氧酸盐的热分解温度较相应的碱金属含氧酸盐的低。这是因为碱土金属的阳离子 M^{2+} 的电荷较高、半径较小，对含氧酸根中的 O^{2-} 有较强的吸引作用，此作用与含氧酸根中的中心离子对氧的极化作用相反，也称反极化作用。此作用可破坏含氧酸根，使含氧酸盐分解为 MO 和酸酐。例如除 Li_2CO_3 在 730℃以上分解外，其他碱金属碳酸盐都难分解，比碱土金属碳酸盐的分解温度要高得多。碱土金属自 Be^{2+} 到 Ba^{2+}，随着离子半径的增大，反极化作用依次减小，其含氧酸盐的热分解温度依次升高。

第三节　铝锡铅锑铋

一、铝及其重要化合物

1. 铝

金属铝广泛存在于地壳中，其丰度仅次于氧和硅，名列第三，是蕴藏最丰富的金属元素。铝主要以铝矾土（$Al_2O_3 \cdot xH_2O$）矿物存在，它是冶炼金属铝的重要原料。纯铝是银白色的轻金属，无毒，富有延展性，具有很高的导电、传热性和抗腐蚀性，不发生火花放电。由于铝的性能优良，价格便宜，使它在国民经济中的地位与日俱增，在宇航工业、电力工业、建材工业和运输、包装等方面被广泛应用。

铝与空气接触很快失去光泽，表面生成氧化铝薄膜（约 10^{-6} cm 厚），此膜可阻止铝继续被氧化。铝遇发烟硝酸，被氧化成“钝态”，因此工业上常用铝罐储运发烟硝酸。这层膜遇稀酸则遭破坏，会导致罐体泄漏。

$$4Al + 3O_2 = 2Al_2O_3$$

铝是两性元素，既溶于酸也能溶于碱：

$$2Al + 6HCl = 2AlCl_3 + 3H_2\uparrow$$

$$2Al + 2NaOH + 6H_2O = 2Na[Al(OH)_4] + 3H_2\uparrow$$

2. 氧化铝和氢氧化铝

铝的氧化物 Al_2O_3 有多种变体，其中 α-Al_2O_3 称为刚玉，有很高的熔点和硬度，化学性质稳定，常用作耐火、耐腐蚀和高硬度材料。γ-Al_2O_3 硬度小，不溶于水，但能溶于酸和碱，具有很强的吸附性能，可作吸附剂及催化剂。

氢氧化铝是两性氢氧化物，碱性略强于酸性。在溶液中形成的 $Al(OH)_3$ 为白色凝胶状沉淀，并按下式以两种方式分解：

$$Al^{3+} + 3OH^- \rightleftharpoons Al(OH)_3 \rightleftharpoons H^+ + [Al(OH)_4]^-$$

加酸平衡向左移动，生成铝盐；加碱，平衡向右移动，生成铝酸盐。

$Al(OH)_3$ 通常用来制药中和胃酸，也广泛用于玻璃和陶瓷工业。

3. 铝盐

常见的盐是 $AlCl_3$ 和明矾（硫酸铝钾），它们最主要的化学性是 Al^{3+} 的水解性。$AlCl_3$ 和 $KAl(SO_4)_2 \cdot 12H_2O$ 溶于水时，Al^{3+} 水解生成一系列碱式盐直到 $Al(OH)_3$ 胶状沉淀，这些水解产物能吸附水中的泥沙、重金属离子及有机污染物等，$AlCl_3$ 用于净化水。明矾是人们早已广泛应用的净水剂。$AlCl_3$ 是有机合成中常用的催化剂。

一些弱酸的铝盐在水中几乎完全或大部分水解。例如：

$$2Al^{3+} + 3S^{2-} + 6H_2O \longrightarrow 2Al(OH)_3 \downarrow + 3H_2S \uparrow$$

$$2Al^{3+} + 3CO_3^{2-} + 3H_2O \longrightarrow 2Al(OH)_3 \downarrow + 3CO_2 \uparrow$$

所以弱酸的铝盐如 Al_2S_3、$Al_2(CO_3)_3$ 不能用湿法制得。

二、锡、铅及其重要化合物

1. 锡、铅

锡和铅主要以氧化物或硫化物矿（如锡石 SnO_2 和方铅矿 PbS）存在于自然界。冶炼锡铅很容易，早在公元前二三千年人类就掌握了这些金属的提炼技术。

锡有三种同素异形体，常见的为银白色硬度居中的白锡，它有较好的延展性。另外还有灰锡、脆锡。它们在不同温度下可以相互转变。把锡镀在铁上就是常见的“马口铁”，耐腐蚀，价格便宜，又没毒，因此用来制食品工业的罐头盒。铅为灰暗色，重而软的金属。铅能挡住 X 射线和核裂变射线，可制作铅玻璃、铅围裙和放射源容器等的防护用品。

锡和铅是ⅣA 族元素，价层电子构型为 ns^2np^2，是中等活泼的金属，常见的氧化态为+2、+4。其化学性质主要有以下几点。

(1) 与氧的反应　常温下，空气中的氧只与铅发生反应，新切开的铅断面是银白色的，很快会失去金属光泽，变成灰暗色，这是因为铅与氧反应生成一层氧化铅或碱式碳酸铅。高温下，二者都与氧反应而生成氧化物。

(2) 与其他非金属反应　它们可以与卤素和硫生成卤化物和硫化物。

(3) 与水反应　锡既不会被空气氧化，又不与水反应，因此可以镀在某些金属上防止锈蚀。铅在有空气存在下，可以与水缓慢反应生成氢氧化铅。

(4) 与酸反应　铅和锡与酸的反应见表 8-6。

表 8-6　铅和锡与酸的反应

不同酸	Sn	Pb
HCl	与稀酸反应慢，与浓酸反应生成 $SnCl_2$	有反应，但因生成微溶性 $PbCl_2$ 覆盖在 Pb 表面，反应中止
H_2SO_4	与稀酸难反应，与浓热的反应生成 $Sn(SO_4)_2$	与稀硫酸反应，生成难溶的 $PbSO_4$ 覆盖层，反应中止。但易溶于热的浓硫酸，生成 $Pb(HSO_4)_2$
HNO_3	与稀硝酸反应生成 $Sn(NO_3)_2$，与浓硝酸反应生成 β-锡酸($xSnO_2 \cdot yH_2O$)沉淀	与稀硝酸反应生成 $Pb(NO_3)_2$，由于 $Pb(NO_3)_2$ 不溶于浓硝酸，Pb 不与浓硝酸反应

(5) 与碱反应　二者都能与强碱缓慢反应生成亚锡酸盐和亚铅酸盐。

2. 锡、铅的氧化物和氢氧化物

锡和铅可生成 MO 和 MO_2 两类氧化物以及其相应的氢氧化物 $M(OH)_2$ 和 $M(OH)_4$。它们都是两性的，但+4 氧化态的以酸性为主。它们的酸碱性变化规律见图 8-2。

氧化物中 SnO 是还原剂，PbO_2 是氧化剂。由于锡和铅的氧化物都不溶于水。因此，要制得相应的氢氧化物，必须用它们的盐溶液与碱溶液相作用而制得，例如用碱金属的氢氧化物处理锡盐就可得相应 $Sn(OH)_2$ 白色沉淀生成。

$$SnCl_2 + 2NaOH = Sn(OH)_2\downarrow + 2NaCl$$

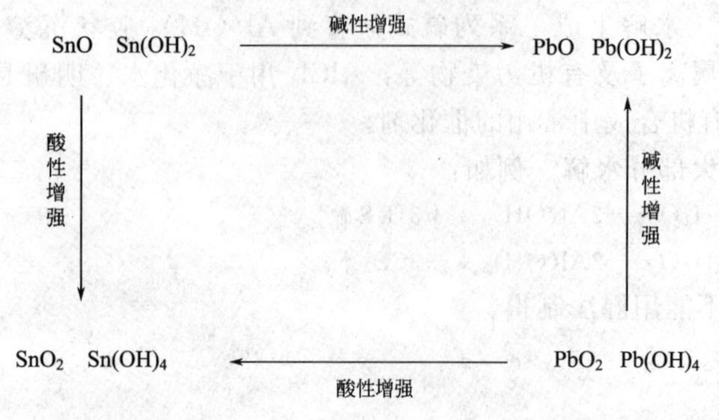

图 8-2 锡、铅的氧化物和氢氧化物变化规律

氢氧化物既溶于酸，又溶于碱，例如：

$$Sn(OH)_2 + 2HCl = SnCl_2 + 2H_2O$$
$$Sn(OH)_2 + 2NaOH = Na_2SnO_2 + 2H_2O$$
$$Pb(OH)_2 + 2HNO_3 = Pb(NO_3)_2 + 2H_2O$$
$$Pb(OH)_2 + 2NaOH = Na_2PbO_2 + 2H_2O$$

但其中酸性以 $Sn(OH)_4$ 为最强，碱性以 $Pb(OH)_2$ 为最强，酸碱性强弱不同的情况可以 ROH 理论加以解释。

PbO_2 是强氧化剂，它与浓盐酸或浓硫酸反应可放出 Cl_2 或 O_2，但它不溶于 HNO_3。

$$PbO_2 + 4HCl(浓) = PbCl_2 + Cl_2\uparrow + 2H_2O$$
$$2PbO_2 + 2H_2SO_4(浓) = 2PbSO_4 + O_2\uparrow + 2H_2O$$

铅的氧化物除 PbO（黄色）和 PbO_2（褐色）以外，还存在鲜红色的 Pb_3O_4（铅丹），它表现出 PbO_2 和 PbO 的性质。例如：

$$Pb_3O_4 + 4HNO_3 = PbO_2\downarrow + 2Pb(NO_3)_2 + 2H_2O$$
$$Pb_3O_4 + 8HCl = 3PbCl_2 + Cl_2\uparrow + 4H_2O$$

所以通常把它看作“混合氧化物”——$PbO\cdot PbO_2$。

3. 锡和铅的盐

由于锡和铅的氢氧化物具有两性，因此它们能形成两种类型的盐，即 M^{2+} 盐、M^{4+} 盐和 MO^{2-} 盐及 MO_2^{3-} 盐两类。

在锡和铅的盐中最常见的是卤化物。$SnCl_2$ 是实验室中常用的还原剂。例如向 $HgCl_2$ 溶液中逐渐加入 $SnCl_2$ 溶液时，可生成 Hg_2Cl_2 白色丝状沉淀：

$$2HgCl_2 + SnCl_2 \longrightarrow SnCl_4 + Hg_2Cl_2\downarrow(白)$$

当 $SnCl_2$ 过量时，亚汞盐将进一步被还原为单质汞：

$$Hg_2Cl_2 + SnCl_2 \longrightarrow SnCl_4 + 2Hg\downarrow(灰黑)$$

这一反应很灵敏，常用于鉴定 Hg^{2+} 或 Sn^{2+}。

$SnCl_2$ 易水解，Sn^{2+} 在溶液中易被空气中的氧所氧化。因此，在配制 $SnCl_2$ 溶液时，除应先加入少量浓 HCl 抑制水解外，还要在刚刚配制好的溶液中加入少量金属 Sn。

$PbCl_2$ 为白色固体，冷水中微溶，能溶于热水，也能溶于盐酸或过量 NaOH 溶液中：

$$PbCl_2 + 2HCl = H_2[PbCl_4]$$
$$PbCl_2 + 4NaOH = Na_2PbO_2 + 2NaCl + 2H_2O$$

Pb^{2+} 和 CrO_4^{2-} 反应生成黄色的 $PbCrO_4$ 沉淀（俗称铬黄）。这一反应常用来鉴定 Pb^{2+} 或 CrO_4^{2-}，$PbCrO_4$ 能溶于碱：

$$Pb^{2+} + CrO_4^{2-} = PbCrO_4\downarrow(黄色)$$
$$PbCrO_4 + 3OH^- = [Pb(OH)_3]^- + CrO_4^{2-}$$

故可用来区别其他黄色的难溶铬酸盐（如 $BaCrO_4$）。

铅的许多化合物难溶于水。铅和可溶性铅盐都对人体有毒。Pb^{2+} 在人体内能与蛋白质中的半胱氨酸反应生成难溶物，使蛋白毒化。

Sn^{2+}、Sn^{4+} 和 Pb^{2+} 遇 H_2S 分别生成 SnS（棕色）、SnS_2（黄色）和 PbS（黑色）沉淀，它们都不溶于稀盐酸，但可溶于浓盐酸。由于 Pb^{4+} 有氧化性，S^{2-} 有还原性，所以 PbS_2 不存在。与氧化物一样，SnS_2 显酸性，SnS 和 PbS 显碱性，所以 SnS_2 可与碱或 Na_2S 反应生成锡酸盐和硫代锡酸盐：

$$3SnS_2+6OH^- \xlongequal{} Sn(OH)_6^{2-}+2SnS_3^{2-}$$

$$SnS_2+Na_2S \xlongequal{} Na_2SnS_3$$

而 SnS 和 PbS 却不会发生以上反应，但是 SnS 可溶于二硫化钠 Na_2S_2 溶液中，这是由于 S_2^{2-} 有氧化性，SnS 被氧化成 SnS_2 而被溶解：

$$SnS+S_2^{2-} \xlongequal{} SnS_3^{2-}$$

硫代锡酸盐遇酸，则分解为 SnS_2 和 H_2S：

$$SnS_3^{2-}+2H^+ \xlongequal{} SnS_2\downarrow+H_2S$$

PbS 不溶于稀酸和碱金属硫化物，但可溶于稀硝酸和浓盐酸：

$$PbS+4HCl(浓) \xlongequal{} H_2[PbCl_4]+H_2S\uparrow$$

$$3PbS+8HNO_3 \xlongequal{} 3Pb(NO_3)_2+2NO+3S\downarrow+4H_2O$$

PbS 可与 H_2O_2 反应：

$$PbS+4H_2O_2 \xlongequal{} PbSO_4+4H_2O$$

此反应可用来洗涤油画上黑色的 PbS，使它转化为白色的 $PbSO_4$。

4. 含铅废水的处理

含铅废水对人体健康和农作物生长都有严重危害。铅的中毒作用虽然缓慢，但在体内会逐渐积累，引起人各个组织中毒，尤其是神经系统和造血系统。典型症状是食欲不振，精神倦怠，严重时可致死。

含铅废水多来自金属冶炼厂、涂料厂、蓄电池厂等。国家规定铅的允许排放浓度为 $1.0mg\cdot L^{-1}$（按 Pb 计）。对含铅废水的处理一般采用沉淀法。用石灰或纯碱作沉淀剂，使废水中的铅生成 $Pb(OH)_2$ 或 $PbCO_3$ 沉淀而除去，还可用强酸性阳离子交换树脂除去铅的有机化合物，使含铅量由 $150mg\cdot L^{-1}$ 降至 $0.02\sim0.53mg\cdot L^{-1}$。

三、锑、铋及其重要化合物

锑、铋与砷（见第九章），它们次外层电子构型为 18 电子（区别于 N 和 P），性质相似，合称为砷分族。

1. 锑、铋

锑、铋在地壳中的含量不大，有时以游离态存在于自然界，但主要以硫化物形式存在。例如辉锑矿（Sb_2S_3）、辉铋矿（Bi_2S_3）等。我国锑的储藏量居世界第一位。

锑有灰、黄、黑三种同素异形体，铋没有。都能传热导电，但不是良导体，性脆易碎，易熔易挥发。经常与其他金属制成合金，以提高金属的硬度。

常温下，锑、铋在水和空气中都比较稳定，在高温时能和氧、硫、卤素反应。不与稀酸（HCl、H_2SO_4）反应，可与硝酸、浓热的硫酸、王水反应。与 NaOH 不反应。

2. 锑、铋的氧化物

锑、铋的氧化物有 +3 氧化值的 Sb_2O_3、Bi_2O_3 和 +5 氧化值的 Sb_2O_5。Sb_2O_3 是两性氧化物，不溶于水，能溶于强碱或强酸溶液中，生成相应的盐：

$$Sb_2O_3+6HCl \xlongequal{} 2SbCl_3+3H_2O$$

$$Sb_2O_3+2NaOH \xlongequal{} 2NaSbO_2+H_2O$$

（偏亚锑酸钠）

Bi_2O_3 是弱碱性氧化物，不溶于水和碱溶液，能溶于酸：

$$Bi_2O_3 + 6HNO_3 \longrightarrow 2Bi(NO_3)_3 + 3H_2O$$

3. 锑、铋含氧酸及其盐

它们的含氧酸由 As→Sb→Bi 酸性依次减弱，碱性依次增强。但＋3 氧化值的 H_3AsO_3、$Sb(OH)_3$、$Bi(OH)_3$ 基本上都是两性，所以 As^{3+}、Sb^{3+}、Bi^{3+} 的盐都易水解，因此，在配制这些盐的溶液时，都应先加入相应的强酸以抑制水解。

＋5 氧化值的 H_3AsO_4、$Sb_2O_5 \cdot xH_2O$ 的酸性比相应的＋3 氧化值含氧酸强。H_3AsO_4 为中强酸，锑酸为弱酸，铋酸则不存在。

砷分族元素按 As→Sb→Bi 的顺序：＋3 氧化值化合物的还原性依次减弱；＋5 氧化值化合物的氧化性依次增强。

偏铋酸盐不论在酸性或碱性溶液中都有很强的氧化性，在酸性溶液中它能将 Mn^{2+} 氧化成 MnO_4^-，此反应常用于鉴定 Mn^{2+}：

$$5NaBiO_3(s) + 2Mn^{2+} + 14H^+ = 2MnO_4^- + 5Bi^{3+} + 7H_2O + 5Na^+$$

现将砷、锑、铋的氧化物及其水合物的性质变化规则总结见图 8-3。

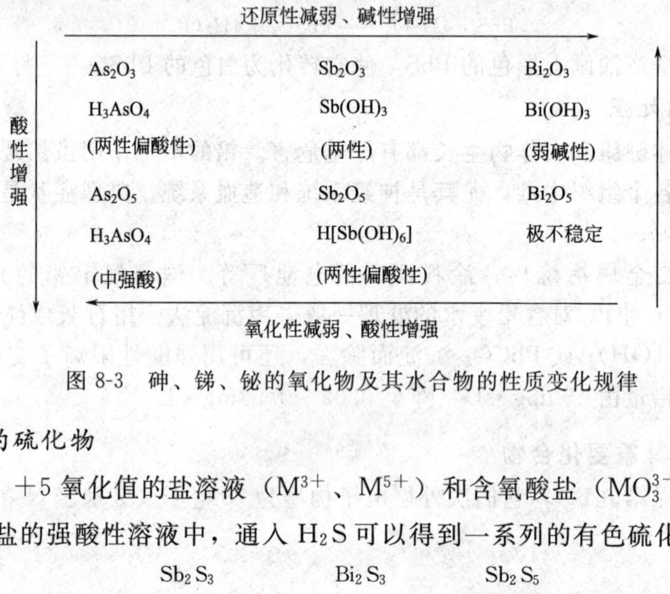

还原性减弱、碱性增强 →

酸性增强 ↓				碱性增强 ↑
	As_2O_3	Sb_2O_3	Bi_2O_3	
	H_3AsO_4	$Sb(OH)_3$	$Bi(OH)_3$	
	(两性偏酸性)	(两性)	(弱碱性)	
	As_2O_5	Sb_2O_5	Bi_2O_5	
	H_3AsO_4	$H[Sb(OH)_6]$	极不稳定	
	(中强酸)	(两性偏酸性)		

← 氧化性减弱、酸性增强

图 8-3 砷、锑、铋的氧化物及其水合物的性质变化规律

4. 锑、铋的硫化物

在锑的＋3、＋5 氧化值的盐溶液（M^{3+}、M^{5+}）和含氧酸盐（MO_3^{3-}、MO_4^{3-}）以及铋的＋3 氧化值的盐的强酸性溶液中，通入 H_2S 可以得到一系列的有色硫化物沉淀。

Sb_2S_3	Bi_2S_3	Sb_2S_5
橙红色	黑色	橙红色

Sb_2S_3 两性；Bi_2S_3 显碱性易溶于酸，Sb_2S_3 还可以溶于碱金属硫化物 Na_2S，也能溶于 $(NH_4)_2S$ 溶液中，生成相应的硫代亚酸盐，Sb_2S_5 的酸性更为显著，因此更易溶于碱或碱金属硫化物中，生成相应的锑酸盐。

第四节 铜银金锌镉汞

周期表中 ds 区元素包括ⅠB 族、ⅡB 族，d 区元素包括ⅢB～ⅧB 族，它们位于周期表的中部，处于主族金属元素（s 区）和主族非金属元素（p 区）之间，故称**过渡元素**。其中第六周期和第七周期的**镧系**和**锕系**，即 f 区元素，由于它们的电子层结构和性质有特殊之处，称为**内过渡元素**（本书不做讨论）。它们都是金属，也称**过渡金属**，大多在国民经济中具有重要意义。

一、过渡元素的通性

1. 原子的电子层结构和原子半径

过渡元素的价层电子构型为 $(n-1)d^{1\sim10}ns^{1\sim2}$。它们的共同特点是随着核电荷的增加，电子依次填充在次外层的 d 轨道上，它对核的屏蔽作用比外层电子的大，致使有效核电荷增加不多。故同周期元素原子半径从左到右只略有减小（只有ⅠB族、ⅡB族因为 d 轨道已经填满而略有增大），不如电子填充在最外层的主族元素减小的那样明显。

2. 氧化值

过渡元素有多种氧化值。由于过渡元素外层的 s 电子与次外层 d 电子的能级相近，因此除 s 电子外，d 电子也能部分或全部作为价电子参与成键，形成多种氧化值。不少过渡元素的氧化值成连续变化。例如，Mn 有+2、+3、+4、+6、+7 等。而主族元素的氧化值通常是跳跃式的变化。例如，Sn 有+2、+4；Cl 有+1、+3、+5、+7 等大多数过渡元素的最高氧化值等于它们所在族序数，这一点和主族元素相似。

3. 单质的物理性质

过渡元素的密度、硬度、熔点和沸点一般都比较高（ⅡB族元素除外）。例如，密度最大的金属是锇（$22.48g \cdot cm^{-3}$）；熔点最高的金属是钨（3370℃）；硬度最大的金属是铬(9)。这种现象与过渡元素的原子半径较小、晶体中除 s 电子外还有 d 电子参与成键等因素有关。因此过渡金属具有很多优良而独特的物理性质。

4. 单质的化学性质

过渡元素具有金属的一般化学性质，但彼此的活泼性差别很大。一般第四周期的性质比较活泼，第五、六周期的性质较不活泼。

5. 水合离子的颜色

过渡元素的水合离子往往具有颜色，其原因比较复杂。据研究，这种现象与许多金属离子具有未成对的 d 电子有关。其中 Cu^{+}、Ag^{+}、Zn^{2+}、Cd^{2+}、Hg^{2+} 等没有未成对的 d 电子，所以都是无色的。

6. 配位性

过渡元素的原子或离子一般都具有空轨道，因此能接受配位体的孤对电子而形成配键，因此它们的原子或离子都有形成配合物的倾向。

二、铜银金锌镉汞的通性

周期表中 ds 区元素包括铜族（ⅠB族）元素和锌族（ⅡB）元素，分别包括铜、银、金和锌、镉、汞，各三种元素。它们的价电子构型分别为 $(n-1)d^{10}ns^{1}$ 和 $(n-1)d^{10}ns^{2}$。虽然这些元素的最外层电子数分别与ⅠA和ⅡA族相同，但它们的性质却相差很大。由于它们的次外层的 d 亚层刚好排满 10 个电子，而最外电子层构型又和 s 区相同，所以称为ds 区。

铜族元素和锌族元素的次外层都是 18 电子结构，所以当它们分别形成与族序数相同氧化值的化合物时，相应的离子都是 18 电子构型。所以这两族的离子都具有强的极化力，这使它们的二元化合物一般都部分或完全地带有共价性。

ⅠB族元素的 d 轨道都是刚好填满 10 个电子，由于刚填满的 d 轨道的电子很不稳定，本族元素除能失去 1 个 s 电子形成+1 的氧化态外，还可以再失去 1 个或 2 个 d 电子形成+2、+3氧化态。ⅡB族元素的 d 轨道上的电子已趋于稳定。只能失去最外层的一对 s 电子，因而它们多表现+2氧化态。汞有+1氧化态，但这时它总是以双聚离子 $[Hg\text{-}Hg]^{2+}$ 形式存在，它的氧化值实际上还是+2。ds区元素与s区元素性质对比见表8-7。ds区元素的一些基本性质见表8-8。

表8-7　ds与s区元素性质对比

性　质	ⅠB	ⅡB	ⅠA	ⅡA
次外层电子数	18		8	
氧化值	+1、+2、+3	+2、+1	+1	+2
活泼性	小		大	
同族元素活泼性变化规律	从上到下活泼性减小		从上到下活泼性增大	
形成配合无能力	大		小	

表8-8　ds区元素的一些基本性质

性质	铜(Cu)	银(Ag)	金(Au)	锌(Zn)	镉(Cd)	汞(Hg)
原子序数	29	47	79	30	48	80
价层电子构型	$3d^{10}4s^1$	$4d^{10}5s^1$	$5d^{10}6s^1$	$3d^{10}4s^2$	$4d^{10}5s^2$	$5d^{10}6s^2$
氧化值	+1、+2	+1	+1、+3	+2	+2	+1、+2
共价半径/pm	117	134	134	125	148	149
离子(M^+)半径/pm	96	126	137	—	—	—
离子(M^{2+})半径/pm	72	—	—	74	97	110
沸点/℃	2582	2177	2707	907	763.3	357
熔点/℃	1083	960.5	1063	419.4	320.9	−38.89
电负性	1.9	1.9	2.4	1.6	1.7	1.9
第一电离能/$kJ\cdot mol^{-1}$	745.5	731.0	890.1	906.4	867.7	1007.0
第二电离能/$kJ\cdot mol^{-1}$	1957.9	2074	1980	1733.3	1631.4	1809.7
升华能/$kJ\cdot mol^{-1}$	340	285	385	131	112	62

三、铜银金锌镉汞单质

铜、银、金是电和热的良导体，其中银是金属中传导性最好的，铜次之。它们都是密度大、熔沸点较高、延展性好的金属。锌、镉、汞的熔沸点较低，汞是唯一在室温下呈液态的金属。汞与其他金属相比，具有较高的蒸气压。人体吸入汞蒸气会引起慢性中毒，使用汞时要特别小心，不要把它洒在地面上。万一不慎洒落时，应先小心把它收集起来，然后在地面上撒一些硫粉或氯化铁溶液。汞的另一个特性是能够与许多金属形成合金，叫汞齐。在光亮的铜片上滴一滴 Hg^{2+} 或 Hg_2^{2+} 试液（不含 HNO_3），放置片刻，铜片上即出现汞齐的斑点，用布擦之，即光亮如镜。该反应是鉴定 Hg^{2+} 或 Hg_2^{2+} 的特效反应，它不受其他阳离子的干扰。

ds区金属的化学性质见表8-9。

表8-9　ds区金属的化学性质

反应物	铜(Cu)	银(Ag)	金(Au)	锌(Zn)	镉(Cd)	汞(Hg)
O_2	+(加热)	—	—	+(加热)	+(加热)	+(加热)
HNO_3 或浓 H_2SO_4	+	+	—	+	+	+
HCl	—	—	—	+	+	—
NaOH	—	—	—	+	—	—

从表8-9可以看出：

① ⅡB族金属的活泼性比ⅠB族大，且每族元素都是从上到下活泼性降低。

$$Hg^{2+} + Cu = Cu^{2+} + Hg\downarrow$$

$$Hg_2^{2+} + Cu = Cu^{2+} + 2Hg\downarrow$$

② 室温下，ds 区金属在空气中应该是稳定的，但是铜与含有 CO_2 的潮湿空气接触，铜表面生成铜绿——碱式碳酸铜。

$$2Cu + O_2 + CO_2 + H_2O = Cu_2(OH)_2CO_3$$

银也能发生类似反应，当和含 H_2S 的空气接触时即逐渐变暗：

$$4Ag + 2H_2S + O_2 = 2Ag_2S + 2H_2O$$

③ 金与所有酸都不反应，但可溶于王水：

$$Au + 4HCl + HNO_3 = H[AuCl_4] + NO\uparrow + 2H_2O$$

④ 锌是 ds 区元素中唯一能与碱反应的金属：

$$Zn + 2H_2O + 2NaOH = Na_2[Zn(OH)_4] + H_2\uparrow$$

这是由于锌比较活泼，反应产物 $Na_2[Zn(OH)_4]$ 又可溶于水的缘故。

四、铜银金锌镉汞的重要化合物

1. 氧化物和氢氧化物

除金以外，该区元素各氧化物的性质见表 8-10。

表 8-10　ds 区元素氧化物的性质

性质	Cu_2O	CuO	Ag_2O	ZnO	CdO	HgO
颜色	红色	黑色	棕黑色	白色	棕色	黄或红色
热稳定性	稳定	800℃开始分解为 Cu_2O	300℃开始分解为 Ag	稳定	稳定	300℃开始分解为 Hg
酸碱性	碱性	碱性为主略显两性	碱性	两性	碱性	碱性

在 ds 区元素的盐溶液中加入碱，可得相应的氢氧化物，但 AgOH 和 $Hg(OH)_2$ 不稳定，立即分解为氧化物。

$$2Ag^+ + 2OH^- = Ag_2O\downarrow + H_2O$$

$$Hg^{2+} + 2OH^- = HgO\downarrow + H_2O$$

$Cu(OH)_2$ 呈淡蓝色，它受热脱水变成黑色的 CuO。

$$Cu(OH)_2 \xlongequal{800℃} CuO + H_2O$$

$Cu(OH)_2$ 略显两性，不但可以溶于酸，也溶于强碱溶液，而形成 $[Cu(OH)_4]^{2-}$：

$$Cu(OH)_2 + 2OH^- = [Cu(OH)_4]^{2-}$$

$[Cu(OH)_4]^{2-}$ 可被葡萄糖还原为鲜红色的 Cu_2O：

$$2[Cu(OH)_4]^{2-} + C_6H_{12}O_6 = Cu_2O + 2H_2O + C_6H_{12}O_7 + 4OH^-$$

医院里常用这个反应来检验尿糖含量。

$Zn(OH)_2$ 和 $Cd(OH)_2$ 皆为白色沉淀。前者是两性氢氧化物，既溶于酸，也溶于过量的碱（形成 $[Zn(OH)_4]^{2-}$）；而后者呈碱性，只溶于酸。但二者都溶于氨水中，形成配合物。

2. 铜盐

（1）硫酸铜　最常见的铜盐是五水硫酸铜 $CuSO_4 \cdot 5H_2O$，俗称胆矾，呈蓝色。$CuSO_4 \cdot 5H_2O$中 4 个水分子与铜离子配位，而第五个水分子则通过氢键同时与硫酸根和配位水分子相连。因此，$CuSO_4 \cdot 5H_2O$ 受热逐步脱水：

$$CuSO_4 \cdot 5H_2O \xrightarrow{102℃} CuSO_4 \cdot 3H_2O \xrightarrow{113℃} CuSO_4 \cdot H_2O \xrightarrow{258℃} CuSO_4$$

无水硫酸铜是白色粉末，有很强的吸水性，吸水后变成蓝色，所以常用它检验有机物中的微量水，也可用作干燥剂。

在 $CuSO_4$ 溶液中逐步加入氨水，先得到浅蓝色碱式硫酸铜沉淀，继续加入氨水，沉淀溶解，得深蓝色的铜氨配离子。

$$2CuSO_4+2NH_3\cdot H_2O = Cu_2(OH)_2SO_4\downarrow+(NH_4)_2SO_4$$

$$Cu_2(OH)_2SO_4+(NH_4)_2SO_4+6NH_3\cdot H_2O = 2[Cu(NH_3)_4]SO_4+8H_2O$$

Cu^{2+} 与过量氨水作用生成深蓝色 $[Cu(NH_3)_4]^{2+}$ 是鉴定 Cu^{2+} 的特效反应。但 Cu^{2+} 含量极微时，此法不宜检出。Cu^{2+} 在中性或酸性溶液中，能与 $K_4[Fe(CN)_6]$ 作用生成砖红色 $Cu_2[Fe(CN)_6]$ 沉淀：

$$2Cu^{2+}+[Fe(CN)_6]^{4-} = Cu_2[Fe(CN)_6]\downarrow$$

这个反应很灵敏，但 Fe^{3+}、Co^{2+} 的存在会有干扰。

硫酸铜有杀菌能力，用于蓄水池、游泳池中防止藻类生长。硫酸铜与石灰乳混合而成的“波尔多”液，可用于消灭植物的病虫害。

(2) Cu(Ⅰ) 和 Cu(Ⅱ) 之间的相互转化　从铜的电势图可以看出，Cu^+ 在水溶液中非常不稳定：

$$Cu^{2+}\xrightarrow{0.159}Cu^+\xrightarrow{0.52}Cu$$

由于 $E^\ominus_{右}>E^\ominus_{左}$，$Cu^+$ 易发生歧化反应而转变为 Cu^{2+} 和单质 Cu。反应的标准平衡常数很大，$K^\ominus=1.2\times10^6$，说明 Cu^+ 在水溶液中的歧化反应进行得很彻底。

若使 Cu(Ⅱ) 变为 Cu(Ⅰ)，必须有还原剂存在；同时 Cu^+ 必须以沉淀或配合物形式存在，以减小 Cu^+ 在溶液中的浓度。例如 $CuSO_4$ 溶液和浓盐酸及铜屑混合加热，可得 $[CuCl_2]^-$ 溶液：

$$Cu^{2+}+Cu+4Cl^- = 2[CuCl_2]^-$$

将制得的溶液稀释，可得白色的 CuCl 沉淀：

$$[CuCl_2]^-\xlongequal{稀释}CuCl(s)\downarrow+Cl^-$$

如果用其他还原剂代替 Cu，也可以得到 Cu^+ 化合物，例如：

$$2Cu^{2+}+2Cl^-+SO_2+2H_2O = 2CuCl\downarrow+SO_4^{2-}+4H^+$$

$$2Cu^{2+}+4I^- = 2CuI\downarrow+I_2$$

后一反应便是碘量法测定铜的依据所在。

3. 银的氧化物及银盐

银通常形成氧化数为+1 的化合物，除 $AgNO_3$、AgF、$AgClO_4$ 能溶于水，Ag_2SO_4 微溶外，其他大多难溶于水。这是银盐的一个重要特点。

(1) 氧化银 (Ag_2O) 向可溶性银盐溶液中加入强碱，得到棕黑色 Ag_2O 沉淀：

$$2Ag^++2OH^- = Ag_2O+H_2O$$

这个反应可以认为先生成极不稳定的 AgOH，常温下它立即脱水生成 Ag_2O。

Ag_2O 受热不稳定，加热至 300℃即完全分解为 Ag 和 O_2。此外 Ag_2O 具有较强的氧化性，与有机物摩擦可引起燃烧，能氧化 CO、H_2O_2，本身被还原为单质银。

Ag_2O 可溶于硝酸，也可溶于氰化钠或氨水溶液中：

$$Ag_2O+4CN^-+H_2O = 2[Ag(CN)_2]^-+2OH^-$$

$$Ag_2O+4NH_3+H_2O = 2[Ag(NH_3)_2]^++2OH^-$$

$[Ag(NH_3)_2]^+$ 溶液在放置过程中，会分解为黑色的易爆物 AgN_3。因此，该溶液不宜久置，而且，凡是接触过 $[Ag(NH_3)_2]^+$ 的器皿、用具，用后必须立即清洗干净，以免潜伏隐患。

(2) 硝酸银　硝酸银是重要的可溶性银盐，可由单质与硝酸作用制得。

$$Ag+2HNO_3(浓)=\!=\!=AgNO_3+NO_2\uparrow+H_2O$$

$$3Ag+4HNO_3(稀)=\!=\!=3AgNO_3+NO\uparrow+2H_2O$$

固体硝酸银受热分解：

$$2AgNO_3=\!=\!=2Ag+2NO_2\uparrow+O_2\uparrow$$

如若见光 $AgNO_3$ 也会按上式分解，故应将其保存在棕色玻璃瓶中。

$AgNO_3$ 具有氧化性，在水溶液中可被 Cu、Zn 等金属还原为单质。遇微量有机物也即刻被还原为单质。皮肤或工作服上沾上 $AgNO_3$ 逐渐变成紫黑色。它有一定的杀菌能力，对人体有腐蚀作用。

$AgNO_3$ 主要用于制造照相底片的卤化银，同时它也是一种重要的分析试剂。10%的 $AgNO_3$ 溶液在医疗上作消毒剂和腐蚀剂。$AgNO_3$ 还用于电镀、制镜、印刷、电子等行业。

(3) 卤化银　在硝酸银溶液中加入卤化物，可生成相应的卤化银沉淀。它们的颜色从 AgCl、AgBr 到 AgI 依次为白色、浅黄色、黄色，溶解度则依次降低。这是由于阴离子按 Cl^-、Br^-、I^- 的顺序变形性增大，使 Ag^+ 与它们之间的极化作用依次增强的缘故。AgF 易溶于水。

卤化银中一个典型的性质是光敏性较强，在光照下分解：

$$2AgX\xlongequal{日光}2Ag+X_2$$

从 AgF 到 AgI 稳定性减弱，分解的趋势增大，因此在制备 AgBr 和 AgI 时要在暗室内进行。基于卤化银的感光性，可用它作为照相底片上的感光物质，也可将感光变色的卤化银加进玻璃，以制造变色眼镜。

(4) 配合物　Ag^+ 易与 NH_3、$S_2O_3^{2-}$、CN^- 等配体形成配位数为 2 的稳定配合物。许多难溶的银盐都是借助于形成配合物而溶解，但若向银的配合物溶液中加入适当的沉淀剂，又会有银的沉淀析出。根据 Ag^+ 难溶盐溶解度的不同和配离子稳定性的差异，沉淀的生成和溶解以及配离子的形成和离解，可以在一定条件下相互转化。

在定性分析中，Ag^+ 的鉴定可利用 Ag^+ 与盐酸反应生成白色凝乳状沉淀，沉淀不溶于硝酸，但溶于氨水中：

$$AgCl+2NH_3\cdot H_2O=\!=\!=[Ag(NH_3)_2]^++Cl^-+2H_2O$$

银的配合物在实际生产、生活中有较广泛的用途。例如用于电镀、照相、制镜等方面。制造热水瓶时，瓶胆上镀银就是利用银氨配离子与甲醛或葡萄糖的反应：

$$2[Ag(NH_3)_2]^++RCHO+2OH^-=\!=\!=2Ag+RCOONH_4+3NH_3+H_2O$$

这个反应称为银镜反应。

4. 锌盐

锌的化合物很多，主要形成氧化态为＋2 的化合物。多数锌盐带有结晶水，形成配合物的倾向也很大。

(1) 氯化物　氯化锌（$ZnCl_2\cdot H_2O$）是重要的锌盐，极易溶于水。其水溶液因 Zn^{2+} 水解呈酸性：

$$Zn^{2+}+H_2O=\!=\!=[Zn(OH)]^++H^+$$

因此水合氯化锌固体在加热时不能得到无水盐，而是形成碱式盐：

$$ZnCl_2\cdot H_2O\xlongequal{\triangle}Zn(OH)Cl+HCl\uparrow$$

要得到无水盐必须在氯化氢气氛下加热。

在浓的 $ZnCl_2$ 溶液中，由于形成配合酸，溶液呈显著酸性：

$$ZnCl_2 + H_2O = H[ZnCl_2(OH)]$$

该溶液能溶解金属氧化物。例如：

$$FeO + 2H[ZnCl_2(OH)] = Fe[ZnCl_2(OH)]_2 + H_2O$$

因 $ZnCl_2$ 能清除金属表面的氧化物，可用作“焊药”。

$ZnCl_2$ 主要用作有机合成工业的脱水剂、缩合剂和催化剂，以及染料工业的媒染剂，也用作石油净化剂和活性炭活化剂。此外 $ZnCl_2$ 还用于干电池、电镀、医药、木材防腐和农药等方面。

(2) 硫化物　在 Zn^{2+} 的溶液中通入 H_2S 时，都会有硫化物从溶液中析出：

$$Zn^{2+} + H_2S = 2H^+ + ZnS\downarrow(白色)$$

ZnS 中加入微量的 Cu、Mn、Ag 等离子做活化剂，光照后可发出多种颜色的荧光，这种材料称为荧光粉，可用于制作荧光屏、夜光表。

硫酸锌也是一种重要的硫化物，在 $ZnSO_4 \cdot 7H_2O$ 的溶液中加入硫化钡时生成 ZnS 和 $BaSO_4$ 的混合沉淀物，此沉淀叫锌钡白（俗称立德粉）：

$$Zn^{2+} + SO_4^{2-} + Ba^{2+} + S^{2-} = ZnS\downarrow + BaSO_4\downarrow$$

锌钡白无毒性，在空气中比较稳定，是一种优良的白色染料，广泛用于涂料和油墨中。

5. 汞盐

汞和锌、镉不同，有氧化态+1和+2两类化合物，前者常称为亚汞化合物，如氯化亚汞 Hg_2Cl_2、硝酸亚汞 $Hg_2(NO_3)_2$ 等。经 X 射线衍射实验证实氯化亚汞的分子式为 Cl—Hg—Hg—Cl，故分子式不是 HgCl，而是 Hg_2Cl_2。亚汞离子不是 Hg^+，而是 Hg_2^{2+}。绝大多数的亚汞化合物难溶于水，Hg（Ⅱ）的化合物中难溶于水的也较多，易溶于水的汞的化合物都是有毒的。

(1) 氯化汞、氯化亚汞　氯化汞 $HgCl_2$ 是白色针状结晶或颗粒粉末。熔点低，易升华，俗称升汞。有剧毒，内服 0.2～0.4g 就能致命。但少量使用，有消毒作用。

氯化汞是在过量的氯气中加热金属汞而制得：

$$Hg + Cl_2 \xlongequal{\triangle} HgCl_2$$

在 $HgCl_2$ 中加入氨水，得白色的氯化氨基汞沉淀：

$$HgCl_2 + 2NH_3 = Hg(NH_2)Cl\downarrow(白色) + NH_4Cl$$

在酸性溶液中，$HgCl_2$ 是较强的氧化剂，与适量 $SnCl_2$ 作用，$HgCl_2$ 被还原为白色的 Hg_2Cl_2；$SnCl_2$ 过量时则析出黑色的金属汞：

$$2HgCl_2 + Sn^{2+} + 4Cl^- = [SnCl_6]^{2-} + Hg_2Cl_2\downarrow(白色)$$

$$Hg_2Cl_2 + Sn^{2+} + 4Cl^- = [SnCl_6]^{2-} + 2Hg\downarrow(黑色)$$

化学分析中利用上述反应鉴定 Hg（Ⅱ）和 Sn（Ⅱ）。

$HgCl_2$ 主要用作有机合成的催化剂，外科上用作消毒剂。此外，如干电池、染料、农药等也有应用。

氯化亚汞 Hg_2Cl_2 为直线形分子 Cl—Hg—Hg—Cl，是不溶于水的白色粉末，无毒，因略有甜味，俗称甘汞。Hg_2Cl_2 见光分解，故应保存在棕色瓶中。

$$Hg_2Cl_2 = HgCl_2 + Hg$$

Hg_2Cl_2 与氨水反应，即歧化为氯化氨基汞和汞：

$$Hg_2Cl_2+2NH_3 \xlongequal{} Hg(NH_2)Cl\downarrow+Hg\downarrow+NH_4Cl$$

白色的氯化氨基汞和黑色的汞混合在一起，使沉淀呈灰黑色，这个反应可用来鉴定Hg（Ⅰ）。

Hg_2Cl_2 在化学上常用作制作甘汞电极，在医药上曾用作轻泻剂。

(2) 硝酸汞、硝酸亚汞　硝酸汞 $Hg(NO_3)_2$ 和硝酸亚汞 $Hg_2(NO_3)_2$ 都易溶于水，并水解成碱式盐，所以配制溶液时，应将它们溶于硝酸中。汞离子不易和 NH_3 形成配合物，而是形成氨基盐沉淀：

$$2Hg(NO_3)_2+4NH_3+H_2O \xlongequal{} HgO\cdot NH_2HgNO_3\downarrow(\text{白色})+3NH_4NO_3$$

$$2Hg_2(NO_3)_2+4NH_3+H_2O \xlongequal{} HgO\cdot NH_2HgNO_3\downarrow(\text{白色})+3NH_4NO_3+2Hg\downarrow$$

在硝酸亚汞溶液中加入氨水，不仅有白色沉淀产生，同时有黑色汞析出，因此整个沉淀呈灰黑色。

向 Hg^{2+}、Hg_2^{2+} 的溶液中分别加入适量的 Br^-、CN^-、SCN^-、$S_2O_3^{2-}$、S^{2-} 时，分别生成难溶于水的汞盐和亚汞盐。若再加入上述离子时，难溶的汞盐因生成配离子而溶解，难溶的亚汞盐则发生歧化反应产生 Hg(Ⅱ) 的配离子及黑色的单质汞。例如，在 $Hg(NO_3)_2$ 及 $Hg_2(NO_3)_2$ 溶液中加入 KI 时发生如下反应：

$$Hg^{2+}+2I^- \xlongequal{} HgI_2\downarrow(\text{橘红色})$$

$$HgI_2+2I^- \xlongequal{} [HgI_4]^{2-}(\text{无色})$$

$$Hg_2^{2+}+2I^- \xlongequal{} Hg_2I_2\downarrow(\text{绿色})$$

$$Hg_2I_2+2I^- \xlongequal{} [HgI_4]^{2-}+Hg\downarrow(\text{黑色})$$

硝酸汞是常用的化学试剂，也是制备其他含汞化合物的主要原料。

(3) 硫化汞　向 Hg_2^{2+} 及 Hg^{2+} 的溶液中通入 H_2S，均能产生黑色的 HgS 沉淀。虽然在 $HgCl_2$ 溶液中 Hg^{2+} 的浓度很小，但由于 HgS 非常难溶，故仍能有 HgS 析出：

$$HgCl_2+H_2S \xlongequal{} HgS\downarrow(\text{黑色})+2H^++2Cl^-$$

在金属硫化物中，HgS 的溶解度最小，其他的酸不能将其溶解，而它易溶于王水：

$$3HgS+12Cl^-+2NO_3^-+8H^+ \xlongequal{} 3[HgCl_4]^{2-}+3S\downarrow+2NO\uparrow+4H_2O$$

这一反应由于有 S 及 $[HgCl_4]^{2-}$ 生成，有效降低了 S^{2-} 和 Hg^{2+} 浓度，导致了 HgS 的溶解。可见，HgS 溶解是借助于氧化还原反应和配位反应共同作用的结果。

HgS 也溶于过量的 Na_2S 溶液中生成配离子：

$$HgS+S^{2-} \xlongequal{} [HgS_2]^{2-}$$

(4) 汞的配合物　无论是 Hg_2Cl_2 还是 $Hg_2(NO_3)_2$，都不会形成 Hg_2^{2+} 的配离子，而 Hg（Ⅱ）却能形成多种配合物，如 Hg（Ⅱ）与卤素离子、CN^-、SCN^- 等离子可形成一系列配离子，其配位数为 4 的居多。

Hg^{2+} 与卤素离子形成配离子的倾向，依 Cl^-、Br^-、I^- 顺序增强。

Hg^{2+} 与过量 KI 作用最后生成无色的四碘合汞（Ⅱ）配离子 $[HgI_4]^{2-}$，其碱性溶液称为**奈斯勒（Nessler）试剂**。如果溶液中有微量 NH_4^+ 的存在，滴加该试剂，会立即生成红棕色沉淀：

$$2[HgI_4]^{2-}+4OH^-+NH_4^+ \xlongequal{} \left[\begin{matrix} & Hg & \\ O & & NH_2 \\ & Hg & \end{matrix}\right]I\downarrow(\text{红棕色})+7I^-+3H_2O$$

这个反应常用来鉴定 NH_4^+ 的存在。

(5) Hg（Ⅰ）与 Hg（Ⅱ）的转化　汞元素的电势图为

$$Hg^{2+}\xrightarrow{0.92}Hg_2^{2+}\xrightarrow{0.79}Hg$$

由于，$E^{\ominus}(Hg_2^{2+}/Hg) < E^{\ominus}(Hg^{2+}/Hg_2^{2+})$，所以 Hg_2^{2+} 不会发生歧化反应，相反却可以发生逆歧化反应：

$$Hg + Hg^{2+} \longrightarrow Hg_2^{2+}$$

该反应的平衡常数 $K^{\ominus} = \frac{[Hg_2^{2+}]}{[Hg^{2+}]} = 166$。因此，通常情况下，$Hg_2^{2+}$ 在水溶液中是稳定的，只有当溶液中 Hg^{2+} 浓度大大减小时（如生成沉淀或配合物），Hg_2^{2+} 才会发生歧化反应。例如将 $Hg(NO_3)_2$ 与 Hg 一起振荡时，就生成 $Hg_2(NO_3)_2$：

$$Hg(NO_3)_2 + Hg \longrightarrow Hg_2(NO_3)_2$$

而在溶液中加入 OH^-、NH_3、I^- 或 S^{2-} 时，因它们都能有效地降低 Hg^{2+} 的浓度，则发生歧化反应。例如：

$$Hg_2^{2+} + 2OH^- \longrightarrow Hg\downarrow + HgO\downarrow + H_2O$$

$$Hg_2(NO_3)_2 + 2NH_3 \longrightarrow Hg\downarrow + Hg(NH_2)NO_3\downarrow + NH_4NO_3$$

$$Hg_2^{2+} + 4I^- \longrightarrow Hg\downarrow + [HgI_4]^{2-}$$

$$Hg_2^{2+} + S^{2-} \longrightarrow Hg\downarrow + HgS\downarrow$$

第五节　铬锰铁钴镍

一、铬及其化合物

1. 铬

铬是周期表ⅥB 族第一种元素，在地壳中丰度位居 21 位，主要矿物是铬铁矿，组成为 $FeO \cdot Cr_2O_3$，在我国主要分布在西北地区的青海、甘肃和宁夏等地。

铬具有银白色光泽，是最硬的金属，主要用于电镀和冶炼合金钢。铬是人体必需的微量元素，但铬（Ⅵ）化合物有毒。铬具有和铝一样的钝化现象。

铬原子的价层电子构型是 $3d^5 4s^1$，能形成多种氧化态的化合物，如＋1、＋2、＋3、＋4、＋5、＋6，其中以＋3、＋6 两类化合物最为常见和重要。

铬的电势图为：

$$E_A^{\ominus}/V \qquad Cr_2O_7^{2-} \xrightarrow{1.33} Cr^{3+} \xrightarrow{-0.41} Cr^{2+} \xrightarrow{-0.91} Cr \quad (Cr^{3+} \xrightarrow{-0.74} Cr)$$

$$E_B^{\ominus}/V \qquad CrO_4^{2-} \xrightarrow{-0.12} Cr(OH)_3 \xrightarrow{-1.1} Cr(OH)_2 \xrightarrow{-1.4} Cr \quad (Cr(OH)_3 \xrightarrow{-1.3} Cr)$$

由此可见，在酸性介质中，氧化值为＋6 的铬（$Cr_2O_7^{2-}$）具有较强的氧化性，被还原为 Cr^{3+}，而 Cr^{2+} 具有较强还原性，可被氧化为 Cr^{3+}，因此在酸性介质中 Cr^{3+} 很稳定，不易被氧化，也不易被还原，在碱性介质中，Cr^{3+} 却很容易被氧化为 CrO_4^{2-}，而氧化值为＋6 的铬（CrO_4^{2-}）氧化性很弱。

2. 铬（Ⅲ）的化合物

(1) 氧化物和氢氧化物　铬（Ⅲ）的氧化物——三氧化二铬（Cr_2O_3）是难熔化的化合物之一，熔点是 2275℃，微溶于水，溶于酸。灼烧过的 Cr_2O_3 既不溶于水，也不溶于酸。在高温下它可与焦硫酸钾分解放出的 SO_3 作用，形成可溶性的硫酸铬：

$$Cr_2O_3 + 3K_2S_2O_7 \xlongequal{共融} Cr_2(SO_4)_3 + 3K_2SO_4$$

Cr_2O_3 是具有特殊稳定性的绿色物质，它被用作颜料（铬绿）。近年来也有用它作有机合成的催化剂。它是制取其他铬化合物的原料之一。

铬（Ⅲ）的氢氧化物——$Cr(OH)_3$，是用适量的碱作用于铬盐溶液（pH 约为 5.3）而生成的灰蓝色沉淀：

$$Cr^{3+} + 3OH^- \xlongequal{} Cr(OH)_3$$

Cr $(OH)_3$ 是两性氢氧化物。它溶于酸，生成绿色或紫色的水合铬离子（由于 Cr^{3+} 的水合作用随条件，如温度、浓度、酸度等而改变，故其颜色也有所不同）。

从溶液中结晶出来的铬盐大都为紫色晶体。$Cr(OH)_3$ 与强碱作用生成绿色的配离子 $[Cr(OH)_4]^-$ 或 $[Cr(OH)_6]^{3-}$：

$$Cr(OH)_3 + OH^- \xlongequal{} [Cr(OH)_4]^-$$

由于 $Cr(OH)_3$ 的酸性和碱性都很弱，因此铬（Ⅲ）盐和四羟基合铬（Ⅲ）酸盐（或亚铬酸盐）在水中容易水解。

(2) 铬（Ⅲ）盐　铬钾矾 $KCr(SO_4)_2 \cdot 12H_2O$ 是以 SO_2 还原重铬酸钾溶液而制得的蓝紫色晶体：

$$K_2Cr_2O_7 + H_2SO_4 + 3SO_2 \xlongequal{} 2KCr(SO_4)_2 + H_2O$$

它应用于鞣革工业和纺织工业。

自然界中存在的铬（Ⅲ）盐有铬铁矿 $Fe(CrO_2)_2$。把铬铁矿和碳酸钠在空气中煅烧可得铬酸盐，工业上把这种方法叫碱熔法：

$$4Fe(CrO_2)_2 + 8Na_2CO_3 + 7O_2 \xlongequal{} 8Na_2CrO_4 + 2Fe_2O_3 + 8CO_2$$

在所得的熔体中，用水可以把铬酸盐浸取出来。

在水溶液中把铬（Ⅲ）氧化为铬（Ⅵ）的化合物，其难易程度随溶液的酸碱性不同而不同。在碱性介质中铬（Ⅲ）比较容易被氧化。相反，在酸性介质中就困难得多。这可从它们的电极电势看出：

$$CrO_4^{2-} + 2H_2O + 3e^- \xlongequal{} CrO_2^- + 4OH^- \qquad E^{\ominus} = -0.12V$$

$$Cr_2O_7^{2-} + 14H^+ + 6e^- \xlongequal{} 2Cr^{3+} + 7H_2O \qquad E^{\ominus} = 1.33V$$

在碱性介质中，Cr^{3+} 可被稀释的 H_2O_2 溶液氧化，溶液由绿色变为黄色：

$$\underset{(绿色)}{2[Cr(OH)_4]^-} + 2OH^- + 3H_2O_2 \xlongequal{} \underset{(黄色)}{2CrO_4^{2-}} + 8H_2O$$

这一反应，常被用来鉴定 Cr^{3+}。

在酸性介质中，用强氧化剂如过硫酸钾 $K_2S_2O_8$，才能使 Cr^{3+} 被氧化：

$$2Cr^{3+} + 3S_2O_8^{2-} + 7H_2O \xlongequal{\triangle} Cr_2O_7^{2-} + 6SO_4^{2-} + 14H^+$$

3. 铬（Ⅵ）的化合物

(1) 氧化物和含氧酸　浓 H_2SO_4 作用于饱和的 $K_2Cr_2O_7$ 溶液，可析出的氧化物——三氧化铬（CrO_3）：

$$K_2Cr_2O_7 + H_2SO_4 \xlongequal{} 2CrO_3\downarrow + K_2SO_4 + H_2O$$

三氧化铬是暗红色针状晶体，极易从空气中吸收水分，并且易溶于水，形成铬酸。

CrO_3 在受热超过熔点（196℃）时，就分解放出氧而变为 Cr_2O_3。CrO_3 是较强的氧化剂，一些有机物质如酒精等与它接触时即着火，同时 CrO_3 被还原为 Cr_2O_3。CrO_3 是电镀的重要原料。

CrO_3 与水作用生成铬酸 H_2CrO_4 和重铬酸 $H_2Cr_2O_7$，二者都是强酸，但 $H_2Cr_2O_7$ 比 H_2CrO_4 的酸性还强些。$H_2Cr_2O_7$ 的第一级电离是完全的。

（2）铬（Ⅵ）盐　铬（Ⅵ）最重要的化合物是钠和钾的铬酸盐和重铬酸盐。铬酸钠 Na_2CrO_4 和铬酸钾 K_2CrO_4 都是黄色晶体，这两种铬酸盐的水溶液都显碱性；重铬酸钠 $Na_2Cr_2O_7$ 和重铬酸钾 $K_2Cr_2O_7$ 都是橙红色晶体，它们的水溶液均显酸性。重铬酸钠和重铬酸钾的俗名分别为红矾钠和红矾钾，在鞣革、电镀等工业广泛应用。由于 $K_2Cr_2O_7$ 无吸潮性，它还可以作为化学分析的基准试剂。

可溶性的铬酸盐和重铬酸盐溶液中，都存在着 CrO_4^{2-} 和 $Cr_2O_7^{2-}$ 之间的平衡：

$$\underset{\text{（黄色）}}{2CrO_4^{2-}} + 2H^+ \rightleftharpoons 2HCrO_4^- \rightleftharpoons \underset{\text{（橙红色）}}{Cr_2O_7^{2-}} + H_2O$$

从以上平衡可知，加酸可以使平衡右移，故在酸性条件下，主要以 $Cr_2O_7^{2-}$ 存在，溶液呈橙红色。在碱性条件下，主要以 CrO_4^{2-} 存在，溶液呈黄色。

由于上述平衡的存在，在 $K_2Cr_2O_7$ 溶液中加入 Ba^{2+}、Pb^{2+}、Ag^+，得到是相应的铬酸盐沉淀，因为这些离子的铬酸盐的溶度积小，而重铬酸盐是可溶的。

$$Cr_2O_7^{2-} + 2Ba^{2+} + H_2O \xlongequal{} 2H^+ + 2BaCrO_4\downarrow\text{（黄色）}$$

$$Cr_2O_7^{2-} + 2Pb^{2+} + H_2O \xlongequal{} 2H^+ + 2PbCrO_4\downarrow\text{（黄色）}$$

$$Cr_2O_7^{2-} + 4Ag^+ + H_2O \xlongequal{} 2H^+ + 2Ag_2CrO_4\downarrow\text{（红色）}$$

所生成的有色沉淀，在定性分析上用来鉴定 CrO_4^{2-} 或 $Cr_2O_7^{2-}$，也可用于鉴定 Pb^{2+}、Ag^+ 和 Ba^{2+}。

在酸性溶液中，$Cr_2O_7^{2-}$ 和 H_2O_2 反应生成蓝色的过氧化铬 CrO_5 溶液：

$$Cr_2O_7^{2-} + 4H_2O_2 + 2H^+ \xlongequal{} 2CrO_5 + 5H_2O$$

这也是鉴定 $Cr_2O_7^{2-}$ 的反应。

由铬的电势图也可知，在碱性溶液中 CrO_4^{2-} 稳定，在酸性溶液中 $Cr_2O_7^{2-}$ 是强氧化剂。例如，后者能氧化 Fe^{2+} 而本身被还原为 Cr^{3+}，在定量分析中常利用此反应来鉴定铁。

$$K_2Cr_2O_7 + 6FeSO_4 + 7H_2SO_4 \xlongequal{} 3Fe_2(SO_4)_3 + Cr_2(SO_4)_3 + K_2SO_4 + 7H_2O$$

饱和 $K_2Cr_2O_7$ 溶液和浓 H_2SO_4 的混合物叫铬酸洗液，它有强氧化性，在实验室中用于洗涤玻璃器皿。

二、锰及其化合物

1. 锰化合物关联图

锰原子的价电子层结构是 $3d^54s^2$，能呈现 +2、+3、+4、+6、+7 等氧化态。其中以 +2、+4、+6、+7 氧化态的化合物最常见，也最重要。这些氧化态的化合物间的相互转化关系可以用关联图表示，见图 8-4（仅供参考，

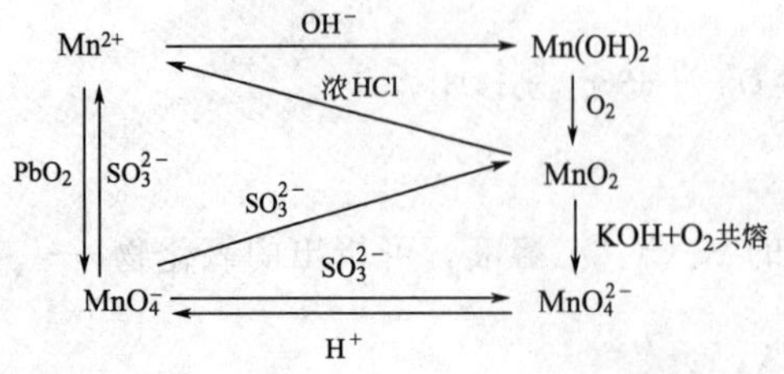

图 8-4　锰元素各化合物关联转化图

一种转化可能有多种方法)。

2. 锰的电势图

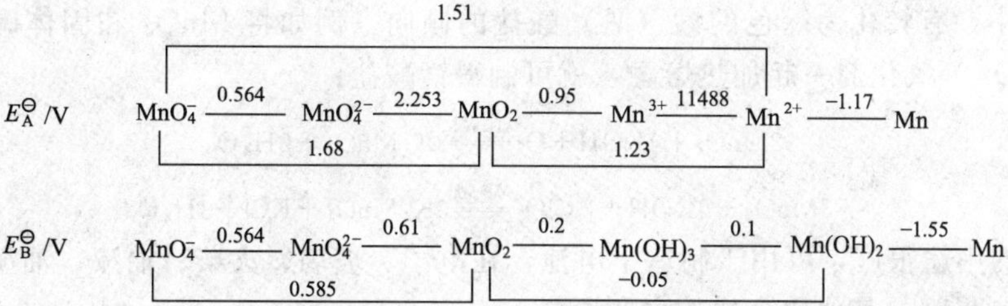

由锰的电势图可知，在酸性溶液中 Mn^{2+} 较稳定，不易被氧化，也不易被还原。Mn^{3+} 和 MnO_4^{2-} 均易发生歧化反应。MnO_4^{2-} 和 MnO_2 有强氧化性。在碱性溶液中，$Mn(OH)_2$ 不稳定，易被空气中的氧气氧化为 MnO_2。MnO_4^{2-} 也能发生歧化反应，但反应不如在酸性溶液中进行得完全。

3. 锰（Ⅱ）化合物

(1) 氧化物和氢氧化物　一氧化锰 MnO 是绿色粉末，在空气中易被氧化。MnO 溶于酸后得到相应的锰（Ⅱ）盐。

Mn^{2+} 与碱溶液作用，生成白色的氢氧化物 $Mn(OH)_2$ 沉淀：

$$Mn^{2+} + 2OH^- = Mn(OH)_2 \downarrow$$

由锰的电势图可知，$Mn(OH)_2$ 还原性较强，极易被氧化，故不能稳定存在于空气中，白色的 $Mn(OH)_2$ 很快变成棕色的水合二氧化锰，甚至溶解在水中的少量氧也能将其氧化：

$$2Mn(OH)_2 + O_2 = 2MnO(OH)_2$$

这个反应在水质分析中用于测定水中的溶解氧。

(2) 锰（Ⅱ）盐　很多锰（Ⅱ）盐是易溶于水的。从溶液中结晶出来的锰盐是带有结晶水的粉红色晶体。例如 $MnCl_2 \cdot 4H_2O$、$MnSO_4 \cdot 7H_2O$、$Mn(NO_3)_2 \cdot 6H_2O$、$Mn(ClO_4)_2 \cdot 6H_2O$等。

由锰的电势图可见，Mn^{2+} 在酸性溶液中稳定，只有很强的氧化剂，例如 PbO_2、$NaBiO_3$、$(NH_4)_2S_2O_8$ 等才可把它氧化成 MnO_4^-：

$$2Mn^{2+} + 5NaBiO_3 + 14H^+ = 5Na^+ + 5Bi^{3+} + 2MnO_4^- + 7H_2O$$

$$2Mn^{2+} + 5S_2O_8^{2-} + 8H_2O = 10SO_4^{2-} + 2MnO_4^- + 16H^+$$

由于 MnO_4^- 具有很深的颜色，所以以上反应常用来鉴定 Mn^{2+}。

锰（Ⅱ）的不溶盐有 $MnCO_3$、MnS 等，$MnCO_3$ 是白色粉末，可以用作白色颜料（锰白）。$(NH_4)_2S$ 溶液与锰（Ⅱ）盐溶液相作用，生成无定形的肉色硫化锰沉淀。MnS 的溶度积较大（$K^{\ominus}_{sp} = 2.5 \times 10^{-13}$），像乙酸这样的弱酸也可以使它溶解，因此 MnS 很难从酸性溶液中沉淀出来。

在可溶性锰（Ⅱ）盐中以硫酸锰最为稳定，是常用的化工原料。它可用于造纸、陶瓷、印染、电解锰和二氧化锰的生产中。还可作为动植物生长激素的成分，用于农业和畜牧业。

4. 锰（Ⅳ）化合物

锰（Ⅳ）化合物中最为重要的氧化物是二氧化锰 MnO_2，在一般情况下，它是极稳定的黑色粉末。在酸性溶液中 MnO_2 具有较强的氧化能力，与还原剂作用，被还原为 Mn^{2+}。能与浓盐酸反应，产生氯气；与硫酸反应，产生氧气：

$$MnO_2 + 4HCl \xlongequal{\triangle} MnCl_2 + Cl_2 \uparrow + 2H_2O$$

$$2MnO_2 + 2H_2SO_4 \xlongequal{\triangle} 2MnSO_4 + O_2 + 2H_2O$$

MnO_2 中锰的氧化值处在中间，它既可以被还原为锰（Ⅱ），也可以被氧化为锰（Ⅵ），在碱性介质中，有转化为绿色的锰（Ⅵ）酸盐的倾向。例如将 MnO_2 和固体碱混合在空气中或与 $KClO_3$ 等氧化剂一起加热熔融，就可制得锰酸盐：

$$2MnO_2 + 4KOH + O_2 \xlongequal{熔融} 2K_2MnO_4 + 2H_2O$$

$$3MnO_2 + 6KOH + KClO_3 \xlongequal{熔融} 3K_2MnO_4 + KCl + 3H_2O$$

MnO_2 的用途很广，可用于制造干电池，在电子、玻璃、火柴、油漆、油墨等工业都有应用，也是制得锰的其他化合物的主要原料。

锰（Ⅳ）盐是极不稳定的，但它的配合物如 $K_2[MnCl_6]$ 则较稳定。

5. 锰（Ⅵ）和锰（Ⅶ）化合物

在锰（Ⅵ）的化合物中，比较稳定的是锰酸盐，如锰酸钾 K_2MnO_4。它由 MnO_2 和 KOH 混合，在空气中加热至 250℃共熔，或用 $KClO_3$、KNO_3 等氧化剂代替空气中的氧，可得到绿色的锰酸钾。

绿色的锰酸根（MnO_4^{2-}）仅存在于强碱性溶液中（pH＝13.5），在酸性、中性或弱碱性溶液中均会发生歧化反应而变成紫色的 MnO_4^- 和黑色的 MnO_2 沉淀。只有在酸性溶液中歧化分解反应的趋势及速率更大些：

$$3MnO_4^{2-} + 4H^+ \xlongequal{} 2MnO_4^- + MnO_2\downarrow + 2H_2O$$

$$3MnO_4^{2-} + 2H_2O \xlongequal{} 2MnO_4^- + MnO_2\downarrow + 4OH^-$$

锰酸盐在酸性溶液中具有强氧化性，但由于它的不稳定性，所以不用它作氧化剂。在锰酸盐溶液中加入氧化剂（Cl_2 等）或采用电解氧化的方法，锰酸盐则转变为高锰酸盐：

$$2K_2MnO_4 + Cl_2 \xlongequal{} 2KMnO_4 + 2KCl$$

$$2K_2MnO_4 + 2H_2O \xlongequal{} 2KMnO_4 + 2KOH + H_2\uparrow$$

因此，锰酸盐是制备高锰酸盐的中间产物。

锰（Ⅶ）化合物中，最为重要的是高锰酸钾 $KMnO_4$（俗称灰锰氧），为紫黑色晶体，有金属光泽。其热稳定性差，将固体加热到 200℃以上，会分解放出氧气，这是实验室制取氧气的方法之一：

$$2KMnO_4 \xlongequal{\triangle} K_2MnO_4 + MnO_2 + O_2\uparrow$$

$KMnO_4$ 易溶于水，其水溶液也不稳定。在酸性溶液中会缓慢分解，析出棕色的二氧化锰，并有氧气放出：

$$4MnO_4^- + 4H^+ \xlongequal{} 4MnO_2\downarrow + 2H_2O + 3O_2\uparrow$$

在中性或弱碱性溶液中 MnO_4^- 也会分解，只是这种分解速率更为缓慢。光线对分解起催化作用，所以配制好的 $KMnO_4$ 溶液必须保存在棕色试剂瓶中。

$KMnO_4$ 是强氧化剂，溶液介质的酸碱性不仅影响 $KMnO_4$ 的氧化能力，也影响它的还原产物。在酸性介质、弱碱性或中性介质、强碱性介质中，其还原产物依次是 Mn^{2+}、MnO_2 或 MnO_4^{2-}。例如，$KMnO_4$ 与 K_2SO_3 反应：

$$2KMnO_4 + 5K_2SO_3 + 3H_2SO_4 \xlongequal{} 2MnSO_4 + 6K_2SO_4 + 3H_2O（酸性介质）$$

$$2KMnO_4 + 3K_2SO_3 + H_2O \xlongequal{} 2MnO_2\downarrow + 3K_2SO_4 + 2KOH（弱碱性或中性介质）$$

$$2KMnO_4 + K_2SO_3 + 2KOH \xlongequal{} 2K_2MnO_4 + K_2SO_4 + H_2O（强碱性介质）$$

在酸性介质中 $KMnO_4$ 氧化能力很强，它本身有很强的紫红色，而它的还原产物 Mn^{2+} 几乎无色（浓 Mn^{2+} 溶液呈淡红色），所以在定量分析中用它来测定还原性物质时，不需另外添加指示剂，因此 $KMnO_4$ 滴定法应用很广泛。

高锰酸钾的用途广泛，是常用的化学试剂，除可做氧化剂外，还可用于油脂、树脂及蜡的漂白剂；在医药上被用作消毒杀菌剂和防腐剂，质量分数为 5% 的 $KMnO_4$ 溶液可治疗烫伤。

三、铁钴镍及其化合物

铁、钴、镍原子最外层电子都是 $4s^2$，次外层 3d 电子分别是 $3d^6$、$3d^7$、$3d^8$。它们的氧化值常见的是 +2 和 +3。铁、钴、镍的性质相近，通常把这三种元素称为铁系元素。

1. 氧化物和氢氧化物

铁系元素存在如下氧化物：

FeO	CoO	NiO
黑色	灰绿色	暗绿色
Fe_2O_3	Co_2O_3	Ni_2O_3
砖红色	黑色	黑色

——————————————→
氧化能力逐渐增强

FeO、CoO、NiO 均为碱性氧化物，不溶于碱；可溶于酸，并形成相应的盐。Fe_2O_3 以碱性为主，但有一定的两性，它与碱共融生成铁（Ⅲ）酸盐。例如：

$$Fe_2O_3 + 2NaOH \xlongequal{\text{熔融}} 2NaFeO_2 + H_2O$$

Fe_2O_3、Co_2O_3、Ni_2O_3 都有氧化性，其氧化能力依次增强。Co_2O_3 和 Ni_2O_3 与盐酸反应都能放出 Cl_2。

$$Co_2O_3 + 6HCl \xlongequal{} 2CoCl_2 + Cl_2\uparrow + 3H_2O$$

$$Ni_2O_3 + 6HCl \xlongequal{} 2NiCl_2 + Cl_2\uparrow + 3H_2O$$

铁的氧化物除 FeO 和 Fe_2O_3 外，还存在具有磁性的 Fe_3O_4（黑色），可把它看成 FeO 和 Fe_2O_3 的混合氧化物。

在 Fe^{2+}、Co^{2+} 和 Ni^{2+} 的溶液中分别加入碱，可得到白色的 $Fe(OH)_2$、粉红色的 $Co(OH)_2$ 和绿色的 $Ni(OH)_2$ 沉淀。$Fe(OH)_2$ 沉淀被空气迅速氧化为红棕色的 $Fe(OH)_3$：

$$4Fe(OH)_2 + O_2 + 2H_2O \xlongequal{} 4Fe(OH)_3$$

$Co(OH)_2$ 也会很慢地被空气氧化为暗棕色的 $Co(OH)_3$。但 $Ni(OH)_2$ 不会被空气氧化，只有在强碱性溶液中用强氧化剂（如 NaClO）才能将其氧化为黑色的 $Ni(OH)_3$：

$$2Ni(OH)_2 + ClO^- + H_2O \xlongequal{} 2Ni(OH)_3 + Cl^-$$

氧化值为 +2 的铁、钴、镍氢氧化物的性质见表 8-11。

表 8-11　氧化值为 +2 的铁、钴、镍氢氧化物的性质

性质	$Fe(OH)_2$	$Co(OH)_2$	$Ni(OH)_2$
颜色	白色	粉红色	绿色
在水中溶解情况	难溶	难溶	难溶
酸碱性	碱性	碱性	碱性
自左至右还原性依次减弱，氧化性依次增强			

$Fe(OH)_3$、$Co(OH)_3$ 和 $Ni(OH)_3$ 与酸作用表现出不同性质。例如 $Fe(OH)_3$ 与盐酸发生中和反应：

$$Fe(OH)_3 + 3HCl \xlongequal{} FeCl_3 + 3H_2O$$

而 $Co(OH)_3$、$Ni(OH)_3$ 与盐酸作用，能把 Cl^- 氧化为氯气：

$$2M(OH)_3 + 6HCl \xlongequal{} 2MCl_2 + Cl_2\uparrow + 6H_2O \quad (M = Co、Ni)$$

2. 盐类

(1) +2 价盐类　Fe^{2+}、Co^{2+}、Ni^{2+} 盐类有许多共同的特性。例如它们的强酸盐如卤化物、硝酸盐、硫酸盐都易溶于水，而一些弱酸盐如碳酸盐、磷酸盐、硫化物难溶于水。可溶性盐从水溶液中结晶出来时，常含有相同数目的结晶水。例如 $M(SO_4)\cdot 7H_2O$、$M(NO_3)_2\cdot 6H_2O$、$MCl_2\cdot 6H_2O$ (M=Fe、Co、Ni)。

由于这些离子都有未成对电子，所以它们的水合离子都呈现颜色，如淡绿色的 $[Fe(H_2O)_6]^{2+}$、粉红色的 $[Co(H_2O)_6]^{2+}$ 和绿色的 $[Ni(H_2O)_6]^{2+}$。这些盐类水溶液中结晶出来时，水合离子中的水成为结晶水共同析出，所以 Fe^{2+} 盐都呈淡绿色，Co^{2+} 盐都呈粉红色，Ni^{2+} 盐都呈绿色。

它们的硫酸盐和碱金属或铵的硫酸盐均能形成相同类型的复盐 $[M(\text{I})]_2SO_4\cdot M(\text{II})SO_4\cdot 6H_2O$ [$M(\text{I})$ 为 K^+、Rb^+、Cs^+、NH_4^+，$M(\text{II})$ 为 Fe^{2+}、Co^{2+}、Ni^{2+}]。

但是它们之间有明显的差别，Fe^{2+} 有还原性，而 Co^{2+}、Ni^{2+} 稳定，即还原性按 $Fe^{2+}\longrightarrow Co^{2+}\longrightarrow Ni^{2+}$ 顺序减弱。

亚铁盐中，以 $FeSO_4\cdot 7H_2O$ 最为重要。它是绿色晶体，在空气中会逐渐风化，并容易被氧化为黄褐色的碱式硫酸铁 $Fe(OH)SO_4$。在酸性溶液中，Fe^{2+} 也会被空气氧化，所以在保存 Fe^{2+} 溶液时，应加足够浓度的酸，同时加几枚铁钉。因为从如下的电极电势可知：

$$Fe^{2+}+2e^- \rightleftharpoons Fe \qquad E^{\ominus}=-0.44V$$

$$Fe^{3+}+e^- \rightleftharpoons Fe^{2+} \qquad E^{\ominus}=0.77V$$

有 Fe 的存在，就不可能产生 Fe^{3+}。$FeSO_4$ 是制造颜料和墨水的原料。在制造黑墨水时，$FeSO_4$ 与单宁酸作用，生成单宁酸亚铁。当黑墨水写在纸上后，由于空气的氧化作用，生成不溶性黑色的单宁酸铁。

在氧化值为+2 的铁、钴、镍的氯化物中，$CoCl_2\cdot 6H_2O$ 最常见，它在受热脱水过程中，伴随着颜色的变化：

$$\underset{\text{粉红色}}{CoCl_2\cdot 6H_2O} \xrightleftharpoons{49℃} \underset{\text{粉红色}}{CoCl_2\cdot 4H_2O} \xrightleftharpoons{58℃} \underset{\text{紫红色}}{CoCl_2\cdot 2H_2O} \xrightleftharpoons{140℃} \underset{\text{蓝色}}{CoCl_2}$$

根据这一性质，可用来显示某体系的含水情况。做干燥剂用的硅胶常浸有二氯化钴的水溶液，利用氯化钴吸水或脱水而发生颜色变化，来显示硅胶吸湿情况，在升高温度时，硅胶失去水由粉红色变为蓝紫色或蓝色；当硅胶吸水后变为粉红色。

$NiCl_2$ 与 $CoCl_2$ 有相同的晶型，但 $NiCl_2$ 在丙酮中的溶解度比 $CoCl_2$ 小得多，利用这一性质可以分离钴和镍。

(2) +3 价盐类　铁（Ⅲ）、钴（Ⅲ）、镍（Ⅲ）的盐以铁（Ⅲ）比较多，而钴（Ⅲ）和镍（Ⅲ）的盐都很不稳定，因而很少。这是因为它们的氧化性不同而造成的。

$$Fe^{3+}+e^- \rightleftharpoons Fe^{2+} \qquad E^{\ominus}=0.771V$$

$$Co^{3+}+e^- \rightleftharpoons Co^{2+} \qquad E^{\ominus}=1.84V$$

$$Ni^{3+}+e^- \rightleftharpoons Ni^{2+} \qquad E^{\ominus}>1.84V$$

由它们的电极电势可以看出，氧化值为+3 的离子的氧化性按 Fe^{3+}—Co^{3+}—Ni^{3+} 顺序增强。生成的氧化值为+3 的盐的稳定性则按这一顺序而降低。例如 $Fe_2(SO_4)_3\cdot 9H_2O$ 和 $Co_2(SO_4)_3\cdot 9H_2O$。$Fe_2(SO_4)_3\cdot 9H_2O$是很稳定的铁盐，而 $Co_2(SO_4)_3\cdot 9H_2O$ 不仅在水溶液中不稳定，在固体状态时也很不稳定，分解成钴（Ⅱ）的硫酸盐。

Fe^{3+} 的强酸盐易溶于水，由电极电势可知，Fe^{3+} 具有氧化性，一些较强的还原剂如 H_2S、Ni、Cu 等可把它还原成 Fe^{2+}：

$$2Fe^{3+} + H_2S \xlongequal{} 2Fe^{2+} + S\downarrow + 2H^+$$

$$2Fe^{3+} + 2I^- \xlongequal{} 2Fe^{2+} + I_2$$

$$2Fe^{3+} + Cu \xlongequal{} 2Fe^{2+} + Cu^{2+}$$

后一反应在印刷制版中，用作铜板的腐蚀剂。

Fe^{3+}的强酸盐溶液因Fe^{3+}的水解呈现较强的酸性，由于Fe^{3+}只存在于酸性溶液中，当溶液的pH=2.3时，它的水解反应已很明显，且开始有沉淀生成；pH=4.1时，就会完全变成沉淀。利用Fe^{3+}的这一性质，可以除去试剂中的铁杂质。例如在$MnSO_4$溶液中含有少量杂质Fe^{3+}和Fe^{2+}，如何除去?

查氢氧化物的*s*-pH图可得：

	开始沉淀的pH	完全沉淀的pH
$Fe(OH)_3$	2.3	4.1
$Fe(OH)_2$	7.5	9.7
$Mn(OH)_2$	8.8	10.4

显然，用控制溶液pH的方法可使Mn^{2+}和Fe^{3+}分离，但无法使Mn^{2+}和Fe^{2+}分离完全。因为Fe^{2+}完全沉淀的pH=9.7，而Mn^{2+}在pH=8.8时就开始沉淀了。因此应该先用氧化剂把Fe^{2+}氧化为Fe^{3+}，然后加碱把溶液的pH调至6左右，即可达到分离铁的目的。必须指出，应该精心选择加入的氧化剂和碱，使$MnSO_4$溶液不因它们的加入而带来新的杂质。如以H_2O_2作氧化剂，以$MnCO_3$为碱，由于H_2O_2还原产物为水，而且过量的H_2O_2在加热时自行分解；$MnCO_3$与H^+发生中和反应，而过量的$MnCO_3$以沉淀的形式随$Fe(OH)_3$一起过滤除去。

(3) 配合物　铁系元素能形成多种配合物，在此讨论的是水溶液中较稳定的无机配合物。

① 与卤素离子形成配合物　Fe^{2+}、Co^{2+}、Ni^{2+}在水溶液中与卤素离子形成的配合物都不太稳定。例如：

$$\underset{(粉红)}{[Co(H_2O)]^{2+}} \underset{H_2O}{\overset{Cl^-}{\rightleftharpoons}} \underset{(蓝)}{[CoCl_4]^{2-}}$$

Fe^{3+}和Co^{3+}却能形成稳定的配合物，如$K_3[FeF_6]$和$K_3[CoF_6]$。它们都属于外轨型配合物。由于$[FeF_6]^{3-}$比较稳定（稳定常数约为10^{14}），在分析化学上常在含有Fe^{3+}的混合溶液中，加入NaF使Fe^{3+}形成$[FeF_6]^{3-}$，把Fe^{3+}隐蔽起来，从而消除Fe^{3+}的干扰。

② 与氨形成的配合物　Fe^{2+}、Co^{2+}和Ni^{2+}与氨形成的配合物的稳定性按Fe^{2+}—Co^{2+}—Ni^{2+}顺序增强。但Fe^{2+}难以在水溶液中形成稳定的氨合物。在无水状态下，$FeCl_2$可与NH_3形成$[Fe(NH_3)_6]Cl_2$，遇水则按下式分解：

$$[Fe(NH_3)_6]Cl_2 + 6H_2O \xlongequal{} Fe(OH)_2\downarrow + 4NH_3\cdot H_2O + 2NH_4Cl$$

对Co^{2+}、Ni^{2+}来说，这种分解倾向较小。在过量氨存在的溶液中，Co^{2+}能与NH_3形成稳定的$[Co(NH_3)_6]^{2+}$（稳定常数为$10^{4.39}$）。Ni^{2+}可形成$[Ni(NH_3)_4]^{2+}$（稳定常数为$10^{7.47}$）和$[Ni(NH_3)_6]^{2+}$（稳定常数为$10^{8.01}$），反应如下：

$$CoCl_2 + 6NH_3 \longrightarrow [Co(NH_3)_6]^{2+} + 2Cl^-$$

$$NiCl_2 + 6NH_3(过量) \longrightarrow [Ni(NH_3)_6]^{2+} + 2Cl^-$$

Co^{3+}的配合物的配位数都为6。Co^{3+}在水溶液中不稳定存在，难以与配位体直接形成配合物，通常把Co(Ⅱ)盐溶在有配位剂的溶液中，借助氧化剂把Co(Ⅱ)氧化，从而制出

Co(Ⅲ) 的配合物。例如：

$$Co^{2+}+6NH_3 \longrightarrow [Co(NH_3)_6]^{2+}$$

$$\underset{(\text{土黄色})}{4[Co(NH_3)_6]^{2+}}+2H_2O+O_2 \longrightarrow \underset{(\text{红棕色})}{4[Co(NH_3)_6]^{3+}}+4OH^-$$

$$4CoCl_2+4NH_4Cl+20NH_3+O_2 \longrightarrow 4[Co(NH_3)_6]Cl_3+2H_2O$$

Co^{3+}形成配合物后，在水溶液中是稳定的。Ni(Ⅲ) 的配合物比较少见，且是不稳定的。

对Fe^{3+}来说，由于其水合离子发生强烈的水解，所以在水溶液中加入氨时，不是形成氨配合物，而是形成$Fe(OH)_3$沉淀。

③ 与SCN^-形成配合物 Fe^{2+}、Co^{2+}和Ni^{2+}与SCN^-形成配合物有配位数为 4 和 6 两类，但它们在水溶液中不太稳定。蓝色配离子 $[Co(SCN)_4]^{2-}$能较稳定地存在于乙醚、戊醇或丙酮中，在鉴定Co^{2+}时常利用这一特性。

Fe^{3+}与SCN^-形成组成为 $[Fe(SCN)_n]^{3-n}$ ($n=1\sim6$) 的红色配合物。从结合 1 个SCN^-的 $[Fe(SCN)(H_2O)_5]^{2+}$到结合 6 个SCN^-的 $[Fe(SCN)_6]^{3-}$都呈红色。这一反应非常灵敏，它是鉴定Fe^{3+}是否存在的重要反应之一。

上述Co^{2+}和Fe^{3+}的鉴定反应分别为：

$$Co^{2+}+4SCN^-(\text{过量}) \longrightarrow [Co(SCN)_4]^{2-}(\text{蓝色})$$

$$Fe^{3+}+6SCN^- \longrightarrow [Fe(SCN)_6]^{3-}(\text{血红色})$$

④ 与CN^-形成配合物 CN^-与Fe^{3+}、Fe^{2+}、Co^{2+}、Ni^{2+}都能形成配位数为 6 和 4 的配合物。这些配合物都是内轨型配合物，在溶液中都很稳定。

黄色晶体$K_4[Fe(CN)_6]\cdot 3H_2O$，工业名叫黄血盐。它主要用于制造颜料、油漆、油墨。Fe^{3+}不能与 KCN 直接生成$K_3[Fe(CN)_6]$。它是氯气氧化$K_4[Fe(CN)_6]$的溶液而制得：

$$2K_4[Fe(CN)_6]+Cl_2 \longrightarrow 2KCl+2K_3[Fe(CN)_6](\text{褐红色})$$

$K_3[Fe(CN)_6]$是褐红色晶体，工业名叫赤血盐。它主要用于印刷制版、照相洗印及显影，也用于制晒蓝图纸等。

$[Fe(SCN)_6]^{3-}$的氧化性不如Fe^{3+}强，其电极电势如下：

$$[Fe(SCN)_6]^{3-}+e^- \rightleftharpoons [Fe(SCN)_6]^{4-} \qquad E^\ominus=0.36V$$

$$Fe^{3+}+e^- \rightleftharpoons Fe^{2+} \qquad E^\ominus=0.77V$$

$[Fe(SCN)_6]^{3-}$和 $[Fe(SCN)_6]^{4-}$在溶液中十分稳定，因此在含有 $[Fe(SCN)_6]^{3-}$和$[Fe(SCN)_6]^{4-}$的溶液中几乎检查不出离解的Fe^{3+}和Fe^{2+}。但在含有Fe^{2+}的溶液中加入赤血盐溶液，或在含有Fe^{3+}的溶液中加入黄血盐溶液，均能生成蓝色沉淀：

$$K^++Fe^{2+}+[Fe(CN)_6]^{3-} \rightleftharpoons KFe[Fe(CN)_6]\downarrow(\text{滕氏蓝})$$

$$K^++Fe^{3+}+[Fe(CN)_6]^{4-} \rightleftharpoons KFe[Fe(CN)_6]\downarrow(\text{普鲁士蓝})$$

以上两个反应可分别用来鉴定Fe^{2+}和Fe^{3+}的存在。生成的蓝色物质广泛用于油漆和油墨工业。

Co^{2+}与过量CN^-反应，生成茶绿色的 $[Co(CN)_5(H_2O)]^{3-}$，此配离子也易被空气氧化，变为黄色的 $[Co(CN)_6]^{3-}$。

Ni^{2+}与过量CN^-反应，生成杏黄色的 $[Ni(CN)_4]^{2-}$，此配离子具有平面正方形结构，是Ni^{2+}最稳定的配合物之一。

微量元素与人体健康

近年来，微量元素与人体健康的关系越来越引起人们的重视，含有某些微量元素的食品也应时而生。所谓微量元素是针对宏量元素而言的。人体内的宏量元素又称为主要元素，共有11种，按需要量多少的顺序排列为：氧、碳、氢、氮、钙、磷、钾、硫、钠、氯、镁。其中氧、碳、氢、氮占人体质量的95%，其余约4%，此外，微量元素约占1%。在生命必需的元素中，金属元素共有14种，其中钾、钠、钙、镁的含量占人体内金属元素总量的99%以上，其余10种元素的含量很少。习惯上把含量高于0.01%的元素，称为常量元素，低于此值的元素，称为微量元素。人体若缺乏某种主要元素，会引起人体机能失调，但这种情况很少发生，一般的饮食含有绰绰有余的微量元素。微量元素虽然在体内含量很少，但它们在生命过程中的作用不可低估。没有这些必需的微量元素，酶的活性就会降低或完全丧失，激素、蛋白质、维生素的合成和代谢也就会发生障碍，人类生命过程就难以继续进行。

另有两种可能必需的微量元素，为镍和砷，体内含量各为$0.1\mu g \cdot g^{-1}$。

关于某些微量元素的生理功能尚不完全清楚，下面只作一简要介绍。

铁　铁是血液中交换和输送氧所必需的一种元素，生物体内许多氧化还原体系都离不开它。体内大部分铁分布在特殊的血细胞内。没有铁生物就无法生存。

锌　锌是一种与生命攸关的元素，它在生命活动过程中起着转换物质和交流能量的“生命齿轮”作用。它是构成多种蛋白质所必需的。眼球的视觉部位含锌量高达4%，可见它具有某种特殊功能。锌普遍存在于食物中，只要不偏食，人体一般不会缺锌。

铜　铜元素对于人体也至关重要，它是生物系统中一种独特而极为有效的催化剂。铜是30多种酶的活性成分，对人体的新陈代谢起着重要的调节作用。据报道，冠心病与缺铜有关。铜在人体内不易保留，需经常摄入和补充。茶叶中含有微量铜，所以常喝茶是有益的。

铬　在由胰岛素参与的糖或脂肪代谢过程中，铬是不可少的元素，也是维持正常胆固醇所必需的元素。

钴　钴是维生素B_{12}分子的一个必要组分，维生素B_{12}是形成红细胞所必需的成分。

锰　锰参与许多酶催化反应，是一切生物离不开的。

钼　钼是某种酶的一个组分，这种酶能催化嘌呤转化为尿酸。钼也是能量交换过程所必需的。微量钼是眼色素的构成成分。在豆荚、卷心菜、大白菜中含钼较多。多吃这些蔬菜对眼睛有益。

碘　碘在体内的主要功能是参与合成甲状腺素。缺碘会致甲状腺机能亢进，儿童缺碘会造成智力低下。

氟　氟是形成坚硬骨骼和预防龋齿所必需的一种微量元素。

人类生存的一个必要条件是需要呼吸，这样体内必须要有某些能与氧气或二氧化碳相结合的物质，以便输送氧气和排泄二氧化碳。这些物质是以铁为骨干的化合物。

高等动物都有一套复杂的系统，来接受生存环境带给它的信息，并通过神经把这些信息传输给生命的总指挥——大脑，然后大脑才能发出各种指令，指示体内的各个职能部门作出相应的反应。在这套传输和指挥系统中，金属同样起着关键的作用。

金属对于传宗接代也有很大的贡献。细胞之所以只能复制出和它相同的下一代细胞，就是因为每种细胞内都含有一种能传递遗传信息的核酸，它能指示各种氨基酸按规定的次序连接起来，形成规定的蛋白质，这个按遗传密码合成下一代蛋白质的过程是受某些金属控制的。

因此，人们愈来愈多地认为，人类的生存和发展绝对离不开这些必要的微量元素的吸收、传输、分布和利用。在人体内，微量元素的含量虽然远不如糖、脂肪和蛋白质那样多，但是它们的作用却一点也不亚于糖、脂肪和蛋白质。

本章小结

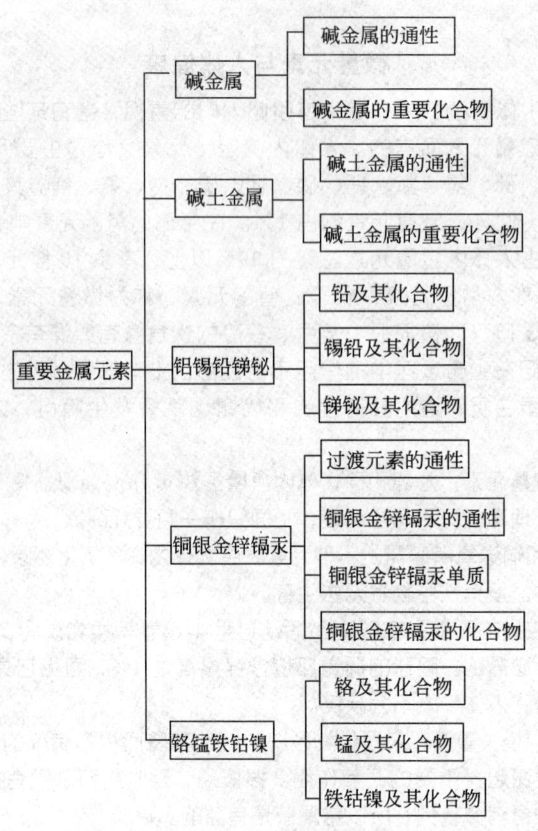

习　　题

一、选择题

1. 下列元素中最可能形成共价化合物的是（　　）。

A. Ca　　B. Mg　　C. Na　　D. Li

2. 下列关于碱土金属氢氧化物的叙述正确的是（　　）。

A. 均难溶于水　　B. 均为强碱　　C. 碱性由铍到钡依次增强　　D. 碱性强于碱金属

3. 下列物质中溶解度最小的是（　　）。

A. $Ca(OH)_2$　　B. $Ba(OH)_2$　　C. $Be(OH)_2$　　D. $Sr(OH)_2$

4. 下列哪种物质难溶于水（　　）。

A. $MgSO_4$　　B. CaC_2O_4　　C. Rb_2SO_4　　D. Cs_2SO_4

5. 下列离子能与 I^- 发生氧化还原反应的是（　　）。

A. Zn^{2+}　　B. Hg^{2+}　　C. Cu^{2+}　　D. Ag^+

6. 难溶于水的白色硫化物是（　　）。

A. ZnS　　B. HgS　　C. CaS　　D. CdS

7. 今有 5 种硝酸盐溶液：$Cu(NO_3)_2$、$AgNO_3$、$Hg(NO_3)_2$、$Hg_2(NO_3)_2$ 和 $Cd(NO_3)_2$，分别向这些溶液中加入下列哪一种试剂即可将它们区别开来（　　）。

A. H_2SO_4　　B. HNO_3　　C. HCl　　D. NH_3

8. 关于 d 区元素，下列说法正确的是（　　）。

A. 各族最高氧化态都等于其族数

B. 各族元素的活泼性都从上至下减弱

C. Cr、Mn、Fe、Co、Ni 的 $E^{\ominus}$ (M^{2+}/M) 都是负的

D. Cr、Mn、Fe、Co、Ni 的最稳定氧化态是+1

9. 配制 $SnCl_2$ 溶液时，必须加入（　）。

A. 足够量的水　　B. 盐酸　　C. 碱溶液　　D. 氯气

10. 地壳中含量最丰富的金属元素是（　）。

A. 锡　　B. 铅　　C. 铁　　D. 铝

二、简答题

1. 简要说明碱金属和碱土金属的性质有哪些相同之处和不同之处？与同族元素相比，锂、铍有哪些特殊性？

2. 何为过渡元素？它与主族金属相比有哪些特性？

3. 蒸发 $CoCl_2$ 溶液时，在蒸发容器壁边有蓝色物质出现，当用水冲洗时，又变成粉红色，试解释原因？

4. 如何鉴定下列离子？Ag^+、Sn^{2+}、Hg^+、Cr^{3+}、$Cr_2O_7^{2-}$、Fe^{3+}、Fe^{2+}、Co^{2+}

5. 解释下列现象：

(1) 在 $CuSO_4$ 溶液中加入铜屑和适量 HCl，加热反应物，有白色沉淀生成。

(2) $AgNO_3$ 存放在棕色瓶中。

(3) 银器在含有 H_2S 的空气中会慢慢变黑。

(4) $AgNO_3$ 溶液中慢慢滴加 KCN 溶液时，先生成白色沉淀，然后溶解，再加入 NaCl 溶液时并无沉淀生成。但加入少许 Na_2S 溶液，就有黑色沉淀生成。

(5) 埋在湿土里的铜钱变绿。

(6) 在水溶液中用 Fe^{3+} 与 KI 作用，不能制得 FeI_3。

6. 下列离子中哪些能与氨水作用形成配合物？

Na^+、Mg^{2+}、Fe^{3+}、Pb^{2+}、Sn^{2+}、Ag^+、Hg^+

7. 请选用一种试剂区别下列 5 种离子：

Fe^{3+}、Hg^+、Co^{2+}、Zn^{2+}、Cu^{2+}

8. 商品 NaOH 中为什么含有 Na_2CO_3 杂质？试用最简单的办法检查其存在，并设法除去。

9. 现有四瓶无标签的白色固体粉末，它们分别是：$MgCO_3$、$BaCO_3$、无水 Na_2CO_3、无水 Na_2SO_4，试设法加以区别。

10. 用盐酸处理 $Fe(OH)_3$、$Co(OH)_3$、$Ni(OH)_3$ 各发生什么反应？写出反应方程式。这反映了它们什么性质上的差异？

11. 分别以 $K_2Cr_2O_7$、MnO_2 为原料制备 K_2CrO_4、$CrCl_3$、Cr_2O_3 和 $MnCl_2$、K_2MnO_4、$KMnO_4$，用方程式表示各步的反应。

12. $KMnO_4$ 用作氧化剂有哪些特征？其氧化性何以强烈依赖于介质的酸度？

13. 简要回答下列问题：

(1) 配制 $FeSO_4$ 溶液时，为什么要加 H_2SO_4 和铁钉？

(2) 由 Fe 和 HNO_3 制备 $Fe(NO_3)_3$ 时，应采取哪种加料方式？为什么？

(3) 制备 $Fe(NO_3)_3$ 时，HNO_3 是否越浓越好？为什么？

三、计算题

分析一种含铬配合物 A，已知其质量分数为：Cr 为 19.5%，Cl 为 40%，H 为 4.5%，O 为 36%；它的相对分子质量为 266.5。现进行下列实验：

(1) 取 0.533g A 溶于 100mL 0.2mol·L^{-1} HNO_3 中，加入过量 $AgNO_3$，得到 AgCl 0.287g；

(2) 取 1.06g A 在干燥空气中加热到 100℃，失去 0.144g 水。

试推断 A 的化学式及配合物的结构式。

四、分析题

1. 有一黑色化合物 A，它不溶于碱液，加热时可溶于浓 HCl 而放出气体 B。将 A 和 B 与 NaOH 和 $KClO_3$ 共热，它就变成可溶于水的绿色化合物 C。若将 C 酸化，则得紫红色溶液 D 和黑色沉淀 A。用 Na_2SO_3 溶液处理 D 时也可得到黑色沉淀 A。若用 H_2SO_4 酸化的 Na_2SO_3 溶液处理 D，则得几乎无色的透明溶液 E，而得不到沉淀。问 A、B、C、D、E 各为何物？写出有关反应式。

2. 有一淡绿色晶体 A，可溶于水。在其水溶液中加入 NaOH 溶液，得白色沉淀 B。在空气中慢慢地变成棕色沉淀 C。C 溶于 HCl 溶液得到棕黄色溶液 D。在 D 中加几滴 KSCN 溶液，立即变成血红色溶液 E。在 E 中通入 SO_2 气体或者加入 NaF 溶液均可使血红色褪去。在 A 溶液中加入几滴 $BaCl_2$ 溶液，得到白色沉淀 F，不溶于硝酸。问 A、B、C、D、E、F 各为何物？写出有关反应式。

3. 某亮黄色溶液 A，加入稀 H_2SO_4 转变为橙色溶液 B，加入浓 HCl 又转变为绿色溶液 C，同时放出能使淀粉-KI 试纸变色的气体 D。另外，绿色溶液 C 加入 NaOH 溶液即生成灰蓝色沉淀 E，经灼烧后 E 转为绿色固体 F。问 A、B、C、D、E、F 各为何物？写出有关反应式。

第九章　重要非金属元素

学习目标

知识目标

1. 理解重要非金属的基本性质与其价层结构的关系；
2. 理解重要非金属单质、化合物的主要性质及变化规律；
3. 了解某些单质、常见氧化物、含氧酸及含氧酸根的结构；
4. 理解惰性电子对效应、离域 π 键、氢桥键和缺电子原子等重要概念。

能力目标

1. 能根据元素递变性规律，推测新元素的性质；
2. 能根据元素及化合物性质，推断及鉴别物质。

迄今为止已知的 112 种元素中，非金属 22 种，其余的 90 种为金属元素，并且其中 94 种存在于地壳中，其余 18 种为人工合成元素。元素在地壳中的含量称为丰度，通常以质量分数表示。元素的丰度差别很大，其中 O、Si、Al、Fe、Ca、Na、K、Mg、H、Ti（此顺序为它们在地壳中含量由高到低的次序）10 种元素占 99%以上，其余的元素不到 1%。

22 种非金属元素，除 H($1s^1$) 和氦（$1s^2$）外，最外层电子都填充在 np 轨道上，价电子构型为 $ns^2np^{1\sim6}$，位于 p 区的右上方，均为主族元素。常温下，非金属中绝大多数是气体状态存在；以液态存在的只有溴；以固态存在的有硼、碳、硅、磷、砷、硫、硒、碲、碘、砹 10 种。

第一节　氢　稀　有　气　体

一、氢

氢是宇宙中最丰富的元素，据统计，H 占宇宙原子总数的 90%；在地壳和海洋中，以原子计 H 占 15.4%；在空气中 H_2 的含量极微，其体积分数仅为 5×10^{-5} %。

H 原子只有一个电子（$1s^1$），是所有原子中最简单、最小、最轻的。氢有三种同位素：^{1}H（氕）占 99.98%，^{2}H（氘）占 0.016%，^{3}H（氚）含量甚微。

H_2 是无色、无臭、无味的气体，易燃。常温下当空气中 H_2 的体积分数在 4%～74%之间，一经点燃，立即爆炸，这个浓度范围叫做氢的爆炸极限，使用时应严禁烟火并加强通风。

除稀有气体外，氢几乎能和所有元素化合，与 s 区元素（Be 和 Mg 除外）以离子键化合形成 H^-，如 NaH、CaH 等；与多数 p 区元素以共价键结合，如 HX、NH_3、H_2S 等。

二、稀有气体

稀有气体包括氦（He）、氖（Ne）、氩（Ar）、氪（Kr）、氙（Xe）、氡（Rn）六种元素，其中 Rn 是放射性元素。稀有气体原子的外层电子构型除氦（$1s^2$）外，均为稳定的 8 电子构型（ns^2np^6），它们的电离能很高，各居同周期元素之首，而电子亲和能又接近于零，一般情况下既不容易得失电子，又不能形成共价键，化学性质很不活泼，因而被称作“惰性气体”。1962年以来稀有气体化合物相继被合成出来，如Xe[PtF_6]［六氟合铂（Ⅴ）酸氙，第一个稀有气体化合物］、卤化物（XeF_4、XeF_2、$XeCl_2$、KrF_2）、氧化物（XeO_2、XeO_4）、氟氧化物（$XeOF_2$、$XeOF_4$）等，至今已达数百种，因此将“惰性气体”易名为“稀有气体”。

空气是稀有气体的主要资源，液态空气经分级蒸馏，化学法除O_2和N_2，即得以氩为主的稀有气体；氦的主要来源是天然气，有些含量高达7%～8%。

稀有气体的用途与这些元素不活泼及其某些物理特性有密切关系。

氦的密度仅小于氢，无燃烧性，使用安全，常用来填充高空气球和汽艇。用氦代替氮和氧混合制成的“人造空气”，供潜水员呼吸用。氦在血液里的溶解度比氮小，当潜水员出水时，不会像氮那样因压力骤减而使溶解在血液里的氮气逸出，并形成气泡阻塞血管，出现“潜水病”。液态氦的沸点是已知物质中最低的、可作冷源用于超低温技术；氦气还用作低温温度计。

氖能发出鲜艳的红光，氩能发蓝光，用于霓虹灯和灯塔照明工程。氩在化学设备中常用作保护气体，以防止氧化、氮化、氢化等，也用作电焊保护气氛（称氩弧焊）。

氪可用作X射线的遮光材料（氪能吸收X射线）。氙有极高的发光速度，氙灯有“小太阳”之称，适用于广场照明；氙与20%氧气混合使用，可作无副作用的麻醉剂。

氡在医疗上用于恶性肿瘤的放射性治疗，但在居室中长期接触微量氡（释自建筑石料或地基岩层等）会导致肺癌。

第二节　卤族元素

周期系第ⅦA族的氟、氯、溴、碘和砹统称为**卤族元素**（通常以X表示）。砹，拉丁名称的原意是“不稳定”，半衰期很短，是放射性元素。

一、通性

表9-1中列出了卤素的一些基本性质。

表 9-1　卤族元素的性质

性质	氟(F)	氯(Cl)	溴(Br)	碘(I)
原子序数	9	17	35	53
价电子构型	$2s^22p^5$	$3s^23p^5$	$4s^24p^5$	$5s^25p^5$
常见氧化值	−1	−1,+1,+3,+5,+7	−1,+1,+3,+5,+7	−1,+1,+3,+5,+7
原子半径/pm	64	99	114.2	113.5
第一电离能 I_1/kJ·mol^{-1}	1681.0	1251.1	1139.9	1008.4
电负性	4.0	3.0	2.8	2.5
$E^{\ominus}(X_2/X^-)$/V	2.87	1.36	1.07	0.54
熔点/℃	−219.7	−100.99	−7.3	113.5
沸点/℃	−188.2	−34.03	58.75	184.34
常温下状态	浅黄色气体	黄绿色气体	红棕色液体	紫黑色固体

从表中可见，卤素性质递变具有明显的规律性。如熔点、沸点、原子半径都随原子序数增大而增大，而电离能、电负性、电极电势随原子序数增大而减小。

卤素的价电子构型为 ns^2np^5，仅缺少 1 个电子就达到 8 电子的稳定结构，因此它们有获得 1 个电子而形成卤素离子（X^-）的强烈倾向，它们大多数是强氧化剂。

卤素在化合物中常见的氧化值为－1。除氟以外，卤素还可以形成正的氧化值，如＋1，＋3，＋5，＋7。

卤素单质的性质如下。

1. 物理性质

在常温下，氟、氯为气体，溴为易挥发的液体，碘是固体。碘易升华，碘蒸气呈紫色。所有的卤素均有刺激性气味，强烈刺激眼、鼻、呼吸道及器官黏膜等，吸入较多蒸气会严重中毒，甚至死亡，刺激性从氟到碘依次降低。

卤素单质均有颜色，并且随着相对分子质量的增大，颜色依次加深。卤素较难溶于水，它们在有机溶剂如乙醇、乙醚、氯仿等溶剂中溶解度要大得多。这是由于卤素分子是非极性分子，而有机溶剂大多为非极性分子或弱极性分子的缘故，遵循相似相溶原理。

碘难溶于水，但易溶于碘化物溶液（如碘化钾）中，这是由于 I_2 与 I^- 形成易溶于水的 I_3^-：

$$I_2 + I^- \rightleftharpoons I_3^- \text{（棕色）}$$

实验室中常用此反应获得较大浓度的碘水溶液。

2. 化学性质

卤素单质典型的化学性质是氧化性。随着原子序数的递增，氧化性从氟到碘依次减弱，F_2 是最强的氧化剂。

卤素单质都能与氢直接化合生成卤化氢。氟与氢在阴冷处就能化合，放出大量热并引起爆炸；氯与氢的混合物在常温下缓慢化合，在强光照射下反应加快，甚至会发生爆炸反应；溴和氢化合反应程度比氯缓和；碘和氢在高温下能化合。

氟和金属能发生剧烈的反应；氯几乎和所有的金属化合，但有时需加热；溴活泼性次于氯，能和除贵金属以外的所有其他金属化合；碘更不活泼。卤素与非金属的作用，也出现这样的规律。

卤素离子的还原性大小是 $I^- > Br^- > Cl^- > F^-$。因此，每种卤素都可以把电负性比它小的卤素从后者的卤化物中置换出来。例如，实验室常用氯化法获得溴和碘：

$$Cl_2 + 2Br^- = 2Cl^- + Br_2$$

$$Cl_2 + 2I^- = 2Cl^- + I_2$$

卤素和水可以发生两类化学反应，第一类反应中，X_2 作氧化剂，水作还原剂：

$$2X_2 + 2H_2O \rightleftharpoons 4HX + O_2\uparrow$$

根据各电对的电极电势（$E^{\ominus}$）：

氧化还原电对	F_2/F^-	Cl_2/Cl^-	Br_2/Br^-	I_2/I^-	O_2/H_2O
$E^{\ominus}$（pH＝7）	2.87	1.36	1.07	0.535	0.816

可推断除 I_2 外，F_2、Cl_2、Br_2 均可氧化水。事实上，F_2 的确与水剧烈反应放出 O_2，但由于动力学原因，Cl_2 和 Br_2 与水反应缓慢。相反，氧可以作用于碘化氢溶液使碘析出。

第二类反应是卤素的歧化反应：

$$X_2 + H_2O \rightleftharpoons H^+ + X^- + HXO$$

F_2 不能形成正氧化值，故不能发生此类反应，而对 Cl_2、Br_2、I_2 的歧化反应是主要的。从歧化反应式可知，加酸可抑制正反应进行，加碱则促进生成卤化物和次卤酸，并且在碱性条件下反应产物与反应温度有关，室温下将 Cl_2、Br_2 或 I_2 分别加入碱液中，得到的产物分别

是 ClO^-、BrO_3^- 或 IO_3^-，要制得 ClO_3^-，反应系统必须加热；要制得 BrO^-，反应系统必须冷却。

二、卤素的用途

氟主要用来制有机氟化物，如杀虫剂 CCl_3F、制冷剂 CCl_2F_2（氟里昂-12）。氟在高科技领域也得到日益广泛的应用。例如，氟在原子能工业用于制造六氟化铀（UF_6），液态氟也是航天工业中所用的高能燃料的氧化剂；含 C—F 键的全氟烃，被广泛用于砂锅、铲雪车铲的防粘涂层和人造血液；由 ZrF_4、BaF_2 和 NaF 组成的氟化物光导纤维，对光的透明度显著提高，从而有望大大改善光导纤维的品质。

氯是重要的化工产品和原料，除用于合成盐酸外，还广泛用于生产农药、医药、燃料、炸药以及纺织品和纸张的漂白、饮用水消毒等。溴主要用于药物、燃料、感光材料、汽车抗震添加剂和催化剂生产。碘在医药上用作消毒剂，如碘酒、碘仿 CHI_3 等。碘化物有预防和治疗甲状腺肿大的功能。

三、卤素的化合物

1. 卤化氢

卤化氢都是具有刺激性气味的无色气体。实验室里卤化氢可由卤化物与高沸点酸（如 H_2SO_4、H_3PO_4）反应制取：

$$CaF_2 + H_2SO_4(浓) \xlongequal{\triangle} CaSO_4 + 2HF\uparrow$$

$$NaCl + H_2SO_4(浓) \xlongequal{\triangle} NaHSO_4 + HCl\uparrow$$

但 HBr 和 HI 不能用浓 H_2SO_4 制取，因为浓硫酸会氧化它们，得不到纯的 HBr 和 HI：

$$2HBr + H_2SO_4(浓) = SO_2\uparrow + 2H_2O + Br_2$$

$$8HI + H_2SO_4(浓) = H_2S\uparrow + 4H_2O + 4I_2$$

如用非氧化性的 H_3PO_4 代替 H_2SO_4，可制得 HBr 和 HI。

$$NaX + H_3PO_4 \xlongequal{\triangle} NaH_2PO_4 + HX\uparrow$$

HBr 和 HI 也可用磷和 Br_2 或 I_2 反应生成 PBr_3 或 PI_3，后者遇水立即水解成亚磷酸和 HBr 或 HI：

$$2P + 3X_2 + 6H_2O = 2H_3PO_3 + 6HX\uparrow$$

卤化氢的性质随原子序数增加而呈现有规律性的变化（见图 9-1）。

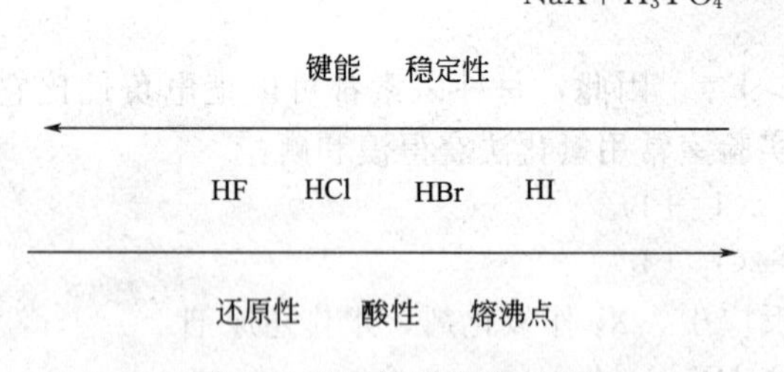

图 9-1 HX 性质的递变规律

其中 HF 因生成氢键，熔沸点反而比 HCl 的高。HF 几乎不具有还原性，除电流外，任何强氧化剂都不能氧化它。其他氢卤酸遇氧化剂常被氧化为卤素单质，如 $KMnO_4$ 可氧化 HCl：

$$2KMnO_4 + 16HCl = 2KCl + 2MnCl_2 + 8H_2O + 5Cl_2\uparrow$$

卤化氢的水溶液称为氢卤酸，除氢氟酸是弱酸外，其他皆为强酸。但是氢氟酸却表现出一些独特的性质，例如它可与 SiO_2 反应：

$$SiO_2 + 4HF = SiF_4\uparrow + 2H_2O$$

常利用这一性质来刻蚀玻璃或溶解各种硅酸盐。氢氟酸也可用来溶解普通强酸不能溶解的 Ti、Zr、Hf 等金属。这一特性与 F^- 半径特别小有关，因此 F^-（硬碱）可与一些半径小、电荷高的离子如 Ti^{4+}、Zr^{4+}、Hf^{4+} 等（硬酸）形成稳定的配离子 $[MF_6]^{2-}$。

浓的氢氟酸会将皮肤灼伤，而难于痊愈，使用时应特别小心。

2. 卤化物

卤素与电负性较小的元素生成的二元化合物叫做卤化物。卤化物可分为金属卤化物和非金属卤化物两大类。下面着重介绍卤化物的溶解性和水解性这两种性质。

（1）金属卤化物溶解性　金属卤化物大多数易溶于水，少数为难溶化合物，例如 AgX、PbX_2、Hg_2X_2 和 CuX（X=Cl、Br、I）等难溶于水。氟化物的溶解性常与其他卤化物不同。例如 AgF 是易溶的，而 LiF、MF_2（M 为碱土金属、Mn、Fe、Cu、Ni、Zn、Pb）和 AlF_3 等都是难溶盐。

（2）金属卤化物水解性　金属卤化物溶于水时，除少数活泼金属卤化物外，均发生不同程度的水解。同时随金属离子的碱性减弱，其水解程度增强。例如：

$$MgCl_2 + H_2O \rightleftharpoons Mg(OH)Cl + HCl$$

其中，$SnCl_2$、$SbCl_3$ 和 $BiCl_3$ 水解后分别以碱式氯化亚锡[Sn(OH)Cl]、氯氧化锑（SbOCl）和氯氧化铋（BiOCl）的沉淀形式析出：

$$SnCl_2 + H_2O = Sn(OH)Cl\downarrow + HCl$$

$$SbCl_3 + H_2O = SbOCl\downarrow + 2HCl$$

$$BiCl_3 + H_2O = BiOCl\downarrow + 2HCl$$

所以在配制这些盐溶液时，为了防止沉淀的产生，应将盐类先溶于浓盐酸，然后再加水稀释。

（3）非金属卤化物水解性　大部分非金属卤化物遇水发生强烈水解，生成相应的含氧酸和氢卤酸。例如：

$$PCl_3 + 3H_2O = H_3PO_3 + 3HCl$$

$$BCl_3 + 3H_2O = H_3BO_3 + 3HCl$$

3. 卤素的含氧酸及含氧酸盐

表 9-2 是卤素的几种含氧酸。

表 9-2　卤素的含氧酸

名　称	卤素氧化值	氯	溴	碘
次卤酸	+1	$HClO$①	$HBrO$①	HIO①
亚卤酸	+3	$HClO_2$①	—	—
卤酸	+5	$HClO_3$①	$HBrO_3$①	HIO_3
高卤酸	+7	$HClO_4$	$HBrO_4$①	H_5IO_6，HIO_4

① 表示仅存在于溶液中。

卤素含氧酸中以氯的含氧酸及其盐最重要。

（1）次氯酸及次氯酸盐　氯与水作用，发生下列可逆反应：

$$Cl_2 + H_2O \rightleftharpoons HCl + HClO$$

次氯酸是很弱的酸，$K_a^{\ominus} = 2.8 \times 10^{-8}$，只能存在于稀溶液中，性质很不稳定，光照或催化剂存在时，按下式慢慢分解：

$$2HClO \xlongequal{光} 2HCl + O_2\uparrow$$

把氯气通入冷碱溶液，可生成次氯酸盐，反应如下：

$$Cl_2 + 2NaOH = NaClO + NaCl + H_2O$$

HClO 是强的氧化剂和漂白剂，具有杀菌和漂白能力。漂白粉是 Cl_2 和 $Ca(OH)_2$ 反应所得的混合物：

$$2Cl_2 + 2Ca(OH)_2 = Ca(ClO)_2 + CaCl_2 + 2H_2O$$

漂白粉的有效成分是 $Ca(ClO)_2$，次氯酸盐（或漂白粉）的漂白作用主要基于次氯酸（或 ClO^-）的氧化性。漂白粉是强氧化剂，是价廉的消毒、杀菌剂，广泛用于漂白棉、麻、纸浆等。

(2) 氯酸及氯酸盐　氯酸是强酸，仅存在于溶液中，若将其浓缩到 40%以上，即爆炸分解。$HClO_3$ 是强氧化剂，能将浓盐酸氧化为 Cl_2，把 I_2 氧化成 HIO_3。

$$HClO_3 + 5HCl = 3Cl_2 + 3H_2O$$

$$2HClO_3(\text{过量}) + 3I_2 + 3H_2O = 6HIO_3 + 5HCl$$

把氯气通入热碱液，就可制得氯酸盐：

$$3Cl_2 + 6KOH(\text{热}) = 5KCl + KClO_3 + 3H_2O$$

这也是一个歧化反应。由于氯酸钾在冷水中溶解度不大，当溶液冷却时，就有白色晶体析出。

固体 $KClO_3$ 是强氧化剂，和各种易燃物（如硫、碳、磷）混合时，一受撞击即剧烈爆炸，因此 $KClO_3$ 常用来制造炸药、火柴、烟火等。$KClO_3$ 在中性（或碱性）溶液中不具有氧化性，只有在酸性溶液中才具有氧化性，而且是强氧化剂，例如可将 I^- 氧化成单质 I_2：

$$ClO_3^- + 6I^- + 6H^+ = 3I_2 + Cl^- + 3H_2O$$

(3) 高氯酸及高氯酸盐　高氯酸是最强的无机酸，其稀溶液比较稳定，氧化性比 $HClO_3$ 弱。浓的高氯酸不稳定，受热分解：

$$4HClO_4 \overset{\triangle}{=} 2Cl_2\uparrow + 7O_2\uparrow + 2H_2O$$

高氯酸在储藏时必须远离有机物质，否则会发生爆炸。固体高氯酸盐在高温下是一个强氧化剂，但氧化能力比氯酸盐弱，所以高氯酸盐用于制造较为安全的炸药。

以上讨论了氯的含氧酸及其盐，现将它们的热稳定性、氧化性及酸性变化一般规律总结见图 9-2。

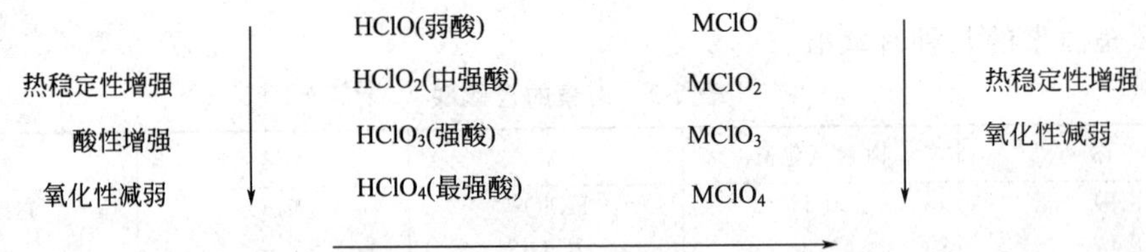

图 9-2　氯的含氧酸及其盐热稳定性、氧化性及酸性变化一般规律

第三节　氧族元素

周期系第ⅥA 族包括氧、硫、硒、碲、钋五个元素，统称为氧族元素。其中氧是地壳中含量最多的元素，约占总质量的 48.6%。在自然界中氧和硫能以单质存在，硒、碲是稀有元素，钋是放射性元素。

一、通性

氧族元素的基本性质列于表 9-3。

从表中可见，氧族元素的性质也具有明显的递变规律。如熔点、沸点、原子半径都随原子序数增大而增大，而电离能、电负性随原子序数增大而减小。氧族元素与电负性比它们强的元素化合时，可呈现+2、+4、+6 氧化值。氧由于位于第二周期，没有 d 轨道，而且氧的电负性很强，仅次于氟，因此，氧除了与氟化合时显正氧化值外，氧在所有化合物中表现−2 氧化值（氧在过氧化物中的氧化值为−1）。

表 9-3　氧族元素的性质

性质	氧(O)	硫(S)	硒(Se)	碲(Te)
原子序数	8	16	34	52
价电子构型	$2s^22p^4$	$3s^23p^4$	$4s^24p^4$	$5s^25p^4$
常见氧化值	−2	−2,+2,+4,+6	−2,+2,+4,+6	−2,+2,+4,+6
熔点/℃	−218.6	112.8	221	450
沸点/℃	−183.0	444.6	685	1009
原子半径/pm	66	104	117	137
M^{2-}半径/pm	140	184	198	221
第一电离能 I_1/kJ·mol^{-1}	1314	999.6	940.9	869.3
电负性	3.5	2.5	2.4	2.1

氧族元素单质都有同素异形体。例如氧有 O_2 和 O_3（臭氧）；硫有斜方硫、单斜硫和弹性硫等。O_3 的结构比较复杂，呈 V 形（见图 9-3）。

中心氧原子采取 sp^2 杂化，它用两个杂化轨道与两端两个氧原子键合，另一个杂化轨道被孤对电子占据；同时，中心氧原子还有一个没有参与杂化的 p 轨道（被 2 个电子占据），两端的两个氧原子也各有一个 p 轨道（各被 1 个电子占据），这三个轨道相互平行，形成了垂直于分子平面的三中心四电子的离域 π 键（也称大 π 键），记为 π_3^4。

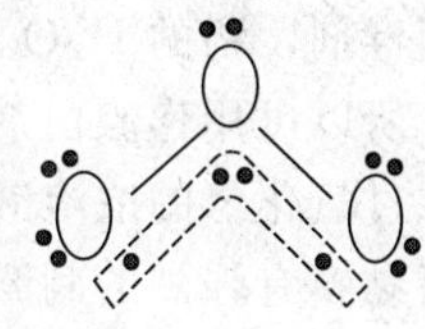

图 9-3　O_3 分子结构

单质硫和斜方硫的分子都是 S_8，它们只是晶体中分子排列不同。弹性硫为 S_8 环断开后，相互聚合成长链的大分子，长链相互绞结，因而具有弹性。

二、氧族元素的化合物

1. 氢化物

（1）过氧化氢　俗称双氧水。纯品是无色黏稠液体，能和水以任意比例混合。市售品有 30%和 3%两种规格。

因其分子中含有过氧键（—O—O—），有较强的氧化性，H_2O_2 的分子结构如图 9-4 所示。

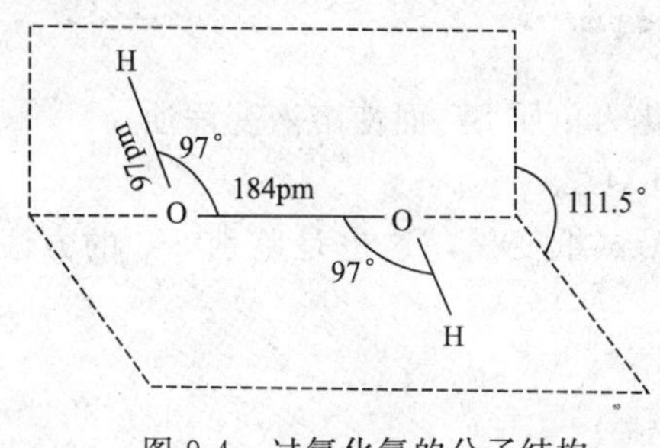

图 9-4　过氧化氢的分子结构

H_2O_2 分子间由于存在氢键而有缔合作用，其缔合程度大于水，约是水密度的 1.5 倍。

H_2O_2 为二元弱酸，化学性质主要表现为对热的不稳定性和氧化性。

① 不稳定性　纯的过氧化氢溶液较稳定些，但光照、加热或增大碱度都能促使其分解，故常用棕色瓶储存，放在阴凉处。重金属离子（Mn^{2+}、Cr^{3+}、Fe^{3+}）和 MnO_2 等对 H_2O_2 的分解有催化作用：

$$2H_2O_2 \xlongequal{催化剂} 2H_2O + O_2\uparrow$$

② 氧化还原性　H_2O_2 分子中氧的氧化值为−1，处于中间价态，从电极电势图可知，

它既是一种很强的氧化剂，又是较弱的还原剂：

$$E_A^{\ominus}/V \quad O_2 \xrightarrow{0.682} H_2O_2 \xrightarrow{1.77} H_2O \quad (O_2 \xrightarrow{1.229} H_2O)$$

作为氧化剂，H_2O_2 因其还原产物是水，不会给系统带来杂质，所以比其他氧化剂优越。如：H_2O_2 可把亚硫酸氧化为硫酸，把硫化物氧化为硫酸盐，并且在酸性溶液中可将 I^- 氧化为 I_2：

$$H_2O_2 + H_2SO_3 \longrightarrow H_2SO_4 + H_2O$$

$$4H_2O_2 + PbS \longrightarrow PbSO_4 + 4H_2O$$

$$H_2O_2 + 2I^- + 2H^+ \longrightarrow I_2 + 2H_2O$$

过氧化氢的还原性较弱，尤其是在酸性介质中。只有在遇到比它更强的氧化剂时才表现出还原性。例如：

$$2MnO_4^- + 5H_2O_2 + 6H^+ \longrightarrow 2Mn^{2+} + 5O_2\uparrow + 8H_2O$$

$$Cl_2 + H_2O_2 \longrightarrow 2HCl + O_2\uparrow$$

H_2O_2 的氧化性比还原性要显著，因此，它的主要用途是基于它的氧化性。3%H_2O_2 用作消毒剂，稀的 H_2O_2 和 30%的 H_2O_2 是实验室常用试剂。H_2O_2 能将有色物质氧化为无色，所以可用作漂白剂。

过氧化氢的浓溶液和蒸气对人体会产生危害，30%的 H_2O_2 会灼伤皮肤，H_2O_2 蒸气对眼睛黏膜有强烈的刺激作用，因此使用时要格外小心。

(2) 硫化氢　是一种有毒气体，为大气污染物，空气中含 0.1%（体积分数）会引起头晕，大量吸入会造成死亡。经常接触 H_2S 则会引起慢性中毒，所以在制取和使用 H_2S 时要注意通风。

硫化氢微溶于水，水溶液称为氢硫酸。氢硫酸是一个很弱的二元酸，分两级离解：

$$H_2S \rightleftharpoons H^+ + HS^- \qquad K_{a_1}^{\ominus} = 1.32\times10^{-7}$$

$$HS^- \rightleftharpoons H^+ + S^{2-} \qquad K_{a_2}^{\ominus} = 7.10\times10^{-15}$$

H_2S 及其水溶液氢硫酸在实验室里主要用作沉淀剂，许多金属离子遇 H_2S 可生成难溶的硫化物沉淀。H_2S 中 S 的氧化值为－2，是强的还原剂，例如：

$$H_2S + 4Cl_2 + 4H_2O \longrightarrow 8HCl + H_2SO_4$$

$$H_2S + I_2 \longrightarrow 2HI + S\downarrow$$

氢硫酸溶液在空气中放置，空气中的 O_2 可将其慢慢氧化为单质 S，而使溶液变浑浊：

$$2H_2S + O_2 \longrightarrow 2S\downarrow + 2H_2O$$

硫化物与盐酸作用，放出 H_2S 气体，它可使醋酸铅试纸变黑，这也是鉴别 S^{2-} 的方法之一：

$$S^{2-} + 2H^+ \longrightarrow H_2S\uparrow$$

$$Pb(Ac)_2 + H_2S \longrightarrow PbS\downarrow(\text{黑}) + 2HAc$$

2. 氧化物及其水合物的酸碱性

除了某些稀有气体外，几乎所有元素都能生成氧化物。根据氧化物对酸、碱反应的不同，可将其分为酸性、碱性、两性和中性氧化物（也称不成盐氧化物，如 CO、NO 等）四类。氧化物的酸碱性与氧化物水合物的酸碱性是对应的。氧化物的水合物不论是酸性、碱性或两性都可把其看作氢氧化物，并用通式 $R(OH)_n$ 表示（n 为 R 的氧化数，碱和含氧酸都有 R—O—H 结构）。某些含氧酸，如 H_2SO_4 可看作 $S(OH)_6$ 失去 2 个 H_2O 分子的产物。氢氧化物的酸碱性可用 **ROH 规则**判断。

ROH 规则指出：R 的氧化数越高、半径越小，R—O—H 结构中的 R—O 将就越强，而 O—H 键就越弱，则该氢氧化物越易离解出 H^+；反之，R 的氧化数越低、半径越大，R—O—H 结构中的 R—O 将就越弱，则该氢氧化物越易离解出 OH^-。根据这一规则，可得出下列结论。

(1) 同一周期元素含氧酸酸性从左到右逐渐增强，例如：

$$H_4SiO_4 < H_3PO_4 < H_2SO_4 < HClO_4$$

(2) 同一主族元素含氧酸酸性自上而下逐渐减弱，例如：

$$HClO_3 > HBrO_3 > HIO_3$$

(3) 同一元素形成几种不同氧化态的含氧酸，其酸性依氧化态增高而增强，例如：

$$HClO < HClO_2 < HClO_3 < HClO_4$$

ROH 规则没有考虑除羟基以外其他与 R 相连的原子的影响，事实证明这种影响是不能忽视的。

3. 含硫化合物

(1) 金属硫化物　金属硫化物的特性是难溶于水，除碱金属和碱土金属硫化物外（BeS 难溶），其他金属硫化物几乎都不溶于水。金属硫化物按溶解的方法不同，可分为五类，如表 9-4 所示。

表 9-4　金属硫化物的颜色及溶解性

硫化物	颜色	$K_{sp}^{\ominus}$	溶解性
Na_2S	无色	—	溶于水或微溶于水
K_2S	黄棕色	—	
BaS	无色	—	
MnS	肉色	2.5×10^{-13}	溶于 0.3mol·L^{-1}的 HCl 溶液
NiS(α)	黑色	3.2×10^{-19}	
FeS	黑色	6.3×10^{-18}	
CoS(α)	黑色	4.0×10^{-21}	
ZnS	白色	1.6×10^{-24}	
CdS	黄色	8.0×10^{-27}	于浓 HCl
PbS	黑色	8.0×10^{-28}	
Ag_2S	黑色	6.3×10^{-50}	溶于浓 HNO_3
CuS	黑色	6.3×10^{-36}	
HgS	黑色	1.6×10^{-52}	溶于王水

随着硫化物溶度积的减小，溶解它就要设法把溶液中 S^{2-} 金属离子浓度降得越来越低，故溶解的手段要求也越来越苛刻。在无机化学中常利用硫化物的难溶解性来除去金属离子杂质。在分析化学中利用硫化物溶解方法的多样性以及硫化物的特征颜色，用来分离和鉴别金属离子。

(2) 硫的含氧酸及其盐　硫能形成种类繁多的含氧酸，一些比较常见的列于表 9-5。

表 9-5　硫的若干含氧酸

名称	化学式	硫的氧化态	结构式	存在形式
亚硫酸	H_2SO_3	+4	HO—S(→O)—OH（S 上有孤对电子 ∶）	盐
硫酸	H_2SO_4	+6	HO—S(→O)(→O)—OH	酸、盐
硫代硫酸	$H_2S_2O_3$	+2	HO—S(→S)(→O)—OH	盐
过二硫酸	$H_2S_2O_8$	+7	HO—S(→O)(→O)—O—O—S(→O)(→O)—OH	酸、盐
连四硫酸	$H_2S_4O_6$	+2.5	HO—S(→O)(→O)—S—S—S(→O)(→O)—OH	盐

① 亚硫酸及其盐　SO_2 的结构和 O_3 相似，中心原子 S 采取 sp^2 杂化，在分子平面内存在离域 π 键（π_3^4）。SO_2 的水溶液叫做亚硫酸，亚硫酸很不稳定，仅存在于溶液中，它是一个中强酸。

由于在二氧化硫、亚硫酸及其盐中，硫的氧化值为+4，所以既有氧化性，也有还原性，但是一种较强的还原剂和弱的氧化剂，空气中的 O_2 可氧化亚硫酸及亚硫酸盐：

$$2H_2SO_3+O_2 = 2H_2SO_4$$

$$2Na_2SO_3+O_2 = 2Na_2SO_4$$

因此，保存亚硫酸及亚硫酸盐时，应防止空气的进入，此外，亚硫酸及亚硫酸盐还易迅速被氧化剂所氧化，例如：

$$H_2O+Cl_2+Na_2SO_3 = 2NaCl+H_2SO_4$$

SO_3^{2-} 能使 I_2-淀粉溶液的蓝色褪去：

$$SO_3^{2-}+I_2+H_2O = SO_4^{2-}+2I^-+2H^+$$

遇强还原剂时，H_2SO_3 才表现出氧化性，例如：

$$2H_2S+H_2SO_3 = 3S\downarrow+3H_2O$$

亚硫酸盐在工业上有很多用途，如印染工业常用亚硫酸钠或亚硫酸氢钠作除氯剂，除去布漂白后残余的氯。它们还可以用作消毒剂，杀灭霉菌。长期以来亚硫酸盐还被用于食品工业。亚硫酸盐曾被认为是食品的安全添加剂，在 pH 小于 4 的食品中所添加的亚硫酸盐，可以 SO_2 的形式挥发，而且它在人体中经亚硫酸氧化酶作用，会被氧化为无毒的硫酸盐。但是，对于亚硫酸盐过敏的人则会产生一些不良反应如气喘、腹泻等。因此，目前经济发达的国家对食品中的亚硫酸盐含量已有限制。

② 硫酸及其盐　纯硫酸是无色油状液体。市售硫酸的质量分数为 96%～98%，密度为 $1.84g\cdot mL^{-1}$，有强烈的吸水性和脱水性，它能严重地破坏动植物组织，如损坏衣物和烧伤皮肤，使用时应注意安全。

浓硫酸的水合能很大（878kJ·mol^{-1}），所以稀释浓硫酸时，要在不断搅拌下将浓硫酸沿器壁慢慢倒入水中，切不可将水倒入浓硫酸中。

硫酸是二元酸中酸性最强的酸，它的第一步离解是完全的，但第二步离解并不完全：

$$H_2SO_4 = H^+ + HSO_4^-$$

$$HSO_4^- \rightleftharpoons H^+ + SO_4^{2-} \qquad K_{a_2}^{\ominus} = 1.0\times10^{-2}$$

热的浓硫酸是很强的氧化剂，特别在加热时，能氧化很多金属和非金属，本身可被还原为 SO_2、S 或 H_2S。它和非金属作用时，一般还原为 SO_2。它和金属作用时，其被还原程度和金属的活泼性有关。不活泼金属的还原性弱，只能将硫酸还原为 SO_2；活泼金属的还原性强，可以将硫酸还原为单质 S，甚至 H_2S：

$$C + 2H_2SO_4(浓) = CO_2\uparrow + 2SO_2\uparrow + 2H_2O$$

$$Cu + 2H_2SO_4(浓) = CuSO_4 + SO_2\uparrow + 2H_2O$$

$$Zn + 2H_2SO_4(浓) = ZnSO_4 + SO_2\uparrow + 2H_2O$$

$$3Zn + 4H_2SO_4(浓) = 3ZnSO_4 + S + 4H_2O$$

$$4Zn + 5H_2SO_4(浓) = 4ZnSO_4 + 4H_2O + H_2S\uparrow$$

酸式硫酸盐和大多数硫酸盐都易溶于水，但 Ca^{2+} 和 Ag^+ 的硫酸盐微溶于水，Ba^{2+}、Sr^{2+} 和 Pb^{2+} 的硫酸盐难溶于水，因此，常用可溶性的钡盐溶液鉴定溶液中是否存在 SO_4^{2-}：

$$SO_4^{2-} + Ba^{2+} = BaSO_4$$

多数硫酸盐还具有生成复盐的倾向，如摩尔盐 $(NH_4)_2SO_4\cdot FeSO_4\cdot 6H_2O$、铝钾矾 $K_2SO_4\cdot Al_2(SO_4)_3\cdot 24H_2O$ 等。许多硫酸盐具有很重要的用途，如明矾是常用的净水剂；胆矾（$CuSO_4\cdot 5H_2O$）是消毒杀菌剂和农药；绿矾（$FeSO_4\cdot 12H_2O$）是农药、医药等的原料；芒硝（$Na_2SO_4\cdot 10H_2O$）是主要的化工原料。

硫酸是主要的化工产品之一。大约有上千种化工产品需要硫酸为原料，硫酸主要用于化肥生产，此外还大量用于农药、燃料、医药、国防和轻工业等部门。

③ 硫代硫酸及其盐　亚硫酸盐与硫作用生成硫代硫酸盐：

$$Na_2SO_3 + S \xlongequal{\triangle} Na_2S_2O_3$$

硫代硫酸钠俗称大苏打，商品名为海波，是无色透明的晶体，易溶于水，水溶液呈弱碱性。硫代硫酸是一种不稳定的酸，会立即分解：

$$S_2O_3^{2-} + 2H^+ = S\downarrow + SO_2\uparrow + H_2O$$

常用此反应来鉴定 $S_2O_3^{2-}$。

硫代硫酸钠是中等强度的还原剂，强氧化剂（如 Cl_2、Br_2 等）把它氧化成硫酸盐，较弱的氧化剂（如 I_2）把它氧化成连四硫酸盐：

$$S_2O_3^{2-} + 4Cl_2 + 5H_2O = 2SO_4^{2-} + 8Cl^- + 10H^+$$

$$2S_2O_3^{2-} + I_2 = S_4O_6^{2-} + 2I^-$$

前一个反应可用来除氯，在纺织和造纸工业上作脱氯剂；后一个反应是容量分析中碘量法的基础。

$S_2O_3^{2-}$ 具有很强的配位能力，可与一些金属离子如 Ag^+、Cd^{2+} 等形成稳定的配离子。因此，在照相技术中 $Na_2S_2O_3$ 用作定影剂，以除去胶片上未起作用的 AgBr，例如：

$$2S_2O_3^{2-} + AgX = [Ag(S_2O_3)_2]^{3-} + X^- \text{（X 代表 Cl、Br）}$$

④ 过硫酸及其盐　过一硫酸（H_2SO_5）和过二硫酸（$H_2S_2O_8$）可分别看作过氧化氢分子中的一个氢原子和两个氢原子被磺酸基（—SO_3H）所取代的衍生物。过硫酸分子中都含有过氧键（—O—O—），因此具有强的氧化性：

$$S_2O_8^{2-} + 2e^- \rightleftharpoons 2SO_4^{2-} \qquad E^\ominus = 2.0V$$

重要的过二硫酸盐有 $K_2S_2O_8$ 和 $(NH_4)_2S_2O_8$，它们均为强氧化剂，能与许多还原剂发生反应，例如过硫酸盐在 Ag^+ 催化下，能将 Mn^{2+} 氧化为 MnO_4^-。

$$2Mn^{2+} + 5S_2O_8^{2-} + 8H_2O \xlongequal{Ag^+} 2MnO_4^- + 10SO_4^{2-} + 16H^+$$

该反应用来鉴定 Mn^{2+}。

过二硫酸及其盐不稳定，受热易分解。例如：

$$2K_2S_2O_8 \xlongequal{\triangle} 2K_2SO_4 + 2SO_3\uparrow + O_2\uparrow$$

过二硫酸盐固体因逐渐分解而失去氧化性。此外它与有机物混合易引起爆炸，所以使用时应引起注意。过二硫酸盐在合成橡胶、树脂工业中作聚合引发剂；在肥皂、油脂工业中作漂白剂；在染料的氧化及金属的刻蚀等方面也有应用。

第四节 氮 磷 砷

周期系第ⅤA族元素包括氮、磷、砷、锑、铋五种元素，统称为**氮族元素**。氮和磷是非金属元素，砷和锑是准金属，铋是金属元素。因此，氮族元素在性质上表现出典型的非金属到金属的一个完整过渡。

一、通性

在表 9-6 中列出了氮族元素的一些基本性质。

表 9-6 氮族元素的性质

性质	氮(N)	磷(P)	砷(As)	锑(Sb)	铋(Bi)
原子序数	7	15	33	51	83
价电子构型	$2s^22p^3$	$3s^23p^3$	$4s^24p^3$	$5s^25p^3$	$6s^26p^3$
氧化值	−3,+1,+2,+3,+4,+5	−3,+1,+3,+5	−3,+3,+5	+3,+5	+3,+5
原子半径/pm	70	110	121	141	152
第一电离能 I_1/kJ·mol^{-1}	1400	1060	966	833	774
电负性	3.0	2.1	2.0	1.9	1.9
熔点/℃	−210	44.2(白磷)	811(2.4MPa)	630.5	271.5
沸点/℃	−195.8	280.3(白磷)	612(升华)	1380	1579

氮族元素价电子层结构为 ns^2np^3，常见氧化值为−3、+3 和+5。随着原子序数的递增，从上到下，形成−3 氧化态的倾向减小。氮和磷也只存在少数−3 氧化态的离子型化合物（如 Li_3N 和 Mg_3N_2），且它们遇水即分解。氮族元素的特征氧化态是+3 和+5，从上到下+3 氧化态稳定性增加，+5 氧化态稳定性降低。

铋主要表现为+3 氧化态，而+5 氧化态的 $NaBiO_3$ 是极强的氧化剂，这可能与铋原子出现了充满电子的 4f 和 5d 能级，而 f 和 d 电子的屏蔽效应较小，6s 又具有较大的钻穿效应，所以 6s 能级显著降低，6s 电子不易参与成键，这种现象称为**惰性电子对效应**，这种效应还出现在ⅢA、ⅣA、ⅤA、ⅥA、ⅧA 和ⅡB。

氮和磷的单质性质差别很大。N_2 的熔、沸点很低，而磷单质的熔、沸点很高；N_2 很不活泼，用作保护气，而白磷有很高的活性，它暴露在空气中，就会自燃。这种差异主要是由于它们分子结构（见图 9-5）不同引起的。原子半径小的氮原子之间形成 N≡N，由一个 σ 键和两个 π 键组成，键能很高，分子特别稳定；而磷原子半径较大，磷原子通过单键与其他三个磷原子相连，这种四面体结构键角很小（60°），张力大，所以 P—P 键键能很小，化学活泼性高，因此，白磷要贮存在水中。

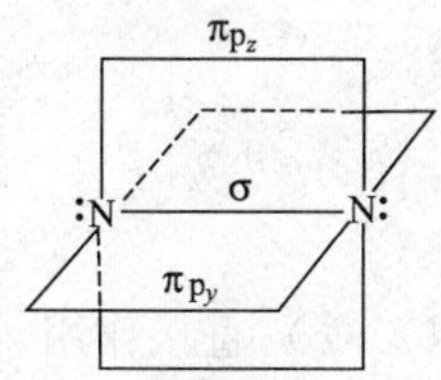

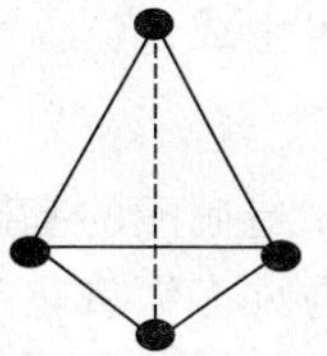

图 9-5　N_2 和 P_4 的分子结构

二、氮及其重要化合物

1. 氮

无色无臭的气体，微溶于水。在一定条件下氮能直接与氢或氧化合：

$$N_2+3H_2 \xrightarrow[催化剂]{高温高压} 2NH_3$$

$$N_2+O_2 \xrightarrow{放电} 2NO$$

氮也可以和镁、钙、铝等元素化合生成 Mg_3N_2、Ca_3N_2、AlN 等氮化物。

氮气是主要的工业气体之一，在化学工业中它大量地用于合成氨，继而生产出氮肥、硝酸、炸药等。除此之外，在电子、机械、钢铁（如氮化热处理）、食品（防腐）工业等方面均有应用。

自然界中的某些微生物，如豆科植物根部的根瘤菌在常温、常压下可高效率地将游离 N_2 转变为可供植物吸收的氮化合物。因此，“人工模拟生物固氮”便成为人们探索和研究的重要课题。我国科学家在这方面的研究已处于世界领先地位。研究一旦获得成功，人类将受益无穷。

2. 氨和铵盐

(1) 氨　有特殊刺激性气味的无色气体，分子呈三角锥形，有极性，分子间能生成氢键而缔合，氨在水中的溶解度极大。工业上在高温高压和催化剂存在下，由 H_2 和 N_2 合成。在实验室中，用铵盐和碱的反应来制备少量氨：

$$2NH_4Cl+Ca(OH)_2 = CaCl_2+2NH_3\uparrow+2H_2O$$

氨的化学性质主要表现如下。

① 加合反应　氨分子与水分子之间易形成氢键，因此氨极易溶于水，生成$NH_3\cdot H_2O$，即氨水。氨水溶液中存在下列平衡：

$$NH_3+H_2O \rightleftharpoons NH_3\cdot H_2O \rightleftharpoons NH_4^+ +OH^- \qquad K_b^{\ominus}=1.8\times10^{-5}$$

氨水溶液呈弱碱性，主要原因与氨分子的结构有关。氨分子具有孤对电子，可以作为电子对的给予体与水中 H^+ 的 1s 空轨道以配位键互相结合成 NH_4^+，游离出 OH^-，使溶液呈碱性。氨分子也能和酸（如 HCl、H_2SO_4 等）中的 H^+ 加合而成 NH_4^+。此外还可与 Ag^+、Cu^{2+} 等离子加合形成 $[Ag(NH_3)_2]^+$、$[Cu(NH_3)_4]^{2+}$ 等配离子。氨不但在溶液中发生加合反应，它与某些盐的晶体也有类似的反应，如 NH_3 与无水 $CaCl_2$ 生成 $CaCl_2\cdot 8NH_3$，所以不能用无水 $CaCl_2$ 干燥氨气。

② 还原性　氨分子中的氮处于最低氧化值－3，在一定条件下，可被氧化剂氧化成氮气

或氧化值较高的氮的化合物。例如，NH_3 在纯氧中燃烧：

$$4NH_3+3O_2 = 2N_2\uparrow+6H_2O$$

若在铂催化下，可生成 NO：

$$4NH_3+5O_2 \xlongequal{Pt,800℃} 4NO+6H_2O$$

此反应是工业上制造硝酸的基础反应。

常温下氨能与许多强氧化剂（如 Cl_2、H_2O_2、$KMnO_4$ 等）直接作用，例如：

$$3Cl_2+2NH_3 = N_2+6HCl$$

产生的 HCl 和剩余的 NH_3 进一步反应生成 NH_4Cl，产生白烟，工业上常用此反应检验氯气管道是否漏气。

③ 取代反应　在一定条件下，氨分子中的氢原子可依次被取代，生成一系列的衍生物。例如，在少量催化剂（如过渡金属盐类或氧化物）存在下，金属钠可与液氨反应生成氨基化钠：

$$2NH_3+2Na \xlongequal{350℃} 2NaNH_2+H_2\uparrow$$

(2) 铵盐　NH_4^+（143pm）的半径和 K^+（133pm）的半径相近，因此铵盐和钾盐在晶型、溶解度方面有相似之处，但在热稳定性方面两者有很大差异，固体铵盐加热极易分解。

挥发性酸组成的铵盐，加热时氨与酸一起挥发：

$$NH_4HCO_3 = NH_3\uparrow+CO_2\uparrow+H_2O$$

$$NH_4Cl \xlongequal{\triangle} NH_3\uparrow+HCl\uparrow$$

难挥发性酸组成的铵盐，加热时只有 NH_3 逸出，例如：

$$(NH_4)_2SO_4 = NH_3\uparrow+NH_4HSO_4$$

氧化性酸组成的铵盐，则发生氧化还原反应：

$$NH_4NO_3 \xlongequal{200℃} N_2O\uparrow+2H_2O$$

$$2NH_4NO_3 \xlongequal{300℃} 2N_2\uparrow+O_2\uparrow+4H_2O\uparrow \qquad \Delta H^{\ominus}=236.7kJ\cdot mol^{-1}$$

由于反应产生大量气体和热量，如果反应在密闭容器中进行，会引起爆炸。因此硝酸铵用于制造炸药，另外，铵盐都可用作化学肥料。

NH_4^+ 的检验除了向铵盐溶液中加入碱，放出氨气外，还可以用奈斯勒试剂 $K_2[HgI_4]$ 的 KOH 溶液，与 NH_4^+ 反应产生红褐色沉淀：

$$2[HgI_4]^{2-}+4OH^-+NH_4^+ = \left[\begin{matrix} & Hg & \\ O & & NH_2 \\ & Hg & \end{matrix}\right]I\downarrow(红棕色)+7I^-+3H_2O$$

3. 氮的氧化物、含氧酸及其盐

(1) 氮的氧化物　氮可以形成多种氧化物，最主要的是 NO 和 NO_2。一氧化氮是无色气体，常温下容易被氧化成 NO_2：

$$2NO+O_2 = 2NO_2$$

NO_2 是红棕色气体，具有特殊臭味并有毒，与水反应生成硝酸和一氧化氮：

$$3NO_2+H_2O = 2HNO_3+NO$$

工业废气、燃料燃烧以及汽车尾气中都有 NO 及 NO_2，对人体、金属和植物都有害，常采用碱液吸收：

$$NO+NO_2+2NaOH = 2NaNO_2+H_2O$$

(2) 硝酸及其盐　纯硝酸为无色液体，它遇光和热即部分分解：

$$4HNO_3 = 2H_2O + 4NO_2\uparrow + O_2\uparrow$$

分解出来的 NO_2 又溶于 HNO_3，使 HNO_3 带黄色或红棕色。因此实验室常把硝酸贮存于棕色瓶中。实验室中，少量的硝酸可用硝酸盐与浓硫酸作用：

$$NaNO_3 + H_2SO_4(\text{浓}) = NaHSO_4 + HNO_3$$

硝酸是强酸又是强氧化性。许多非金属单质都能被它氧化成相应的氧化物或含氧酸：

$$3C + 4HNO_3 = 3CO_2\uparrow + 4NO_2\uparrow + 2H_2O$$

$$3P + 5HNO_3 + 2H_2O = 3H_3PO_4 + 5NO\uparrow$$

$$S + 2HNO_3 = H_2SO_4 + 2NO\uparrow$$

$$3I_2 + 10HNO_3 = 6HIO_3 + 10NO\uparrow + 2H_2O$$

硝酸作为氧化剂，主要还原产物如下：

$$\overset{+5}{H N}O_3 \longrightarrow \overset{+4}{N}O_2 \longrightarrow H\overset{+3}{N}O_2 \longrightarrow \overset{+2}{N}O \longrightarrow \overset{+1}{N_2}O \longrightarrow \overset{0}{N_2} \longrightarrow \overset{-3}{N}H_4^+$$

除少数不活泼金属如 Au、Pt、Ir 外，几乎所有金属都能与 HNO_3 反应，生成相应的硝酸盐。但 Fe、Al、Cr 等在冷的浓 HNO_3 中因表面发生钝化而不与其反应。浓 HNO_3 在反应中的还原产物，主要取决于硝酸的浓度、金属的活泼性以及反应的温度。实际上 HNO_3 的还原产物不是单一的，常常是混合物，通常反应方程式中所表示还原产物只是其中所占分量最多的一种而已。一般来说，浓 HNO_3 作氧化剂时，还原产物主要是 NO_2；稀 HNO_3 作氧化剂时，还原产物主要是 NO；极稀的硝酸作氧化剂时，只要还原剂足够活泼，还原产物主要是 NH_4^+；但 HNO_3 与非金属或化合物反应还原产物多为 NO。例如：

$$Cu + 4HNO_3(\text{浓}) = Cu(NO_3)_2 + 2NO_2\uparrow + 2H_2O$$

$$Mg + 4HNO_3(\text{浓}) = Mg(NO_3)_2 + 2NO_2\uparrow + 2H_2O$$

$$3Cu + 8HNO_3(\text{稀}) = 3Cu(NO_3)_2 + 2NO\uparrow + 4H_2O$$

$$4Mg + 10HNO_3(\text{极稀}) = 4Mg(NO_3)_2 + NH_4NO_3 + 3H_2O$$

浓硝酸和浓盐酸的混合酸（体积比 1∶3）称为王水，可溶解 Au 和 Pt 等不活泼金属：

$$Au + HNO_3 + 4HCl = H[AuCl_4] + NO\uparrow + 2H_2O$$

$$3Pt + 4HNO_4 + 18HCl = 3H_2[PtCl_6] + 4NO\uparrow + 8H_2O$$

这是因为王水中既含有强氧化剂 HNO_3，又含有配位离子 Cl^-，能有效降低溶液中金属离子的浓度，有利于反应向金属溶解的方向进行。

硝酸是工业上重要的三大强酸（盐酸、硫酸、硝酸）之一，在国民经济和国防工业中占有重要地位。它是制造炸药、塑料、硝酸盐和许多其他化工产品的重要化工原料。

硝酸盐都易溶于水，硝酸盐水溶液没有氧化性，但在高温时固体硝酸盐会分解放出 O_2 而显氧化性。其分解产物因金属离子的不同而有差别。除硝酸铵外，硝酸盐受热分解有三种情况。

最活泼的金属（电位序在 Mg 之前的金属）的硝酸盐分解为亚硝酸盐和氧气：

$$2NaNO_3 \overset{\triangle}{=} 2NaNO_2 + O_2\uparrow$$

中等活泼性的金属（电位序在 Mg 和 Hg 之间）的硝酸盐分解为相应的氧化物：

$$2Pb(NO_3)_2 \overset{\triangle}{=} 2PbO + 4NO_2\uparrow + O_2\uparrow$$

不活泼的金属（电位序在 Hg 之后）的硝酸盐，则分解为金属单质：

$$AgNO_3 \overset{\triangle}{=} 2Ag + 2NO_2\uparrow + O_2\uparrow$$

实际上，硝酸盐热分解的产物与金属离子极化力有关。极化力小的金属离子的亚硝酸盐可稳定存在；极化力相对较大的金属离子的亚硝酸盐受热时不稳定，变成氧化物；极化力更大的金属离子的氧化物也不稳定，分解为金属单质。

(3) 亚硝酸及其盐　亚硝酸是弱酸，不稳定，仅能存在于冷的稀溶液中，浓溶液或微热时按下式分解：

$$2HNO_2 \rightleftharpoons H_2O + \underset{\text{蓝色}}{N_2O_3} \rightleftharpoons H_2O + NO\uparrow + \underset{\text{红棕色}}{NO_2\uparrow}$$

但亚硝酸盐，特别是碱金属和碱土金属的亚硝酸盐却是相当稳定的。亚硝酸盐大多是无色的，一般都易溶于水（除淡黄色的 $AgNO_2$ 外）。

亚硝酸及亚硝酸盐中 N 的氧化值为＋3，既有氧化性又有还原性：

$$HNO_2 + H^+ + e^- \rightleftharpoons NO + H_2O \qquad E^\ominus = 1.00V$$

$$NO_3^- + 3H^+ + 2e^- \rightleftharpoons HNO_2 + H_2O \qquad E^\ominus = 0.94V$$

可见，HNO_2 是强的氧化剂（氧化能力超过 HNO_3）和弱的还原剂。在水溶液中它能将 I^- 氧化：

$$2HNO_2 + 2I^- + 2H^+ = 2NO\uparrow + I_2 + 2H_2O$$

此反应在定量分析化学中用于定量测定 NO_2^-。

亚硝酸及其盐遇到强氧化剂时也可被氧化，表现出还原性。例如：

$$5NO_2^- + 2MnO_4^- + 6H^+ = 5NO_3^- + 2Mn^{2+} + 3H_2O$$

此反应可用来区别 HNO_3 和 HNO_2。

亚硝酸盐有毒！是公认的强致癌物之一。若有人误食含有 $NaNO_2$ 的食盐，会引起中毒死亡事故。蔬菜中含有较多的硝酸盐，如果在较高温度下存放时间过久，在细菌和酶的作用下，硝酸盐会被还原成亚硝酸盐，因此隔夜的剩菜不吃为好，腌制咸菜，各类鱼、肉罐头等都因含有亚硝酸盐而不宜多吃。

三、磷及其重要化合物

1. 单质磷

常见的磷的同素异形体有白磷和红磷。白磷的化学性质较活泼，易溶于有机溶剂。白磷经轻微的摩擦就会引起燃烧，必须保存在水中。白磷是剧毒物质，致死量约 0.1g。红磷无毒，它的化学性质也比白磷稳定得多，红磷用于安全火柴的制造，在农业上用于制备杀虫剂。

在自然界中磷总是以磷酸盐的形式存在，如磷酸钙[$Ca_3(PO_4)_2$]，磷灰石[$Ca_5F(PO_4)_3$]等。单质磷是将 $Ca_3(PO_4)_2$、碳粉和石英砂混合后放在 1400℃左右的电炉中加热制得：

$$2Ca_3(PO_4)_2 + 6SiO_2 + 10C = 6CaSiO_3 + P_4 + 10CO$$

2. 磷的氧化物、含氧酸盐及其盐

(1) 磷的氧化物　磷在空气中燃烧产物是五氧化二磷，如果氧不足，则生成三氧化二磷。根据蒸气密度的测定，它们的分子式分别为 P_4O_{10} 和 P_4O_6（见图 9-6）。

P_4O_6 可看作是 P_4 的分子内 6 个 P—P 键断裂后各嵌入一个氧原子而形成的。在 P_4O_6 中因每个磷原子（sp^3 杂化）上有一孤对电子，反应时若氧过量，此孤对电子可进一步与氧原子配位而形成 P_4O_{10}。

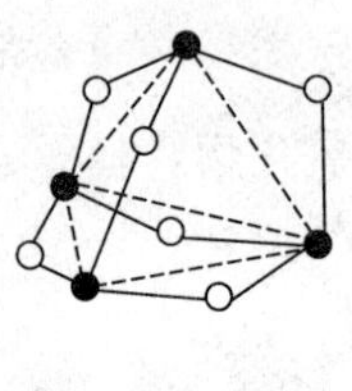

P_4O_6　　　P_4O_{10}

图 9-6　P_4O_6 和 P_4O_{10} 空间构型

P_4O_6 与冷水反应较慢，可生成亚磷酸：

$$P_4O_6 + 6H_2O(冷) = 4H_3PO_3$$

与热水反应则歧化为磷酸和膦：

$$P_4O_6 + 6H_2O(热) = 3H_3PO_4 + PH_3\uparrow$$

P_4O_{10} 为白色雪花状固体，吸水性很强，是效率很高的干燥剂。

（2）磷的含氧酸及其盐　磷有多种含氧酸，其中较重要的列于表 9-7。

表 9-7　磷的几种重要含氧酸

化学式	H_3PO_4	$H_4P_2O_7$	$H_5P_3O_{10}$	$(HPO_3)_n$	H_3PO_3	H_3PO_2
磷的氧化值	+5	+5	+5	+5	+3	+1
名称	（正）磷酸	焦磷酸	三磷酸	偏磷酸	亚磷酸	次磷酸

磷酸无氧化性，是稳定的三元中强酸，磷酸在加热时会发生脱水作用，可生成焦磷酸、多磷酸和偏磷酸等。两分子 H_3PO_4 失去一分子水即成焦磷酸 $H_4P_2O_7$，继续加热至 400℃，则 $H_4P_2O_7$ 又失去一分子水成偏磷酸 HPO_3，而偏磷酸吸收水分又可回复到正磷酸，其关系表示如下：

$$2H_3PO_4 \xrightarrow{210℃} H_4P_2O_7 \xrightarrow[-H_2O]{400℃} 2HPO_3 \xrightarrow{+H_2O} 2H_3PO_4$$

H_3PO_3 和 H_3PO_2 的结构分别为：

因与 P 直接键合的 H 原子不能被金属原子置换，所以它们分别是二元酸和一元中强酸。这两种酸都有较强的还原性，例如：

$$H_3PO_3 + 2AgNO_3 + H_2O = H_3PO_4 + 2Ag\downarrow + 2HNO_3$$

磷酸盐中磷酸二氢盐都能溶于水，而磷酸盐和磷酸一氢盐除 Na^+、K^+、NH_4^+ 盐外，一般都不溶于水。钠和钾的酸式盐常用于制备缓冲溶液，Na_3PO_4 溶液呈强碱性；Na_2HPO_4 溶液呈弱碱性，这是由于 HPO_4^{2-} 的碱式离解能力（$K_{b_2}^{\ominus}=1.6\times10^{-7}$）较其酸式离解能力（$K_{a_3}^{\ominus}=2.2\times10^{-13}$）强；而 NaH_2PO_4 的水溶液呈弱酸性，因其酸式离解能力（$K_{a_2}^{\ominus}=6.23\times10^{-8}$）比 $H_2PO_4^-$ 的碱式离解能力（$K_{b_3}^{\ominus}=1.3\times10^{-12}$）强的缘故。因此，可以利用磷酸盐溶液离解能力的不同，配制 pH 不同的标准缓冲溶液。

磷酸根与过量的钼铵酸 $(NH_4)_2MoO_4$ 在酸性条件下混合后加热，慢慢有钼磷酸铵黄色沉淀生成：

$$PO_4^{3-} + 3NH_4^+ + 12MoO_4^{2-} + 24H^+ = (NH_4)_3PO_4\cdot12MoO_3\cdot6H_2O\downarrow\ (黄) + 6H_2O$$

此反应用于鉴定 PO_4^{3-}。

磷酸盐在工农业生产和日常生活中有着很多用途。磷酸盐不仅可用作化肥，还可用作洗涤剂及动物饲料的添加剂、锅垢除垢剂、金属防腐剂，在电镀和有机合成上也有用途。磷酸盐在食品中应用甚广。磷是构成核酸、磷脂和某些酶的主要成分。因此，对一切生物来说，磷酸盐在所有能量传递过程，如新陈代谢、光合作用、神经功能和肌肉活动中都起着重要作用。

四、砷的化合物

砷的氧化物有 As_2O_3 和 As_2O_5，它们都是白色固体。As_2O_3（俗称砒霜）微溶于水，剧毒，致死量为 0.1g，主要用于制造杀虫剂、除草剂以及含砷药物。As_2O_3 是两性偏酸性的氧化物，溶于碱生成亚砷酸盐，溶于浓盐酸生成砷（Ⅲ）盐：

$$As_2O_3 + 6NaOH = 2Na_3AsO_3 + 3H_2O$$

$$As_2O_3 + 6HCl = 2AsCl_3 + 3H_2O$$

As_2O_5 溶于水生成 H_3AsO_4，它是一种较弱的氧化剂，在强酸性介质中才能将 I^- 氧化：

$$H_3AsO_4 + 2I^- + 2H^+ \rightleftharpoons H_3AsO_3 + I_2 + H_2O$$

$$E^{\ominus}(H_3AsO_4/H_3AsO_3) = 0.58V, E^{\ominus}(I_2/I^-) = 0.535V$$

溶液酸性较弱时，上述反应将逆向进行，即 H_3AsO_3 被 I_2 氧化。

As_2S_3 两性偏酸性，易溶于碱和碱金属硫化物（如 Na_2S），生成硫代砷酸盐；

$$As_2S_3 + 6NaOH = Na_3AsS_3 + Na_3AsO_3 + 3H_2O$$

$$As_2S_3 + 3Na_2S = 2Na_3AsS_3$$

前一反应相当于酸性氧化物与碱反应，后一反应相当于酸性氧化物与碱性氧化物反应。

As_2S_5 的酸性比 As_2S_3 强，因此它更易溶于 Na_2S：

$$As_2S_5 + 3Na_2S = 2Na_3AsS_4$$

硫代酸均不稳定，遇酸即分解为相应的硫化物并放出 H_2S：

$$2AsS_3^{3-} + 6H^+ = As_2S_3\downarrow + 3H_2S\uparrow$$

$$2AsS_4^{3-} + 6H^+ = As_2S_5\downarrow + 3H_2S\uparrow$$

在化学上常利用硫代硫酸盐的生成和分解，将砷和锑的硫化物（锑的硫化物性质与砷的相似）与其他硫化物分离。

砷及其化合物都是有毒物质，As（Ⅲ）的毒性强于 As（Ⅴ），有机砷化物又比无机砷化物的毒性更强。冶金、化工、化学制药等工业的废气和废水中常含有砷。砷及其化合物对人体危害很大，它们可在人体内积累，且是致癌物质。因此，必须采用有效措施，消除污染，保护环境，保证人体健康。国家规定，排放废水中含砷量不得超过 $0.5mg \cdot L^{-1}$。

第五节 碳 硅 硼

碳族元素是周期系第ⅣA 族元素，包括碳、硅、锗、锡、铅五个元素。碳和硅在自然界中分布很广，碳是组成生物界的主要元素，而硅是构成地球上矿物界的主要元素。

硼族元素是周期表第ⅢA 族元素，包括硼、铝、镓、铟、铊五个元素。硼族元素中，硼是唯一的非金属元素。

一、碳

碳族元素价电子构型为 ns^2np^2，因此它们主要的氧化值为＋2 和＋4。碳有时也可生成－4 氧化值的共价化合物。惰性电子对效应在本族元素中表现也很显著，＋4 氧化值的稳定性从上到下降低，而＋2 氧化值的稳定性从上到下增加。所以碳、硅主要表现为＋4 氧化值，

本族元素中 M—M 和 M—H 键中以 C—C 和 C—H 键的键能最大，这就是碳能形成数百万种有机化合物的原因；M—O 键中以 Si—O 键的键能最大，这也是自然界中硅总是以含氧化合物形式存在的原因。

碳主要存在两种同素异形体——金刚石和石墨，近年来碳的另一类同素异形体——C_{60}、C_{70}等也被发现。C_{60}是深黄色的固体，每个分子由 60 个 C 原子所构成的球形 32 面体结构，如图 6-34 所示。

科学家语言，C_{60}分子的发现，将会开创碳化学的新领域。

1. 一氧化碳、二氧化碳和碳酸

CO 是无色、无臭的气体，CO 气体有毒，主要是因为它能和血液中携 O_2 的血红蛋白结合成稳定的配合物，使血红蛋白失去输送 O_2 的能力，致人缺氧而死亡。空气中的 CO 的体积分数达 0.1%时，就会引起中毒。

CO 的分子结构如下所示：

$$:C \equiv O:$$

CO 分子中存在一个 σ 键、一个正常 π 键和一个配位 π 键，配位 π 键的电子来自氧原子。由于配位 π 键的存在，抵消了电负性差所造成的极性，使 CO 的偶极矩很小，且碳端为负，氧端为正，这样的电荷分布增强了碳原子的配位能力，所以 CO 具有很强的配位能力，能和一些金属原子或离子形成羰基配合物，如 $Ni(CO)_4$、$Fe(CO)_5$ 等。

CO 具有还原性，是冶金工业中常用的还原剂，还是良好的气体燃料。

CO_2 为直线性分子中心原子 C 采取 sp 杂化，同时存在两个离域 π_3^4 键，因此，分子中 C—O 键的键长介于 C＝C 和 C≡C 之间，具有一定程度的三键特征。CO_2 不能自燃，又不助燃，相对密度比空气大，常用作灭火剂。在生产和科研中 CO_2 也常用作惰性介质。

CO_2 的水溶液称为碳酸，它是二元弱酸，H_2CO_3 不稳定，仅存在于稀溶液中，当浓度增大或加热溶液时即分解出 CO_2。

2. 碳酸盐

这里主要介绍碳酸盐三个方面的性质。

(1) 溶解性　碳酸盐有正盐和酸式盐之分。正盐中只有碱金属（除 Li 外）和铵的碳酸盐易溶于水，其他的碳酸盐都难溶于水；大多数酸式碳酸盐都易溶于水。一般来说，难溶碳酸盐对应的碳酸氢盐的溶解度大于正盐，例如 $Ca(HCO_3)_2$ 的溶解度大于 $CaCO_3$；但易溶碳酸盐却相反，正盐溶解度大于酸式盐，例如 $NaHCO_3$ 溶解度就比 Na_2CO_3 小。后者是由于碳酸氢盐溶液中 HCO_3^- 通过氢键形成二聚或多聚链状结构，从而降低了它们的溶解度。

(2) 水解性　碱金属碳酸盐溶液因水解呈强碱性，溶液中同时存在 CO_3^{2-} 和 OH^-。当金属离子和碱金属碳酸盐溶液作用时，产物是正盐、氢氧化物还是碱式碳酸盐，主要取决于该金属碳酸盐和氢氧化物溶解度的相对大小。

若碳酸盐的溶解度比氢氧化物的溶解度小得多，则生成正盐，属于这类的金属离子有 Ba^{2+}、Ca^{2+}、Mn^{2+}、Ag^+ 等，例如：

$$Ba^{2+} + CO_3^{2-} \longrightarrow BaCO_3 \downarrow$$

若氢氧化物的溶解度比碳酸盐的溶解度小得多，则生成氢氧化物，属于这类的金属离子有 Fe^{3+}、Al^{3+}、Cr^{3+}、Sn^{2+}、Sn^{4+} 等，例如：

$$2Fe^{3+} + 3CO_3^{2-} + 3H_2O \longrightarrow 2Fe(OH)_3 \downarrow + 3CO_2 \uparrow$$

若氢氧化物的溶解度和碳酸盐的溶解度相近，则生成碱式碳酸盐，属于这类的金属离子有 Cu^{2+}、Mg^{2+}、Pb^{2+}、Bi^{3+}、Zn^{2+} 等，例如：

$$2Cu^{2+} + 2CO_3^{2-} + H_2O \longrightarrow Cu_2(OH)_2CO_3 \downarrow + CO_2 \uparrow$$

(3) 热稳定性　碳酸盐和碳酸氢盐另一个重要性质是热稳定性较差，受热按下式分解：

$$M(HCO_3)_2 \xlongequal{\triangle} MCO_3 + H_2O + CO_2 \uparrow$$

$$MCO_3 \xlongequal{\triangle} MO + CO_2 \uparrow$$

对比碳酸、碳酸盐和碳酸氢盐的热稳定性，发现它们的稳定顺序是

$$H_2CO_3 < MHCO_3 < M_2CO_3$$

不同金属离子的碳酸盐，它们的热稳定性差别甚大，具有以下规律：

碳酸＜铵盐＜过渡金属盐＜碱土金属盐＜碱金属盐

上述事实可用离子极化的观点来说明。当没有外电场影响时，CO_3^{2-} 中 3 个 O^{2-} 已被 C^{4+} 所极化而变形；金属离子可以看成是外电场，只极化邻近一个 O^{2-}，由于金属离子其极化的偶极方向与 C^{4+} 对 O^{2-} 极化所产生的偶极方向相反，使这个 O^{2-} 原来的偶极矩缩小，从而削弱了碳氧间的键，这种作用叫做反极化作用，最后导致碳酸根的破裂，分解成 MO 和 CO_2。显然，金属离子的极化力越强，它对碳酸根的反极化作用也越强烈，碳酸盐也就越不稳定。至于 H^+，虽然只有一个正电荷，但由于它的半径很小，电场强度大，所以极化力强；又由于它的半径很小，外层没有电子，可以钻入 CO_3^{2-} 的 O^{2-} 中，更削弱 C^{4+} 与 O^{2-} 间的联系，所以 H^+ 的反极化作用较金属的强。因而，含一个 H 的 $NaHCO_3$，比不含 H 的 Na_2CO_3 易分解，而含两个 H 的 H_2CO_3 就更易分解。其他含氧酸及其盐类的稳定性也可以同样加以解释。

在碳酸盐中，以钠、钾、钙的碳酸盐最为重要，Na_2CO_3 俗称纯碱。碳酸氢盐中以 $NaHCO_3$（小苏打）最为重要，在食品工业中，它与碳酸氢铵、碳酸铵等作为膨松剂。

二、硅

1. 二氧化硅和硅酸

SiO_2 是硅的主要氧化物，在自然界中有晶体和无定形两种形态。石英是天然的 SiO_2 晶体，无色透明的纯净石英称为水晶；硅藻土是天然无定形 SiO_2，工业上常用作吸附剂以及催化剂的载体。

若将石英在 1600℃时熔化成黏稠液体，然后急速冷却，因黏度大不易结晶而变成无定形的石英玻璃，它有许多特殊的性能：如热至 1400℃也不软化；热胀系数很小，能经受温度的剧变；可透过可见光和紫外线，因此，石英可用于制造高级化学器皿和医学、光学仪器。

SiO_2 与一般的酸不反应，但能与 HF 反应：

$$SiO_2 + 4HF = SiF_4\uparrow + 2H_2O$$

高温时，SiO_2 和 NaOH 或 Na_2CO_3 共熔即得硅酸钠：

$$SiO_2 + 2NaOH = Na_2SiO_3 + H_2O$$

$$SiO_2 + Na_2CO_3 = Na_2SiO_3 + CO_2\uparrow$$

用酸同上述得到的硅酸盐作用可制得硅酸：

$$Na_2SiO_3 + 2HCl = H_2SiO_3 + 2NaCl$$

硅酸是一种极弱的酸（$K_{a_1}^{\ominus} = 1.7\times10^{-10}$），它只能存在于稀溶液中，若超过其溶解度就会发生缩聚作用。聚硅酸有多种形态，常以 $xSiO_2 \cdot yH_2O$ 表示。现已知有正硅酸 H_4SiO_4、偏硅酸 H_2SiO_3、二偏硅酸 H_2SiO_5 等。其中 $x/y>1$ 者称为多硅酸，实际上见到的硅酸常常是各种硅酸的混合物。由于各种硅酸中以偏硅酸组成最为简单，因此习惯上用 H_2SiO_3 作为硅酸的代表。

在一定条件下，如果硅酸聚合颗粒的大小达到胶粒范围，则形成硅溶胶；如果硅酸聚合成立体网状结构，而大量的溶剂被分割在网状结构的空隙中失去流动性，则形成了硅凝胶；硅凝胶经干燥脱水后则成白色透明多孔性的固体物质，常称为硅胶，有良好的吸水性，而且吸水后能烘干重复使用。实验室常见的变色硅胶是将硅胶在 $CoCl_2$ 溶液中浸泡、干燥、活化后制得，无水 $CoCl_2$ 呈蓝色，吸水后 $CoCl_2\cdot6H_2O$ 呈粉红色，根据颜色的变化可判断硅胶吸水的程度。

2. 硅酸盐

除碱金属硅酸盐可溶于水外，其他的硅酸盐均不溶于水。天然硅酸盐在地壳中含量约占地壳的95%，许多矿物如长石、云母、石棉、滑石，许多岩石如花岗岩等都是硅酸盐。常见的天然硅酸盐主要有：

正长石 $K_2O \cdot Al_2O_3 \cdot 6SiO_2$　　高岭石 $Al_2O_3 \cdot 2SiO_2 \cdot 2H_2O$

石　棉 $CaO \cdot 3MgO \cdot 4SiO_2$　　泡沸石 $Na_2O \cdot Al_2O_3 \cdot 2SiO_2 \cdot nH_2O$

硅酸钠是常见的可溶性硅酸盐，将烧碱或碳酸钠与石英共熔，然后在增压锅中加水蒸煮，制得的透明的浆状溶液称做“水玻璃”，俗称“泡花碱”，化学组成可表示为$Na_2O \cdot nSiO_2$。水玻璃广泛应用于木材和织物的防火处理、蛋类的保护、纸浆上胶以及洗涤剂的填料等。

分子筛是一类多孔性的硅铝酸盐，有天然的和人工合成的两大类。泡沸石是一种天然的分子筛，其结构中有许多笼状空穴和通道。若经加热把空穴和通道内的空气赶走，则它有吸附水分和其他小分子的作用，而直径比空穴大的分子则被拒之“门”外，因为它具有筛选分子的功能，被称为分子筛。分子筛广泛用于气体干燥、净化、富集，也用于轻油脱蜡、离子交换和催化剂载体等方面。

三、硼

硼的价层电子构型为$2s^2 2p^1$，硼一般只形成氧化值为+3的化合物。硼族元素价电子层有4个轨道（1个s轨道和3个p轨道），但价电子只有3个，这种价电子数少于轨道数的原子称**缺电子原子**。当它与其他原子形成共价键时，价电子层中还有空轨道，这种化合物称**缺电子化合物**。由于空轨道的存在，有很强的接受电子对的能力，故它们具有以下特征。

(1) 易形成配合物

$$BF_3 + NH_3 \Longrightarrow F_3B \leftarrow NH_3$$

$$BF_3 + F^- \Longrightarrow [BF_4]^-$$

(2) 易形成聚合分子　气态的卤化铝（除离子型化合物 AlF_3 外）易形成双聚分子（如 B_2H_6、Al_2Cl_6 等），见图 9-7。

在 Al_2Cl_6 分子中，每个 Al 原子以 sp^3 杂化轨道与四个 Cl 原子成键，呈四面体结构。中间两个 Cl 原子形成桥式结构，每个 Cl 原子除与一个 Al 原子形成正常共价外，还与另一个 Al 原子形成配位键。

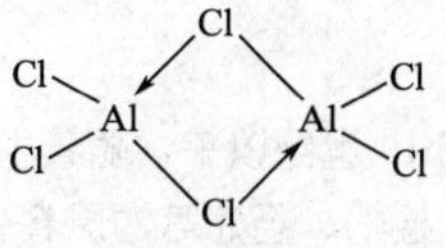

图 9-7　Al_2Cl_6 的分子结构

1. 硼的氢化物

硼可形成一系列共价氢化物（称硼烷），其中最简单的是乙硼烷（B_2H_6）。B_2H_6 无色，极毒。B_2H_6 的分子结构如图 9-8 所示。

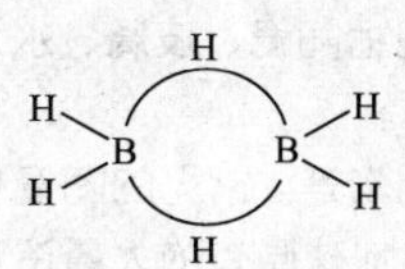

图 9-8　B_2H_6 的分子结构

B 为 sp^3 杂化，每个 B 原子用两个杂化轨道分别与两个 H 原子形成正常共价。当两个处于同一平面的 BH_2 单元相互靠近时，剩下的另外两个 sp^3 杂化轨道在平面的两侧，分别与 H 原子轨道重叠，形成两个包括两个 B 原子和一个 H 原子的三中心两电子键，记为 B–H–B（弧形），它是一非定域键，又称氢桥键，该键的形成体现了 B 原子的缺电子性。

2. 硼酸

B_2O_3 也称硼酸酐或硼酐，是白色固体。在高温下硼和氧反应，生成氧化硼，氧化硼溶于水后生成偏硼酸和硼酸，H_3BO_3 受热脱水又可变成 HBO_2 和 B_2O_3，这种反应是可逆的：

$$H_2BO_3 \underset{+H_2O}{\overset{-H_2O}{\rightleftharpoons}} HBO_2 \underset{+H_2O}{\overset{-H_2O}{\rightleftharpoons}} B_2O_3$$

硼酸是一元弱酸，$K_a^{\ominus}=5.8\times10^{-10}$。硼酸的酸性并不是它本身给出了 H^+，而是由于硼原子是缺电子原子，它与 H_2O 分子中的 OH^- 加合而释放出 H^+，从而导致溶液呈酸性。

$$H_3BO_3+H_2O \longrightarrow \left[\begin{array}{c} OH \\ | \\ HO—B\leftarrow OH \\ | \\ OH \end{array}\right]^- +H^+$$

H_3BO_3 晶体呈鳞片状，具有层状的晶体结构，层与层之间又通过分子间力联系在一起，组成大晶体，晶体内各片层之间容易滑动，所以硼酸可作润滑剂。硼酸还大量用于搪瓷和玻璃工业，它还可作防腐剂以及医用消毒剂。

3. 硼酸盐

四硼酸钠（$Na_2B_4O_7\cdot10H_2O$），俗称硼砂，它是无色透明晶体，在空气中易失去部分水分子而风化。熔融的硼砂可以溶解许多金属氧化物，形成具有不同特征颜色的偏硼酸（HBO_2）复盐，在分析化学上称为**硼砂珠试验**，例如：

$$Na_2B_4O_7+CoO = 2NaBO_2\cdot Co(BO_2)_2\text{（宝蓝色）}$$

$$Na_2B_4O_7+NiO = 2NaBO_2\cdot Ni(BO_2)_2\text{（淡红色）}$$

这一类反应常用来鉴定某些金属离子。

硼酸盐在分析化学中可作基准物，也可以做消毒剂、防腐剂及洗涤剂的填充料，并利用它的稳定性做耐热材料、绝缘材料等。硼砂可用于陶瓷工业，也用于制造耐温度骤变的特种玻璃和光学玻璃。

非金属材料

自19世纪以来，随着生产和科学技术的进步，尤其是无机化学和有机化学工业的发展，人类以天然的矿物、植物、石油等为原料，制造和合成了许多新型非金属材料，如水泥、人造石墨、特种陶瓷、合成橡胶、合成树脂（塑料）、合成纤维等。这些非金属材料因具有各种优异的性能，为天然的非金属材料和某些金属材料所不及，从而在近代工业中的用途不断扩大，并迅速发展。

无机非金属材料也和金属材料以及有机高分子材料等一样，是当代完整的材料体系中的一个重要组成部分。以某些元素的氧化物、碳化物、氮化物、硼化物、硫系化合物（包括硫化物、硒化物及碲化物）和硅酸盐、钛酸盐、铝酸盐、磷酸盐等含氧酸盐为主要组成的无机材料的泛称。包括陶瓷、玻璃、水泥、耐火材料、搪瓷以及新型无机材料等。

陶瓷是陶器和瓷器的总称。陶瓷材料大多是氧化物、氮化物、硼化物和碳化物等。常见的陶瓷材料有黏土、氧化铝、高岭土等。陶瓷材料一般硬度较高，但可塑性较差。陶瓷原料是地球原有的大量资源黏土经过萃取而成。而黏土的性质具韧性，常温遇水可塑，微干可雕，全干可磨；烧至700℃可成陶器能装水；烧至1230℃则瓷化，可完全不吸水且耐高温耐腐蚀。其用法之弹性，在今日文化科技中尚有各种创意的应用。

玻璃是一种透明、强度及硬度颇高，不透气的物料。玻璃在日常环境中呈化学惰性，亦不会与生物起作用，故此用途非常广泛。玻璃一般不溶于酸（例外：氢氟酸与玻璃反应生成 SiF_4，从而导致玻璃的腐蚀），但溶于强碱，例如氢氧化铯。玻璃是一种非晶形过冷液体，融解的玻璃迅速冷却，各分子因为没有足够时间形成晶体而形成玻璃。普通玻璃化学氧化物的组成为 $Na_2O \cdot CaO \cdot 6SiO_2$，主要成分是二氧化硅，广泛应用于建筑物，用来隔风透光，属于混合物。

水泥，粉状，加水搅拌后成浆体，能在空气中硬化或者在水中更好地硬化，并能把砂、石等材料牢固地胶结在一起。水泥是重要的建筑材料，用水泥制成的砂浆或混凝土，坚固耐久，广泛应用于土木建筑、水利、国防等工程。

耐火材料是指高于 1580℃的无机非金属材料。20 世纪初，耐火材料向高纯、高致密和超高温制品方向发展，同时出现了完全不需烧成、能耗小的无定形耐火材料和耐火纤维。现在，随着原子能技术、空间技术、新能源技术的发展，具有耐高温、抗腐蚀、抗热振、耐冲刷等综合性能良好的耐火材料得到了应用。

搪瓷，其实是将无机玻璃质材料通过熔融凝于基体金属上并与金属牢固结合在一起的一种复合材料。在金属表面进行瓷釉涂搪可以防止金属生锈，使金属在受热时不至于在表面形成氧化层，并且能抵抗各种液体的侵蚀。搪瓷制品不仅安全无毒，易于洗涤洁净，可以广泛地用作日常生活中使用的饮食器具和洗涤用具，而且在特定的条件下，瓷釉涂搪在金属坯体上表现出的硬度高、耐高温、耐磨以及绝缘作用等优良性能，使搪瓷制品有了更加广泛的用途。瓷釉层还可以赋予制品以美丽的外表，装点人们的生活。可见搪瓷制品兼备了金属的强度和瓷釉华丽的外表以及耐化学侵蚀的性能。

20 世纪以来，随着电子技术、航天、能源、计算机、通信、激光、红外、光电子学、生物医学和环境保护等新技术的兴起，对材料提出了更高的要求，促进了特种无机非金属材料的迅速发展，出现了变色玻璃、光导纤维、电光效应、电子发射及高温超导等各种新型无机材料。

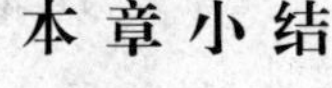

本章小结

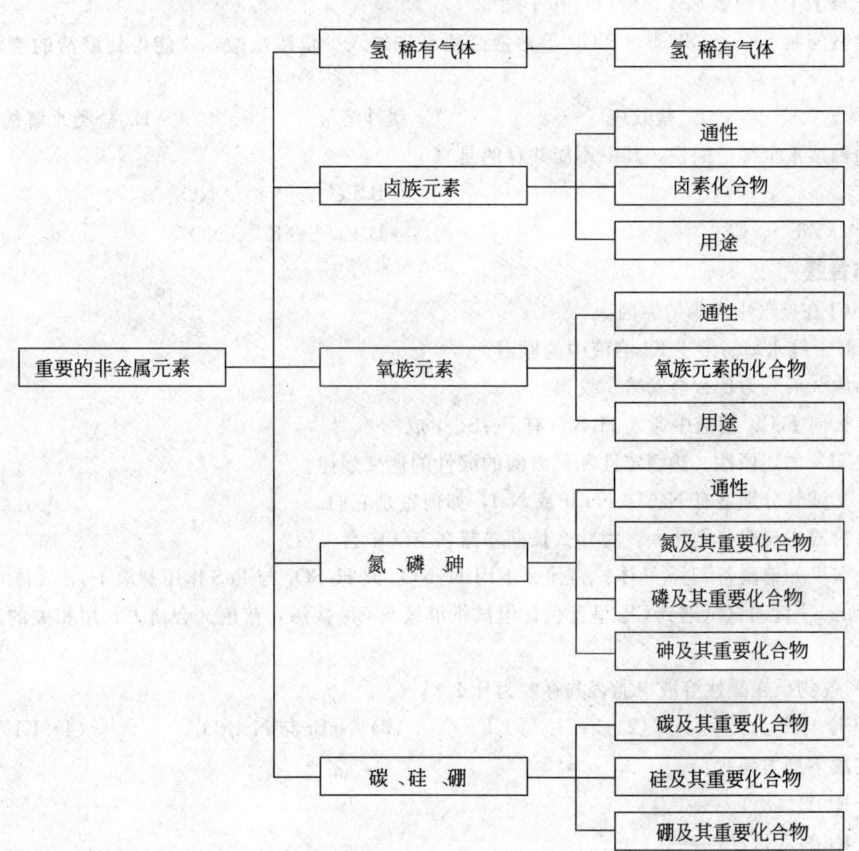

习　题

一、选择题

1. 有关氟、氯、溴、碘的共性，错误的描述是（　　）。

A. 都可生成共价化合物　　B. 都可作为氧化剂

C. 都可生成离子化合物　　D. 都可溶于水放出氧气

2. 下列各组一元酸，酸性顺序正确的是（　　）。

A. $HClO > HClO_3 > HClO_4$　　B. $HClO > HClO_4 > HClO_3$

C. $HClO_4 > HClO > HClO_3$　　D. $HClO_4 > HClO_3 > HClO$

3. 氧族元素与非金属元素化合形成的化合物为（　　）。

A. 共价型　　B. 离子型　　C. 共价型或离子型　　D. 配位型

4. 高层大气中的臭氧层保护了人类生存的环境，其作用是（　　）。

A. 消毒　　B. 漂白　　C. 保温　　D. 吸收紫外线

5. 将 H_2O_2 加入 H_2SO_4 酸化的高锰酸钾溶液中，H_2O_2 所起的作用是（　　）。

A. 氧化剂作用　　B. 还原剂作用　　C. 还原 H_2SO_4　　D. 分解成氢和氧

6. 实验室中检验 H_2S 气体，通常用的是（　　）。

A. 石蕊试纸　　B. pH 试纸　　C. 醋酸铅试纸　　D. KI- 淀粉试纸

7. 下列有关硫酸的叙述，正确的是（　　）。

A. 硫酸分子结构中有大 π 键，所以分子很稳定　　B. 纯硫酸是共价化合物，所以沸点较低

C. 硫酸分子中有氢键，所以沸点较高　　D. 浓硫酸具有强的氧化性，不能用来干燥 SO_2 气体

E. 浓硫酸具有强烈吸水性，所以可作干燥剂

8. 实验室配制 $SnCl_2$、$SbCl_3$、$BiCl_3$ 等溶液必须事先加入少量浓盐酸，才能得到澄清的溶液，这是由于（　　）。

A. 同离子效应　　B. 盐效应　　C. 缓冲溶液　　D. 盐类水解的原因

9. 有四种溶液全部呈酸性，其中不能共存的是（　　）。

A. Fe^{3+}、Na^+、$Cr_2O_7^{2-}$　　B. Fe^{2+}、Na^+、NO_3^-

C. NH_4^+、Zn^{2+}、Cl^-　　D. Ca^{2+}、K^+、NO_3^-

二、简答题

1. 浓 HCl 在空气中发烟的原因。

2. I_2 难溶于纯水却易溶于 KI 溶液中的原因。

3. 油画放久后，为什么会发暗、发黑？

4. 为什么向 $FeCl_3$ 溶液中通入 H_2S 没有 Fe_2S_3 生成。

5. 试述 HX 的还原性、热稳定性和氢卤酸的酸性的递变规律。

6. 有三支试管分别盛有 NaCl、NaBr 或 NaI，如何鉴别它们。

7. 漂白粉的主要成分是什么？为什么长期暴露在空气中会失效？

8. 实验室里如何制备 H_2S 气体？为什么不用 H_2NO_3 或 H_2SO_4 与 FeS 作用制取 H_2S 气体？

9. 润湿的 KI-淀粉试纸遇到 Cl_2 呈蓝色，但试纸继续与 Cl_2 接触，蓝色又会褪去，用相关的反应式解释上述现象。

10. 下列各物质在酸性溶液中能否共存？为什么？

（1）$FeCl_3$ 与 Br_2 水　　（2）$FeCl_3$ 与 KI　　（3）NaBr 与 $NaBrO_3$　　（4）KI 与 KIO_3

三．完成下列方程式：

1. $Cl_2 + KOH$（冷）$\longrightarrow$

2. $Cl_2 + KOH$（热）$\longrightarrow$

3. $HCl + KMnO_4 \longrightarrow$

4. $KClO_3 \xrightarrow{\triangle}$

5. $KClO_3 \longrightarrow$

6. $H_2O_2 + I_2 \longrightarrow$

7. $H_2O_2 + KMnO_4 + H_2SO_4 \longrightarrow$

8. $Na_2S_2O_3 + I_2 \longrightarrow$

9. $Na_2S_2O_3 + Cl_2 + H_2O \longrightarrow$

10. $AgBr + Na_2S_2O_3 \longrightarrow$

四、鉴别

1. NH_4Cl 与 $(NH)_2SO_4$

2. Na_2S　Na_2SO_3　$Na_2S_2O_3$　Na_2SO_4　$Na_2S_4O_8$

3. CO_2　NH_3　NO　H_2S　SO_2　NO_2

五、推断题

1. 今有白色的钠盐 A 和 B，A 和 B 都溶于水，A 的水溶液呈中性，B 的水溶液呈碱性。A 溶液与 $FeCl_3$ 溶液作用，溶液呈棕色。A 溶液与 $AgNO_3$ 溶液作用，有黄色沉淀析出。晶体 B 与浓盐酸反应，又黄绿色气体产生，此气体与冷的 NaOH 溶液作用，可得到含 B 的溶液。向 A 溶液中开始滴加 B 溶液时，溶液呈红棕色；若继续滴加过量的 B 溶液，则溶液的红棕色消失。试判断白色晶体 A 和 B 各为何物？写出有关的反应方程式。

2. 一种无色易溶于水的钠盐 A 水溶液中加入稀 HCl，有淡黄色沉淀 B 析出，同时放出刺激性气体 C；C 通入 $KMnO_4$ 酸性溶液，可使其褪色；C 通入 H_2S 溶液又生成 B；若通氯气于 A 溶液中，再加入 Ba^{2+}，则产生不溶于酸的白色沉淀 D，A、B、C、D 各是何物？

3. 向白色固体钾盐 A 中加入无色油状液体的酸 B，可得紫黑色固体 C 和无色臭鸡蛋气味气体 D；C 微溶于水，但易溶于 A 的溶液中并生成棕黄色溶液 E。向 E 中加入 NaOH 溶液，得无色溶液，将气体 D 通入 $Pb(NO_3)_2$ 得黑色沉淀 F，若将 D 通入 $NaHSO_3$ 溶液（加稀 H_2SO_4 酸化）则有淡黄色沉淀 G 析出。试推断 A、B、C、D、E、F、G 各是何物？写出有关反应式。

* 第十章　石油和天然气简介

学习目标

知识目标

1. 了解石油的组成；
2. 了解天然气常识；
3. 了解石油加工的过程、产品、污染和治理。

能力目标

1. 能结合石油、天然气常识认识其组成、性能和应用；
2. 能结合生产实践了解石油加工的重要性。

石油又称原油，是从地下深处开采出来的未经加工的黄色乃至棕黑色可燃黏稠状液体，相对密度介于0.80～0.98之间。例如胜利原油混合油样为黑色，相对密度为0.9080。公元977年中国北宋编著的《太平广记》最早提出了“石油”一词。中国北宋杰出科学家沈括（1031～1095年）在所著《梦溪笔谈》中描写这种油“生于水际砂石，与泉水相杂，惘惘而出”，据此而正式命名这种油为“石油”。在“石油”这一词出现之前，中国称石油为“石脂水”、“猛火油”、“石漆”等，国外称为“发光的水”、“魔鬼的汗珠”等。

在日常生活中，到处都可以见到石油或其附属品的身影，比如汽油、柴油、煤油、润滑油、沥青、橡胶、塑料、纤维等，这些都是从石油中提炼加工出来的。日常生活中所用的天然气是从专门的气田中产出的，通过输气管道和气站再输送到各家各户。

第一节　石油的组成

目前，对石油的形成主要有两种说法：一是无机论，认为石油是由水和二氧化碳与金属氧化物发生地球化学反应而生成的；二是有机论，认为各种有机物如动物、植物，特别是低等的动植物像藻类、细菌、蚌壳、鱼类等，死后埋藏在不断下沉缺氧的海湾、泻湖、三角洲、湖泊等地，经过许多物理化学作用，最后逐渐形成为石油。

一、石油的元素组成

石油的元素组成并不复杂，主要元素碳和氢占96%～99%（质量分数），硫、氧、氮和其他微量元素含量都很少，仅占1%～4%。例如胜利油田某油井原油的元素组成（质量分数）：碳84.24%、氢11.74%、氧1.52%、氮0.47%、硫2.03%。

二、石油的烃类组成

石油中所含元素碳、氢、硫、氧、氮和其他微量元素等并不是以游离态存在的，绝大多数是以有机化合物形式存在的。石油中所含有机化合物可分为两大类：①由碳和氢组成的烃类，它们是石油的主要成分。②含氧、硫、氮的非烃类化合物。

石油中的烃类组成主要有烷烃、环烷烃、芳香烃三大类，个别石油中含少量烯烃。烃类化合物包括低级烃至含数十个碳原子的高级烃。

三、石油中的非烃类化合物

非烃类含氧化合物中有中性和酸性两大类。中性含氧化合物有醛和醇等，含量很少；酸性含氧化合物包括环烷酸、脂肪酸和酚类，总称为石油酸。

非烃类含硫化合物有硫醇（RSH）、硫醚（RSR）、二硫化物（R—S—S—R）、噻吩（$\langle\square_S\rangle$）等。

非烃类含氮化合物有吡咯、吡啶和喹啉等。它们的含量都极少，一般含硫高的石油，含氮量也高。

石油中含氧、硫、氮的化合物，除上述结构比较简单的化合物外，绝大多数都以胶质、沥青质的形态存在。它们是一些相对分子质量很大、结构复杂的化合物，因结构不清楚，根据其外观和物理性质分为胶质（能溶于石油醚和苯）、沥青质（不溶于石油醚和苯）。

第二节　天然气简介

天然气是埋藏在地下含低级烷烃的可燃性气体。通常把开采石油时得到的含烷烃的气体称为油田气，从气井开采得到的称为天然气。天然气无色、无味、无毒且无腐蚀性，天然气的主要成分是甲烷，同时还含有乙烷、丙烷等低级烷轻和少量硫化氢、二氧化碳等。天然气根据其组成可分为两大类：一类是含甲烷在 80%～99%（体积分数）的称为干气；另一类是除甲烷外还含有较多的 C_2～C_4 的低级烷烃，称为湿气。

一、天然气的发现和应用历史

在公元前 6000 年到公元前 2000 年间，伊朗首先发现了从地表渗出的天然气。许多早期的作家都曾描述过中东有原油从地表渗出的现象，特别是在今日阿塞拜疆的巴库地区。渗出的天然气刚开始可能用作照明，崇拜火的古代波斯人因而有了“永不熄灭的火炬”。中国利用天然气是在约公元前 900 年。中国在公元前 211 年钻了第一个天然气气井，据有关资料记载深度为 150m。在今日重庆的西部，人们通过用竹竿不断的撞击来找到天然气。天然气用作燃料来干燥岩盐。后来钻井深度达到 1000m，至 1900 年已超过 1100 口钻井。

直到 1659 年在英国发现了天然气，欧洲人才对它有所了解，然而它并没有得到广泛应用。从 1790 年开始，煤气成为欧洲街道和房屋照明的主要燃料。在北美，石油产品的第一次商业应用是 1821 年纽约弗洛德尼亚地区对天然气的应用。他们通过一根小口径导管将天然气输送至用户，用于照明和烹调。

由于还没有合适的方法长距离输送大量天然气，天然气在整个 19 世纪只应用于局部地区。工业发展中的应用能源主要还是煤和石油。1890 年，燃气输送技术发生了重大的突破，发明了防漏管线连接技术。然而，材料和施工技术依然较复杂，以至于在离气源地 160km 的地方，天然气仍无法得以利用。因而，当生产城市煤气时，伴生气通常烧掉（即在井口燃烧掉），非伴生气则留在地下。

随着管线技术的进一步发展，19 世纪 20 年代长距离天然气输送成为可能。1927～1931 年，美国建设了十几条大型燃气输送系统。每一个系统都配备了直径约为 51cm 的管道，并且距离超过 320km。在第二次世界大战之后，建造了许多输送距离更远、更长的管线。管道直径甚至可以达到 142cm。19 世纪 70 年代初，最长的一条天然气输送管线在前苏联诞生。例如，将位于北极圈的西西伯利亚气田的天然气输送到东欧的管线，全长5470km，途经乌拉尔山和700条大小河流。结果，世界最大的Urengoy气田的天然气输送到东欧，然后再送到欧洲消费。另外一条管线是从阿尔及利亚到西西里岛，虽然距离较短，但施工难度也很大，该管线管径为51cm，沿途要穿越地中海，所经过的海域有时深度超过600m。

天然气田蕴藏在地层内，一般通过地震学数据探测天然气田构造及气田深度，也可用磁力仪，通过测量地球表面磁场的微小变化来寻找天然气和石油。开采天然气田的技术在现代石油工业中已相当成熟。

二、天然气的液化及应用

当天然气在大气压下，冷却至约−162℃时，天然气由气态转变成液态，称为液化天然气（liquefied natural gas，LNG）。LNG无色、无味、无毒且无腐蚀性，其体积约为同量气态天然气体积的1/600，LNG的质量仅为同体积水的45%左右，热值为52MMBtu·t^{-1}（1MMBtu=2.52×10^8cal）。

天然气从气田开采出来，要经过处理、液化、航运、接收和再汽化等几个环节，最终送至终端用户。液化过程能净化天然气，除去其中的氧气、二氧化碳、硫化物和水。这个处理过程能够使天然气中甲烷的纯度接近100%。

LNG船是指将LNG从液化厂运往接收站的专用船舶。LNG船的储罐是独立于船体的特殊构造。在该船舶的设计中，考虑的主要因素是能适应低温介质的材料，对易挥发/易燃物的处理。船只尺寸通常受到港口码头和接收站条件的限制。目前125000m^3是最常用的尺寸，138000m^3是现有船只中最大的尺寸。LNG船的使用寿命一般为35～40年。

液化天然气的接收终端内建有专用码头，用于运输船的靠泊和卸船作业；储罐用于容纳从LNG船上卸下来的液化天然气；再汽化装置则是将液化天然气加热使其变成气体后，经管道输送到最终用户。

液化天然气在再汽化过程中所释放的冷能可被综合利用。一般而言，约有25%的冷能可被利用。

三、CNG和LPG

压缩天然气（compressed natural gas，CNG）是天然气加压（超过3600lbf/in^2）并以气态储存在容器中。它与管道天然气的组分相同。CNG可作为车辆燃料利用。液化天然气LNG可以用来制作CNG，这种以CNG为燃料的车辆叫做NGV（natural gas vehicle）。与生产CNG的传统方法相比，这套工艺要求的精密设备费用更低，只需要约15%的运作和维护费用。

液化石油气（liquefied petroleum gas，LPG）经常容易与LNG混淆，其实它们有明显区别。LPG的主要组分是丙烷（超过95%），还有少量的丁烷。LPG在适当的压力下以液态储存在储罐容器中，常被用作炊事燃料。在国外，LPG被用作轻型车辆燃料已有许多年。

四、天然气的用途

天然气在燃烧过程中产生的能影响人类呼吸系统健康的物质极少，产生的二氧化碳仅为煤的40%左右，产生的二氧化硫也很少。天然气燃烧后无废渣、废水产生，是一种清洁的能源。相较于煤炭、石油等能源，具有使用安全、热值高、洁净等优势。

天然气主要用于发电，以天然气为燃料的燃气轮机电厂的废物排放水平大大低于燃煤与燃油电厂，而且发电效率高，建设成本低，建设速度快；另外，燃气轮机启停速度快，调峰能力强，耗水量少，占地省。

天然气是很好的气体燃料，同时也是重要的化工原料。以天然气为原料的一次加工产品主要有合成氨、甲醇、炭黑等近 20 个品种，经二次或三次加工后的重要化工产品则包括甲醛、醋酸、碳酸二甲酯等 50 个品种以上。以天然气为原料的化工生产装置投资省、能耗低、占地少、人员少、环保性好、运营成本低。

天然气广泛用于民用及商业燃气灶具、热水器、采暖及制冷，也用于造纸、冶金、采石、陶瓷、玻璃等行业，还可用于废料焚烧及干燥脱水处理。

天然气汽车的一氧化碳、氮氧化物与碳氢化合物排放水平都大大低于汽油、柴油发动机汽车，不积炭，不磨损，运营费用很低，是一种环保型汽车。

第三节　石油加工概述

从石油的寻找到利用，概括来说需要经过四个主要环节，即石油勘探、油田开发、油气集输和石油加工，这四个环节分别对应了石油的寻找、开采、输送和加工过程。

“石油勘探”，是指为了寻找和查明油气资源，而利用各种勘探手段了解地下的地质状况，认识储油、油气运移、聚集、保存等条件，综合评价油气远景，确定油气聚集的有利地区，探明油气田面积，弄清油气层情况和产出能力的过程，为国家增加原油储备及相关油气产品。石油勘探有许多方法，但地下是否有油，最终要靠钻井来证实。一个国家在钻井技术上的进步程度，往往反映了这个国家石油工业的发展状况。

“油田开发”，指的是用钻井的办法证实了油气的分布范围，在认识和掌握油田地质及其变化规律的基础上，在油田上合理地分布油井和投产顺序，投入规模化的生产，把地下石油资源尽可能多地采到地面的全过程。

“油气集输”，是把分散的油井所生产的石油、伴生的天然气和其他产品集中起来，经过必要的处理和初步加工，将合格的油和天然气分别外输到炼油厂和天然气用户的全过程。主要包括油气分离、油气计量、原油脱水、天然气净化、原油稳定、轻烃回收等工艺。1821 年，四川富顺县自流井气田的开发是世界上最早的天然气田，1875 年左右，自流井气田采用当地盛产的竹子为原料，连接成现在所称的“输气管道”，总长二、三百里，在当时的自流井地区，绵延交织的管线翻越丘陵，穿过沟涧，形成输气网络，使天然气的应用从井的附近延伸到远距离的盐灶，推动了气田的开发。

“石油加工”，是指将原油经过分离和反应，生产燃料油（如汽油、航空煤油、柴油、燃料油、液化石油气等）、润滑油、化工原料（如苯、甲苯、二甲苯等）及其他石油产品的过程。石油加工包括原油的蒸馏、催化裂化、催化重整、催化加氢、热加工、石油气体加工及润滑油的精制等主要工艺过程。公元 512～518 年，我国北魏的《水经注》一书中介绍了从石油中提炼润滑油的情况。英国科学家约瑟在有关论文中指出：“在公元 10 世纪，中国就已经有石油而且大量使用”。由此可见，早在公元 6 世纪我国就萌发了石油加工工艺。

一、石油加工在国民经济中的地位

石油加工是提供能源，尤其是交通运输燃料和有机化工原料的最重要的工业，是国民经济最重要的支柱产业之一。据统计，全世界总能源需求的 40％依赖于石油产品，汽车、飞机、轮船等交通运输器械使用的燃料几乎全部是石油产品；石油也是提取润滑油的主要原料，各种机械设备需要用润滑材料来防止机械磨损和节省动力消耗，量大、面广的各种润滑油、脂，都是从石油中提取的，目前世界石油总产量的2%左右用于生产润滑油；有机化工原料，如三烯（乙烯、丙烯、丁烯）、三苯（苯、甲苯、二甲苯）、一炔（乙炔）等基础有机化工原料，也主要来源于石油加工工业，世界石油总产量的10%左右用于生产有机化工原料。

二、石油加工工业的发展概况

在世界范围内，石油的发现、开采和直接利用由来已久，加工利用并逐渐形成石油炼制工业始于19世纪30年代，到20世纪40～50年代形成的现代炼油工业，是最大的加工工业之一。从19世纪30年代起，陆续建立了石油蒸馏工厂，如1823年，俄国杜比宁兄弟建立的第一座釜式蒸馏炼油厂，1860年，美国B. Siliman建立的原油分馏装置等，是炼油工业的雏形，主要产品是灯用煤油，当时由于汽油没有用途而当废料抛弃。19世纪70年代建造了润滑油厂，并开始把蒸馏得到的高沸点油做锅炉燃料。19世纪末内燃机的问世，使汽油和柴油的需求猛增，仅靠原油的蒸馏（即原油的一次加工）不能满足需求，于是开发了以增产汽、柴油为目的，综合利用原油各种成分的原油二次加工工艺。如热裂化、焦化、催化裂化、催化重整、加氢技术等都迅速发展起来，逐步形成了现代石油炼制工业。20世纪50年代以后，石油炼制为化工产品的发展提供了大量原料，形成了现代石油化学工业。例如，20世纪60年代，以分子筛催化剂为代表的催化新材料。70年代以后，计算机应用技术、过程系统优化技术在炼油工业中得到了广泛的应用，使全世界的石油加工能力再增新高。

中国的炼油工业起步较晚。1907年，建立了陕西延长石油官矿局炼油房，采用卧式蒸馏釜炼油，每天能得到灯油450kg；1909年新疆独山子开采出原油，在乌鲁木齐进行釜式炼油；1941年成立甘肃油矿局，下设炼油厂，工厂设有常减压蒸馏及热裂化炼油装置。不过，直到1949年，全国仅有几个小规模的炼油厂，原油加工能力只有17万吨/年，生产12种石油产品。新中国成立以后，1949～1959年是我国炼油工业的恢复和初步发展时期，以西部为主，建立了上海、克拉玛依、冷湖和兰州炼油厂，1958年在兰州建立了我国第一座现代化的处理量为100万吨/年的燃料-润滑油综合型炼油厂，到1959年，我国原油加工能力达到579万吨/年，实际加工395.6万吨，石油产品种数达到309个，石油产品的自给率达到40%。1960～1965年我国炼油工业为发展调整阶段，新建了大庆、南京等大型炼油厂，改造扩建了部分小型炼油厂，并将过去生产和加工人造石油的炼油厂改造为加工天然石油。1965～1978年我国炼油工业为大发展阶段，建立了催化裂化、延迟焦化、催化重整、尿素脱蜡等装置。到1978年，我国原油加工能力增加到9291万吨，实际加工能力达7069万吨，产品种类达656种。1978年以后我国炼油工业进入了改革、改组、发展阶段，到2005年，我国炼油总加工能力达到了2.8亿吨，位居世界第二位，催化裂化加工能力约占总加工量的36%，仅次于美国，位于世界第二位，炼油技术水平也已进入世界先进行列。21世纪，我国将选择市场潜力大和地缘条件好的区域，通过改造或新建，建设具有国际规模、国际水平的大型炼油基地群，如茂名、镇海、齐鲁、福建、南京生产能力达10～20Mt/a的五大炼油基地。到21世纪中叶，我国将至少需要建设10个20～50Mt/a加工能力的特大型炼油基地。这些炼油基地不仅是含硫原油加工重点基地，也是向化工企业辐射的大型化工原料基地。

三、石油加工产品

石油产品种类繁多，大约有数百种，且用途各异。石油是由分子大小和化学结构不同的烃类和非烃类组成的复杂混合物。要把石油中所有组分完全分离是非常困难的，由于石油加工产品的使用并不需要非常精确的分离，所以只要将石油分割成不同的馏分，然后按石油产品的使用要求，经过处理或二次加工，就可获得一系列石油产品，如燃料油、润滑油及其他产品。表 10-1 列出了石油分馏的不同馏分。

表 10-1　石油馏分

馏分	组成	沸点范围/℃	用　　途
石油气	C_1～C_4	20 以下	燃料、化工原料
石油醚	C_5～C_6	20～60	溶剂
汽油	C_7～C_9	40～200	溶剂、内燃机燃料
煤油	C_{10}～C_{16}	170～275	飞机燃料
柴油	C_{16}～C_{20}	250～400	柴油机燃料
润滑油	C_{18}～C_{22}	300 以上	润滑剂
沥青	C_{20}以上	不挥发	建筑材料、铺路材料

在石油的加工过程中，原油蒸馏是加工的第一步，原油的第一个加工装置是蒸馏装置，所以也称原油蒸馏为初馏。借助蒸馏过程，可将原油按所制定的产品方案分割成相应的直馏汽油、煤油、柴油、润滑油等馏分（燃料型加工方案不生产润滑油）。这叫做石油的一次加工过程。

必须注意，石油馏分不是石油产品。石油产品必须满足油品规格的要求。通常馏分油要经过进一步的加工才能变成石油产品。此外，同一沸点范围的馏分也可以因目的不同而加工成不同产品。这些半成品经过适当地精制调配便成合格产品。在许多情况下，将这些半成品的一部分或大部分作为二次加工的原料，比如作为催化裂化、催化重整、加氢裂化、焦化的原料，以提高石油产品的质量和轻质油的收率。这些加工过程属于石油的二次加工过程。

四、石油加工与环境污染

比之煤炭，石油是一种容易开采，便于运输，发热量比煤炭高一倍的能源，是提取润滑油的主要原料，也是用途广泛的有机化工的重要原料。但是，在石油开采、运输、加工以及产品使用过程中都不可避免地要渗漏和排出废弃物。这些废弃物和漏油对环境的污染是相当严重的。

1. 石油对大气的污染

以石油为燃料燃烧排出的废气对大气产生的污染，主要包括汽车、火车、轮船、飞机、锅炉和炼油化工厂等排放的废气。这些废气中主要含 CO、CO_2、SO_2、H_2S、NO_x 以及烃类化合物等。这些尾气主要聚积在人类生活的低空，对环境造成严重污染，如果 CO_2 和烃类参与光化学烟雾反应，其毒害更大。炼油化工厂排出的废气数量是相当大的。一个年加工原油 250 万吨的炼油厂，每年排出各种废气总量达数百万吨。另外油气田和炼油厂经常见到火炬长明灯，据估计每个炼油厂每年烧掉气体在 3000t 以上。炼油厂排出的废气主要含有硫化物、氮的氧化物、颗粒物、一氧化碳、二氧化碳等。

另外，在开采、运输石油过程中可能发生的井喷、试油、管线破裂以及油罐、装置清洗过程中轻油蒸发都会造成大气的污染。

2. 石油对水体的污染

对海洋来说，石油污染是主要的。运输石油的船舶的洗舱水、压舱水、含燃料油和润滑油的污水，还有海上油井的井喷、泄漏等排入水体的油，每年就有百万吨，再加上油船的海难事件，更会造成严重污染。据统计，每年通过各种途径泄入海洋的石油和石油产品约占世界石油总产量的0.5%，其中以油轮遇难造成的污染最为突出。目前，海上石油开采活动日益频繁，海上石油运输也日趋活跃，世界上曾多次发生石油泄漏污染海洋的事件，对地区海洋生态环境造成了严重的影响。如1989年3月，美国埃克森公司“瓦尔德斯”号油轮在阿拉斯加州威廉王子湾搁浅，泄漏5万吨原油。1977年挪威北海油田突发爆炸，导致油井保险设施沉入海底。2010年4月，位于美国南部墨西哥湾的“深水地平线”钻井平台发生爆炸，原油泄漏形成了一条长达100多千米的污染带，造成严重污染。

另外，陆地石油的钻采过程不仅要消耗大量水，而且还要排出大量污水，如采出水、洗井污水、钻井污水以及井下作业污水等。这些污水若不处理，排出后对河流、土壤、地下水造成严重污染。特别是钻井过程中使用的泥浆液常加入多种化学药剂，如重铬酸盐毒性就很大。

还有，石油加工过程中油品的损失也是造成水体污染的原因。据有关部门统计，每加工8000万吨原油，就要损失20万吨，占原油总量的0.25%。这些油随同污水排出，而且还有炼油厂的油气冷凝水、油品凝缩水以及各种洗涤水等，这些含油污水成为炼油厂排量最大的一种污水。除此之外还有含硫、含酸、含碱、含盐等的污水排放。

3. 石油工业的固体废弃物

在石油的开采、加工和使用过程中，固体废弃物对环境的污染也相当严重。例如，石油勘探过程中排放的固体废弃物，主要有钻井后大量的废弃泥浆和钻屑，这些废弃物中除含大量泥浆外，还含有油和各种化学处理剂。石化行业每年产生的罐底泥、池底泥数量大，含油量高达60%以上。炼油厂产生的种类繁多的废渣，主要是酸渣、碱渣、废催化剂、油罐底泥以及污水处理厂的污泥等。像废渣中的油，酸、碱渣中的酸、碱、酚，废催化剂中的重金属等大多数都是有害的。

4. 石油污染的危害性特点

综上所述，石油对环境的污染可分为三个方面：一是油气污染大气环境，表现为油气挥发物与其他有害气体被太阳紫外线照射后，发生物理化学反应，生成光化学烟雾，产生致癌物和温室效应，破坏臭氧层等。二是石油渗漏或泄漏污染土壤和地下水源，不仅造成土壤盐碱化、毒化，而且其有毒物能通过农作物尤其是地下水进入食物链系统，最终直接危害人类。三是在石油开采、运输、装卸、加工和使用过程中，产生的固体废弃物大部分是有害的，对环境污染也相当严重。

组成石油的各类烃中，毒性以芳烃最大，环烯烃、环烷烃、链烃依次减小。有人曾用烃蒸气对大麦、胡萝卜进行污染试验，其毒性依次为苯＞环乙烯＞环己烷＞乙烯＞乙烷。含氮、含硫的杂环化合物毒性与芳香烃相当。烷烃毒性较小，但是浓度高时能引起人的麻醉和痉挛。芳香烃和环烷烃对血液和造血器官产生影响。当挥发性烃类长期作用于人体时，通过呼吸道渗进血液，对人的中枢神经影响强烈，严重时导致死亡。含硫石油气体长期作用于人体，导致人易疲倦，四肢失灵，肝功能和甲状腺受到破坏。

石油进入水体后漂浮在水面上，迅速扩散形成油膜，据估计，每升石油扩展面积可达1000～10000m^2。油膜的形成阻碍了水体和大气之间的物质交换，降低了水中的溶解氧，直接影响水质和水生生物的生存。油类可黏附在鱼鳃上，使鱼窒息，抑制水鸟产卵和孵化，破坏其羽毛的不透水性。油膜形成可阻碍水体的复氧作用，影响海洋浮游生物生长，破坏海洋生态平衡，此外还可破坏海滨风景，影响海滨美学价值。

用含油污水灌溉农田，会造成油膜黏附在农作物根茎上，使其枯死。有毒成分如芳烃、重金属离子等被植物吸收后，通过食物链将会危及人体健康。

石油固体废弃物的堆放不仅占用大量的土地，污染土壤，而且污染面积要超过占地面积的数倍。长期堆放且经风吹雨淋还会污染大气，污染水体。

石油常被称为工业的血液，发展工业离不开石油。石油工业的废弃物既是生产中的废物，又是可贵的二次资源，如从废碱渣中可以回收环烷酸或回收粗酚等。因此只要我们重视环境保护，认真执行国家规定：防治污染设施与主体工程同时设计、同时施工、同时投产的“三同时”制度，加强污染治理，保护环境，石油对环境的污染是可以减小到最低程度的。

综上所述，石油污染的危害可以归纳为：污染物中有机物含量高，治理困难；污染物中危险有毒物质种类多，对环境造成较大危害。

五、石油加工污染的治理

1. 大气石油污染的治理

虽然石油产品中只有挥发性的物质以及轻质油品才对空气产生污染，但由于空气具有流动和扩散性，使得石油对空气的污染治理比较困难，到目前为止，还没有一种很好的治理方法，人们只是局限于控制油气排放等措施，比如改善汽车构造，提高尾气的排放标准。而根本的污染治理方法还有待于人类进一步的探讨和研究。

2. 水体石油污染的治理

因为水具有流动性，使得水体污染治理如若不及时，就会迅速扩大污染范围。因此，水体石油污染首先是控制污染，然后再对污染水进行处理。

(1) 海洋、江河、湖泊水体治理　目前常用化学破乳、氧化分解、净化吸附等治理方法。如喷洒清除剂，使原油加速分解，形成能消散于水中的微小球状物。用抽吸机吸油，用水栅和撇沫器刮油，用油缆阻挡石油扩散等。而对收集上来的污水以及石油工厂排出来的石油污水采用生物处理法，即利用自然界存在的各种微生物，将废水中有机物进行降解，达到废水净化的目的。

(2) 地下水体治理　对地下水石油污染的治理，常采用水动力学方法，通过抽水井或注水井控制流场，防止石油和石油化工产品污染的进一步扩大，同时对抽取出来的受污染的地下水进行处理。例如，用臭氧氧化技术先把危害性大的芳香烃污染物转化为危害性小的烷烃、酯类和其他低分子物质污染物，再与吹脱、活性炭吸附、生物氧化等处理方法配合使用，从而得到良好的处理效果。

3. 土壤石油污染的治理

土壤石油污染的治理方法，在 20 世纪 80 年代以前还仅限于物理和化学方法，即热处理法和化学浸出法。热处理法是通过焚烧或煅烧，净化土壤中的大部分有机污染物，但同时也破坏土壤的结构和组分，且价格昂贵，实施困难。化学浸出法和水洗法虽然可以获得较好的除油效果，但由于所用的化学试剂有二次污染问题，也限制了其应用。早在 20 世纪 70 年代，美国埃索研究和工程公司就已经开始寻找清洁的生物解决方法，并且在其实验室研究找到了一种有效的“细菌播种法”，开创了生物修复石油污染土壤的先例。所谓生物修复是利用生物的生命代谢活动减少土壤环境中有毒有害物的浓度，使污染土壤恢复到健康状态的过程。

天然气与液化石油气的区别

天然气的主要成分是甲烷（CH_4），它本身是一种无毒可燃的气体。同其他所有燃料一样，天然气的燃烧需要大量氧气（O_2）。如果居民用户在使用灶具或热水器时不注意通风，室内的氧气会大量减少，造成天然气的不完全燃烧。不完全燃烧的后果就是产生有毒的一氧化碳（CO），最终可能导致使用者中毒。反应式为：$2CH_4+3O_2 \longrightarrow 2CO+4H_2O$。

天然气是指蕴藏在地层内的可燃性气体，主要是低分子烷烃的混合物，可分为干气天然气和湿天然气两种。干气成分主要是甲烷，湿天然气除含大量甲烷外，还含有较多的乙烷、丙烷和丁烷等。液化石油气是指在炼油厂生产，特别是催化裂化、热裂化、焦化时所产生的气体，经压缩、分离而得到的混合烃，主要成分是丙烷、丙烯、丁烷、丁烯等。

本章小结

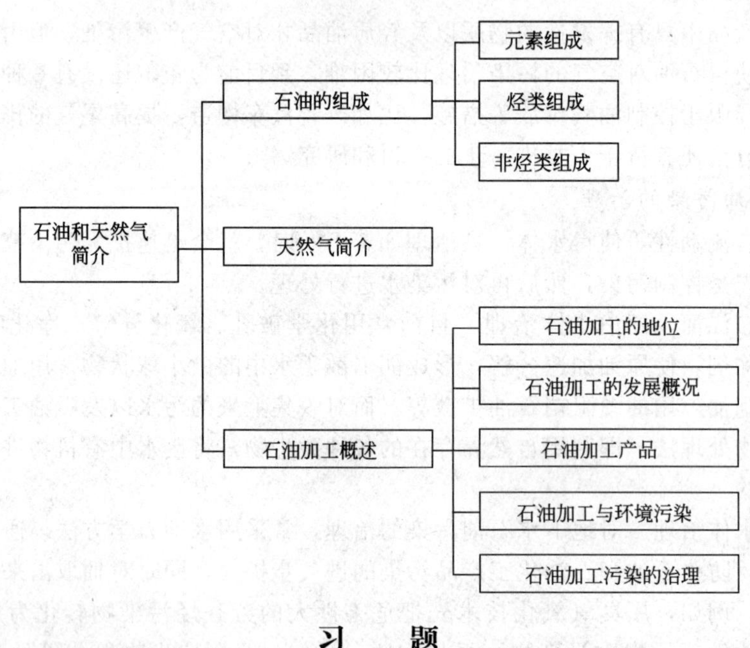

习　题

1. 简述石油的组成。
2. 天然气有哪些用途？
3. 谈谈你对石油加工的理解。

习题参考答案

第一章

一、1. B 2. C 3. D 4. BCE 5. B

三、1. 28.6kPa；38.0kPa；0.286

2. 0.477L；0.492L

3. 75kPa；37.5kPa，112.5kPa；243kPa

4. 60kPa，15kPa，6kPa；81kPa；74.07%，18.52%，7.41%

5. 反应前，289kPa，82.6kPa，372kPa；反应后，124kPa，3.17kPa，127kPa

6. −571.5kJ；−564.1kJ

7. 不相等；37.53kJ

9. $-241.82\text{kJ}\cdot\text{mol}^{-1}$；$-483.64\text{kJ}\cdot\text{mol}^{-1}$；反应的 $\Delta H^{\ominus}$ 等于生成物的 $\Delta_f H^{\ominus}$ 的总和减去反应物的 $\Delta_f H^{\ominus}$ 的总和；2478.82J

10. $-65.3\text{kJ}\cdot\text{mol}^{-1}$；放热反应

11. $90\text{kJ}\cdot\text{mol}^{-1}$

12. $-3350\text{kJ}\cdot\text{mol}^{-1}$；4141kJ

13. $-16.7\text{kJ}\cdot\text{mol}^{-1}$

14. 2733.4kJ

第二章

一、1. C 2. D 3. A 4. B 5. C 6. D 7. C 8. B 9. D 10. D 11. C 12. C

二、3. 由于 $\Delta_r H_m^{\ominus}>0$，$\Delta_r S_m^{\ominus}<0$，因此，$\Delta_r G_m^{\ominus}$ 恒大于 0，反应在任何温度下都不能自发向右进行。反之，逆反应恒自发进行。

三、1. (1) $v=k[p(\text{A})]^2[p(\text{D})]$ (2) 减小

2. $v=1.2\times10^{-2}[c(\text{A})][c(\text{B})]^2$

3. $v=6.1\times10^{-3}[c(S_2O_8^{2-})][c(I^-)]$；不是元反应

4. $102\text{kJ}\cdot\text{mol}^{-1}$；$3.73\times10^{-5}\text{s}^{-1}$

5. $\Delta_r G_m^{\ominus}=-28.7\text{kJ}\cdot\text{mol}^{-1}<0$，能自发进行

6. (1) 吸热反应；(2) 2.92kPa；105kPa

7. 1.0×10^{-28}

8. $0.2\text{mol}\cdot\text{L}^{-1}$

9. 6.8×10^{-15}

10. $70.77\text{kJ}\cdot\text{mol}^{-1}$，0.00446

11. 29.1

12. 0.13；总压降低，CO_2 的摩尔分数减少了，说明反应向右移动

13. 7.2×10^{-5}

14. 1∶2.1

四、1. (1) × (2) × (3) × (4) × (5) × (6) √

2.（1）×　（2）×　（3）×

3.（1）负值　（2）正值　（3）正值　（4）负值

4.（1）×　（2）×　（3）×

6.（1）×　（2）×　（3）×　（4）√

第三章

一、1. C　2. D　3. B　4. D　5. B　6. A　7. C　8. C　9. C　10. B　11. A　12. B　13. A　14. D　15. B

三、1. 5.0×10^{-5}

2. 7.0　5.27　8.73

3. 3.0%　1.8×10^{-5}

4. 4.76

5. 36g

6. 7.21±1，7.69

7. 4.96

8. 2.40×10^{-3}g

9.（1）有　（2）有　（3）有

10. AgCl 先沉淀，$5.63\times10^{-5}\,mol\cdot L^{-1}$

11. 只要控制在 3.2＜pH＜7.2，就能使二者达到分离的目的

第四章

一、1. D　2. C　3. C　4. D　5. B　6. C　7. A　8. D　9. B　10. B　11. A　12. D　13. C　14. C　15. C

三、1. 0.071V

2. 0.635V

3. 0.02V

4.（1）电池符号：$(-)Ni|Ni^{2+}(1mol\cdot L^{-1})\parallel Pb^{2+}(1mol\cdot L^{-1})|Pb(+)$

电池反应：$Ni+Pb^{2+}\rightleftharpoons Ni^{2+}+Pb$

（2）$E^{\ominus}(Ni^{2+}/Ni)=-0.257V$　$E^{\ominus}(Pb^{2+}/Pb)=-0.126V$

$E_{池}=-0.126V-(-0.257V)=0.131V$

根据关系式，代入：$E^{\ominus}_{池}=\frac{0.0592}{n}\lg K^{\ominus}$

则 $0.131V=\frac{0.0592}{2}\lg K^{\ominus}$

可解得 $K=2.76\times10^{4}$

5. 应用能斯特方程得到 $E=E^{\ominus}+\frac{0.0592}{2}\lg\frac{c'(MnO_4^-)c'(H^+)^8}{c'(Mn^{2+})}$

代入数值即可得到，$E=+0.939V$

6.（1）由于 $E^{\ominus}(Cu^+/Cu)>E^{\ominus}(Cu^{2+}/Cu)$，所以发生 Cu^+ 的歧化反应；因为 $E^{\ominus}(Fe^{3+}/Fe^{2+})>E^{\ominus}(Fe^{2+}/Fe)$，所以 Fe^{2+} 不能发生歧化反应

（2）$2Cu^+ = Cu+Cu^{2+}$

$\lg K^{\ominus}=\frac{z(E^{\ominus}_{正}-E^{\ominus}_{负})}{0.0592}=\frac{1\times(0.520-0.159)}{0.0592}=6.098$

$K^{\ominus}=1.2\times10^{6}$

7. ① $I_2(S)+2e^- \longrightarrow 2I^-$ 0.5345

$Br_2(l)+2e^- \longrightarrow 2Br^-$ 1.065

$Cl_2(g)+2e^- \longrightarrow 2Cl^-$ 1.36

则 I^- 比 Br^- 的还原性强，I_2 先游离出来。

② $I_2(s)+2e^- \longrightarrow 2I^-$ 0.5345

$Fe^{3+}+e^- \longrightarrow Fe^{2+}$ 0.771

$Br_2(l)+2e^- \longrightarrow 2Br^-$ 1.065

$MnO_4^-+8H^++5e^- \rightleftharpoons Mn^{2+}+4H_2O$ 1.51

应选择 $E^{\ominus}$ 在 I_2/I^- 和 Br_2/Br^- 之间，即选择 $Fe_2(SO_4)_3$

四、1. (1) √ (2) × (3) × (4) √ (5) √ (6) √ (7) × (8) × (9) √ (10) ×

2. (1) $2KMnO_4+16HCl \longrightarrow 2MnCl_2+5Cl_2+2KCl+8H_2O$

(2) $4FeS_2+11O_2 \longrightarrow 2Fe_2O_3+8SO_2$

(3) $2KMnO_4+3K_2SO_3+H_2O \longrightarrow 2MnO_2+3K_2SO_4+2KOH$

(4) $2KMnO_4+5K_2SO_3+3H_2SO_4 \longrightarrow 2MnSO_4+6K_2SO_4+3H_2O$

3. (1) $5NaBiO_3+2Mn^{2+}+14H^+ \longrightarrow 5Na^++5Bi^{3+}+2MnO_4^-+7H_2O$

(2) $Cr_2O_7^{2-}+3SO_3^{2-}+8H^+ \longrightarrow 2Cr^{3+}+3SO_4^{2-}+4H_2O$

(3) $2KMnO_4+10FeSO_4+8H_2SO_4$(稀) $\longrightarrow 2MnSO_4+5Fe_2(SO_4)_3+K_2SO_4+8H_2O$

(4) $2KMnO_4+K_2SO_3+2KOH \longrightarrow 2K_2MnO_4+K_2SO_4+H_2O$

4. (1) $(-)Pt|I_2|I^-(c^{\ominus}) \| Fe^{2+}(c^{\ominus}),Fe^{3+}(c^{\ominus})|Pt(+)$

(2) $(-)Pt|Sn^{2+}(c^{\ominus}),Sn^{4+}(c^{\ominus}) \| Cr^{3+}(c^{\ominus}),H^+(c^{\ominus}),Cr_2O_7^{2-}(c^{\ominus})|Pt(+)$

(3) $(-)Co|Co^{2+}(c^{\ominus}) \| Cl^-(c^{\ominus})|Cl_2(p^{\ominus})|Pt(+)$

5. (1) $(-)Sn|Sn^{2+}(c^{\ominus}) \| Ag^+(c^{\ominus})|Ag(+)$

(2) $(-)Zn|Zn^{2+}(c^{\ominus}) \| Cl^-(c^{\ominus})|Cl_2(p^{\ominus})|Pt(+)$

(3) $(-)Ni|Ni^{2+}(c^{\ominus}) \| Br^-(c^{\ominus})|Br_2(l)|Pt(+)$

第五章

一、1. A 2. B 3. C 4. C 5. C 6. E 7. B 8. B 9. D 10. A 11. D 12. C 13. A 14. B 15. D

二、1. C 错误，当 $l=0$ 时，$m=0$；D 错误，当 $n=2$ 时，$l=0$，1，2

2. A 违背了 Pauli 不相容原理，应为$_5$B：$1s^22s^22p^1$；B 违背了能量最低原理，应为$_4$Be：$1s^22s^2$；C 违背了 Hund 规则，应为$_7$N：$1s^22s^22p_x^{\ 1}2p_y^{\ 1}2p_z^{\ 1}$

3. 82 号元素原子序数比 86 号 Rn 少 4 个电子，为第六周期第ⅣA 族 Pb 元素。

三、1. A. Ge，B. Mn，C. Br，D. O

2. A. Na，B. Mg，C. Al，D. Br. E. I，F. Cr

3. (1) Cr $3d^54s^1$；(2) Ag $4d^{10}5s^1$；(3) Sn $5s^25p^2$；(4) Ba $6s^2$；(5) Br $4s^24p^5$

4. A. K，B. Ni，C. Br KBr $NiBr_2$

四、1. √ 2. × 3. √ 4. × 5. √ 6. √ 7. × 8. √ 9. × 10. ×

第六章

一、1. D 2. B 3. D 4. D 5. B 6. B 7. B 8. D 9. C 10. B

二、1. BF_3，sp^2 杂化，平面三角形；$[BF_4]^-$，sp^3 杂化，正四面体；NH_3，不等性 sp^3 杂化，三角锥形 2. SiH_4：sp^3 杂化；$HgCl_2$：sp 杂化；BCl_3：sp^2 杂化；CS_2：sp 杂化

3. 乙醇为极性分子，分子间有色散力、诱导力、取向力和氢键；二甲醚为非极性分子，分子间只有色散力，所以乙醇分子间的作用力比二甲醚大，沸点高

4. (1) $r_{阳离子} < r_{原子} < r_{阴离子}$

(2) 阳离子正电荷数越多，半径越小；阴离子负电荷数越多，半径越大

(3) 阳离子正电荷数越多，半径越小

(4) 电子层数越多，半径越大

5. 正负离子相互之间的极化作用（包括附加极化作用）导致正负离子的电子云偏移，电子云互相重叠，核间距（键长）缩短

6. (1) 石墨层与层之间为范德华力

(2) SO_2 为分子晶体，分子间力较弱；SiO_2 为原子晶体，Si、O原子间以强的共价键结合

(3) AgCl、AgBr、AgI的离子之间的极化作用逐渐增强，键型由离子键逐渐过渡到共价键

(4) AgCl、AgBr、AgI的离子之间的极化作用逐渐增强，使其颜色逐渐加深。

(5) 极化力 $Al^{3+} > Mg^{2+} > Na^+$，极化力使离子化合物的熔点降低

(6) Cu^+ 的极化能力比 Na^+ 强，极化力使离子化合物的溶解度降低

(7) 同种类型分子，分子越大，变形性越大，分子间色散力越大，物质沸点越高

(8) 同种类型分子，相对分子质量越大，分子间作用力越大，沸点越高

三、1. (1) sp^3 杂化轨道；(2) sp杂化轨道；(3) sp^2 杂化轨道；(4) sp^3 杂化轨道；(5) sp^2 杂化轨道；(6) sp^3　sp^2　sp^2　sp^2　sp^3

2. CCl_4，sp^3 杂化，正四面体，分子无极性；$CHCl_3$，sp^3 杂化；四面体，为极性分子；H_2S，不等性 sp^3 杂化，V形，为极性分子；BCl_3，sp^2 杂化，平面三角形，分子无极性

3. (1) 色散力　(2) 色散力，诱导力　(3) 色散力，诱导力，取向力

(4) 色散力，诱导力，取向力　(5) 色散力，诱导力，取向力，氢键

4. $723.3\text{kJ} \cdot \text{mol}^{-1}$

5.

物质	晶格结点上微粒	粒子间作用力	晶体类型	熔点高低	硬度大小	导电性
冰	H_2O 分子	分子间力与氢键	分子晶体	低	软	液态导电
SiC	Si、C原子	共价键	原子晶体	很高	很硬	不导电
MgO	Mg^{2+}、O^{2-}	离子键	离子晶体	高	硬、脆	熔融导电
O_2	O_2 分子	色散力	分子晶体	很低	很软	不导电
Al	Al、Al^{3+}	金属键	金属晶体	较高	较硬	良导体

6. Li—Cl>Be—Cl>Al—Cl>Si—Cl>H—Cl>C—Cl>O—Cl>N—Cl

7. (1) LiF极性最小，CsF极性最大；(2) $SiCl_4$ 极性最小，NaCl极性最大

8.

分　子	SiF_4	$BeCl_2$	PCl_3	OF_2	$SiHCl_3$
杂化轨道类型	sp^3 杂化	sp杂化	sp^3 不等性杂化	sp^3 不等性杂化	sp^3 杂化
空间构型	四面体	直线形	三角锥形	V形	四面体
偶极矩	$\mu=0$	$\mu=0$	$\mu\neq0$	$\mu\neq0$	$\mu\neq0$

9. (1) I^- 最大；(2) S^{2-} 最大

10. (1) $CaCO_3$ 为离子晶体；(2) B为原子晶体；(3) $SnCl_4$ 为分子晶体

第七章

一、1. D　2. B　3. D　4. C　5. D　6. C

二、1. 第一种：$[Cr(NH_3)_6]Cl_3$ 离子的电荷数+3：即$[Cr(NH_3)_6]^{3+}$，Cr（Ⅲ），三氯化六氨合铬（Ⅲ）。

第二种：$[CrCl(NH_3)_5]^{2+}$，Cr（Ⅲ），二氯化一氯·五氨合铬（Ⅲ）

2. 铂　Pt　$5d^9 6s^1$

cis-$PtCl_4(NH_3)_2$：Pt^{4+}　　$5d^6$　　6s　　6p

⥮ ⥮ ⥮ ⥮ ⥮　⥮　⥮ ⥮ ⥮ d^2sp^3　杂化成键，

无成单电子，内轨型配合物。

cis-$PtCl_2(NH_3)_2$ 和 *cis*-$PtCl_2(en)$：　Pt^{2+}　$5d^8$　　6s　　6p

⥮ ⥮ ⥮ ⥮ ⥮　⥮　⥮ ⥮ dsp^2　杂化成键，

无成单电子，内轨型配合物。

3. $[PtCl_4]^{2-}$ dsp^2 杂化成键

$5d^8$　　6s　　6p

⥮ ⥮ ⥮ ⥮ ⥮　⥮　⥮ ⥮ 内轨型配合物

$[HgI_4]^{2-}$ sp^3 杂化成键

$5d^{10}$　　6s　6p

⥮ ⥮ ⥮ ⥮ ⥮　⥮　⥮ ⥮ ⥮ 外轨型配合物

4. (1) $[FeCN_6]^{3-}$稳定性大于 $[FeF_6]^{3-}$；(2) $[Ni(CN)_4]^{2-}$比 $[Ni(NH_3)_4]^{2+}$稳定；(3) Cu^{2+}与 NH_2CH_2COOH 比 Cu^{2+}与 CH_3COOH 形成的配合物稳定

5. 只有 (3) 才能作为有效的螯合剂，只有乙二胺才能形成环状螯合物，其他的不能形成五元环

三、1. 3.5×10^{-10} mol·L^{-1}；0.05mol·L^{-1}；2.9mol·L^{-1}

2. 6.0×10^{-16} mol·L^{-1}

3. 0.43mol·L^{-1}；40.30g

4. 0.56mol·L^{-1}

5. 0.37V

6. 2.2×10^{21}

7. $K_{稳}\{[AlF_6]^{3-}\}=6.92\times10^{19}$　　$K_{不稳}=\dfrac{1}{K_{稳}}=\dfrac{1}{6.92\times10^{19}}=1.45\times10^{-20}$

8. (1) $E^{\ominus}(Cu^{2+}/Cu^{+})=0.153V$；$E^{\ominus}(Cu^{+}/Cu)=0.522V$

因 $E^{\ominus}(Cu^{+}/Cu)>E^{\ominus}(Cu^{2+}/Cu)$　则　$2Cu^{+}\rightleftharpoons Cu^{2+}+Cu$ 能自动发生歧化反应

(2) $E^{\ominus}\{[Cu(NH_3)_2]^{+}Cu\}=-0.121V$；$E^{\ominus}\{[Cu(NH_3)_4]^{2+}/[Cu(NH_3)_2]^{+}\}=0.046V$

因 $E^{\ominus}\{[Cu(NH_3)_4]^{2+}/[Cu(NH_3)_2]^{+}\}>E^{\ominus}\{[Cu(NH_3)_2]^{+}Cu\}$

则 $2[Cu(NH_3)_2]^{+}\rightleftharpoons Cu+[Cu(NH_3)_4]^{2+}$　此歧化反应不能发生

四、1.

命　名	中心离子氧化数	配位体	配位数
(1)二氯化六氨合钴(Ⅱ)	+2	NH_3	6
(2)六氯合铂(Ⅳ)酸钾	+4	Cl^-	6
(3)三氰合铜(Ⅰ)酸钾	+1	CN^-	3
(4)二氯化一氯·五氨合钴(Ⅲ)	+3	Cl^-,NH_3	6
(5)三氯化三(乙二胺)合钴(Ⅲ)	+3	en	6
(6)一氯·一硝基·四氨合钴(Ⅲ)配离子	+3	Cl^-,NO,NH_3	6

2. (1) $Na_3[Ag(S_2O_3)_2]$　(2) $[Co(NO_2)_3(NH_3)_3]$　(3) $[Al(OH)_2(H_2O)_4]OH$

(4) $[PtCl_2(NH_3)_2(OH)_2]$　(5) $[CrCl(NH_3)(en)_2]SO_4$　(6) $[CrCl(NH_3)_5]^-$

3. (1) d^2sp^3　杂化轨道成键，八面体　(2) sp^3d^2　杂化轨道成键，八面体

(3) sp　杂化轨道成键，直线形　(4) dsp^2　杂化轨道成键，平面正方形

第八章

一、1. D　2. C　3. C　4. B　5. C　6. A　7. D　8. C　9. B　10. D

三、A. 分子式 $CrCl_3H_{12}O_6$，结构式 $[Cr(H_2O)_4Cl_2]Cl\cdot 2H_2O$

四、1. A MnO_2 B Cl_2 C K_2MnO_4 D $KMnO_4$ E $MnSO_4$

2. A $FeSO_4$ B $Fe(OH)_2$ C $Fe(OH)_3$ D $FeCl_3$ E $[Fe(SCN)_6]^{3-}$ F $BaSO_4$

3. A H_2CrO_4 B $H_2Cr_2O_7$ C $CrCl_3$ D Cl_2 E $Cr(OH)_3$ F Cr_2O_3

第九章

一、1. D 2. D 3. A 4. D 5. B 6. C 7. CE 8. D 9. B

二、1. 由于会发出的氯化氢与空气中的水蒸气结合形成了酸雾

2. 根据相似相溶的原则，非极性的 I_2 在水中的溶解度很小。但 I_2 在 KI 溶液中与 I^- 互相作用生成 I_3^-，I_3^- 在水中的溶解度很大，因此 I_2 易溶于 KI 溶液中

3. 原因是油画中的白色颜料中含有 $PbSO_4$，遇到空气中的 H_2S 后生成 PbS 造成的。

$$PbSO_4\text{（白）}+H_2S=\!=\!=PbS\text{（黑）}$$

4. 因发生氧化还原反应　$2Fe^{3+}+H_2S=\!=\!=2Fe^{2+}+S\downarrow+2H^+$

5. 卤族元素的氢化物有：HF，HCl，HBr，HI

还原性　$HF<HCl<HBr<HI$

热稳定性　$HF>HCl>HBr>HI$

酸性　$HF<HCl<HBr<HI$

6. ① 加入 $AgNO_3$ 试剂，生成白色沉淀的为 NaCl；生成淡黄色沉淀的为 NaBr；若生成黄色沉淀则为 NaI。

②加入 Cl_2/CCl_4，有机层呈紫色为 NaI；若有机层呈黄→红棕色则为 NaBr；无变化则为 NaCl。

7. 漂白粉的有效成分是 $Ca(ClO)_2$，在空气中易吸收 CO_2 生成 HClO

$$Ca(ClO)+CO_2+H_2O=\!=\!=CaCO_3+2HClO$$

HClO 不稳定，易分解放出 O_2：

$$2HClO=\!=\!=2HCl+O_2\uparrow$$

生成的 HCl 也与 HClO 作用产生 Cl_2 放出也消耗漂白粉的成分。

$$HCl+HClO=\!=\!=Cl_2+H_2O$$

8. 实验室里制备少量 H_2S 气体，常利用下列反应：

$$FeS+2HCl=\!=\!=FeCl_2+H_2S\uparrow$$

制备时不用 H_2NO_3 或 H_2SO_4，因 H_2S 具有强还原性，H_2NO_3 或 H_2SO_4 可将其氧化：

$$H_2SO_4+H_2S=\!=\!=S\downarrow+SO_2\uparrow+2H_2O$$

9. $Cl_2+2KI=\!=\!=2KCl+I_2$

$5Cl_2+I_2+6H_2O=\!=\!=2HIO+10HCl$　无色溶液

10. (1) $FeCl_3$ 与 Br_2 水　能共存　$E^\ominus(Fe^{3+}/Fe^{2+})=0.771V<E^\ominus(BO_3^-/Br_2)=1.59V$

(2) $FeCl_3$ 与 KI　不能共存　$E^\ominus(Fe^{3+}/Fe^{2+})=0.771V>E^\ominus(I_2/I^-)=0.5345V$

(3) NaBr 与 $NaBrO_3$　不能共存　$E^\ominus(BO_3^-/Br_2)=1.59V>E^\ominus(Br_2/Br^-)=1.065V$

(4) KI 与 KIO_3　不能共存　$E^\ominus(IO_3^-/I_2)=1.20V>E^\ominus(I_2/I^-)=0.5345V$

三、1. $Cl_2+2KOH\text{（冷）}\longrightarrow KCl+KClO+H_2O$

2. $3Cl_2+6KOH\text{（热）}\longrightarrow 5KCl+KClO_3+3H_2O$

3. $16HCl+2KMnO_4\longrightarrow 2MnCl_2+2KCl+5Cl_2+8H_2O$

4. $4KClO_3\xrightarrow{\triangle}3KClO_4+KCl$

5. $2KClO_3\longrightarrow 2KCl+3O_2$

6. $5H_2O_2+I_2\longrightarrow 2HIO_3+4H_2O$

7. $5H_2O_2+2KMnO_4+3H_2SO_4\longrightarrow 2MnSO_4+5O_2\uparrow+8H_2O$

8. $2Na_2S_2O_3+I_2\longrightarrow 2NaI+Na_2S_4O_6$

9. $Na_2S_2O_3+4Cl_2+5H_2O \longrightarrow Na_2SO_4+H_2SO_4+8HCl$

10. $AgBr+2Na_2S_2O_3 \longrightarrow Na_37[Ag(S_2O_3)_2]+NaBr$

四、1. 加 $BaCl_2$ 溶液，有白色沉淀生成的是 $(NH)_2SO_4$，另一种盐是 NH_4Cl；分别与酸性高锰酸钾溶液作用，能使酸性高锰酸钾褪色的是 $NaNO_2$，不能使酸性高锰酸钾褪色的是 $NaNO_3$；能使紫色的石蕊试液变红的是 NaH_2PO_4，能使紫色的石蕊试液变蓝的是 Na_2HPO_4；分别向三种化合物中通入 H_2S，生成黄色沉淀的是 $AsCl_3$，生成橙色沉淀的是 $SbCl_3$，生成黑色沉淀的是 $BiCl_3$。

2. 分别取少量固体溶于水，再分别加入稀盐酸，产生的气体能使 Pb (Ac)$_2$ 试纸变黑的是 Na_2S；产生有刺激性气味的气体，但不使 Pb (Ac)$_2$ 试纸变黑的是 Na_2SO_3；产生刺激性气味的气体，同时有黄色沉淀生成的是 $Na_2S_2O_3$；无任何变化的则是 Na_2SO_4 和 $Na_2S_4O_8$，将这两种溶液酸化后加入 KI 溶液，有紫黑色沉淀生成的是 $Na_2S_4O_8$，另一种则是 Na_2SO_4。

$$S^{2-}+2H^+ = H_2S\uparrow$$

$$H_2S+Pb(Ac)_2 = PbS\downarrow \text{（黑色）}+2HAc$$

$$SO_3^{2-}+2H^+ = SO_2\uparrow+H_2O$$

$$S_2O_3^{2-}+2H^+ = S\downarrow+SO_2\uparrow+H_2O$$

$$S_4O_8^{2-}+2I^- = 2SO_4^{2-}+I_2$$

3. CO_2——使澄清的石灰水浑浊　　$Ca(OH)_2+CO_2 = CaCO_3\downarrow+H_2O$

NH_3——使湿润的石蕊试剂变蓝

NO——使浅绿色的 $FeSO_4$ 溶液变为棕色溶液 $Fe^{2+}+2NO = Fe(NO)_2^{2+}$

H_2S——使湿润的醋酸铅试纸变黑　　$H_2S+Pb(Ac)_2 = PbS\downarrow+2HAc$

SO_2——使紫色的高锰酸钾溶液褪色　$2MnO^-+5SO_2+8H^+ = 2Mn^{2+}+5SO_4^{2-}+4H_2O$

NO_2——红棕色气体

五、1. A—NaI　　B—NaClO

$$2NaI+FeCl_3 = 2NaCl+2FeCl_2+I_2$$

$$NaI+AgNO_3 = AgI\downarrow+NaNO_3$$

$$Cl^-+ClO^-+2H^+ = Cl_2\uparrow+H_2O$$

$$Cl_2+2NaOH = NaCl+NaClO+H_2O$$

$$2I^-+ClO^-+H_2O = I_2+Cl^-+2OH^-$$

$$2I_2+5ClO^-+2OH^- = 2IO^-+5Cl^-+H_2O$$

2. A—$Na_2S_2O_3$　B—S　C—SO_2　D—$BaSO_4$

$$S_2O_3^{2-}+2H^+ = S\downarrow+SO_2\uparrow+H_2O$$

$$5SO_2+2MnO_4^-+2H_2O = 5SO_4^{2-}+2Mn^{2+}+4H^+$$

$$SO_2+2H_2S = 3S\downarrow+2H_2O$$

$$Na_2S_2O_3+4Cl_2+5H_2O = Na_2SO_4+H_2SO_4+8HCl$$

$$SO_4^{2-}+Ba^{2+} = BaSO_4\downarrow$$

3. A—KI　B—浓 H_2SO_4　C—I_2　D—H_2S　E—KI_3　F—PbS　G—S

$$8KI+9H_2SO_4\text{（浓）} = 4I_2+8KHSO_4+H_2S\uparrow+4H_2O$$

$$I_2+KI = KI_3$$

$$3I_2+6NaOH = 5NaI+NaIO_3+3H_2O$$

$$H_2S+Pb(Ac)_2 = PbS\downarrow\text{（黑色）}+2HAc$$

$$2H_2S+NaHSO_3+H_2SO_4 = 3S\downarrow+NaHSO_4+3H_2O$$

附　录

附表 1　弱酸、弱碱的离解常数

（一）弱酸的离解常数（298.15K）

弱　酸	离　解　常　数 $K_a^{\ominus}$			
H_3AlO_3	$K_1^{\ominus}=6.3\times10^{-12}$			
H_3AsO_4	$K_1^{\ominus}=6.0\times10^{-3}$	$K_2^{\ominus}=1.0\times10^{-7}$	$K_3^{\ominus}=3.2\times10^{-12}$	
H_3AsO_3	$K_1^{\ominus}=6.6\times10^{-10}$			
H_3BO_3	$K_1^{\ominus}=5.8\times10^{-10}$			
$H_2B_4O_7$	$K_1^{\ominus}=1\times10^{-4}$	$K_2^{\ominus}=1\times10^{-9}$		
$HBrO$	$K_1^{\ominus}=2.0\times10^{-9}$			
H_2CO_3	$K_1^{\ominus}=4.4\times10^{-7}$	$K_2^{\ominus}=4.7\times10^{-11}$		
HCN	$K_1^{\ominus}=6.2\times10^{-10}$			
H_2CrO_4	$K_1^{\ominus}=4.1$	$K_2^{\ominus}=1.3\times10^{-6}$		
$HClO$	$K_1^{\ominus}=2.8\times10^{-8}$			
HF	$K_1^{\ominus}=6.6\times10^{-4}$			
HIO	$K_1^{\ominus}=2.3\times10^{-11}$			
HIO_3	$K_1^{\ominus}=0.16$			
H_5IO_6	$K_1^{\ominus}=2.8\times10^{-10}$	$K_2^{\ominus}=5.0\times10^{-9}$		
H_2MnO_4		$K_2^{\ominus}=7.1\times10^{-11}$		
HNO_2	$K_1^{\ominus}=7.2\times10^{-4}$			
HN_3	$K_1^{\ominus}=1.9\times10^{-5}$			
H_2O_2	$K_1^{\ominus}=2.2\times10^{-12}$			
H_2O	$K_1^{\ominus}=1.8\times10^{-16}$			
H_3PO_4	$K_1^{\ominus}=7.1\times10^{-3}$	$K_2^{\ominus}=6.3\times10^{-8}$	$K_3^{\ominus}=4.2\times10^{-13}$	
$H_4P_2O_7$	$K_1^{\ominus}=3.0\times10^{-2}$	$K_2^{\ominus}=4.4\times10^{-3}$	$K_3^{\ominus}=2.5\times10^{-7}$	$K_4^{\ominus}=5.6\times10^{-10}$
$H_5P_3O_{10}$	$K_3^{\ominus}=1.6\times10^{-3}$	$K_4^{\ominus}=3.4\times10^{-7}$	$K_5^{\ominus}=5.8\times10^{-10}$	
H_3PO_3	$K_1^{\ominus}=6.3\times10^{-2}$	$K_2^{\ominus}=2.0\times10^{-7}$		
H_2SO_4		$K_2^{\ominus}=1.0\times10^{-2}$		
H_2SO_3	$K_1^{\ominus}=1.3\times10^{-2}$	$K_2^{\ominus}=6.1\times10^{-3}$		
$H_2S_2O_3$	$K_1^{\ominus}=0.25$	$K_2^{\ominus}=3.2\times10^{-2}\sim2.0\times10^{-2}$		
$H_2S_2O_4$	$K_1^{\ominus}=0.45$	$K_2^{\ominus}=3.5\times10^{-3}$		
H_2Se	$K_1^{\ominus}=1.3\times10^{-4}$	$K_2^{\ominus}=1.0\times10^{-11}$		
* H_2S	$K_1^{\ominus}=1.32\times10^{-7}$	$K_2^{\ominus}=7.1\times10^{-15}$		
H_2SeO_4		$K_2^{\ominus}=2.2\times10^{-2}$		
H_2SeO_3	$K_1^{\ominus}=2.3\times10^{-3}$	$K_2^{\ominus}=5.0\times10^{-9}$		
* $HSCN$	$K_1^{\ominus}=1.41\times10^{-1}$			
H_2SiO_3	$K_1^{\ominus}=1.7\times10^{-10}$	$K_2^{\ominus}=1.6\times10^{-12}$		
$HSb(OH)_6$	$K_1^{\ominus}=2.8\times10^{-3}$			
H_2TbO_3	$K_1^{\ominus}=3.5\times10^{-3}$	$K_2^{\ominus}=1.9\times10^{-8}$		
H_2Te	$K_1^{\ominus}=2.3\times10^{-3}$	$K_2^{\ominus}=1.0\times10^{-11}\sim10^{-12}$		
H_2WO_4	$K_1^{\ominus}=3.2\times10^{-4}$	$K_2^{\ominus}=2.5\times10^{-5}$		
NH_4^+	$K_1^{\ominus}=5.8\times10^{-10}$			
$H_2C_2O_4$（草酸）	$K_1^{\ominus}=5.4\times10^{-2}$	$K_2^{\ominus}=5.4\times10^{-5}$		

续表

弱酸	离解常数$K_a^{\ominus}$		
HCOOH(甲酸)	$K_1^{\ominus}=1.77\times10^{-4}$		
CH_3COOH(醋酸,HAc)	$K_1^{\ominus}=1.75\times10^{-5}$		
$ClCH_2COOH$(氯代醋酸)	$K_1^{\ominus}=1.4\times10^{-3}$		
CH_2CHCO_2H(丙烯酸)	$K_1^{\ominus}=5.5\times10^{-5}$		
$CH_3COOH_2CO_2H$(乙酰醋酸)	$K_1^{\ominus}=2.6\times10^{-4}$(316.15K)		
$H_3C_6H_5O_7$(柠檬酸)	$K_1^{\ominus}=7.4\times10^{-4}$	$K_2^{\ominus}=1.73\times10^{-5}$	$K_3^{\ominus}=4.7\times10^{-7}$
H_4Y(乙二胺四乙酸)	$K_1^{\ominus}=10^{-2}$	$K_2^{\ominus}=2.1\times10^{-3}$	$K_3^{\ominus}=6.9\times10^{-7}$　$K_4^{\ominus}=5.9\times10^{-11}$

（二）弱碱的离解常数（298.15K）

弱碱	离解常数$K_b^{\ominus}$
$NH_3\cdot H_2O$	1.8×10^{-5}
NH_2-NH_2(联氨)	9.8×10^{-7}
NH_2OH(羟胺)	9.1×10^{-9}
$C_6H_5NH_2$(苯胺)	4×10^{-10}
C_5H_5N(吡啶)	1.5×10^{-9}
$(CH_2)_6N_4$(六亚甲基四胺)	1.4×10^{-9}

注：本表及后面的附表 2、附表 3 的数据主要取自 Lange's Handbook of Chemistry，13th ed. 1985，表中“*”表示数据取自同一手册的第 11 版。

附表 2　溶度积常数（298.15K）

化合物	$K_{sp}^{\ominus}$	化合物	$K_{sp}^{\ominus}$
AgAc	4.4×10^{-3}	$AlPO_4$	6.3×10^{-19}
Ag_3AsO_4	1.0×10^{-22}	Al_2S_3	2×10^{-7}
AgBr	5.0×10^{-13}	AuCl	2.0×10^{-13}
AgCl	1.8×10^{-10}	$AuCl_3$	3.2×10^{-25}
Ag_2CO_3	8.1×10^{-12}	AuI	1.6×10^{-23}
Ag_2CrO_4	1.1×10^{-12}	AuI_3	1×10^{-46}
AgCN	1.2×10^{-16}	$BaCO_3$	5.1×10^{-9}
$Ag_2Cr_2O_7$	2.0×10^{-7}	BaC_2O_4	1.6×10^{-7}
$Ag_2C_2O_4$	3.4×10^{-11}	$BaCrO_4$	1.2×10^{-10}
$Ag_2[Fe(CN)_6]$	1.6×10^{-41}	$Ba_2[Fe(CN)_6]\cdot 6H_2O$	3.2×10^{-8}
AgOH	2.0×10^{-8}	BaF_2	1.0×10^{-6}
$AgIO_3$	3.0×10^{-8}	$Ba(OH)_2$	5×10^{-3}
AgI	8.3×10^{-17}	$Ba(NO_3)_2$	4.5×10^{-3}
Ag_2MoO_4	2.8×10^{-12}	$BaHPO_4$	3.2×10^{-7}
$AgNO_2$	6.0×10^{-4}	$Ba_3(PO_4)_2$	3.4×10^{-23}
Ag_3PO_4	1.4×10^{-16}	$Ba_2P_2O_7$	3.2×10^{-11}
Ag_2SO_4	1.4×10^{-5}	$BaSO_4$	1.1×10^{-10}
Ag_2SO_3	1.5×10^{-14}	$BaSO_3$	8×10^{-7}
Ag_2S	6.3×10^{-50}	BaS_2O_3	1.6×10^{-5}
AgSCN	1.0×10^{-12}	$BeCO_3\cdot 4H_2O$	1×10^{-3}
$AlAsO_4$	1.6×10^{-16}	$Be(OH)_2$(无定形)	1.6×10^{-22}
$Al(OH)_3$(无定形)	1.3×10^{-33}	$Bi(OH)_3$	4×10^{-31}

续表

化合物	$K_{sp}^{\ominus}$	化合物	$K_{sp}^{\ominus}$
BiI_3	8.1×10^{-19}	$Fe(OH)_2$	8.0×10^{-16}
Bi_2S_3	1×10^{-97}	$FeC_2O_4\cdot2H_2O$	3.2×10^{-7}
$BiOBr$	3.0×10^{-7}	$Fe_4[Fe(CN)_6]_3$	3.3×10^{-41}
$BiOCl$	1.8×10^{-31}	$Fe(OH)_3$	4×10^{-38}
$BiONO_3$	2.82×10^{-3}	FeS	6.3×10^{-18}
$CaCO_3$	2.8×10^{-9}	Hg_2CO_3	8.9×10^{-17}
$CaC_2O_4\cdot H_2O$	4×10^{-9}	$Hg_2(CN)_2$	5×10^{-40}
$CaCrO_4$	7.1×10^{-4}	Hg_2Cl_2	1.3×10^{-18}
CaF_2	5.3×10^{-9}	Hg_2CrO_4	2.0×10^{-9}
$Ca(OH)_2$	5.5×10^{-6}	Hg_2I_2	4.5×10^{-29}
$CaHPO_4$	1×10^{-7}	$Hg_2(OH)_2$	2.0×10^{-24}
$Ca_3(PO_4)_2$	2.0×10^{-29}	$Hg(OH)_2$	3.0×10^{-26}
$CaSiO_3$	2.5×10^{-8}	Hg_2SO_4	7.4×10^{-7}
$CaSO_4$	9.1×10^{-6}	Hg_2S	1.0×10^{-47}
$CdCO_3$	5.2×10^{-12}	HgS(红)	4×10^{-53}
$Cd(OH)_2$(新鲜)	2.5×10^{-14}	HgS(黑)	1.6×10^{-52}
CdS	8.0×10^{-27}	$K_2Na[Co(NO_2)_6]\cdot H_2O$	2.2×10^{-11}
CeF_3	8×10^{-16}	$K_2[PtCl_6]$	1.1×10^{-5}
$Ce(OH)_3$	1.6×10^{-20}	K_2SiF_6	8.7×10^{-7}
$Ce(OH)_4$	2×10^{-28}	Li_2CO_3	2.5×10^{-2}
Ce_2S_3	6.0×10^{-11}	LiF	3.8×10^{-3}
$Co(OH)_2$(新鲜)	1.6×10^{-15}	Li_3PO_4	3.2×10^{-9}
$Co(OH)_3$	1.6×10^{-44}	$MgCO_3$	3.5×10^{-8}
α-CoS	4.0×10^{-21}	MgF_2	6.5×10^{-9}
β-CoS	2.0×10^{-25}	$Mg(OH)_2$	1.8×10^{-11}
$Cr(OH)_3$	6.3×10^{-31}	$Mg_3(PO_4)_2$	$10^{-18}\sim10^{-17}$
$CuBr$	5.3×10^{-9}	$MnCO_3$	1.8×10^{-11}
$CuCl$	1.2×10^{-6}	$Mn(OH)_2$	1.9×10^{-13}
$CuCN$	3.2×10^{-20}	MnS(无定形)	2.5×10^{-10}
CuI	1.1×10^{-12}	MnS(晶体)	2.5×10^{-13}
$CuOH$	1×10^{-14}	Na_3AlF_6	4.0×10^{-10}
Cu_2S	2.5×10^{-48}	$NiCO_3$	6.6×10^{-9}
$CuSCN$	4.8×10^{-15}	$Ni(OH)_2$(新鲜)	2.0×10^{-15}
$CuCO_3$	1.4×10^{-10}	α-NiS	3.2×10^{-19}
$CuCrO_4$	3.6×10^{-6}	β-NiS	1.0×10^{-24}
$Cu[Fe(CN)_6]$	1.3×10^{-6}	γ-NiS	2.0×10^{-26}
$Cu(OH)_2$	2.2×10^{-20}	$PbCO_3$	7.4×10^{-14}
CuC_2O_4	2.3×10^{-8}	$PbCl_2$	1.6×10^{-5}
$Cu_3(PO_4)_2$	1.3×10^{-37}	$PbCrO_4$	2.8×10^{-13}
$Cu_2P_2O_7$	8.3×10^{-16}	PbC_2O_4	4.8×10^{-10}
CuS	6.3×10^{-36}	PbI_2	7.1×10^{-9}
$FeCO_3$	3.2×10^{-11}	$Pb(N_3)_2$	2.5×10^{-9}
$Pb(OH)_2$	1.2×10^{-15}	$SrCrO_4$	2.2×10^{-5}
$Pb(OH)_4$	3.2×10^{-66}	$SrSO_4$	3.2×10^{-7}
$Pb_3(PO_4)_2$	8.0×10^{-43}	$TlCl_4$	1.7×10^{-4}
$PbSO_4$	1.6×10^{-8}	TlI	6.5×10^{-8}
PbS	8.0×10^{-28}	$Tl(OH)_3$	6.3×10^{-46}
$Pt(OH)_2$	1×10^{-35}	Tl_2S	5.0×10^{-21}
$Sn(OH)_2$	1.4×10^{-28}	$ZnCO_3$	1.4×10^{-11}
$Sn(OH)_4$	1×10^{-56}	$Zn(OH)_2$	1.2×10^{-17}
SnS	1.0×10^{-25}	α-ZnS	1.6×10^{-24}
$SrCO_3$	1.1×10^{-10}	β-ZnS	2.5×10^{-22}
$SrC_2O_4\cdot H_2O$	1.6×10^{-7}		

附表3　标准电极电势（298.15K）

电极反应			$E^{\ominus}$/V
氧化型		还原型	
$Li+e^-$	⇌	Li	−3.045
K^++e^-	⇌	K	−2.925
Rb^++e^-	⇌	Rb	−2.925
Cs^++e^-	⇌	Cs	−2.923
$Ra^{2+}+2e^-$	⇌	Ra	−2.92
$Ba^{2+}+2e^-$	⇌	Ba	−2.90
$Sr^{2+}+2e^-$	⇌	Sr	−2.89
$Ca^{2+}+2e^-$	⇌	Ca	−2.87
Na^++e^-	⇌	Na	−2.714
$La^{3+}+3e^-$	⇌	La	−2.52
$Mg^{2+}+2e^-$	⇌	Mg	−2.37
$Sc^{3+}+3e^-$	⇌	Sc	−2.08
$[AlF_6]^{3-}+3e^-$	⇌	$Al+6F^-$	−2.07
$Be^{2+}+2e^-$	⇌	Be	−1.85
$Al^{3+}+3e^-$	⇌	Al	−1.66
$Ti^{2+}+2e^-$	⇌	Ti	−1.63
$Zr^{4+}+4e^-$	⇌	Zr	−1.53
$[TiF_6]^{2-}+4e^-$	⇌	$Ti+6F^-$	−1.24
$[SiF_6]^{2-}+4e^-$	⇌	$Si+6F^-$	−1.2
$Mn^{2+}+2e^-$	⇌	Mn	−1.18
* $SO_4^{2-}+H_2O+2e^-$	⇌	$SO_3^{2-}+2OH^-$	−0.93
$TiO^{2+}+2H^++4e^-$	⇌	$Ti+H_2O$	−0.89
* $Fe(OH)_2+2e^-$	⇌	$Fe+2OH^-$	−0.887
$H_3BO_3+3H^++3e^-$	⇌	$B+3H_2O$	−0.87
$SiO_2(S)+4H^++4e^-$	⇌	$Si+2H_2O$	−0.86
$Zn^{2+}+2e^-$	⇌	Zn	−0.763
* $FeCO_3+2e^-$	⇌	$Fe+CO_3^{2-}$	−0.765
$Cr^{3+}+3e^-$	⇌	Cr	−0.74
$As+3H^++3e^-$	⇌	AsH_3	−0.60
* $2SO_3^{2-}+3H_2O+4e^-$	⇌	$S_2O_3^{2-}+6OH^-$	−0.58
* $Fe(OH)_3+e^-$	⇌	$Fe(OH)_2+OH^-$	−0.56
$Ga^{3+}+3e^-$	⇌	Ga	−0.56
$Sb+3H^++3e^-$	⇌	$SbH_3(g)$	−0.51
$H_3PO_2+H^++e^-$	⇌	$P+2H_2O$	−0.51
$H_3PO_3+2H^++2e^-$	⇌	$H_3PO_2+H_2O$	−0.50
$2CO_2+2H^++2e^-$	⇌	$H_2C_2O_4$	−0.49
* $S+2e^-$	⇌	S^{2-}	−0.48
$Fe^{2+}+2e^-$	⇌	Fe	−0.44
$Cr^{3+}+e^-$	⇌	Cr^{2+}	−0.41
$Cd^{2+}+2e^-$	⇌	Cd	−0.403
$Se+2H^++2e^-$	⇌	H_2Se	−0.40
$Ti^{3+}+e^-$	⇌	Ti^{2+}	−0.37
PbI_2+2e^-	⇌	$Pb+2I^-$	−0.365
* $Cu_2O+H_2O+2e^-$	⇌	$2Cu+2OH^-$	−0.361
$PbSO_4+2e^-$	⇌	$Pb+SO_4^{2-}$	−0.3553
$In^{3+}+3e^-$	⇌	In	−0.342
Tl^++e^-	⇌	Tl	−0.336
* $Ag(CN)_2^-+e^-$	⇌	$Ag+2CN^-$	−0.31

续表

电极反应			$E^{\ominus}$/V
氧化型		还原型	
$PtS+2H^{+}+2e^{-}$	⇌	$Pt+HgS(g)$	−0.30
$PbBr_2+2e^{-}$	⇌	$Pb+2Br^{-}$	−0.280
$Co^{2+}+2e^{-}$	⇌	Co	−0.277
$H_3PO_4+2H^{+}+2e^{-}$	⇌	$H_3PO_3+H_2O$	−0.276
$PbCl_2+2e^{-}$	⇌	$Pb+2Cl^{-}$	−0.268
$V^{3+}+e^{-}$	⇌	V^{2+}	−0.255
$VO_2^{+}+4H^{+}+5e^{-}$	⇌	$V+2H_2O$	−0.253
$[SnF_6]^{2-}+4e^{-}$	⇌	$Sn+6F^{-}$	−0.25
$Ni^{2+}+2e^{-}$	⇌	Ni	−0.246
$N_2+5H^{+}+4e^{-}$	⇌	$N_2H_5^{+}$	−0.23
$Mo^{3+}+3e^{-}$	⇌	Mo	−0.20
$CuI+e^{-}$	⇌	$Cu+I^{-}$	−0.185
$AgI+e^{-}$	⇌	$Ag+I^{-}$	−0.152
$Sn^{2+}+2e^{-}$	⇌	Sn	−0.136
$Pb^{2+}+e^{-}$	⇌	Pb	−0.126
* $Cu(NH_3)_2^{+}+e^{-}$	⇌	$Cu+2NH_3$	−0.12
* $CrO_4^{2-}+2H_2O+3e^{-}$	⇌	$CrO_2^{-}+4OH^{-}$	−0.12
$WO_3+6H^{+}+6e^{-}$	⇌	$W+3H_2O$	−0.09
* $2Cu(OH)_2+2e^{-}$	⇌	$Cu_2O+2OH^{-}+H_2O$	−0.08
* $MnO_2+H_2O+2e^{-}$	⇌	$Mn(OH)_2+2OH^{-}$	−0.05
$[HgI_4]^{2-}+2e^{-}$	⇌	$Hg+4I^{-}$	−0.039
* $AgCN+e^{-}$	⇌	$Ag+CN^{-}$	−0.017
$2H^{+}+2e^{-}$	⇌	$H_2(g)$	0.00
$[Ag(S_2O_3)_2]^{3-}+e^{-}$	⇌	$Ag+2S_2O_3^{2-}$	0.01
* $NO_3^{-}+H_2O+2e^{-}$	⇌	$NO_2^{-}+2OH^{-}$	0.01
$AgBr(s)+e^{-}$	⇌	$Ag+Br^{-}$	0.071
$S_4O_6^{2-}+2e^{-}$	⇌	$2S_2O_3^{2-}$	0.08
* $[Co(NH_3)_6]^{3+}+e^{-}$	⇌	$[Co(NH_3)_6]^{2+}$	0.1
$TiO^{2+}+2H^{+}+e^{-}$	⇌	$Ti^{3+}+H_2O$	0.10
$S+2H^{+}+2e^{-}$	⇌	$H_2S(aq)$	0.141
$Sn^{4+}+2e^{-}$	⇌	Sn^{2+}	0.154
$Cu^{2+}+e^{-}$	⇌	Cu^{+}	0.159
$SO_4^{2-}+4H^{+}+3e^{-}$	⇌	$H_2SO_3+H_2O$	0.17
$[HgBr_4]^{2-}+2e^{-}$	⇌	$Hg+4Br^{-}$	0.21
$AgCl(s)+e^{-}$	⇌	$Ag+Cl^{-}$	0.2223
* $PbO_2+H_2O+2e^{-}$	⇌	$PbO+2OH^{-}$	0.247
$HAsO_2+4H^{+}+3e^{-}$	⇌	$As+2H_2O$	0.248
$Hg_2Cl_2(s)+2e^{-}$	⇌	$2Hg+2Cl^{-}$	0.268
$BiO^{+}+2H^{+}+3e^{-}$	⇌	$Bi+H_2O$	0.32
$Cu^{2+}+2e^{-}$	⇌	Cu	0.337
* $Ag_2O+H_2O+2e^{-}$	⇌	$2Ag+2OH^{-}$	0.342
$[Fe(CN)_6]^{3-}+e^{-}$	⇌	$[Fe(CN)_6]^{4-}$	0.36
* $ClO_4^{-}+H_2O+2e^{-}$	⇌	$ClO_3^{-}+2OH^{-}$	0.36
* $[Ag(NH_3)_2]^{+}+e^{-}$	⇌	$Ag+2NH_3$	0.373
$2H_2SO_3+2H_2O+4e^{-}$	⇌	$S_2O_3^{2-}+3H_2O$	0.40
* $O_2+2H_2O+4e^{-}$	⇌	$4OH^{-}$	0.401
$Ag_2CrO_4+2e^{-}$	⇌	$2Ag+CrO_4^{2-}$	0.447
$H_2SO_3+4H^{+}+4e^{-}$	⇌	$S+3H_2O$	0.45

续表

电极反应			$E^{\ominus}/V$
氧化型		还原型	
$Cu^{+}+e^{-}$	$\rightleftharpoons$	Cu	0.52
$TeO_2(s)+4H^{+}+4e^{-}$	$\rightleftharpoons$	$Te+2H_2O$	0.529
$I_2(s)+2e^{-}$	$\rightleftharpoons$	$2I^{-}$	0.5345
$H_3AsO_4+2H^{+}+2e^{-}$	$\rightleftharpoons$	$H_3AsO_3+H_2O$	0.560
$MnO_4^{-}+e^{-}$	$\rightleftharpoons$	MnO_4^{2-}	0.564
* $MnO_4^{2-}+2H_2O+3e^{-}$	$\rightleftharpoons$	MnO_2+4OH^{-}	0.588
* $MnO_4^{2-}+2H_2O+2e^{-}$	$\rightleftharpoons$	MnO_2+4OH^{-}	0.60
* $BrO_3^{-}+3H_2O+6e^{-}$	$\rightleftharpoons$	$Br^{-}+6OH^{-}$	0.61
$2HgCl_2+2e^{-}$	$\rightleftharpoons$	$Hg_2Cl_2(s)+2Cl^{-}$	0.63
* $CrO_2^{-}+H_2O+2e^{-}$	$\rightleftharpoons$	$ClO^{-}+2OH^{-}$	0.66
$O_2(g)+2H^{+}+2e^{-}$	$\rightleftharpoons$	$H_2O_2(aq)$	0.682
$[PtCl_4]^{2-}+2e^{-}$	$\rightleftharpoons$	$Pt+4Cl^{-}$	0.73
$Fe^{3+}+e^{-}$	$\rightleftharpoons$	Fe^{2+}	0.771
$Hg_2^{2+}+2e^{-}$	$\rightleftharpoons$	$2Hg$	0.793
$Ag^{+}+e^{-}$	$\rightleftharpoons$	Ag	0.799
$NO_3^{-}+2H^{+}+2e^{-}$	$\rightleftharpoons$	NO_2+H_2O	0.80
* $HO_2^{-}+H_2O+2e^{-}$	$\rightleftharpoons$	$3OH^{-}$	0.88
* $ClO^{-}+H_2O+2e^{-}$	$\rightleftharpoons$	$Cl^{-}+2OH^{-}$	0.89
$2Hg^{2+}+2e^{-}$	$\rightleftharpoons$	Hg_2^{2+}	0.920
$NO_3^{-}+3H^{+}+2e^{-}$	$\rightleftharpoons$	HNO_2+H_2O	0.94
$NO_3^{-}+4H^{+}+3e^{-}$	$\rightleftharpoons$	$NO+2H_2O$	0.96
$HNO_2+H^{+}+e^{-}$	$\rightleftharpoons$	$NO+H_2O$	1.00
$NO_2+2H^{+}+2e^{-}$	$\rightleftharpoons$	$NO+H_2O$	1.03
$Br(l)+2e^{-}$	$\rightleftharpoons$	$2Br^{-}$	1.065
$NO_2+H^{+}+e^{-}$	$\rightleftharpoons$	HNO_2	1.07
$Cu^{2+}+2CN^{-}+e^{-}$	$\rightleftharpoons$	$Cu(CN)_2^{-}$	1.12
* ClO_2+e^{-}	$\rightleftharpoons$	ClO_2^{-}	1.16
$ClO_4^{-}+2H^{+}+2e^{-}$	$\rightleftharpoons$	$ClO_3^{-}+H_2O$	1.19
$2IO_3^{-}+12H^{+}+10e^{-}$	$\rightleftharpoons$	I_2+6H_2O	1.20
$ClO_3^{-}+3H^{+}+2e^{-}$	$\rightleftharpoons$	$HClO_2+H_2O$	1.21
$O_2+4H^{+}+4e^{-}$	$\rightleftharpoons$	$2H_2O(l)$	1.229
$MnO_2+4H^{+}+2e^{-}$	$\rightleftharpoons$	$Mn^{2+}+2H_2O$	1.23
* $O_3+H_2O+2e^{-}$	$\rightleftharpoons$	O_2+2OH^{-}	1.24
$ClO_2+H^{+}+e^{-}$	$\rightleftharpoons$	$HClO_2$	1.275
$2HNO_2+4H^{+}+4e^{-}$	$\rightleftharpoons$	N_2O+3H_2O	1.29
$Cr_2O_7^{2-}+14H^{+}+6e^{-}$	$\rightleftharpoons$	$2Cr^{3+}+7H_2O$	1.33
Cl_2+2e^{-}	$\rightleftharpoons$	$2Cl^{-}$	1.36
$2HIO+2H^{+}+2e^{-}$	$\rightleftharpoons$	I_2+2H_2O	1.45
$PbO_2+4H^{+}+2e^{-}$	$\rightleftharpoons$	$Pb^{2+}+2H_2O$	1.455
$Au^{3+}+3e^{-}$	$\rightleftharpoons$	Au	1.50
$Mn^{3+}+e^{-}$	$\rightleftharpoons$	Mn^{2+}	1.51
$MnO_4^{-}+8H^{+}+5e^{-}$	$\rightleftharpoons$	$Mn^{2+}+4H_2O$	1.51
$BrO_3^{-}+12H^{+}+10e^{-}$	$\rightleftharpoons$	$Br_2(l)+6H_2O$	1.52
$2HBrO+2H^{+}+2e^{-}$	$\rightleftharpoons$	$Br_2(l)+2H_2O$	1.59
$H_5IO_6+H^{+}+2e^{-}$	$\rightleftharpoons$	$IO_3^{-}+3H_2O$	1.60
$2HClO+2H^{+}+2e^{-}$	$\rightleftharpoons$	Cl_2+H_2O	1.63
$HClO_2+2H^{+}+2e^{-}$	$\rightleftharpoons$	$HClO+H_2O$	1.64
$Au^{+}+e^{-}$	$\rightleftharpoons$	Au	1.68

续表

电极反应			$E^{\ominus}$/V
氧化型		还原型	
$NiO_2+4H^++2e^-$	$\rightleftharpoons$	$Ni^{2+}+2H_2O$	1.68
$MnO_4^-+4H^++3e^-$	$\rightleftharpoons$	MnO_2+2H_2O	1.695
$H_2O_2+2H^++2e^-$	$\rightleftharpoons$	$2H_2O$	1.77
$Co^{3+}+e^-$	$\rightleftharpoons$	Co^{2+}	1.84
$Ag^{2+}+e^-$	$\rightleftharpoons$	Ag^+	1.98
$S_2O_8^{2-}+2e^-$	$\rightleftharpoons$	$2SO_4^{2-}$	2.01
$O_3+2H^++2e^-$	$\rightleftharpoons$	O_2+H_2O	2.07
F_2+2e^-	$\rightleftharpoons$	$2F^-$	2.87
$F_2+2H^++2e^-$	$\rightleftharpoons$	$2HF$	3.06

注：本表中凡前面有*符号的电极反应是在碱性溶液中进行，其余都在酸性溶液中进行。

附表 4　配离子的稳定常数（298.15K）

化学式	稳定常数 β	$\lg\beta$	化学式	稳定常数 β	$\lg\beta$
*$[AgCl_2]^-$	1.1×10^5	5.04	*$[Cu(en)_2]^{2+}$	1.0×10^{20}	20
*$[AgI_2]^-$	5.5×10^{11}	11.74	$[Cu(NH_3)_2]^+$	7.4×10^{10}	10.87
$[Ag(CN)_2]^-$	5.6×10^{18}	18.74	$[Cu(NH_3)_4]^{2+}$	4.3×10^{13}	13.63
$[Ag(NH_3)_2]^+$	1.7×10^7	7.23	$[Fe(C_2O_4)_3]^{3-}$	10^{20}	20
$[Ag(S_2O_3)_2]^{3-}$	1.7×10^{13}	13.22	$[FeF_6]^{3-}$	$\sim2\times10^{15}$	~15.3
$[AlF_6]^{3-}$	6.9×10^{19}	19.84	$[Fe(CN)_6]^{4-}$	10^{35}	35
$[AuCl_4]^-$	2×10^{21}	21.3	$[Fe(CN)_6]^{3-}$	10^{42}	42
$[Au(CN)_2]^-$	2.0×10^{38}	38.3	$[Fe(NCS)_6]^{3-}$	1.3×10^9	9.1
$[CdI_4]^{2-}$	2×10^6	6.3	$[HgCl_4]^{2-}$	9.1×10^{15}	15.96
$[Cd(CN)_4]^{2-}$	7.1×10^{18}	18.85	$[HgI_4]^{2-}$	1.9×10^{30}	30.28
$[Cd(NH_3)_4]^{2+}$	1.3×10^7	7.12	$[Hg(CN)_4]^{2-}$	2.5×10^{41}	41.4
*$[Co(NCS)_4]^{2-}$	1.0×10^3	3	$[Hg(NH_3)_4]^{2+}$	1.9×10^{19}	19.28
$[Co(NH_3)_6]^{2+}$	8.0×10^4	4.9	$[Hg(SCN)_4]^{2-}$	2×10^{19}	19.3
$[Co(NH_3)_6]^{3+}$	4.6×10^{33}	33.66	$[Ni(CN)_4]^{2-}$	10^{22}	22
*$[CuCl_2]^-$	3.2×10^5	5.5	*$[Ni(en)_3]^{2+}$	2.1×10^{18}	18.33
$[Cu(Br)_2]^-$	7.8×10^5	5.89	$[Ni(NH_3)_6]^{2+}$	5.6×10^8	8.74
*$[CuI_2]^-$	7.1×10^8	8.85	$[Zn(CN)_4]^{2-}$	7.8×10^{16}	16.89
$[Cu(CN)_2]^-$	1×10^{16}	16	$[Zn(en)_2]^{2+}$	6.8×10^{10}	10.83
*$[Cu(CN)_4]^{3-}$	1.0×10^{30}	30	$[Zn(NH_3)_4]^{2+}$	2.9×10^9	9.47

注：本表标有*的引自 J. A. Deam，“Lange' s Handbook of Chemistry”，其余引自 W. M. Atimer，Oxidation Potentials。

附表 5　工业常用气瓶的标志

气　体	气瓶外壳颜色	字　样	字样颜色
H_2	深绿	氢	红
O_2	天蓝	氧	黑
N_2	黑	氮	黄
He	灰	氦	绿
Cl_2	草绿	液氯	白
CO_2	铅白	液化二氧化碳	黑
SO_2	灰	液化二氧化硫	黑
NH_3	黄	液氨	黑
H_2S	白	液化硫化氢	红
HCl	灰	液化氯化氢	黑

注：摘自：中华人民共和国劳动总局颁发《气瓶安全监察规程》(1979)。

附表 6 常用的干燥剂

（一）普通干燥器内常用的干燥剂

干燥剂	吸收的溶剂
CaO	水、醋酸
$CaCl_2$（无色）	水、醇
硅胶	水
NaOH	水、醇、酚、醋酸、氯化氢
H_2SO_4	水、醇、醋酸
P_2O_5（P_4O_{10}）	水、醇
石蜡刨片或橄榄油	醇、醚、石油醚、苯、甲苯、氯仿、四氯化碳

（二）干燥剂干燥后空气中的水的质量浓度 ρ_{H_2O}

干燥剂	水的质量浓度 $\rho_{H_2O}/g\cdot m^{-3}$	干燥剂	水的质量浓度 $\rho_{H_2O}/g\cdot m^{-3}$
P_2O_5（P_4O_{10}）	2×10^{-5}	硅胶	0.03
$Mg(ClO_4)_2$	0.0005	$CaBr_2$	0.14
BaO	0.00065	NaOH（熔融）	0.16
$Mg(ClO_4)_2\cdot 3H_2O$	0.002	CaO	0.2
KOH（熔融）	0.002	H_2SO_4（95.1%）	0.3
H_2SO_4（100%）	0.003	$CaCl_2$（熔融）	0.36
Al_2O_3	0.003	$ZnCl_2$	0.85
$CaSO_4$	0.004	$ZnBr_2$	1.16
MgO	0.008	$CuSO_4$	1.4

附表 7 常用的制冷剂

（一）盐-水制冷剂的制冷温度（15℃下指定量的盐和 100g 水混合）

盐	最低温度 t/℃	混合盐	最低温度 t/℃
100g KCNS	−24	113g KCNS+5g NH_4NO_3	−32.4
133g NH_4SCN	−16	59g NH_4SCN+32g NH_4NO_3	−30.6
100g NH_4NO_3	−12	57g NH_4SCN+57g $NaNO_3$	−29.8
250g $CaCl_2$	−8	56g NH_4NO_3+55g $NaNO_3$	−23.8
30g NH_4Cl	−3	18g NH_4Cl+43g $NaNO_3$	−22.4
30g KCl	2	26g NH_4Cl+14g KNO_3	−17.8
30g $(NH_4)_2CO_3$	3	98g NH_4SCN+22g KNO_3	−13.8
16g KNO_3	5	88g NH_4NO_3+63g $NaNO_3$	−10.8
40g Na_2CO_3	6	32g NH_4Cl+21g KNO_3	−3.9
20g $Na_2SO_4\cdot 10H_2O$	8	26g NH_4Cl+57g KNO_3	−1.6

（二）盐-冰制冷剂的制冷温度（15℃下指定量的盐和 100g 雪或碎冰混合）

盐	最低温度 t/℃	混合盐	最低温度 t/℃
51g $ZnCl_2$	−62	39.5g NH_4SCN+54.5g $NaNO_3$	−37.4
29.8g $CaCl_2$	−55	2g KNO_3+112g KCNS	−34.1
36g $CuCl_2$	−40	13g NH_4Cl+38g KNO_3	−31
39.5g K_2CO_3	−36.5	32g NH_4NO_3+59g NH_4SCN	−30.6
26.1g $MgCl_2$	−33.6	9g KNO_3+67g NH_4SCN	−28.2
39.4g $Zn(NO_3)_2$	−29	52g NH_4NO_3+55g $NaNO_3$	−25.8
23.3g NaCl	−21.3	9g KNO_3+67g NH_4SCN	−25
23.2g $(NH_4)_2SO_4$	−19.05	12g NH_4Cl+50.5g $(NH_4)_2SO_4$	−22.5
18.6g NH_4Cl	−15.8	18.8g NH_4Cl+44g NH_4NO_3	−22.1
19.75g KCl	−11.1	26g NH_4Cl+13.5g KNO_3	−17.8

附表 8　一些物质的标准热力学常数（298.15K）

物质状态	$\Delta_f H_m^\ominus$/kJ·mol^{-1}	$\Delta_f G_m^\ominus$/kJ·mol^{-1}	$S_m^\ominus$/J·mol^{-1}·K^{-1}
Ag(s)	0	0	42.55
Ag^+(aq)	105.8	77.11	72.68
AgCl(s)	−127.0	−109.8	96.2
AgBr(s)	−100.4	−96.9	107.1
AgI(s)	−61.8	−66.2	115.5
Ag_2O(s)	−31.1	−11.2	121.3
Ag_2NO_3(s)	−731.7	−641.8	217.6
Ag_2S(s)	−32.9	−40.69	144.01
Al(s)	0	0	28.8
Al^{3+}(aq)	−538.4	−485.0	−325.0
$AlCl_3$(s)	−704.2	−628.8	110.7
Al_2O_3(s)	−1675.7	−1582.3	50.9
$Al_2(SO_4)_3$(s)	−3440.8	−3099.9	239.3
$Al(OH)_3$(s)	−1285.0	−1306.0	71.0
As(s)	0	0	35.1
As_4O_6(s)	−1313.9	−1152.4	214.2
As_2O_3(s)	−169.0	−168.6	163.6
B(s)	0	0	5.86
BCl_3(g)	−403.8	−388.7	290.1
BF_3(g)	−1137.0	−1120.3	53.97
B_2O_3(s)	−1272.8	−1193.7	53.97
Ba(s)	0	0	62.8
Ba(g)	180	146	170.1
Ba^{2+}(aq)	−537.6	−560.7	9.6
$BaCl_2$(s)	−858.6	−810.4	123.7
BaO(s)	−553.5	−521.1	70.42
BaS(s)	−460.0	−456.0	78.2
$BaSO_4$(s)	−1473.2	−1362.2	132.2
$Ba(OH)_2$(s)	−944.7	—	—
$Ba(NO_3)_2$(s)	−992.1	−796.7	213.8
$BaCO_3$(s)	−1216.3	−1137.6	112.1
Be(s)	0	0	9.50
Be^{2+}(aq)	−382.8	−379.7	−129.7
$BeCl_2$(s)	−490.4	−445.6	82.68
BeO(s)	−609.6	−580.3	14.14
$Be(OH)_2$(s)	−902.5	−815.0	51.9
Bi^{3+}(aq)	—	82.8	—
$BiCl_3$(s)	−379.1	−315.0	117.0
Bi_2S_3(s)	−143.1	−140.6	200.4
Br_2(l)	0	0	152.2
Br_2(g)	30.9	3.1	245.5
Br_2(aq)	−2.59	3.93	130.5
Br^-(aq)	−121.5	−104.0	82.84
HBr(g)	−36.40	−53.42	198.59
C(s,石墨)	0	0	5.74
C(s,金刚石)	1.859	2.900	2.377
CH_4(g)	−74.81	−50.72	186.3
C_2H_2(g)	22.67	209.2	86.6

续表

物质状态	$\Delta_f H_m^\ominus$/kJ·mol^{-1}	$\Delta_f G_m^\ominus$/kJ·mol^{-1}	$S_m^\ominus$/J·mol^{-1}·K^{-1}
CH_3COOH(l)	−484.5	−389.8	124.3
CH_3COOH(aq)	−485.8	−396.5	178.7
CCl_4(l)	−135.44	−65.21	216.40
C_2H_5OH(l)	−277.2	−174.8	160.8
C_2H_5OH(aq)	288.3	−181.6	148.5
CO(g)	−110.5	−137.2	197.6
CO_2(g)	−393.5	−394.4	213.6
CO_2(aq)	−413.8	−385.9	117.6
$Cr_2O_4^{2-}$	−825.1	−673.9	45.6
CS_2(l)	89.70	65.27	151.3
Ca(s)	0	0	41.4
Ca^{2+}(l)	−542.3	−553.5	−53.1
$CaCl_2$(s)	−795.8	−748.1	104.6
$CaCO_3$(方解石)	−1206.9	−1128.8	92.9
$CaCO_3$(文石)	−1207.0	−1127.7	88.7
CaO(s)	−635.1	−604.0	39.75
CaF_2(s)	−1219.6	−1167.3	68.87
$Ca(OH)_2$(s)	−986.1	−898.5	83.39
$CaSO_4$(s)	−1425.2	−1313.4	108.4
Cd(s)	0	0	51.76
Cd^{2+}(aq)	−75.9	−77.61	−73.2
$Cd(OH)_2$(s)	−560.7	−473.6	96
CdS(s)	−161.9	−156.5	64.9
Cl_2(g)	0	0	223.0
Cl_2(aq)	−23.4	6.90	121
Cl^-(l)	−167.1	−131.3	56.6
ClO^-(aq)	−107.1	−36.8	42.0
ClO_3^-(aq)	−103.97	−7.95	162.3
ClO_4^-(aq)	−129.3	−8.52	182.0
Co(s)	0	0	30.04
Co^{2+}(aq)	−58.2	−54.4	−113.0
Co^{3+}(aq)	−92.0	134.0	−305.0
$CoCl_2$(s)	−312.5	−269.8	109.2
Cr(s)	0	0	23.77
$CrCl_3$(s)	−556.5	−486.1	123.0
Cr_2O_3(s)	−1139.7	−1058.1	81.2
CrO_4^{2-}(aq)	−881.2	−727.8	50.2
$Cr_2O_7^{2-}$(aq)	−1490.3	−1301.2	261.9
Cu(s)	0	0	33.15
Cu^+(aq)	71.67	49.98	40.6
Cu^{2+}(aq)	64.77	65.49	−99.6
CuBr(s)	−104.6	−100.8	96.11
CuCl(s)	−137.2	−119.9	86.2
CuI(s)	−67.8	−69.5	96.7
CuO(s)	−157.3	−129.7	42.63
Cu_2O(s)	−168.6	−146.0	93.14
CuS(s)	−53.1	−53.6	66.5
$CuSO_4$(s)	−771.4	−661.8	109

续表

物质状态	$\Delta_f H_m^{\ominus}$/kJ·mol^{-1}	$\Delta_f G_m^{\ominus}$/kJ·mol^{-1}	$S_m^{\ominus}$/J·mol^{-1}·K^{-1}
$CuSO_4 \cdot 5H_2O$(s)	−2277.9	−1879.9	305.4
F_2(g)	0	0	202.8
F^-(aq)	−332.6	−278.8	−13.8
Fe(s)	0	0	27.28
Fe^{2+}(aq)	−81.9	−78.9	−137.7
Fe^{3+}(aq)	−48.5	−4.7	−315.9
$FeCl_2$(s)	−341.8	−302.3	117.9
$FeCl_3$(s)	−399.5	−334.0	142.3
Fe_2O_3(s)	−824.2	−742.2	87.4
Fe_3O_4(s)	−1118.4	−1015.4	146.4
FeS_2(s)	−178.2	−166.9	52.93
H_2(g)	0	0	130.7
H^+(aq)	0	0	0
H_3AsO_3(aq)	−742.2	−639.8	195.0
H_3AsO_4(aq)	−902.5	−766.0	184
H_3BO_3(s)	−1094.3	−968.9	88.83
H_3BO_3(aq)	−1072.3	−968.75	162.3
HBr(g)	−36.40	−53.45	198.7
HCl(g)	−92.31	−95.30	186.91
HClO(g)	−78.7	−66.1	236.7
HClO(aq)	−120.9	−79.9	142
HCN(aq)	107.1	119.7	124.7
H_2CO_3(aq)	−699.7	−623.1	187.4
HF(aq)	−320.1	−296.8	88.7
HF(g)	−271.1	−273.2	173.8
HI(g)	26.48	1.70	206.5
HNO_3(l)	−174.1	−80.71	155.6
H_3PO_4(s)	−1279.0	−1119.1	110.5
HS^-(aq)	−17.06	12.08	62.8
H_2S(aq)	−39.7	−27.83	121
H_2S(l)	−20.63	−33.56	205.8
H_2O(g)	−241.8	−228.6	188.7
H_2O(l)	−285.8	−237.2	69.91
H_2SO_3(aq)	−608.8	−537.8	232.2
H_2SO_4(l)	−831.9	−609.0	156.9
H_2SiO_3(aq)	−1182.8	−1079.4	109.0
H_2O_2(l)	−187.8	−120.4	109.6
H_2O_2(aq)	−191.2	−134.0	143.9
Hg(l)	0	0	76.02
Hg(g)	61.32	31.82	174.96
Hg^{2+}(aq)	171.1	164.6	−32.2
Hg_2^{2+}(aq)	172.4	153.5	84.5
$HgCl_2$(aq)	−216.3	−173.2	155
Hg_2Cl_2(s)	−265.22	−210.7	192.5
HgI_2(s)	−105.4	−101.7	180
HgI_4^{2-}(aq)	−235.6	−211.7	360
HgO(s)	−90.83	−58.54	70.29
HgS(s)	−58.2	−50.6	82.4

续表

物质状态	$\Delta_f H_m^{\ominus}$/kJ·mol^{-1}	$\Delta_f G_m^{\ominus}$/kJ·mol^{-1}	$S_m^{\ominus}$/J·mol^{-1}·K^{-1}
I^-(aq)	−55.19	−51.57	111.3
I_2(s)	0	0	116.14
I_2(g)	62.44	19.33	260.7
I_2(aq)	22.6	16.42	137.2
I_3^-(aq)	−51.5	−51.4	239.9
IO_3^-(aq)	−221.3	−128.0	118.4
K(s)	0	0	64.18
K^+(aq)	−252.4	−283.3	102.5
KBr(s)	−393.8	−380.7	95.9
KCl(s)	−436.7	−409.1	82.59
$KClO_4$(s)	−432.8	−303.1	151.0
KCN(s)	−113.0	−101.9	128.5
K_2CO_3(s)	−1151.0	−1063.5	155.5
$K_2Cr_2O_7$(s)	−2061.5	−1881.8	291.2
$KClO_3$(s)	−397.7	−296.3	143.1
K_2CrO_4(s)	−1403.7	−1295.7	200.12
$KMnO_4$(s)	−837.2	−737.6	171.7
KOH(s)	−424.8	−379.1	78.9
Li(s)	0	0	29.12
Li^+(aq)	−278.5	−293.3	13.4
Li_2CO_3(s)	−1215.9	−1132.1	90.37
LiF(s)	−615.97	−587.7	35.65
Li_2O(s)	−597.9	−561.2	37.57
Mg(s)	0	0	32.68
Mg^{2+}(aq)	−466.9	−454.8	−138.1
$MgCl_2$(s)	−641.3	−591.8	89.62
MgO(s)	−606.7	−569.4	26.94
$MgCO_3$(s)	−1095.8	−1012.1	65.7
Mn(s)	0	0	32.01
Mn^{2+}(aq)	−220.8	−228.1	−73.6
$MnCl_2$(s)	−481.3	−440.6	118.2
MnO_2(s)	−520.0	−466.1	53.05
N_2(g)	0	0	191.6
NH_3(g)	−46.11	−16.45	192.45
NH_3(aq)	−80.29	−26.50	111.3
NH_4^+(s)	−132.5	−79.31	113.4
NH_4Cl(s)	−314.4	−202.9	94.6
NH_4HCO_3(s)	−849.4	−665.9	120.9
NO(g)	90.25	86.55	210.8
NO_2(g)	33.18	51.31	240.1
Na(s)	0	0	51.21
Na^+(aq)	−240.1	−261.9	59.0
NaAc(s)	−708.8	−607.2	123.0
NaBr(s)	−361.1	−348.98	86.82
NaCl(s)	−411.2	−384.1	72.13
Na_2CO_3(s)	−1130.7	−1044.4	134.98
$NaHCO_3$(s)	−950.8	−851.0	101.7

续表

物质状态	$\Delta_f H_m^\ominus$/kJ·mol^{-1}	$\Delta_f G_m^\ominus$/kJ·mol^{-1}	$S_m^\ominus$/J·mol^{-1}·K^{-1}
$NaNO_2(s)$	−358.7	−284.6	103.8
$NaNO_3(s)$	−467.9	−367.0	116.5
$NaOH(s)$	−425.6	−379.5	64.46
$Na_2S(s)$	−364.8	−349.8	83.7
$Na_2SO_3(s)$	−1100.8	−1012.5	145.9
$Na_2SO_4(s)$	−1387.1	−1270.2	149.6
$Na_2SiO_3(s)$	−1554.9	−1462.8	113.9
$Ni(s)$	0	0	29.78
$Ni^+(aq)$	−54.0	−45.6	128.9
$NiCl_2(s)$	−305.3	−259.0	97.65
$O_2(g)$	0	0	205.1
$O_3(g)$	142.7	163.2	238.9
$O_3(aq)$	125.9	174.6	146.0
$OH^-(aq)$	−229.99	−157.2	−10.75
P(白磷)	0	0	41.09
P(红磷)	−17.6	−121.1	22.80
$PH_3(g)$	5.4	13.4	210.2
$PO_4^{3-}(aq)$	−1277.4	−1018.7	−222.0
$Pb(s)$	0	0	64.81
$Pb^{2+}(aq)$	−1.7	−24.43	10.5
$PbCl_2(s)$	−359.4	−314.1	136.0
$S(s)$	0	0	31.80
$S^{2-}(aq)$	33.1	85.8	−14.6
$SO_2(g)$	−296.8	−300.2	−248.2
$SO_2(aq)$	−322.98	−300.7	161.9
$SO_3(g)$	−395.7	−371.1	256.8
$SO_3^{2-}(aq)$	−635.5	−486.5	−29
$SO_4^{2-}(aq)$	−909.3	−744.5	20.1
$Si(s)$	0	0	18.83
$SiC(s)$	−65.3	−62.8	16.61
$SiCl_4(g)$	−657.0	−616.98	330.7
$SiCl_4(l)$	−680.7	−619.8	239.7
$Sn(s)$	0	0	51.55
$Sn^{2+}(aq)$	−8.8	−27.2	−17
$SnCl_2(aq)$	−329.7	−299.5	172
$SnCl_4(l)$	−511.3	−440.1	258.6
$Sr(s)$	0	0	30.63
$Sr^{2+}(aq)$	−545.8	−559.5	−32.6
$Ti(s)$	0	0	30.63
$TiCl_4(l)$	−804.2	−737.2	252.3
$Zn(s)$	0	0	41.63
$Zn^{2+}(aq)$	−153.9	−147.1	−112.1
$ZnCl_2(s)$	−415.1	−396.4	111.5
$Zn(OH)_2(s)$	−641.9	−553.5	81.2
$ZnSO_4(s)$	−982.8	−871.5	110.5

参 考 文 献

[1] 王建梅，旷英姿．无机化学．第 2 版．北京：化学工业出版社，2009.
[2] 傅洵，许泳吉，解从霞．基础化学教程．北京：科学出版社，2007.
[3] 叶芬霞．无机及分析化学．北京：高等教育出版社，2004.
[4] 高职高专化学教材编写组．无机化学．第 2 版．北京：高等教育出版社，2000.
[5] 中国石油大学无机化学教研室．普通化学．东营：中国石油大学出版社，2006.
[6] 南京大学《无机及分析化学》编写组．无机及分析化学．第 4 版．北京：高等教育出版社，2006.
[7] 北京大学《大学基础化学》编写组．大学基础化学．北京：高等教育出版社，2003.
[8] 浙江大学普通化学教研室．普通化学．第 4 版．北京：高等教育出版社，1995.
[9] 高职高专化学教材编写组．物理化学．第 2 版．北京：高等教育出版社，2000.
[10] 旷英姿．化学基础．北京：化学工业出版社，2002.
[11] 国家技术监督局组织编写．量和单位国家标准实施指南．北京：中国标准出版社，1996.
[12] 大连理工大学无机化学教研室．无机化学．第 3 版．北京：高等教育出版社，1990.
[13] 王致勇等．简明无机化学教程．北京：高等教育出版社，1988.
[14] 天津大学无机化学教研室．无机化学．第 3 版．北京：高等教育出版社，2002.
[15] 刘振河．化工生产技术．北京：高等教育出版社，2007.
[16] 陈长生．石油加工生产技术．北京：高等教育出版社，2007.

元素周期表

氧化态（单质的氧化态为0，未列入；常见的为红色）

以 $^{12}C=12$ 为基准的相对原子质量（注✦的是半衰期最长同位素的相对原子质量）

图例	
95	原子序数
Am	元素符号（红色的为放射性元素）
镅▲	元素名称（注▲的为人造元素）
$5f^7 7s^2$	价层电子构型
243.06✦	以 $^{12}C=12$ 为基准的相对原子质量
+2 +3 +4 +5 +6	氧化态

s区元素　p区元素　d区元素　ds区元素　f区元素　稀有气体

周期＼族	1 IA	2 IIA	3 IIIB	4 IVB	5 VB	6 VIB	7 VIIB	8 VIIIB	9 VIIIB	10 VIIIB	11 IB	12 IIB	13 IIIA	14 IVA	15 VA	16 VIA	17 VIIA	18 VIIIA	电子层
1	−1 +1 1 H 氢 $1s^1$ 1.00794(7)																	2 He 氦 $1s^2$ 4.002602(2)	K
2	+1 3 Li 锂 $2s^1$ 6.941(2)	+2 4 Be 铍 $2s^2$ 9.012182(3)											+3 5 B 硼 $2s^22p^1$ 10.811(7)	−4 +2 +4 6 C 碳 $2s^22p^2$ 12.0107(8)	−3 −2 −1 +1 +2 +3 +4 +5 7 N 氮 $2s^22p^3$ 14.0067(2)	−2 −1 8 O 氧 $2s^22p^4$ 15.9994(3)	−1 9 F 氟 $2s^22p^5$ 18.9984032(5)	10 Ne 氖 $2s^22p^6$ 20.1797(6)	L K
3	−1 +1 11 Na 钠 $3s^1$ 22.989770(2)	+2 12 Mg 镁 $3s^2$ 24.3050(6)											+3 13 Al 铝 $3s^23p^1$ 26.981538(2)	−4 +2 +4 14 Si 硅 $3s^23p^2$ 28.0855(3)	−3 +1 +3 +5 15 P 磷 $3s^23p^3$ 30.973761(2)	−2 +2 +4 +6 16 S 硫 $3s^23p^4$ 32.065(5)	−1 +1 +3 +5 +7 17 Cl 氯 $3s^23p^5$ 35.453(2)	18 Ar 氩 $3s^23p^6$ 39.948(1)	M L K
4	−1 +1 19 K 钾 $4s^1$ 39.0983(1)	+2 20 Ca 钙 $4s^2$ 40.078(4)	+3 21 Sc 钪 $3d^14s^2$ 44.955910(8)	−1 0 +2 +3 +4 22 Ti 钛 $3d^24s^2$ 47.867(1)	0 ±1 +2 +3 +4 +5 23 V 钒 $3d^34s^2$ 50.9415	−3 0 ±1 ±2 +3 +4 +5 +6 24 Cr 铬 $3d^54s^1$ 51.9961(6)	−2 0 ±1 +2 ±3 +4 +5 +6 +7 25 Mn 锰 $3d^54s^2$ 54.938049(9)	−2 0 ±1 +2 +3 +4 +5 +6 26 Fe 铁 $3d^64s^2$ 55.845(2)	0 ±1 +2 +3 +4 +5 27 Co 钴 $3d^74s^2$ 58.933200(9)	0 ±1 +2 +3 +4 28 Ni 镍 $3d^84s^2$ 58.6934(2)	+1 +2 +3 +4 29 Cu 铜 $3d^{10}4s^1$ 63.546(3)	+1 +2 30 Zn 锌 $3d^{10}4s^2$ 65.409(4)	+1 +3 31 Ga 镓 $4s^24p^1$ 69.723(1)	+2 +4 32 Ge 锗 $4s^24p^2$ 72.64(1)	−3 +3 +5 33 As 砷 $4s^24p^3$ 74.92160(2)	−2 +2 +4 +6 34 Se 硒 $4s^24p^4$ 78.96(3)	−1 +1 +3 +5 +7 35 Br 溴 $4s^24p^5$ 79.904(1)	+2 +4 36 Kr 氪 $4s^24p^6$ 83.798(2)	N M L K
5	−1 +1 37 Rb 铷 $5s^1$ 85.4678(3)	+2 38 Sr 锶 $5s^2$ 87.62(1)	+3 39 Y 钇 $4d^15s^2$ 88.90585(2)	+1 +2 +3 +4 40 Zr 锆 $4d^25s^2$ 91.224(2)	0 ±1 +2 +3 +4 +5 41 Nb 铌 $4d^45s^1$ 92.90638(2)	0 ±1 ±2 +3 +4 +5 +6 42 Mo 钼 $4d^55s^1$ 95.94(2)	0 +1 +2 +3 +4 +5 +6 +7 43 Tc 锝▲ $4d^55s^2$ 97.907✦	0 +1 ±2 +3 +4 +5 +6 +7 +8 44 Ru 钌 $4d^75s^1$ 101.07(2)	0 ±1 +2 +3 +4 +5 +6 45 Rh 铑 $4d^85s^1$ 102.90550(2)	0 +1 +2 +3 +4 46 Pd 钯 $4d^{10}$ 106.42(1)	+1 +2 +3 47 Ag 银 $4d^{10}5s^1$ 107.8682(2)	+1 +2 48 Cd 镉 $4d^{10}5s^2$ 112.411(8)	+1 +3 49 In 铟 $5s^25p^1$ 114.818(3)	+2 +4 50 Sn 锡 $5s^25p^2$ 118.710(7)	−3 +3 +5 51 Sb 锑 $5s^25p^3$ 121.760(1)	−2 +2 +4 +6 52 Te 碲 $5s^25p^4$ 127.60(3)	−1 +1 +3 +5 +7 53 I 碘 $5s^25p^5$ 126.90447(3)	+2 +4 +6 +8 54 Xe 氙 $5s^25p^6$ 131.293(6)	O N M L K
6	−1 +1 55 Cs 铯 $6s^1$ 132.90545(2)	+2 56 Ba 钡 $6s^2$ 137.327(7)	57~71 La~Lu 镧系	+1 +2 +3 +4 72 Hf 铪 $5d^26s^2$ 178.49(2)	0 ±1 +2 +3 +4 +5 73 Ta 钽 $5d^36s^2$ 180.9479(1)	0 ±1 +2 +3 +4 +5 +6 74 W 钨 $5d^46s^2$ 183.84(1)	0 ±1 +2 +3 +4 +5 +6 +7 75 Re 铼 $5d^56s^2$ 186.207(1)	0 +1 +2 +3 +4 +5 +6 +7 +8 76 Os 锇 $5d^66s^2$ 190.23(3)	0 ±1 +2 +3 +4 +5 +6 77 Ir 铱 $5d^76s^2$ 192.217(3)	0 +2 +4 +5 +6 78 Pt 铂 $5d^96s^1$ 195.078(2)	+1 +2 +3 +5 79 Au 金 $5d^{10}6s^1$ 196.96655(2)	+1 +2 +3 80 Hg 汞 $5d^{10}6s^2$ 200.59(2)	+1 +3 81 Tl 铊 $6s^26p^1$ 204.3833(2)	+2 +4 82 Pb 铅 $6s^26p^2$ 207.2(1)	−3 +3 +5 83 Bi 铋 $6s^26p^3$ 208.98038(2)	−2 +2 +4 +6 84 Po 钋 $6s^26p^4$ 208.98✦	±1 +5 +7 85 At 砹 $6s^26p^5$ 209.99✦	+2 86 Rn 氡 $6s^26p^6$ 222.02✦	P O N M L K
7	+1 87 Fr 钫▲ $7s^1$ 223.02✦	+2 88 Ra 镭 $7s^2$ 226.03✦	89~103 Ac~Lr 锕系	104 Rf 𬬻▲ $6d^27s^2$ 261.11✦	105 Db 𬭊▲ $6d^37s^2$ 262.11✦	106 Sg 𬭳▲ $6d^47s^2$ 263.12✦	107 Bh 𬭛▲ $6d^57s^2$ 264.12✦	108 Hs 𬭶▲ $6d^67s^2$ 265.13✦	109 Mt 鿏▲ $6d^77s^2$ 266.13	110 Ds 𫟼▲ (269)	111 Rg 𬬭▲ (272)✦	112 Uub▲ (277)✦	113 Uut▲ (278)✦	114 Uuq▲ (289)✦	115 Uup▲ (288)✦	116 Uuh▲ (289)✦			Q P O N M L K

	57	58	59	60	61	62	63	64	65	66	67	68	69	70	71
★ 镧系	+3 57 La★ 镧 $5d^16s^2$ 138.9055(2)	+2 +3 +4 58 Ce 铈 $4f^15d^16s^2$ 140.116(1)	+3 +4 59 Pr 镨 $4f^36s^2$ 140.90765(2)	+2 +3 +4 60 Nd 钕 $4f^46s^2$ 144.24(3)	+3 61 Pm 钷▲ $4f^56s^2$ 144.91✦	+2 +3 62 Sm 钐 $4f^66s^2$ 150.36(3)	+2 +3 63 Eu 铕 $4f^76s^2$ 151.964(1)	+3 64 Gd 钆 $4f^75d^16s^2$ 157.25(3)	+3 +4 65 Tb 铽 $4f^96s^2$ 158.92534(2)	+3 +4 66 Dy 镝 $4f^{10}6s^2$ 162.500(1)	+3 67 Ho 钬 $4f^{11}6s^2$ 164.93032(2)	+3 68 Er 铒 $4f^{12}6s^2$ 167.259(3)	+2 +3 69 Tm 铥 $4f^{13}6s^2$ 168.93421(2)	+2 +3 70 Yb 镱 $4f^{14}6s^2$ 173.04(3)	+3 71 Lu 镥 $4f^{14}5d^16s^2$ 174.967(1)
★ 锕系	+3 89 Ac★ 锕 $6d^17s^2$ 227.03✦	+3 +4 90 Th 钍 $6d^27s^2$ 232.0381(1)	+3 +4 +5 91 Pa 镤 $5f^26d^17s^2$ 231.03588(2)	+2 +3 +4 +5 +6 92 U 铀 $5f^36d^17s^2$ 238.02891(3)	+3 +4 +5 +6 +7 93 Np 镎▲ $5f^46d^17s^2$ 237.05✦	+3 +4 +5 +6 +7 94 Pu 钚 $5f^67s^2$ 244.06✦	+2 +3 +4 +5 +6 95 Am 镅▲ $5f^77s^2$ 243.06✦	+3 +4 96 Cm 锔▲ $5f^76d^17s^2$ 247.07✦	+3 +4 97 Bk 锫▲ $5f^97s^2$ 247.07✦	+2 +3 +4 98 Cf 锎▲ $5f^{10}7s^2$ 251.08✦	+2 +3 99 Es 锿▲ $5f^{11}7s^2$ 252.08✦	+2 +3 100 Fm 镄▲ $5f^{12}7s^2$ 257.10✦	+2 +3 101 Md 钔▲ $5f^{13}7s^2$ 258.10✦	+2 +3 102 No 锘▲ $5f^{14}7s^2$ 259.10✦	+3 103 Lr 铹▲ $5f^{14}6d^17s^2$ 260.11✦